高寒高海拔地区公路
沥青路面设计理论与实践

汪双杰　黄晓明　著

科 学 出 版 社

北　京

内 容 简 介

本书立足于青藏高原、丝绸之路经济带等高寒高海拔地区道路的工程技术特点，分析国内外高寒高海拔地区道路工程设计、施工与养护现状，总结多年来该地区沥青路面设计、试验检测评价、建设与养护的工程实践，构建包括高寒高海拔地区沥青路面原材料选型与生产、沥青混合料配合比设计、半刚性基层或柔性基层沥青路面设计、沥青路面施工与养护的完整体系。主要内容包括高寒高海拔地区的自然及交通条件、筑路材料的分布特征、沥青路面使用状况调查与分析、沥青混合料设计及其性能评价、沥青路面的结构设计及施工、沥青路面施工及质量控制、沥青路面养护模式及其关键技术。

本书可供从事高寒高海拔地区沥青路面工程及与之相关的铁路、土建工程领域科研、设计、建设与管养的人员使用，也可供高等院校相关专业的教师和研究生学习参考。

图书在版编目(CIP)数据

高寒高海拔地区公路沥青路面设计理论与实践/汪双杰，黄晓明著. —北京：科学出版社，2021.3

ISBN 978-7-03-055021-7

Ⅰ. ①高… Ⅱ. ①汪… ②黄… Ⅲ. ①寒冷地区-沥青路面-路面设计 ②高原-沥青路面-路面设计 Ⅳ. ①U416.217.02

中国版本图书馆 CIP 数据核字（2017）第 264098 号

责任编辑：王 钰 / 责任校对：赵丽杰
责任印制：吕春珉 / 封面设计：东方人华平面设计部

科学出版社 出版
北京东黄城根北街 16 号
邮政编码：100717
http://www.sciencep.com

北京中科印刷有限公司 印刷
科学出版社发行 各地新华书店经销
*
2021 年 3 月第 一 版 开本：787×1092 1/16
2021 年 3 月第一次印刷 印张：20 1/4 插页：1
字数：464 000

定价：168.00 元

（如有印装质量问题，我社负责调换〈中科〉）
销售部电话 010-62136230 编辑部电话 010-62137026

作者简介

汪双杰 1962年4月出生，全国工程勘察设计大师，工学博士，博士生导师，陕西省有突出贡献专家，享受国务院政府特殊津贴。现任中国交通建设股份有限公司总工程师，国家高寒高海拔地区道路工程安全与健康国家重点实验室主任，青海青藏高原公路冻土工程野外科学观测研究站负责人，多年冻土区公路建设与养护技术交通行业重点实验室主任，中国公路学会工程地质和岩土分会理事长，中华人民共和国交通运输部专家委员会委员。先后获得"新世纪百千万人才""全国优秀科技工作者""全国勘察设计行业科技创新带头人""交通运输青年科技英才""陕西省高层次人才特殊支持计划——杰出人才""陕西省有突出贡献专家"和交通运输部"新世纪十百千人才"称号，获首届"全国创新争先奖"和"何梁何利基金科学与技术进步奖"。从事公路冻土工程科研和实践30多年，主持国家重大科研项目和工程项目30余项。先后获得国家科学技术进步奖一等奖1项、二等奖1项，省部级特等奖5项、一等奖8项、二等奖8项，国家优秀设计金银奖3项，国际道路联合会全球道路成就奖1项。主编行业标准11部，出版专著13部、译著1部，发表论文100余篇，授权专利27项。

黄晓明 1963年1月出生，工学博士，东南大学教授、博士生导师，江苏省教学名师，江苏省综合交通运输学会公路分会副主任，获国务院政府特殊津贴。于1990年在东南大学交通学院任教至今。曾分别于2002年5月至10月、2016年3月至9月在澳大利亚公路研究局和美国罗格斯大学（Rutgers University）作高级访问学者，2008年6月至8月在美国伊利诺伊大学厄巴纳与香槟分校（University of Illinois at Urbana & Champaign）进修。先后获得"交通运输青年科技英才"和交通运输部"新世纪十百千人才"称号，是"路基路面工程"国家精品课程和国家精品在线课程的负责人。先后获得国家科技进步奖二等奖1项，国家教学成果奖一等奖1项、二等奖2项，省部级成果奖22项，并获得宝钢优秀教师奖。出版专著、教材18部，发表论文200余篇，授权发明专利40项。

前　言

我国是世界第三冻土大国，高寒高海拔地区约分布有 215 万 km^2 多年冻土。我国多年冻土以青藏高原高海拔冻土为典型代表，在全球冻土界具有无可替代的地位，其面积约占全国多年冻土面积的 70%，分布区域海拔一般均超过 4000m。

高寒高海拔地区公路沥青路面具有“宽、厚、黑”的显著热学特征，因此沥青路面吸热、厚层路面结构储热、大尺度冻土路基聚热等效应显著增加，加上该地区优质筑路材料欠缺、沥青路面施工环境恶劣等原因，最终导致该地区沥青路面出现裂缝、坑槽、沉陷等病害。与其他地区相比，高寒高海拔地区的自然气候条件、材料来源与选型、交通条件、施工环境、养护模式与技术要求更为苛刻、困难、复杂、多变；同时，穿越冻土区的青藏高速、川藏高速项目已启动，国家高速公路网也要向高寒高海拔地区纵深推进，丝绸之路经济带的交通也有相当部分穿越大面积的高寒高海拔地区，因此很有必要通过对高寒高海拔地区现有沥青路面的病害类型与机理、结构与材料设计、建管养关键技术等进行深入探讨和总结，提出适合高寒高海拔地区的沥青路面设计与建养技术。

因此，作者以共玉公路、青藏公路、新藏公路、川藏公路、G214 线、花大公路等设计与建养经验为基础，以多项科技部科技支撑计划项目、交通运输部西部科技项目为依托，吸纳国内外高寒高海拔地区先进的沥青路面设计与建养理念，形成涵盖高寒高海拔地区沥青路面材料选择与设计、沥青路面结构设计、特殊环境下施工与管养的完整体系，全面地介绍整个体系的相关方法。

本书以我国高寒高海拔地区沥青路面设计、建设、养护为基础，特别是以青藏公路的改建养护、G214 线与共玉公路的设计与施工为依托，全面介绍高寒高海拔地区沥青路面设计、施工技术与养护模式、养护技术。本书共七章，第一章、第二章、第五章和第六章由汪双杰完成；第三章、第四章和第七章由黄晓明完成。十分感谢李志栋对本书的贡献，他的很多研究思想体现在本书的有关章节中。同时要感谢房建宏研究员、陈华鑫教授、刘廷国先生、马涛教授、赵永利教授，以及台电仓、张娟、岳学军、侯强、陈建兵、陈团结、雷宇、曹海波、闫亚鹏、柯文豪、王锴、向豪、廖公云、汤涛等各位同仁为本书所做的有益工作。

全书由汪双杰、黄晓明统稿，并由汪双杰审核。

本书得到了诸多研究人员和单位的支持与帮助，并得到中交第一公路勘察设计研究院有限公司出版基金和江苏省优势学科建设经费的资助，在此一并感谢。

2017 年 10 月

目　　录

第一章　高寒高海拔地区的自然及交通条件 ……1

第一节　多年冻土的特征 ……1

一、多年冻土的分布特征 ……1

二、多年冻土的发育特征 ……2

第二节　高寒高海拔地区的气候及环境特征 ……6

一、高寒高海拔地区的气候特征 ……6

二、高寒高海拔地区的水文特征 ……6

三、高寒高海拔地区的地形地貌特征 ……6

四、高寒高海拔地区的生态环境特征 ……6

第三节　高寒高海拔地区沥青路面温度场监测与分析 ……7

一、青藏公路沿线温度场变化规律及分析 ……7

二、青海地区气温监测与分析 ……9

三、沥青混凝土路面温度场分析 ……12

四、沥青混凝土桥面温度场分析 ……28

五、沥青铺装层温度场对比与验证 ……31

第四节　高寒高海拔地区的交通条件分析 ……37

一、西藏地区交通条件分析 ……37

二、青海地区交通条件分析 ……40

第二章　高寒高海拔地区筑路材料的分布特征 ……46

第一节　西藏地区沥青路面筑路材料的分布特征 ……46

一、卵砾石 ……46

二、花岗岩 ……47

三、闪长岩 ……48

四、安山岩 ……48

五、沥青 ……48

六、水泥 ……48

第二节　青海地区路面材料的分布特征 ……49

一、G214 线沿线沥青路面集料岩性 ……49

二、沥青上面层集料技术指标 ……50

三、沥青下面层集料技术指标 ……50

四、集料技术指标 ……51

五、集料加工工艺 …… 53

第三章 高寒高海拔地区沥青路面使用状况调查与分析 …… 59

第一节 高寒高海拔地区沥青路面调查与分类 …… 59

一、高寒高海拔地区沥青路面主导病害调查 …… 59

二、高寒高海拔地区沥青路面主导病害类型 …… 63

第二节 高寒高海拔地区沥青路面病害的机理分析 …… 64

一、气候环境的影响 …… 64

二、施工控制及施工条件的影响 …… 64

三、养护技术的影响 …… 64

四、道路运行时间的影响 …… 65

五、路基高度的影响 …… 65

六、交通荷载的影响 …… 65

七、地理因素的影响 …… 65

第四章 高寒高海拔地区沥青混合料设计及其性能评价 …… 66

第一节 基于低温性能要求评价及选择沥青黏结料 …… 66

一、目前沥青性能评价方法 …… 66

二、沥青 FDT 试验及其机理剖析 …… 67

三、采用韧性比评价沥青性能 …… 70

四、沥青黏结料的优选标准与方法 …… 75

第二节 高寒高海拔地区沥青混合料配合比设计 …… 77

一、高寒高海拔地区沥青混合料配合比设计路线 …… 77

二、沥青混合料性能敏感性分析 …… 78

三、高寒高海拔地区沥青混合料设计控制指标及试验参数推荐值 …… 84

四、基于抗冻性能的沥青混合料配合比设计 …… 85

五、混合料设计原材料参数及混合料性能指标 …… 85

第三节 高寒高海拔地区沥青混合料路用性能评价 …… 88

一、混合料低温韧性指标分析与计算 …… 88

二、改进马歇尔试验 …… 92

三、抗冻性能评价 …… 99

四、低温抗裂性能评价 …… 106

五、高温性能评价 …… 107

六、冻融循环低温弯曲韧性评价 …… 112

七、冻融疲劳特性评价 …… 115

八、抗水损性能评价 …… 120

第四节 高寒高海拔地区道路沥青路面结构类型选择 …… 122

一、高寒高海拔地区沥青路面结构初步选择 …… 122

二、高寒高海拔地区道路基层材料性能优化 …… 135

第五章　高寒高海拔地区沥青路面的结构设计及施工 …… 146

第一节　高寒高海拔地区沥青路面的结构设计 …… 146
一、国内外沥青路面设计的发展 …… 146
二、沥青路面结构设计方法 …… 147
三、设计参数确定 …… 149
四、试验路路面结构拟定 …… 152
五、推荐沥青路面典型结构组合 …… 164
第二节　混凝土桥沥青铺装层的设计及施工控制 …… 165
一、混凝土桥沥青铺装层结构设计 …… 165
二、基于 CCRDT-McLeod 法设计防水黏结层 …… 174

第六章　高寒高海拔地区沥青路面施工及质量控制 …… 179

第一节　G214 线共和—玉树高速公路基本概况 …… 179
第二节　原材料加工、堆放与装运 …… 180
一、高寒高海拔地区碎石加工 …… 180
二、高寒高海拔地区原材料储存与装运现状 …… 180
三、高寒高海拔地区沥青路面原材料存放与准备 …… 180
第三节　沥青混合料设计与沥青面层施工及质量控制 …… 181
一、关键筛孔对沥青混合料性能的影响分析 …… 181
二、沥青混合料拌和生产与质量控制 …… 184
三、热老化时间和老化温度对沥青混合料性能的影响分析 …… 186
四、高寒高海拔地区沥青混合料的运输、摊铺及碾压 …… 190
五、最佳施工季节和时段的确定 …… 193
第四节　水泥稳定基层施工技术与质量控制 …… 194
一、原材料及目标配合比设计 …… 194
二、水泥稳定碎石基层施工组织 …… 195
三、水泥稳定碎石基层施工质量控制 …… 200
第五节　高寒高海拔地区混凝土桥面沥青铺装层施工及质量控制 …… 200
一、高寒高海拔地区混凝土桥面表面准备 …… 200
二、混凝土桥面下承层表面黏层油洒布 …… 201
三、同步碎石封层类防水黏结层施工及质量控制方法 …… 202
四、沥青铺装层弯道施工控制 …… 204
五、混凝土桥面沥青铺装层施工质量控制要求 …… 204
第六节　透层、封层与黏层施工及质量控制 …… 207
一、透层施工及质量控制 …… 207
二、封层施工及质量控制 …… 207

三、黏层施工及质量控制 …… 207

第七章 高寒高海拔地区沥青路面养护模式及其关键技术 …… 209

第一节 国内外沥青路面养护发展现状 …… 209

一、国外沥青路面管理与养护模式 …… 209

二、国内沥青路面管养现状 …… 211

三、国内外养护工程合同模式 …… 212

第二节 高寒高海拔地区沥青路面养护现状与发展需求 …… 214

第三节 高寒高海拔地区公路养护模式 …… 215

一、我国公路养护模式的发展 …… 215

二、公路综合养护总承包模式 …… 216

第四节 高寒高海拔地区沥青路面检测评价技术 …… 221

一、沥青路面透水性检测 …… 221

二、半刚性基层沥青路面层底不连续检测 …… 229

第五节 高寒高海拔地区沥青路面养护的关键技术 …… 234

一、高寒高海拔地区沥青路面日常养护技术 …… 234

二、高寒高海拔地区沥青路面功能性养护技术 …… 258

三、高寒高海拔地区沥青路面结构性养护技术 …… 290

主要参考文献 …… 311

第一章　高寒高海拔地区的自然及交通条件

第一节　多年冻土的特征

一、多年冻土的分布特征

我国多年冻土分布格局受海拔和纬度的控制，也受辐射、河流、构造、植被、地形、岩性等局地因素的影响，分布较为复杂，其总体分布格局如下。

1）西大滩断陷盆地内，多年冻土分布于昆仑山北坡山麓，受冰川融水的影响，多年冻土被分割为条带状，空间上冻土与融区相间分布。多年冻土层厚度为5～20m。

2）自昆仑山口向南进入昆仑山中高山区、楚玛尔河高平原、可可西里山区、北麓河盆地、风火山、尺曲谷地至乌丽盆地，全段内多年冻土主要呈大片连续分布。高纬度、高海拔、低气温是形成多年冻土的主要因素。该段内多年冻土广泛分布，多年冻土层厚度为 10～120m。局部地段的河流和湖塘的影响呈岛状融区或条带状融区分布。

3）自乌丽山区、沱沱河盆地至开心岭，全段内多年冻土与融区相间分布。因该段海拔相对较低，地表植被稀疏，水体分布较多，且卵石、碎石、角砾、圆砾等渗透性较好的粗颗粒土较为发育，不利于多年冻土的发育。青藏公路路线通过地区以融区为主。多年冻土层厚度一般为10～30m。

4）通天河盆地内主要为大片连续多年冻土，该段内主要为粉质黏土、粉土等细颗粒土，有利于多年冻上发育，一般多年冻土层厚度为20～40m，但在通天河、布曲流域广泛分布条带状河流融区。已启动建设的青藏公路路线多数路段沿河流布设，位于河流融区内。

5）布曲谷地及温泉断陷盆地内由于受布曲河流及构造作用影响，多年冻土与融区相间分布。该段内地层以卵石土、圆砾土及风化层为主，不利于多年冻土发育。多年冻土层厚度为5～40m。

6）唐古拉山区为大片连续多年冻土，青藏公路路线走行于布曲上游两岸阶地及漫滩，受河流融区影响，青藏公路路线经过处多年冻土为融区所分隔，呈断续分布。多年冻土层厚度为10～120m。

7）唐古拉山间盆地为大片连续多年冻土，局部分布岛状融区，融区沿青藏公路路线仅长 5.4km。多年冻土层厚度为 50～120m。

8）扎加藏布谷地至安多谷地主要为大片连续多年冻土及岛状多年冻土，扎加藏布上游大片连续多年冻土受河流融区影响，沿青藏公路路线呈断续分布状。安多谷地由于靠近青藏高原多年冻土南界，主要表现为岛状多年冻土。该段内虽然海拔为 4800～5000m，但因纬度低，年平均气温高，所以岛状多年冻土发育，且多年冻土层厚度变小，一般为 10～40m。

二、多年冻土的发育特征

青藏公路沿线多年冻土上限特征见表 1-1。

表 1-1 青藏公路沿线多年冻土上限特征 （单位：m）

序号	地貌单元	上限深度
1	西大滩断陷盆地	2.8～3.5
2	昆仑山	1.5～2.5
3	楚玛尔河高平原	2.0～5.0
4	可可西里山区	2.0～3.0
5	北麓河盆地	2.0～3.0
6	风火山	1.0～2.5
7	尺曲谷地	2.0～4.0
8	乌丽盆地	2.5～3.0
9	乌丽山区	2.0～3.0
10	沱沱河盆地	2.0～4.0
11	开心岭	1.5～2.5
12	通天河盆地	1.5～3.0
13	布曲谷地	2.0～5.0
14	温泉断陷盆地	2.0～3.0
15	唐古拉山区及山间盆地	1.5～3.5
16	扎加藏布谷地至安多谷地	1.5～3.0

青藏公路沿线各种含冰类型多年冻土分布长度和占总体百分比见表 1-2。

表 1-2　青藏公路沿线各种含冰类型多年冻土分布长度和占总体百分比

多年冻土含冰类型	分布长度/km	占总体百分比/%
少冰-多冰冻土	163.995	41.04
多冰-富冰冻土	5.275	1.32
富冰-饱冰冻土	80.388	20.12
饱冰-含土冰层	149.912	37.52

青藏公路沿线各种地温类型多年冻土分布长度和占总体百分比见表 1-3。

表 1-3　青藏公路沿线各种地温类型多年冻土分布长度和占总体百分比

多年冻土地温类型	分布长度/km	占总体百分比/%
低温稳定多年冻土	34.725	8.68
低温基本稳定多年冻土	99.245	24.84
高温不稳定多年冻土	116.695	29.21
高温极不稳定多年冻土	148.905	37.27

青藏公路沿线各种综合类型多年冻土分布长度和占总体百分比见表 1-4。

表 1-4　青藏公路沿线各种综合类型多年冻土分布长度和占总体百分比

多年冻土综合类型	分布长度/km	占总体百分比/%
低温低含冰量冻土区段	34.000	8.51
高温低含冰量冻土区段	99.970	25.02
低温高含冰量冻土区段	129.995	32.53
高温高含冰量冻土区段	135.605	33.94

青藏公路沿线多年冻土总体分布与发育特征见表 1-5。

表 1-5　青藏公路沿线多年冻土总体分布与发育特征

区名	主要地质、地貌条件		年平均气温/℃	多年冻土分布	冻土类型（分布长度，占总体百分比）	季节活动层冻胀类别	天然上限/m	年平均地温 T_{cp}/℃	地温类型（分布长度，占总体百分比）
西大滩连续多年冻土区	属东昆仑断陷谷地的西段，滩地海拔4100～4500m，由砂砾、碎石层组成		-3.0～-2.0	多年冻土与融区间隔分布	少冰-多冰冻土	不冻胀	2.7～5.0	-0.11	高温极不稳定
昆仑山连续多年冻土区	海拔4700m以上，在5100m以上的山峰发育着现代冰川，山坡上广泛分布残坡积粉土，昆仑山垭口盆地有厚达百余米的第四系湖相粉质黏土		-5.7～-5.0	连续多年冻土，有局部融区	少冰-多冰冻土 （25035m，60.21%） 富冰-饱冰冻土 （12763m，30.70%） 饱冰-含土冰层 （3782m，9.09%）	不冻胀-特强冻胀	-5.0～-1.3	-2.91～-1.81 -0.96～-0.56 -0.11	低温稳定 （23135m，55.64%） 高温不稳定 （15435m，37.12%） 高温极不稳定 （3010m，7.24%）
长江河源高平原连续多年冻土区	平原谷地亚区	海拔 4500～4900m，自北向南依次为楚玛尔河高平原、北麓河盆地、尺曲谷地、乌丽盆地、沱沱河盆地、通天河盆地、布曲河谷地、温泉断陷盆地等，地形起伏不大，上覆岩性主要为冲洪积粉土、粉质黏土、砂卵石、碎石等，下覆岩性主要为砂岩及泥岩，局部发育水草沼泽地	-5.4～-4.2	以连续多年冻土为主，有局部融区	少冰-多冰冻土 （55140m，32.41%） 多冰-富冰冻土 （2210m，1.30%） 富冰-饱冰冻土 （19795m，11.63%） 饱冰-含土冰层 （92995m，54.66%）	不冻胀-特强冻胀	-4.5～-1.8 （局部达12.5m）	-1.38～-1.02 -0.95～-0.60 -0.35～-0.05	低温基本稳定 （20495m，15.65%） 高温不稳定 （38600m，29.48%） 高温极不稳定 （71855m，54.87%）
	低山丘陵亚区	为东西走向的丘陵山地，海拔4900～5100m，自北向南依次为可可西里山、风火山、开心岭、乌丽山等，地形起伏大，相对高差小于300m，地表岩性为碎石、角砾、砂、粉土、粉质黏土等	低于-5.0	连续多年冻土	少冰-多冰冻土 （61150m，65.11%） 富冰-饱冰冻土 （18635m，19.84%） 饱冰-含土冰层 （14130m，15.05%）	不冻胀-特强冻胀	-4.5～-1.7	-3.15～-2.15 -1.97～-1.06 -0.96～-0.60 -0.37～-0.02	低温稳定 （11590m，8.71%） 低温基本稳定 （36450m，27.38%） 高温不稳定 （62660m，47.08%） 高温极不稳定 （22405m，16.83%）

续表

区名	主要地质、地貌条件	年平均气温/℃	多年冻土分布	冻土类型（分布长度，占总体百分比）	季节活动层冻胀类别	天然上限/m	年平均地温 T_{cp}/℃	地温类型（分布长度，占总体百分比）
唐古拉山及山间盆地连续多年冻土区	山脉呈 NWW-NSS 走向，山峰海拔为 6000m 以上，现代冰川主要分布于分水岭附近海拔为 5800m 以上的山峰周围。基岩为侏罗系砂岩、页岩、灰岩，北麓沼泽化湿地发育，南麓地表干燥，植被稀疏	−5.7～−5.2	以连续多年冻土为主，有局部融区	少冰-多冰冻土（21590m，30.18%） 多冰-富冰冻土（3065m，4.28%） 富冰-饱冰冻土（29195m，40.82%） 饱冰-含土冰层（17680m，24.72%）	不冻胀-冻胀	−4.2～−1.5	−3.37 −1.79～−1.02 −0.40～−0.01	低温稳定（6580m，7.09%） 低温基本稳定（35720m，38.47%） 高温极不稳定（50555m，54.44%）

第二节 高寒高海拔地区的气候及环境特征

一、高寒高海拔地区的气候特征

青藏公路地处青藏高原腹地，具有独特的冰缘干旱气候特征，随海拔增高而呈现明显的气候垂直分带性。总体上，青藏公路沿线跨越了3个较大的自然气候区，即昆仑山以北的干旱气候区、昆仑山至唐古拉山间的高原干旱气候区和唐古拉山以南的高原亚干旱气候区。青藏公路沿线气候多变，寒冷干旱，四季不明，空气稀薄，气压低，每年冻结期长达8～9个月（每年9月至次年4～5月）。据高原上各气象站资料，青藏公路沿线年平均气温为-6.9～+7.4℃，其中7月气温最高，平均为6.5～8.1℃；1月（有时为12月）气温最低，平均为-17.4～-14.5℃。青藏公路沿线蒸发量远大于降雨量，高山地区降水以雪、霰、冰雹为主，广阔的高平原上则以降雨为主，60%～90%的降水在正温季节，冬季少雪，除个别的高山地区外，雪盖一般不稳定且厚度小。风向以西北、西风为主，大风（≥8级）多集中于10月至次年4月。青藏公路沿线大气透明度好，日照时数一般为2600～3000h/a，太阳辐射量大，高原上海拔5000m以下地区的辐射平衡年总量介于60～80kcal/（cm^2·a）(1 kcal=4186.8J)，是全国辐射量最大的地区。

二、高寒高海拔地区的水文特征

青藏公路沿线河流众多，地表水系十分发育。依照水系流域划分，青藏公路沿线从北到南依次经过柴达木内流区、羌塘高原内流区、长江流域、长江上游内流区、怒江-萨尔温江流域和雅鲁藏布江-恒河流域。青藏公路沿线经过的较大的河流包括格尔木河、秀水河、楚玛尔河、沱沱河、通天河、布曲、扎加藏布、那曲、母各曲、桑曲、当曲、乌鲁龙曲、热振藏布、澎波河、堆龙曲、拉萨河等。与此同时，青藏公路沿线还有大量的热融湖塘、积水坑、沼泽洼地等，地表水十分丰富。

三、高寒高海拔地区的地形地貌特征

青藏公路沿线地貌按照宏观区域形态划分，可分为柴达木盆地和青藏高原两大地貌。其中，柴达木盆地南部边缘，沿线地形平坦，地势开阔，地势向北倾斜，地表植被稀疏，呈戈壁荒漠景观，海拔2800～3000m，而其他路段均位于青藏高原腹地，由北向南依次穿越东昆仑山山系、长江源头残山高平原、唐古拉山及念青唐古拉山山系4个地貌区。青藏公路沿线大部分路段海拔在4500m以上，总体地势起伏不大，地形较开阔平缓，但昆仑山、风火山、开心岭、头二九山、唐古拉山等越岭段地势变化较剧烈，昆仑山峡谷和雁石坪峡谷等个别沟谷狭窄弯曲、两侧山坡陡峻。

四、高寒高海拔地区的生态环境特征

受地形、气候影响，以及水分强烈差异分布，青藏公路沿线的植被具有明显的纬向

地带分布规律。随着高原水热条件的差异分布，青藏公路沿线自北向南整体上形成了由高寒荒漠、高寒干旱草原向高寒草甸过渡的高寒生态景观。该区内生长着低矮的针刺状蒿草类植物，植物返青生长期短（一般为5～9月），植被覆盖率低。

青藏公路沿线分布有多种国家Ⅰ级、Ⅱ级保护动物，珍稀濒危野生动物集中分布区域为青藏公路K2870—K3200地段。青藏公路沿线动物群落基本属于高山动物群，自北向南依次为柴达木盆地的温带高原荒漠动物群、高山寒漠动物群和高山草甸草原动物群，该区内藏羚羊、野驴、狼、野牦牛、黑颈鹤等动物极为珍稀，均属国家保护动物。高原动物活动范围大，不同季节间觅食、饮水、繁殖等都需要进行大规模、远距离的迁移。尤其是青藏高原多年冻土区，海拔高、空气稀薄、气候寒冷干旱，动植物种类少、生长期短、生物量低、生物链简单，生态系统中物质循环和能量的转换过程缓慢，因此区域生态环境十分脆弱。该区内多年冻土与动植物群落经过长期演化，逐渐形成一种相对平衡的状态，但这种状态极不稳定，任何自然因素、人为因素的变化都会对冻土环境乃至整个生态环境产生影响。

第三节　高寒高海拔地区沥青路面温度场监测与分析

一、青藏公路沿线温度场变化规律及分析

（一）年平均气温变化特征

图1-1为青藏公路沿线多年冻土段3个气象站年平均气温变化趋势。从记录数据可以看到，年平均气温整体呈现缓慢的升高过程。1957年，五道梁、沱沱河年平均气温分别为-6.6℃和-5.1℃；2012年，两站的年平均气温分别为-4.6℃和-3.1℃，总的增温大约是2℃，年平均增温为0.03～0.04℃。五道梁和安多在过去的61年内年平均气温的变化也有很好的相关性（R^2=0.84，R 为回归分析相关系数）。1966年，安多年平均气温为-3.0℃；2012年，年平均气温增加到了-1.8℃，总的增温大约是1.2℃，年平均增温为0.02～0.03℃。五道梁和沱沱河年平均气温的增加略高于安多。

在不同的阶段，气候变化的增幅有较大差别。为此，将气温变化记录期划分为3个阶段，即1980年之前、1981～1999年、2000～2012年。用后一个阶段的多年平均值减去前一个阶段的多年平均值，来衡量其增幅，得到月平均气温变化。图1-2为青藏公路沿线多年冻土段3个气象站分阶段月平均气温变化趋势。从图中可以看出，第二阶段（1981～1999年）相比第一阶段（1980年前）逐月平均气温略有增加，而第三阶段（2000～2012年）相比第二阶段（1981～1999年）逐月平均气温明显增加。由此可以说明，近50年气候变暖突出体现在近十几年内。同时从图1-2中也可以看出，每年11月至次年1月为增温最明显的3个月，5～6月为增温最不明显的两个月，说明气候变暖在冷季比暖季更明显。

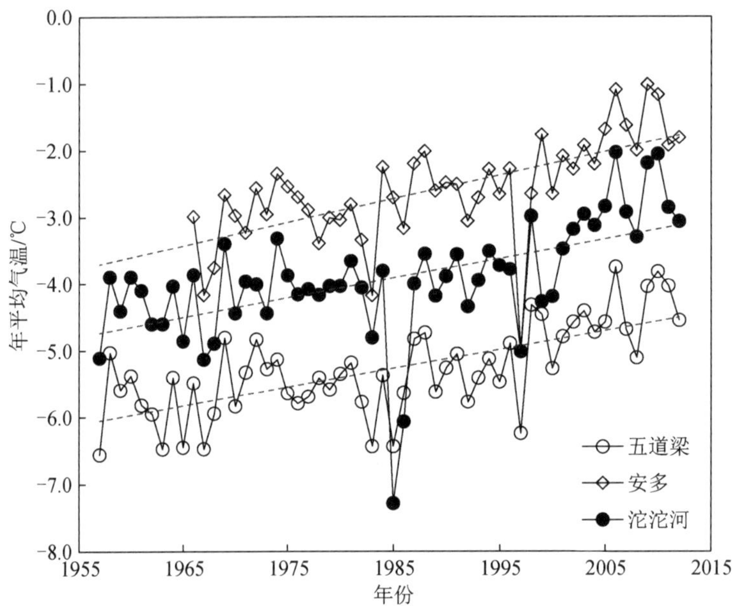

图 1-1　青藏公路沿线多年冻土段 3 个气象站年平均气温变化趋势

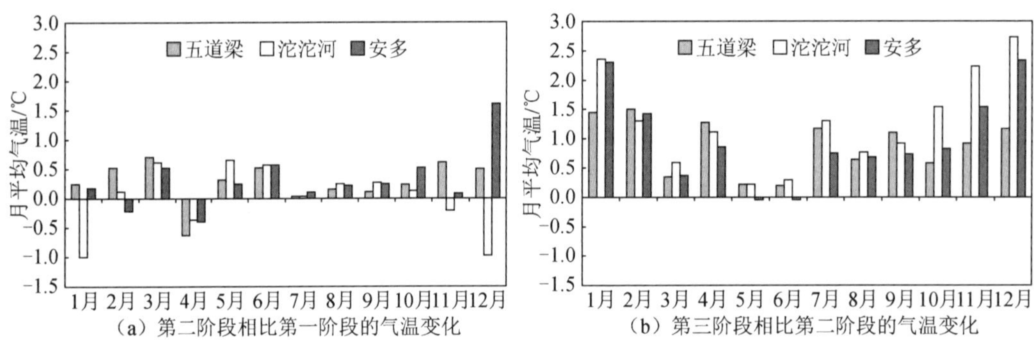

图 1-2　青藏公路沿线多年冻土段 3 个气象站分阶段月平均气温变化趋势

（二）气候变化特征

利用 1961～2010 年青藏公路沿线 158 个气象站的温度（包括平均温度、最低温度和最高温度）、降雨量和风速资料，对青藏公路沿线的气候变化特征进行了分析。图 1-3 和图 1-4 为青藏公路沿线 1961～2010 年的气温和降雨量变化。由图可知，青藏高原整体是升温的，但升温速率有差异（图 1-3）；大部分气象站降雨量呈微弱的波动增加趋势（图 1-4）。

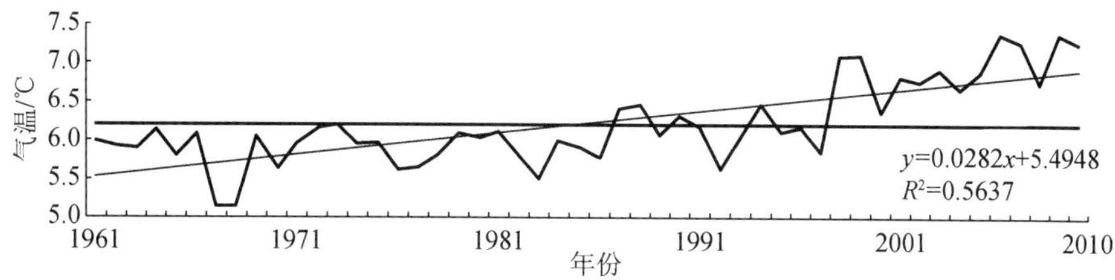

图 1-3　青藏公路沿线 1961～2010 年气温变化

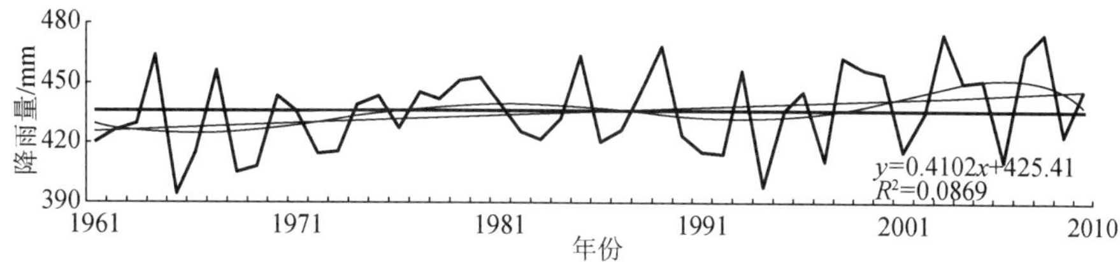

图 1-4　青藏公路沿线 1961～2010 年降雨量变化

青藏高原平均温度和最高温度分别在 1994 年和 1997 年发生突变，且青藏高原温度分布与高原海拔走势一致。

二、青海地区气温监测与分析

（一）地区气候特点

西宁（101°75′ E，36°72′ N，海拔 2295.2m）属东六区，属大陆性高原半干旱气候，春季干旱多风、气温上升缓慢，夏季凉爽不热，秋凉短暂，冬寒漫长，且其具有气压低、寒长暑短、多风少雨、蒸发量大、昼夜温差大、日照时间长、四季不分明等气候特征。该区内年平均气温为 8℃；最冷为 1 月，平均气温为-19.5℃，极端最低气温为-26.6℃；最热为每年 8 月，平均气温为 26.1℃，极端最高气温为 38.2℃。降雨量为 357.1mm。年平均日照 2756.8h，全年平均无霜期为 137d，最大冻土深度为 136cm。

（二）气温监测与统计

1992～2011 年，青海地区气温情况如图 1-5～图 1-8 所示。

该地区日最低气温为-23.8℃，连续 7d 平均日最低气温为-21.3℃；日最高气温为 36.5℃，连续 7d 平均日最高气温为 34.8℃；日最大温差为 29.25℃，连续 7d 平均日最大温差为 23.6℃；日平均气温的最高气温为 25.39℃，日平均气温的最低气温为-17.8℃。其中，当年日最低气温见表 1-6，1998 年 1 月 18～24 日连续 7d 日最高气温与日最低气温见表 1-7，2000 年 7 月 20～26 日连续 7d 日最高气温与日最低气温见表 1-8，日最大温差见表 1-9，气温与年降雨量统计见表 1-10。

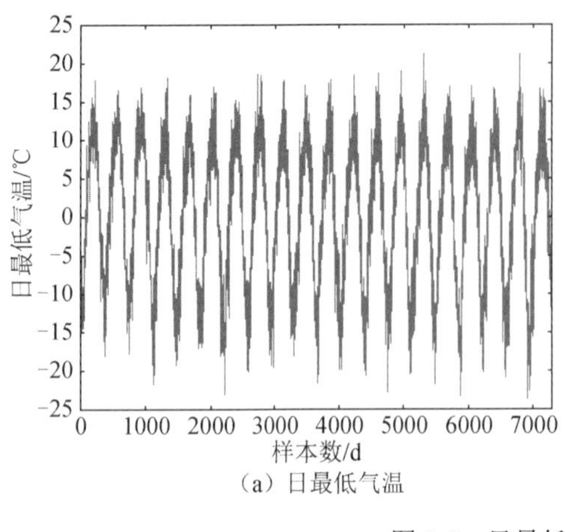

（a）日最低气温

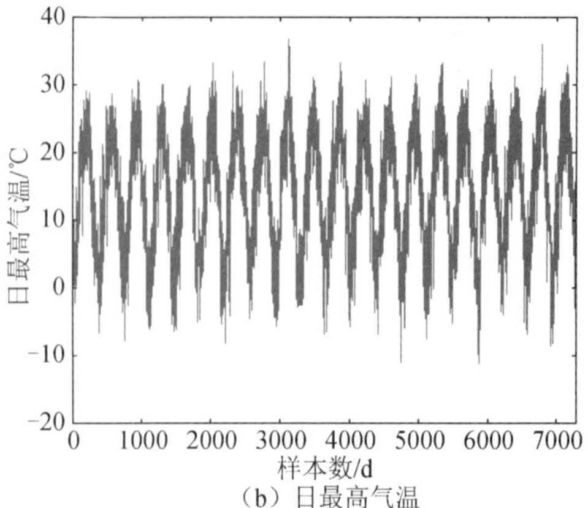

（b）日最高气温

图 1-5　日最低气温和日最高气温

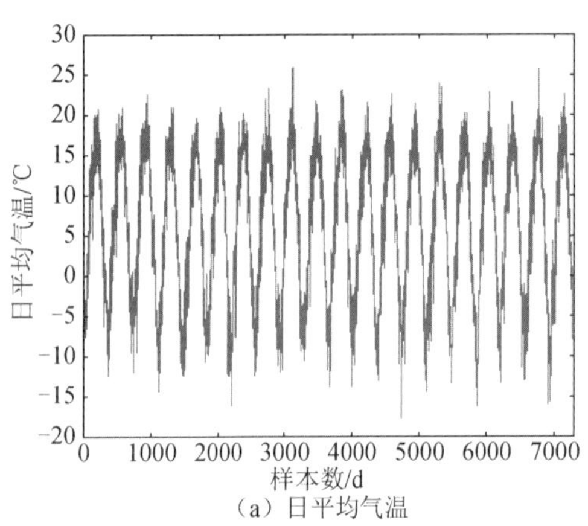

（a）日平均气温

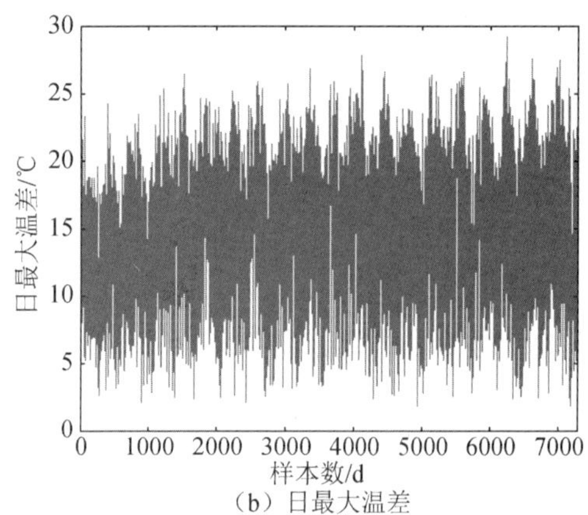

（b）日最大温差

图 1-6　日平均气温和日最大温差

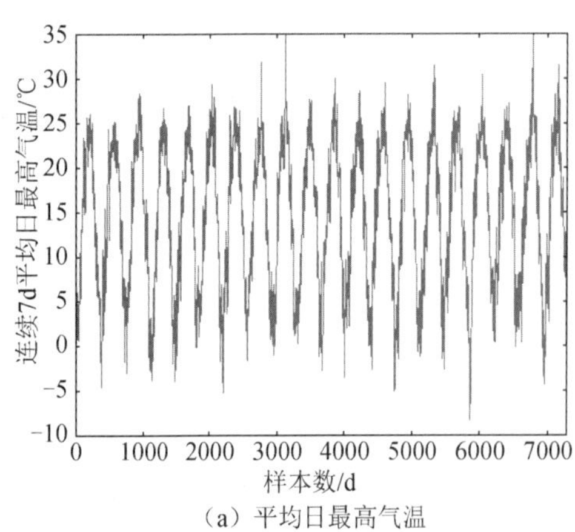

（a）平均日最高气温

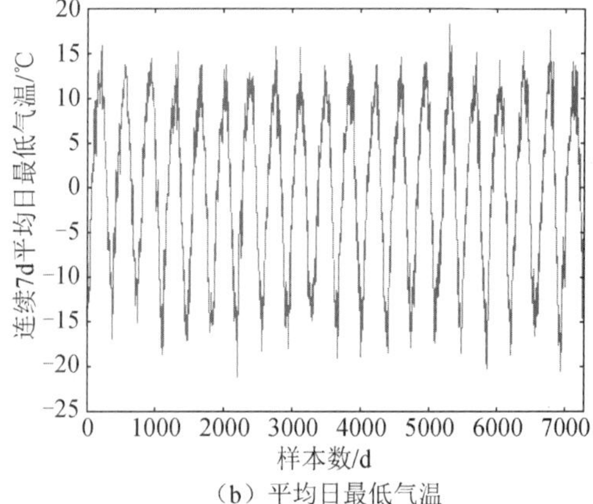

（b）平均日最低气温

图 1-7　连续 7d 平均日最高气温和连续 7d 平均日最低气温

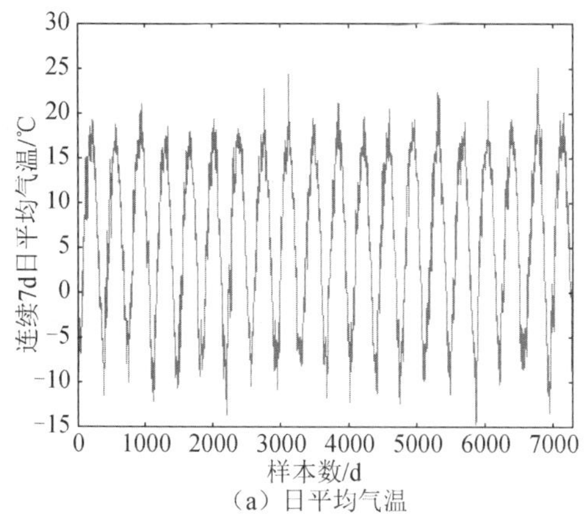

（a）日平均气温

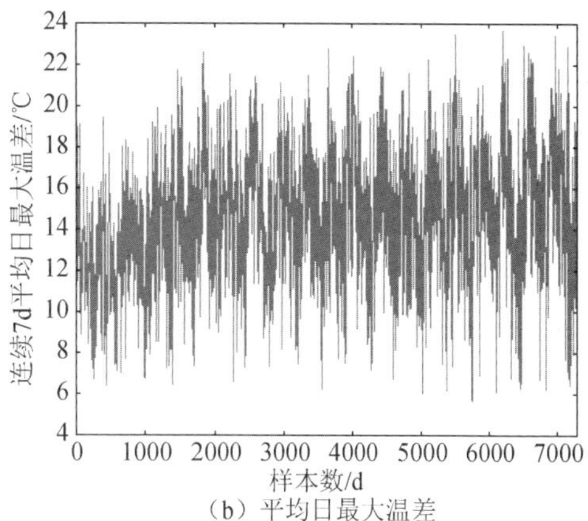

（b）平均日最大温差

图 1-8 连续 7d 日平均气温和连续 7d 平均日最大温差

表 1-6 当年日最低气温

年份	日最低气温/℃	年份	日最低气温/℃
1992	−17.6	2002	−21.7
1993	−18.2	2003	−20.0
1994	−17.9	2004	−22.9
1995	−21.9	2005	−20.6
1996	−19.4	2006	−20.4
1997	−18.2	2007	−21.8
1998	−23.1	2008	−23.3
1999	−20.3	2009	−20.2
2000	−19.7	2010	−23.8
2001	−18.2	2011	−22.8

注：当年日最低气温数学期望为−20.6，方差为 3.9326，标准差为 1.9831。

表 1-7 连续 7d 日最高气温与日最低气温（1998 年 1 月 18～24 日）

项目	日期						
	1998 年 1 月 18 日	1998 年 1 月 19 日	1998 年 1 月 20 日	1998 年 1 月 21 日	1998 年 1 月 22 日	1998 年 1 月 23 日	1998 年 1 月 24 日
样本数/（个/d）	2210	2211	2212	2213	2214	2215	2216
日最高气温/℃	−8.4	−6.8	0	−0.9	−1.7	−4.2	−4.3
日最低气温/℃	−22.5	−23.1	−22.4	−20.1	−19.9	−19.4	−21.4

注：样本的最高气温为−3.8℃，最低气温为−21.3℃，最大温差为 17.5℃。

表 1-8 连续 7d 日最高气温与日最低气温（2000 年 7 月 20～26 日）

项目	日期						
	2000 年 7 月 20 日	2000 年 7 月 21 日	2000 年 7 月 22 日	2000 年 7 月 23 日	2000 年 7 月 24 日	2000 年 7 月 25 日	2000 年 7 月 26 日
样本数/（个/d）	3124	3125	3126	3127	3128	3129	3130
日最高气温/℃	33.9	34.1	34.2	35.3	36.5	34.6	35.1
日最低气温/℃	14.6	14.5	14.5	14.7	15.4	17.7	16.2

注：样本的最高气温为 34.8℃，最低气温为 15.4℃，最大温差为 19.4℃。

表 1-9 日最高气温、日最低气温与日最大温差

样本数/d	日最高气温/℃	日最低气温/℃	日最大温差/℃
6252	20.8	-8.4	29.2

注：日最大温差对应日期为 2009 年 2 月 11 日。

表 1-10 气温和年降雨量统计

年份	最热月平均最高气温/℃			最冷月极端最低气温/℃	年降雨量/mm
	7 月	8 月	T_{max}	1 月	
1992	23.6	23.7	23.7	-17.6	425.2
1993	23.3	22.2	23.3	-18.2	402.7
1994	25.3	24.9	25.3	-17.9	418.1
1995	24.0	22.9	24.0	-21.9	379.0
1996	24.0	23.4	24.0	-19.4	402.1
1997	24.9	23.5	24.9	-18.2	409.9
1998	24.8	22.4	24.8	-23.1	460.3
1999	23.9	23.7	23.9	-20.3	411.9
2000	28.9	23.8	28.9	-19.7	343.0
2001	24.9	23.7	24.9	-18.2	397.8
2002	25.6	25.1	25.6	-21.7	387.7
2003	24.1	22.8	24.1	-20.0	537.9
2004	24.7	23.9	24.7	-22.9	429.5
2005	24.2	23.9	24.2	-20.6	484.1
2006	25.9	26.2	26.2	-20.4	352.3
2007	24.3	24.5	24.5	-21.8	523.1
2008	26.4	23.2	26.4	-23.3	378.6
2009	24.5	23.3	24.5	-20.2	459.1
2010	26.3	26.1	26.3	-23.8	405.0
2011	24.7	25.6	25.6	-22.8	390.4

注：最热月平均最高气温极大值为 28.9℃，最冷月极端最低气温极小值为-23.8℃，年降雨量均值为 419.9mm。

三、沥青混凝土路面温度场分析

（一）温度场分析理论

道路表面完全暴露于自然条件中，因此气候变化对路面材料的影响是不可避免的。路面温度可用数值解析温度场方法进行计算，也可通过现场测定路面中若干点温度变化规律，选择合适的函数形式进行拟合。

路面温度场的研究目的在于分析影响路面结构的内外因素，建立合理的路面结构预估模型，为路面结构性能指标的确定提供准确的参数。基于 Superpave（superior performing asphalt pavement，高性能沥青路面）技术，以路面温度场为依据，建立 PG 分级，进行沥青胶结料的选型，但是美国战略公路研究计划（Strategic Highway Research Program，SHRP）研究人员根据美国和加拿大气象台的气候信息数据库统计建立的路面设计温度高低温回归公式对其有很多的限制（如太阳辐射吸收率、大气辐射、风速等），导致其并不能适应各种情况。即使各种基本条件相同的两地，也会因为海拔等因素的不同而对沥青胶结料的选择产生差异。同时，SHRP 的回归公式只适用于 Superpave 规定的面层下一定深度的温度场分析，如路面设计温度，高温选择在路表面下 2cm 深度，低温选择在路面表面，这不能适应层状体系路面面层各部分沥青胶结料的选择。经过横向对比，考虑到整体环境的差异性，以美国和加拿大的气候条件建立的回归模型也与我国的实际情况存在不同，因此直接将 SHRP 的回归公式用于国内沥青混凝土路面设计是否足够精确，有待探究，且国内外对于路面温度场的分析也多处于探索阶段。

从热力学传热过程原理出发，考虑大气能量传递的导热、对流换热、辐射传热的方式，建立周期非稳态热传导方程用于路面的温度场分析。相对于实测温度场，周期非稳态热传导方程可以从理论方面给予解释，具有一定的理论深度和可移植性，可以更加精确地模拟和分析实际路面使用状况，热传导方程与边界条件如下所示。

（1）热传导方程

$$\frac{\partial T}{\partial t}=\alpha\nabla^2 T=\alpha\left(\frac{\partial^2 T}{\partial x^2}+\frac{\partial^2 T}{\partial y^2}+\frac{\partial^2 T}{\partial z^2}\right) \tag{1-1}$$

式中：∇^2 为拉普拉斯算子。

（2）边界条件

对于路面结构，假设水平方向上的温度梯度为零，因此不必考虑侧面的边界条件。路面的上表面为主要边界，无限深处为次要边界。按照传导过程和路面特征的不同，边界条件可分为 3 种类型。

1）第一类边界条件——已知路表温度变化的函数为

$$T_1\big|_{z=0}=\varphi(t)$$

2）第二类边界条件——已知路表热流变化的函数为

$$-\lambda_1\frac{\partial T_1}{\partial z}\bigg|_{z=0}=q(t)$$

3）第三类边界条件——已知与路表相接触的介质的温度变化函数为

$$-\lambda_1\frac{\partial T_1}{\partial y}\bigg|_{z=0}=B[f_1(t)-T_1\big|_{z=0}]$$

式中：T_1 为路面第一层的温度函数；$\varphi(t)$ 为路表的温度函数；λ_1 为第一层路面材料的导热系数；$q(t)$ 为路表的热流函数；$f_1(t)$ 为与路表接触的介质的温度函数；B 为介质与路面之间的热交换系数。

本书研究的西宁南绕城高速公路项目路面结构温度场属于第三类边界条件，也是工程中常见的类型。

（3）太阳辐射影响

太阳辐射使大气温度在昼夜之间产生明显的差异，呈现出口周期性变化的特征。太阳辐射的周期性变化规律对路面结构温度场的影响可以近似用周期性变化的边界条件描述。

太阳辐射可分为短波辐射和长波辐射。其中短波辐射包括太阳直接辐射和散射辐射，以及路表对直接辐射和散射辐射的反射辐射；长波辐射包括路表向天空发出的长波辐射，以及大气、云层等对路表面的逆辐射。有效辐射为短波辐射与长波辐射之差。

辐射传递给路面表面的热流量公式为

$$R=\alpha_s Q-F$$

式中：Q 为辐射热；α_s 为路表面对总辐射的吸收率；F 为有效辐射。

对流交换的热流量为

$$P=B(T_a-T_1|_{z=0})$$

式中：P 为热流量；B 为热交换系数；T_a 为大气温度。

这时路表边界条件为

$$-\lambda_1\frac{\partial T_1}{\partial z}\bigg|_{z=0}=\alpha_s Q-F+B(T_a-T_1|_{z=0})$$

（4）太阳辐射日变化过程函数

根据 Barber、严作人等的研究成果，太阳辐射的日变化过程采用以下函数近似描述：

$$Q(t)=\begin{cases}0 & 0\leqslant t<\dfrac{\pi}{\omega}\left(1-\dfrac{m}{2}\right)\\ Q_0\cos[m\omega(t-12)] & \dfrac{\pi}{\omega}\left(1-\dfrac{m}{2}\right)\leqslant t<\dfrac{\pi}{\omega}\left(1+\dfrac{m}{2}\right)\\ 0 & \dfrac{\pi}{\omega}\left(1+\dfrac{m}{2}\right)\leqslant t\leqslant\dfrac{2\pi}{\omega}\end{cases} \tag{1-2}$$

式中：$Q(t)$ 为太阳辐射的日变化函数；Q_0 为中午最大的辐射量（$\mathrm{J/m^2}$），$Q_0=0.131mQ_s$，$m=12/c$，Q_s 为日太阳辐射总量（$\mathrm{J/m^2}$），c 为实际有效日照时间（h），可参照气象部门数据；ω 为角频率，$\omega=\dfrac{\pi}{12}$（rad）；t 为时间（h），以早上 6 时为时间的起点。

式（1-2）为分段函数，不光滑连续，在计算温度场时会出现跳跃间断点，为此，需要将其展开为级数来表示，以得到光滑连续的函数表达式。根据傅里叶级数的相关原理，将该非连续函数 $Q(t)$ 进行傅里叶变换，可以转化成余弦三角函数形式的傅里叶级数连续函数，依次作为边界条件，即如式（1-3）所示：

$$Q(t)=\begin{cases}\dfrac{Q_0}{\pi}+\dfrac{Q_0}{2}\sin(\omega t)+\dfrac{2Q_0}{\pi}\sum\limits_{k=1}^{\infty}\dfrac{1}{1-4k^2}\sin\left(2k\omega t+\dfrac{\pi}{2}\right) & m=1\\ \dfrac{Q_0}{m\pi}+\dfrac{2mQ_0}{\pi}\sum\limits_{k=1}^{\infty}\dfrac{\cos\dfrac{k\pi}{2m}}{m^2-k^2}\sin\left(k\omega t+\dfrac{\pi}{2}-\dfrac{k\pi}{2}\right) & m\neq1\end{cases} \tag{1-3}$$

当计算阶数 k 达到 30 时，即可满足工程精度的要求。

（5）气温及对流热交换

由于太阳辐射的影响，大气温度呈现周期性的变化特征。由于最低气温通常出现在黎明前后，大约在早上 4 时，而最高气温大多出现在最大太阳辐射出现后约 2h（下午 2 时左右），这样从最低气温上升到最高气温不足 10h，而从最高气温降至最低气温则需要 14h 以上，单一的正弦函数无法模拟这种实际的变温过程。为此，采用如下所示的两个正弦函数的线性组合来模拟气温的日变化过程，其结果与实际情况符合较好：

$$T_a = \overline{T}_a + T_m\{0.96\sin[\omega(t-t_0)] + 0.146\sin[2\omega(t-t_0)]\} \tag{1-4}$$

式中：$\overline{T}_a$ 为日平均气温（℃），$\overline{T}_a = \dfrac{T_a^{max} + T_a^{min}}{2}$，$T_a^{max}$、$T_a^{min}$ 分别为日最高气温和最低气温（℃）；T_m 为日气温变化幅度（℃），$T_m = \dfrac{1}{2}(T_a^{max} - T_a^{min})$；$t_0$ 为初相位，取最大太阳辐射与最高气温出现时间差加 7，一般情况下可设时间差为 2h，为此，t_0 可以取为 9；在计算时，t 以小时计。

本书研究的以西宁为代表的高寒高海拔地区气候预估模型即为式（1-4），主要是采用双正弦曲线预估温度的模型，通过最高温度和最低温度来反推，理论上拟合日温度变化。

路面表面与大气产生热交换的热交换系数 h_c 主要受平均风速 v_w 的影响，两者之间呈线性关系：

$$h_c = 3.7v_w + 9.4 \tag{1-5}$$

式中：h_c 为热交换系数 $[W/(m^2 \cdot K)]$；v_w 为日平均风速（m / s）。

（6）路面有效辐射

路面有效辐射主要与地面温度、气温、云量、空气的湿度及透明度等诸多因素有关。以往研究对此问题的计算通常是通过适当地改变表面放热系数修整气温，或者对太阳辐射的幅值进行折减等方法来近似计算表面有效辐射的释热效果，但这种处理方法存在较大误差。东南大学等院所的研究学者建议采用如下计算公式直接实现地面有效辐射的边界条件：

$$q_F = \varepsilon\sigma[(T_1|_{z=0} - T_z)^4 - (T_a - T_z)^4] \tag{1-6}$$

式中：q_F 为地面有效辐射 $[W/(m^2 \cdot K)]$；ε 为路面发射率（黑度），沥青路面取 0.81；σ 为 Stefan-Boltzmann 常数（黑体辐射系数），取 $5.6697 \times 10^{-8} W/(m^2 \cdot K^4)$；$T_1|_{z=0}$ 为路表温度（℃）；T_a 为大气温度（℃）；T_z 为绝对零度值（℃），取−273℃。

（二）已有温度场预估模型

1．基于统计分析法的路面温度场预估模型

统计分析法也称为相关分析法，气温和太阳辐射是影响路面温度场的最主要环境变量，通过简化模型参数，忽略其他因素，也可以得到满意的预测精度。

（1）Superpave 温度模型

美国 SHRP 提出了将沥青及沥青混合料的性能按气候分区评价的设想，在高温条件下路表温度是由路表的热气流决定的，而路表热气流由多方面组成，如式（1-7）所示：

路表热气流=直接太阳辐射+热扩散±空气对流±热传导−路面体辐射　　(1-7)

经研究，可将式（1-7）量化为式（1-8a）的形式。

$$T_{smax} = T - 0.0618\text{Lat}^2 + 0.2289\text{Lat} + 24.4 \tag{1-8a}$$

式中：T_{smax} 为路表最高温度（℃）；T 为连续 7d 平均日最高温度（℃）；Lat 为项目所在地的地理纬度。

Superpave 高温设计温度是指路表以下 20mm 处的最高温度，如式（1-8b）所示：

$$T_{20\mathrm{mm,max}} = (T - 0.0618\mathrm{Lat}^2 + 0.2289\mathrm{Lat} + 42.2)\times 0.9545 - 17.78 \tag{1-8b}$$

式中：$T_{20\mathrm{mm,max}}$ 为路面高温设计温度（℃）。

Superpave 认为冬季路面最低温度发生在路表处，以路表最低温度为路面低温设计温度。但是加拿大研究认为其结果偏保守，建议采用如下低温温度模型：

$$T_{\min} = 0.895\bar{T}_{\mathrm{m}} + 1.7 \tag{1-9}$$

式中：$T_{\min}$ 为路面低温设计温度（℃）；$\bar{T}_{\mathrm{m}}$ 为最低温度的平均值（℃）。

（2）Mohseni 改进的温度模型如下：

$$T_{\min} = -1.56 + 0.72T_{\mathrm{a}} - 0.04\mathrm{Lat}^2 + 6.26\lg(d + 25) \tag{1-10}$$

式中：d 为距路表面的深度（mm）。

不同的组织和个人通过不同的手段得到了适应于当地条件的路面温度场模型，但是相关模型具有一定的地域适用性，应用于不同环境、不同条件下的温度场计算时会造成很大误差。因此，一般认为仅仅基于气温和太阳辐射强度的预估模型具有局限性。

2. 其他路面温度场模型

在郑健龙等的《沥青路面抗裂：设计理论与方法》中，根据同样的假设条件得到的解析解如下。

1）周期性变化的边界条件如下：

$$-\lambda_1 \frac{\partial T_1}{\partial z}\bigg|_{z=0} = \begin{cases} B\left(T_1\big|_{z=0} - T_{\mathrm{a}} - (T_{\mathrm{m}} + c_{\mathrm{F}}\alpha_{\mathrm{s}})\{0.96\sin[\omega(t-t_0)] + 0.146\sin[2\omega(t-t_0)]\}\right) \\ \quad -\dfrac{Q_0\alpha_{\mathrm{s}}}{\pi B}\left[1 + \dfrac{\pi}{2}\sin\omega t + 2\displaystyle\sum_{k=1}^{\infty}\dfrac{1}{1-4k^2}\sin\left(2k\omega t + \dfrac{\pi}{2}\right)\right] & m = 1 \\ B\left(T_1\big|_{z=0} - T_{\mathrm{a}} - (T_{\mathrm{m}} + c_{\mathrm{F}}\alpha_{\mathrm{s}})\{0.96\sin[\omega(t-t_0)] + 0.146\sin[2\omega(t-t_0)]\}\right) \\ \quad -\dfrac{Q_0\alpha_{\mathrm{s}}}{\pi B}\left[\dfrac{1}{m} + 2m\displaystyle\sum_{k=1}^{\infty}\dfrac{\cos\dfrac{k\pi}{2m}}{1-4k^2}\sin\left(2k\omega t + \dfrac{\pi}{2} - \dfrac{k\pi}{2}\right)\right] & m \neq 1 \end{cases} \tag{1-11}$$

2）路面温度场周期变化的一般解如下：

$$T_i(z,t) = \begin{cases} \bar{T}_{\mathrm{a}} + (T_{\mathrm{m}} + c_{\mathrm{F}}\alpha_{\mathrm{s}})[0.96T_{\mathrm{emp}_i}(z, t-t_0, \omega) + 0.146T_{\mathrm{emp}_i}(z, t-t_0, 2\omega)] \\ \quad + \dfrac{Q_0\alpha_{\mathrm{s}}}{\pi B} + \dfrac{Q_0\alpha_{\mathrm{s}}}{2B}T_{\mathrm{emp}_i}(z,t,\omega) + \dfrac{2Q_0\alpha_{\mathrm{s}}}{\pi B}\displaystyle\sum_{k=1}^{\infty}\dfrac{1}{1-4k^2}T_{\mathrm{emp}_i}\left(z, t + \dfrac{\pi}{4k\omega}, 2k\omega\right) \\ \bar{T}_{\mathrm{a}} + (T_{\mathrm{m}} + c_{\mathrm{F}}\alpha_{\mathrm{s}})[0.96T_{\mathrm{emp}_i}(z, t-t_0, \omega) + 0.146T_{\mathrm{emp}_i}(z, t-t_0, 2\omega)] \\ \quad + \dfrac{Q_0\alpha_{\mathrm{s}}}{\pi mB} + \dfrac{2mQ_0\alpha_{\mathrm{s}}}{\pi B}\displaystyle\sum_{k=1}^{\infty}\dfrac{1}{m-4k^2}T_{\mathrm{emp}_i}\left(z, t + \dfrac{\pi}{2k\omega} - \dfrac{\pi}{2\omega}, k\omega\right) \end{cases} \tag{1-12}$$

式中：B 为热交换系数；c_{F} 为气温变化中值的修正量（℃），晴天时可取值为 5，雨天时取值为 2；ω 为频率，当 $\omega = 0$ 时，表示温度场为一定常温度场；$\alpha_{\mathrm{s}} = \sqrt{\dfrac{\mathrm{j}\omega}{a_i}}$；$\alpha_i$ 为第 i 层

结构层的导温系数。$T_{\mathrm{emp}_i}(z,t,\omega)=I_{\mathrm{mg}}[A_i\mathrm{e}^{\mathrm{j}\omega t-(1+\mathrm{j})\beta_i z}+B_i\mathrm{e}^{\mathrm{j}\omega t+(1-\mathrm{j})\beta_i z}]$；$I_{\mathrm{mg}}[\bullet]$表示函数取虚数；$\beta_i=\sqrt{\dfrac{\omega}{2a_i'}}$；$A_i$、$B_i$ 为复常数，其中，$A_1=VB_1$，$B_1=\dfrac{B}{(1+V)B+(1-V)\lambda_1\beta_1(1+\mathrm{j})}$；$A_{i+1}=R_i^{11}A_i+R_i^{12}B_i$，$B_{i+1}=R_i^{21}A_i+R_i^{22}B_i$；$R_i^{11}=\dfrac{1}{2}(1+\eta_i)\mathrm{e}^{-(\beta_i-\beta_{i+1})H_i(1+\mathrm{j})}$，$R_i^{12}=\dfrac{1}{2}(1-\eta_i)\mathrm{e}^{(\beta_i-\beta_{i+1})H_i(1+\mathrm{j})}$；$R_i^{21}=\dfrac{1}{2}(1-\eta_i)\mathrm{e}^{-(\beta_i+\beta_{i+1})H_i(1+\mathrm{j})}$，$R_i^{22}=\dfrac{1}{2}(1+\eta_i)\mathrm{e}^{(\beta_i-\beta_{i+1})H_i(1+\mathrm{j})}$；$V=\dfrac{R_1^{12}R_2^{11}R_3^{21}+R_1^{22}R_2^{12}R_3^{21}+R_1^{12}R_2^{21}R_3^{22}+R_1^{22}R_2^{22}R_3^{22}}{R_1^{11}R_2^{11}R_3^{21}+R_1^{21}R_2^{12}R_3^{21}+R_1^{11}R_2^{21}R_3^{22}+R_1^{21}R_2^{22}R_3^{22}}$；$\eta_i=\dfrac{\lambda_i\beta_i}{\lambda_{i+1}\beta_{i+1}}$；$H_i=\sum_{k=1}^{i}h_k$，$h_k$ 为第 k 层结构材料的厚度（m）；λ_i 为第 i 层的导热系数。

（三）路面温度场模型的一般解

相对于长度和宽度，路面的厚度很小，同时考虑路面结构温度及铺筑稳定后的受热情况，可以将路面结构看成受热面为 $z=0$、厚度 $l\to\infty$ 的半无限厚场，且无内热源，基于上述分析可知温度场模型的定解方程为

$$\frac{\partial T}{\partial t}=\alpha\frac{\partial^2 T}{\partial z^2}$$

假定初始条件为

$$T\big|_{t=0}=\varphi(z)$$

边界条件：

1）若考虑单层体系，则

$$\left.\frac{\partial T}{\partial z}\right|_{z=0}=\varphi(t),\qquad \left.\frac{\partial T}{\partial z}\right|_{z=l}=0$$

2）若考虑多层体系，则

$$\left.\frac{\partial T^i}{\partial z}\right|_{z=h_i}=\varphi_{i+1}(t),\qquad (i=1,2,\cdots)$$

显然，多层体系中的自然边界条件为

$$-\lambda_n\left.\frac{\partial T^n}{\partial z}\right|_{z=\infty}=0$$

上式属于非齐次边界条件的定解问题。

1. 单层体系

齐次化边界条件：设 $T=T_1+T_2$。

考虑到边界条件，若使 $T_2(z,t)=A(t)z+B(t)$，则会使 T_1 的边界条件齐次化时的系数 $A(t)$ 和 $B(t)$ 无法确定，因此，设 $T_2(z,t)=A(t)z^2+B(t)z$，$\left.\dfrac{\partial T_2}{\partial z}\right|_{z=0}=\varphi(t)$，$\left.\dfrac{\partial T_2}{\partial z}\right|_{z=l}=0$，

则

$$A(t)=-\frac{1}{2l}\varphi(t)\text{，}\quad B(t)=\varphi(t)$$

即

$$T_2(z,t)=-\frac{1}{2l}\varphi(t)z^2+\varphi(t)z$$

故

$$\frac{\partial T}{\partial t}=\alpha\frac{\partial^2 T}{\partial z^2}=\frac{\partial T_1}{\partial t}+\frac{\partial T_2}{\partial t}=\alpha\left(\frac{\partial^2 T_1}{\partial z^2}+\frac{\partial^2 T_2}{\partial z^2}\right)$$

即

$$\frac{\partial T_1}{\partial t}-\alpha\frac{\partial^2 T_1}{\partial z^2}=\alpha\frac{\partial^2 T_2}{\partial z^2}-\frac{\partial T_2}{\partial t}=-\frac{\alpha}{l}\varphi(t)+\frac{1}{2l}\varphi'(t)z^2-\varphi'(t)z$$

设 $f(z,t)=-\frac{\alpha}{l}\varphi(t)+\frac{1}{2l}\varphi'(t)z^2-\varphi'(t)z$，其中 $T_1\big|_{t=0}=T\big|_{t=0}-T_2\big|_{t=0}=\varphi(z)+\frac{1}{2l}\varphi(0)z^2-\varphi(0)z$；再设 $g(z)=\varphi(z)+\frac{1}{2l}\varphi(0)z^2-\varphi(0)z$，则有

定解方程：

$$\frac{\partial T_1}{\partial t}-\alpha\frac{\partial^2 T_1}{\partial z^2}=f(z,t)$$

初始条件：

$$T_1\big|_{t=0}=g(z)$$

边界条件：

$$\left.\frac{\partial T_1}{\partial z}\right|_{z=0}=0\text{，}\quad \left.\frac{\partial T_1}{\partial z}\right|_{z=l}=0$$

这是齐次边界条件的非齐次方程。

设 $T_1=T_{11}+T_{12}$，且满足

$$\begin{cases}\dfrac{\partial T_{11}}{\partial t}-\alpha\dfrac{\partial^2 T_{11}}{\partial z^2}=0\\ T_{11}\big|_{t=0}=g(z)\\ \left.\dfrac{\partial T_{11}}{\partial z}\right|_{z=0}=0,\quad \left.\dfrac{\partial T_{11}}{\partial z}\right|_{z=l}=0\end{cases}\text{，}\quad \begin{cases}\dfrac{\partial T_{12}}{\partial t}-\alpha\dfrac{\partial^2 T_{12}}{\partial z^2}=f(z,t)\\ T_{12}\big|_{t=0}=0\\ \left.\dfrac{\partial T_{12}}{\partial z}\right|_{z=0}=0,\quad \left.\dfrac{\partial T_{12}}{\partial z}\right|_{z=l}=0\end{cases}$$

对于齐次边界条件的齐次方程分离变量：

设 $T_{11}(z,t)=X(z)W(t)$，则有

$$\frac{\partial T_{11}}{\partial t}-\alpha\frac{\partial^2 T_{11}}{\partial z^2}=\frac{\partial W}{\partial t}X-\alpha\frac{\partial^2 X}{\partial z^2}W$$

显然易知，$\frac{\partial W}{\partial t}/(\alpha W)=\frac{\nabla^2 X}{X}=$负数，设为 $-\omega^2$，则有

$$\begin{cases}\dfrac{\partial W}{\partial t}+\alpha\omega^2 W=0\\ \nabla^2 X+\omega^2 X=0\end{cases}$$

方程解的构型为

$$\begin{cases}W=\mathrm{e}^{-\alpha\omega^2 t}\\ X=C\cos(\omega z)+D\sin(\omega z)\end{cases}$$

由边界条件 $\left.\dfrac{\partial T_{11}}{\partial z}\right|_{z=0}=\left.\dfrac{\partial X}{\partial z}\right|_{z=0}=0$，可知 $D=0$；由边界条件 $\left.\dfrac{\partial T_{11}}{\partial z}\right|_{z=l}=\left.\dfrac{\partial X}{\partial z}\right|_{z=l}=0$，可知 $\omega=\dfrac{n\pi}{l}$，$(n=0,1,\cdots)$，即 $X_n(z)=C_n\cos\left(\dfrac{n\pi}{l}z\right)$。

满足狄利克雷条件的傅里叶级数解的形式如下：

$$T_{11}(z,t)=\frac{C_0}{2}+\sum_{n=1}^{\infty}C_n\mathrm{e}^{-\alpha\left(\frac{n\pi}{l}\right)^2 t}\cos\left(\frac{n\pi}{l}z\right) \tag{1-13}$$

式中：$C_n=\dfrac{2}{l}\int_0^l g(z)\cos\left(\dfrac{n\pi}{l}z\right)\mathrm{d}z$。

考虑到初始条件的温度分布函数未知，假设初始温度为均值常量进行稳定温度场分析，可知当迭代进行一定数量时，傅里叶级数收敛趋于稳定值，可以用于计算，设 $\varphi(z)=\varphi_0$，则有

$$\begin{aligned}C_n&=\frac{2}{l}\int_0^l\left[\varphi_0+\frac{1}{2l}\varphi(0)z^2-\varphi(0)z\right]\cos\left(\frac{n\pi}{l}z\right)\mathrm{d}z\\&=\frac{2}{l}\left[\varphi_0\int_0^l\cos\left(\frac{n\pi}{l}z\right)\mathrm{d}z+\frac{1}{2l}\varphi(0)\int_0^l z^2\cos\left(\frac{n\pi}{l}z\right)\mathrm{d}z-\varphi(0)\int_0^l z\cos\left(\frac{n\pi}{l}z\right)\mathrm{d}z\right]\\&=\frac{2l}{n^2\pi^2}\varphi(0)\end{aligned} \tag{1-14}$$

式中：$C_0=2\varphi_0-\dfrac{2}{3}\varphi(0)l$。

对于非齐次方程，考虑到对应齐次方程的结构形式，按本征函数展开。

设

$$\begin{cases}T_{12}(z,t)=\displaystyle\sum_{n=1}^{\infty}T_n(t)\cos\left(\frac{n\pi}{l}z\right)\\ f(z,t)=\displaystyle\sum_{n=1}^{\infty}f_n(t)\cos\left(\frac{n\pi}{l}z\right)\end{cases}$$

式中：$f_n(t)=\dfrac{2}{l}\int_0^l f(z,t)\cos\left(\dfrac{n\pi}{l}z\right)\mathrm{d}z$。

$$\begin{cases}T_n'(t)+\alpha\left(\dfrac{n\pi}{l}\right)^2 T_n(t)=f_n(t)\\ T_n(0)=0\end{cases}$$

由一阶常微分方程可知

$$T_n(t) = \mathrm{e}^{-\alpha\left(\frac{n\pi}{l}\right)^2 t}\left[\int_0^t f_n(t)\mathrm{e}^{\alpha\left(\frac{n\pi}{l}\right)^2 t}\mathrm{d}t + E\right]$$

因为

$$\int_0^l f(z,t)\cos\left(\frac{n\pi}{l}z\right)\mathrm{d}z = -\frac{\alpha}{l}\varphi(t)\int_0^l \cos\left(\frac{n\pi}{l}z\right)\mathrm{d}z + \frac{1}{2l}\varphi'(t)\int_0^l z^2\cos\left(\frac{n\pi}{l}z\right)\mathrm{d}z$$
$$-\varphi'(t)\int_0^l z\cos\left(\frac{n\pi}{l}z\right)\mathrm{d}z = \frac{l^2}{n^2\pi^2}\varphi'(t)$$

所以 $f_n(t)=\dfrac{2l}{n^2\pi^2}\varphi'(t)$ 。

考虑到路表边界条件的形式为

$$\varphi(t) = \frac{\partial T}{\partial z}\bigg|_{z=0} = -\frac{1}{\lambda}[\alpha_s Q - F + B(T_a - T|_{z=0})]$$

式中：Q 和 T_a 均展开为傅里叶级数的形式，具有正弦函数形式，那么其导数应为如式（1-15）所示的余弦函数形式，对于积分形式，设 $M = \int_0^t \cos[\omega(t-t_0)]\mathrm{e}^{\alpha\left(\frac{n\pi}{l}\right)^2 t}\mathrm{d}t$ ，

$$\begin{aligned}
M &= \int_0^t \cos[\omega(t-t_0)]\mathrm{e}^{\alpha\left(\frac{n\pi}{l}\right)^2 t}\mathrm{d}t \\
&= \frac{1}{\alpha}\left(\frac{l}{n\pi}\right)^2\left\{\cos[\omega(t-t_0)]\mathrm{e}^{\alpha\left(\frac{n\pi}{l}\right)^2 t} - \cos(\omega t_0) + \frac{\omega}{\alpha}\left(\frac{l}{n\pi}\right)^2\left[\sin[\omega(t-t_0)]\mathrm{e}^{\alpha\left(\frac{n\pi}{l}\right)^2 t} + \sin(\omega t_0)\right]\right. \\
&\quad \left. - \frac{\omega^2}{\alpha}\left(\frac{l}{n\pi}\right)^2\int_0^t \cos[\omega(t-t_0)]\mathrm{e}^{\alpha\left(\frac{n\pi}{l}\right)^2 t}\mathrm{d}t\right\} \\
&= \frac{1}{\alpha}\left(\frac{l}{n\pi}\right)^2\left\{\cos[\omega(t-t_0)]\mathrm{e}^{\alpha\left(\frac{n\pi}{l}\right)^2 t} - \cos(\omega t_0) + \frac{\omega}{\alpha}\left(\frac{l}{n\pi}\right)^2\left[\sin[\omega(t-t_0)]\mathrm{e}^{\alpha\left(\frac{n\pi}{l}\right)^2 t} + \sin(\omega t_0)\right]\right\} \\
&\quad - \frac{\omega^2}{\alpha^2}\left(\frac{l}{n\pi}\right)^4 M
\end{aligned} \tag{1-15}$$

则

$$\begin{aligned}
M = \frac{1}{1+\dfrac{\omega^2}{\alpha^2}\left(\dfrac{l}{n\pi}\right)^4}\frac{1}{\alpha}\left(\frac{l}{n\pi}\right)^2 &\left\{\cos[\omega(t-t_0)]\mathrm{e}^{\alpha\left(\frac{n\pi}{l}\right)^2 t} - \cos(\omega t_0)\right. \\
&\left. + \frac{\omega}{\alpha}\left(\frac{l}{n\pi}\right)^2\left[\sin[\omega(t-t_0)]\mathrm{e}^{\alpha\left(\frac{n\pi}{l}\right)^2 t} + \sin(\omega t_0)\right]\right\}
\end{aligned}$$

当 $t=0$ ， $M=0$ 时，又有 $T_n(0)=0$ ，显然 $E=0$ 。

$$
\begin{aligned}
T(z,t) &= T_{11}(z,t)+T_{12}(z,t)+T_{2}(z,t) \\
&= \frac{C_0}{2}+\sum_{n=1}^{\infty}C_n \mathrm{e}^{-\alpha\left(\frac{n\pi}{l}\right)^2 t}\cos\left(\frac{n\pi}{l}z\right)+\sum_{n=1}^{\infty}\left[T_n(t)\cos\left(\frac{n\pi}{l}z\right)-\frac{1}{2l}\varphi(t)z^2+\varphi(t)z\right] \\
&= \frac{C_0}{2}+\frac{2l}{\pi^2}\sum_{n=1}^{\infty}\frac{1}{n^2}\varphi(0)\mathrm{e}^{-\alpha\left(\frac{n\pi}{l}\right)^2 t}\cos\left(\frac{n\pi}{l}z\right) \\
&\quad +\frac{2l}{\pi^2}\sum_{n=1}^{\infty}\frac{1}{n^2}\mathrm{e}^{-\alpha\left(\frac{n\pi}{l}\right)^2 t}\int_0^t\varphi'(t)\mathrm{e}^{\alpha\left(\frac{n\pi}{l}\right)^2 t}\mathrm{d}t\cos\left(\frac{n\pi}{l}z\right)-\frac{1}{2l}\varphi(t)z^2+\varphi(t)z
\end{aligned}
$$

又设

$$
\begin{aligned}
G &= \int_0^t\cos\left(k\omega t+\frac{\pi}{2}-\frac{k\pi}{2}\right)\mathrm{e}^{\alpha\left(\frac{n\pi}{l}\right)^2 t}\mathrm{d}t \\
&= \frac{1}{1+\frac{k^2\omega^2}{\alpha^2}\left(\frac{l}{n\pi}\right)^4}\frac{1}{\alpha}\left(\frac{l}{n\pi}\right)^2\left\{\cos\left(k\omega t+\frac{\pi}{2}-\frac{k\pi}{2}\right)\mathrm{e}^{\alpha\left(\frac{n\pi}{l}\right)^2 t}-\cos\left(\frac{\pi}{2}-\frac{k\pi}{2}\right)\right. \\
&\quad \left.+\frac{k\omega}{\alpha}\left(\frac{l}{n\pi}\right)^2\left[\sin\left(k\omega t+\frac{\pi}{2}-\frac{k\pi}{2}\right)\mathrm{e}^{\alpha\left(\frac{n\pi}{l}\right)^2 t}-\sin\left(\frac{\pi}{2}-\frac{k\pi}{2}\right)\right]\right\}
\end{aligned}
$$

$$
\begin{aligned}
S &= \int_0^t\cos[2\omega(t-t_0)]\mathrm{e}^{\alpha\left(\frac{n\pi}{l}\right)^2 t}\mathrm{d}t \\
&= \frac{1}{1+\frac{4\omega^2}{\alpha^2}\left(\frac{l}{n\pi}\right)^4}\frac{1}{\alpha}\left(\frac{l}{n\pi}\right)^2\left\{\cos[2\omega(t-t_0)]\mathrm{e}^{\alpha\left(\frac{n\pi}{l}\right)^2 t}-\cos(2\omega t_0)\right. \\
&\quad \left.+\frac{2\omega}{\alpha}\left(\frac{l}{n\pi}\right)^2\left[\sin[2\omega(t-t_0)]\mathrm{e}^{\alpha\left(\frac{n\pi}{l}\right)^2 t}+\sin(2\omega t_0)\right]\right\}
\end{aligned}
$$

则有

$$
\int_0^t\varphi'(t)\mathrm{e}^{\alpha\left(\frac{n\pi}{l}\right)^2 t}\mathrm{d}t=-\frac{\alpha}{\lambda}\frac{2m\omega Q_0}{\pi}\sum_{k=1}^{\infty}\frac{k\cos\frac{k\pi}{2m}}{m^2-k^2}G-\frac{B}{\lambda}(T_m+c_{\mathrm{F}}\alpha)(0.96\omega M+0.292\omega S)
$$

由此可知温度场的解析结果。

2. 多层体系

多层体系的边界条件处理方式同单层体系。

显然对于多层体系，应满足$l=h_1+h_2+\cdots$，基本方程满足$\frac{\partial T^i}{\partial t}=\alpha_i\frac{\partial^2 T^i}{\partial z^2}$，同时对于温度场建立以下约束条件。

1）层间黏结良好，接触面温度连续，即

$$
T^i\Big|_{z=h_i}=T^{i+1}\Big|_{z=0}
$$

2）接触面热流连续，即

$$-\lambda_i \frac{\partial T^i}{\partial z}\bigg|_{z=h_i} = -\lambda_{i+1}\frac{\partial T^{i+1}}{\partial z}\bigg|_{z=0}$$

由边界条件可知，

$$\frac{\partial T^i}{\partial z}\bigg|_{z=h_i} = \frac{\partial T^{i+1}}{\partial z}\bigg|_{z=0} = \varphi_{i+1}(t)$$

$$\varphi_1(t) = \frac{\partial T^1}{\partial z}\bigg|_{z=0} = -\frac{1}{\lambda_1}[\alpha_s Q - F + B(T_{\mathrm{a}} - T|_{z=0})]$$

则

$$T_2^i = -\frac{1}{2h_i}[\varphi_i(t) - \varphi_{i+1}(t)]z^2 + \varphi_i(t)z \qquad (i = 1, 2, \cdots)$$

同理可知，

$$\frac{\partial T_1^i}{\partial t} - \alpha_i \frac{\partial^2 T_1^i}{\partial z^2} = -\frac{\alpha_i}{h_i}[\varphi_i(t) - \varphi_{i+1}(t)] + \frac{1}{2h_i}[\varphi_i'(t) - \varphi_{i+1}'(t)]z^2 - \varphi_i'(t)z = f_i(z,t)$$

$$T_1^i\big|_{t=0} = T^i\big|_{t=0} - T_2^i\big|_{t=0} = \varphi_i(z) + \frac{1}{2h_i}[\varphi_i(0) - \varphi_{i+1}(0)]z^2 - \varphi_i(0)z = g_i(z)$$

设 $T_1^i = T_{11}^i + T_{12}^i$，且满足

$$\begin{cases} \dfrac{\partial T_{11}^i}{\partial t} - \alpha \dfrac{\partial^2 T_{11}^i}{\partial z^2} = 0 \\ T_{11}^i\big|_{t=0} = g_i(z) \\ \dfrac{\partial T_{11}^i}{\partial z}\bigg|_{z=h_i} = 0,\quad \dfrac{\partial T_{11}^i}{\partial z}\bigg|_{z=h_{i+1}} = 0 \end{cases}, \qquad \begin{cases} \dfrac{\partial T_{12}^i}{\partial t} - \alpha \dfrac{\partial^2 T_{12}^i}{\partial z^2} = f_i(z,t) \\ T_{12}^i\big|_{t=0} = 0 \\ \dfrac{\partial T_{12}^i}{\partial z}\bigg|_{z=h_i} = 0,\quad \dfrac{\partial T_{12}^i}{\partial z}\bigg|_{z=h_{i+1}} = 0 \end{cases}$$

以下解法同单层体系。

满足狄利克雷条件的傅里叶级数解的形式为

$$T_{11}^i(z,t) = \frac{C_0^i}{2} + \sum_{n=1}^{\infty} C_n^i \mathrm{e}^{-\alpha\left(\frac{n\pi}{h_i}\right)^2 t} \cos\left(\frac{n\pi}{h_i}z\right)$$

式中：$C_n^i = \dfrac{2}{h_i}\displaystyle\int_0^{h_i} g_i(z)\cos\left(\frac{n\pi}{h_i}z\right)\mathrm{d}z = \dfrac{2h_i}{n^2\pi^2}\varphi_i(0) - \dfrac{2(-1)^n h_i}{n^2\pi^2}\varphi_{i+1}(0)$；$C_0^i = 2\varphi_0^i - \dfrac{2}{3}\varphi_i(0)h_i - \dfrac{1}{3}\varphi_{i+1}(0)h_i$。

本征方程为

$$\begin{cases} T_{12}^i(z,t) = \displaystyle\sum_{n=1}^{\infty} T_n^i(t)\cos\left(\frac{n\pi}{h_i}z\right) \\ f_i(z,t) = \displaystyle\sum_{n=1}^{\infty} f_n^i(t)\cos\left(\frac{n\pi}{h_i}z\right) \end{cases}$$

则

$$f_n^i(t)=\frac{2}{h_i}\int_0^{h_i} f_i(z,t)\cos\left(\frac{n\pi}{h_i}z\right)\mathrm{d}z=\frac{2h_i}{n^2\pi^2}\varphi_i'(t)+(-1)^{n+1}\frac{2h_i}{n^2\pi^2}\varphi_{i+1}'(t)$$

$$\begin{cases}\dfrac{\mathrm{d}}{\mathrm{d}t}T_n^i(t)+\alpha_i\left(\dfrac{n\pi}{h_i}\right)^2 T_n^i(t)=f_n^i(t)\\ T_n^i(0)=0\end{cases}$$

即

$$T_n^i(t)=\mathrm{e}^{-\alpha_i\left(\frac{n\pi}{h_i}\right)^2 t}\left[\int_0^t f_n^i(t)\mathrm{e}^{\alpha_i\left(\frac{n\pi}{h_i}\right)^2 t}\mathrm{d}t+E_i\right]$$

同理，由路表边界条件，设

$$\begin{aligned}M&=\int_0^t\cos[\omega(t-t_0)]\mathrm{e}^{\alpha_i\left(\frac{n\pi}{h_i}\right)^2 t}\mathrm{d}t\\&=\frac{1}{1+\dfrac{\omega^2}{\alpha^2}\left(\dfrac{h_i}{n\pi}\right)^4}\frac{1}{\alpha_i}\left(\frac{h_i}{n\pi}\right)^2\left\{\cos[\omega(t-t_0)]\mathrm{e}^{\alpha_i\left(\frac{n\pi}{h_i}\right)^2 t}-\cos(\omega t_0)\right.\\&\left.\quad+\frac{\omega}{\alpha_i}\left(\frac{h_i}{n\pi}\right)^2\left[\sin[\omega(t-t_0)]\mathrm{e}^{\alpha_i\left(\frac{n\pi}{h_i}\right)^2 t}+\sin(\omega t_0)\right]\right\}\end{aligned}$$

显然，对于多层结构，$E_i=0$。

由此可知

$$\begin{aligned}T_i(z,t)&=T_{11}^i(z,t)+T_{12}^i(z,t)+T_2^i(z,t)\\&=\frac{C_0^i}{2}+\sum_{n=1}^{\infty}C_n^i\mathrm{e}^{-\alpha_i\left(\frac{n\pi}{h_i}\right)^2 t}\cos\left(\frac{n\pi}{h_i}z\right)+\sum_{n=1}^{\infty}T_n^i(t)\cos\left(\frac{n\pi}{h_i}z\right)-\frac{1}{2h_i}[\varphi_i(t)-\varphi_{i+1}(t)]z^2+\varphi_i(t)z\end{aligned}$$

同理，也可以与单层体系一样按系数将积分展开为傅里叶级数。

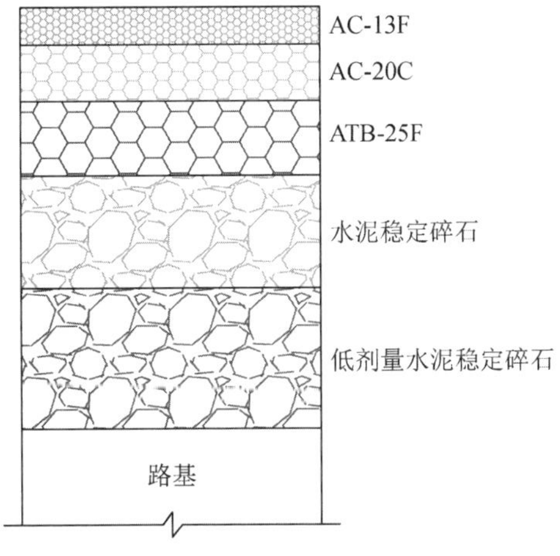

（四）基于数值计算的温度场模型

1. 计算结构和参数

以西宁南绕城高速公路沥青路面温度场模拟为例，其典型路面结构图如图 1-9 所示。其中计算参数为上面层 AC-13F 厚 4cm，下面层 AC-20C 厚 6cm，ATB-25F 厚 8cm，水泥稳定碎石基层厚 20cm，低剂量水泥稳定碎石基层厚 36cm。

数值分析计算材料参数见表 1-11，热交换系数关系图如图 1-10 所示。

图 1-9　典型路面结构示意图

表 1-11　数值分析计算材料参数

参数	沥青面层			水稳碎石基层			水稳碎石底基层			土基	
导热系数 λ_i/[kcal/(m·h·K)]	1.0			1.2			1.1			1.2	
密度 ρ/(kg/m^3)	2300			2200			2100			1800	
比热容 C/[J/(kg·K)]	826.9			815.1			842.9			929.8	
风速 v/(m/s)	0.0	1.0	2.0	3.0	4.0	5.0	6.0	7.0	8.0	9.0	10.0
热交换系数 B/[W/(m^2·K)]	9.4	13.2	16.8	20.6	24.3	28.0	31.7	35.4	39.1	42.8	46.5
太阳辐射总量 Q_s/(MJ/m^2)	月平均值为 8.0～20.6，日极端值最大约为 24.0										
太阳辐射吸收率 a_s	0.9										
日照时间 c/h	8～10										
路面发射率ε	0.81										
黑体辐射系数 σ/[J/(h·m^2·K^4)]	2.041092×10^{-4}										

注：1kcal=4186.8J。

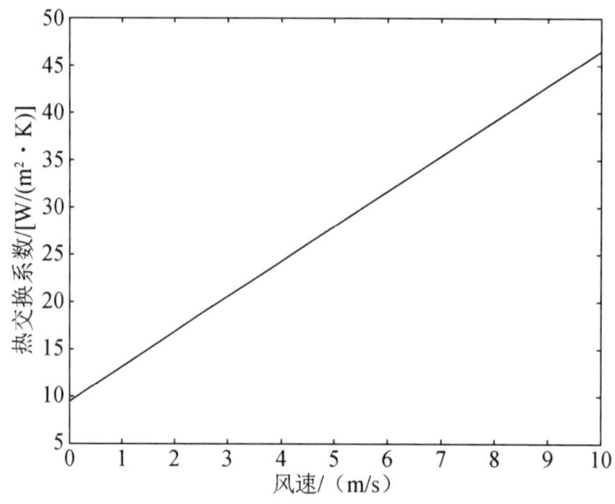

图 1-10　热交换系数关系图

风速 v 与热交换系数 B 的关系为 $B=3.7v+9.4$，式中单位同表 1-11。

2. Superpave 方法

根据美国 Superpave 选择沥青胶结料等级的设计温度，采用的是路面温度，而非空气温度，即规定路面设计高温选择在路面表层以下 0.02m 处，设计低温选取路面表面。对于路面设计最低温，SHRP 研究选取的数值与最低气温相同，结果较保守；而加拿大研究选取路面设计低温对最低气温进行了修正。

（1）高温设计温度

高温设计温度计算公式如下：

$$T_{20\text{mm}}=(T_{空气}-0.00618\text{Lat}^2+0.2289\text{Lat}+42.2)\times0.9545-17.78 \tag{1-16}$$

式中：T_{20mm}为深度0.02m处的路面设计温度的高温；$T_{空气}$为连续7d平均日最高气温；Lat为项目所在地的地理纬度。

（2）加拿大低温设计温度

加拿大低温设计温度公式如下：

$$T_{min}=0.895T_{空气}+1.7 \quad (1\text{-}17)$$

式中：T_{min}为路面设计温度的低温；$T_{空气}$为最低气温的平均值。

采用Superpave方法计算的路面设计温度见表1-12。

表1-12　采用Superpave方法计算的路面设计温度

Superpave可靠度/%	温度/℃								
	高温（路面表面以下0.02m处）				低温（路面表面）				
	平均值	标准差	最高气温	最高路面温度	平均值	标准差	最低温度	最低路面温度	
								SHRP	加拿大
50	29.0	2.7	29.0	50.2	−20.9	2.1	−20.9	−20.9	−17.0
85			31.7	52.8			−23.0	−23.0	−18.9
99			34.4	55.4			−25.1	−25.1	−20.8

（3）本节解析方法

在考虑了对流换热和热辐射的条件下，由本节采用的解析方法可知，调整部分相关环境参数，参考Superpave方法，取连续7d平均日最高气温$T_a^{max}=34.8℃$，对应最低气温为$T_a^{min}=15.4℃$，则可知$T(0.02,t)_{max}=51.5℃$。由此计算的解析结果与Superpave结果相比时发现：当Superpave可靠度取50%时，绝对误差为1.3℃，相对误差限为2.6%；当Superpave可靠度取85%时，绝对误差为1.3℃，相对误差限为2.5%；当Superpave可靠度取99%时，绝对误差为3.9℃，相对误差限为7.0%。

日最高气温发生在当地地方时的13～14时（约北京时间15时），且本节计算误差在工程容许范围内。

（五）有限元法

1．建立有限元模型

有限元法是数值分析方法的一种。对于解析方法得出精确解的少数问题，数值分析法可以解决含有非线性性质或求解区域的几何形状比较复杂，且无法得到精确解析解的问题。伴随计算机技术的发展，数值分析法成为解决技术问题的新手段。对比解析方法，有限元法是对路面温度场进行分析，同时结合应力场进一步分析。

有限元法的基本思想是将连续的求解区域离散为一组有限个且按一定方式相互联结在一起的单元组合体，由于单元按不同的联结方式进行组合，且单元本身又有不同形状，可以模拟几何形状比较复杂的求解域。有限元法利用在每一个单元假设的近似函数来分片表示求解域上待求的未知场函数。单元内的近似函数由未知场函数或其导数在单元的各个结点的数值和其插值函数来表示。在一个问题的分析中，将未知场函数或者其导数在各个节点上表征为自由度，可以使一个连续的无限自由度问题离散为有限自由度问题。通过求解自由度未知量，利用插值函数计算各个单元内场函数的近似值，从而得到整个求解域上的近似解。将单元数目不断增加，即单元尺寸缩小，或者随着单元自由度的增加，以及插值函数精度的提高，解的近似程度将会不断改进，且单元不断收敛，最后近似值收敛于精确解。

采用有限元分析软件建立有限元模型进行分析。对于温度场而言，在长度和宽度方向上由于边界条件一致，模型不受长度和宽度影响，温度场模型计算只与深度有关，但是考虑到与应力场的结合计算，本节仍采用三维有限元模型进行分析。

连续变温条件下沥青路面的温度场属于周期性变温条件的路面温度场，太阳辐射的周期性变化规律对路面结构温度场的影响可以近似地用周期性变化的边界条件描述。与解析方法对应，太阳辐射的日过程描述和气温函数变化采用相同的处理方法。对于连续变温条件下沥青路面的温度场，其边界形式与解析方法相同，考虑到实际统计气温变化不利于有限元和解析分析，将气温函数按双正弦函数展开，用以模拟实际气温函数，即模拟高温、低温温度函数，如图 1-11 所示。

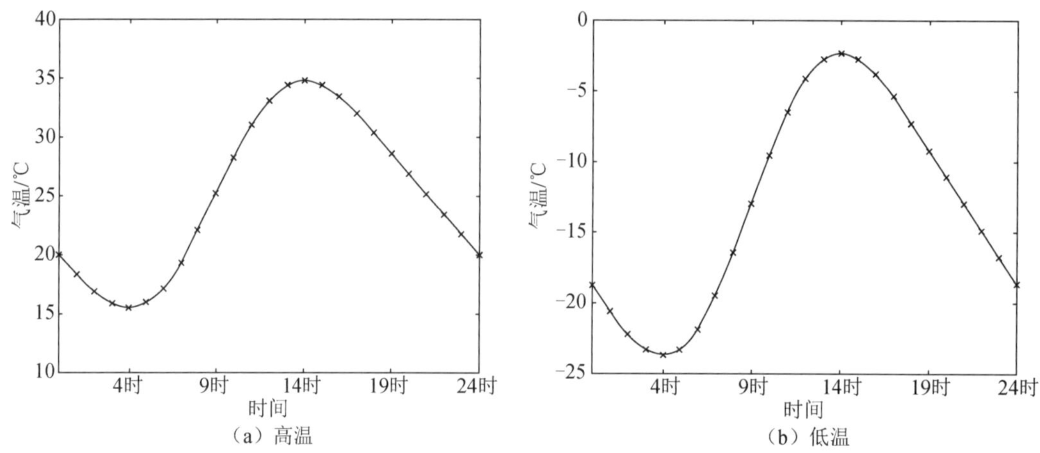

（a）高温　（b）低温

图 1-11　模拟高温、低温温度函数

经实际验证，可以很好地模拟日周期气温变化趋势，高、低温季节代表性气温分别见表 1-13 和表 1-14。

表 1-13　高温季节代表性气温

时刻	气温/℃	时刻	气温/℃	时刻	气温/℃	时刻	气温/℃
1 时	18.3	7 时	19.2	13 时	34.4	19 时	28.5
2 时	16.8	8 时	22.0	14 时	34.8	20 时	26.8
3 时	15.8	9 时	25.1	15 时	34.4	21 时	25.1
4 时	15.4	10 时	28.2	16 时	33.4	22 时	23.4
5 时	15.8	11 时	31.0	17 时	31.9	23 时	21.7
6 时	17.1	12 时	33.1	18 时	30.3	24 时	19.9

表 1-14　低温季节代表性气温

时刻	气温/℃	时刻	气温/℃	时刻	气温/℃	时刻	气温/℃
1 时	-20.6	7 时	-19.6	13 时	-2.8	19 时	-9.2
2 时	-22.2	8 时	-16.5	14 时	-2.3	20 时	-11.2
3 时	-23.4	9 时	-13.1	15 时	-2.7	21 时	-13.1
4 时	-23.8	10 时	-9.6	16 时	-3.9	22 时	-14.9
5 时	-23.3	11 时	-6.5	17 时	-5.5	23 时	-16.9
6 时	-21.9	12 时	-4.2	18 时	-7.3	24 时	-18.8

在有限元分析软件中，对于太阳辐射和大气温度接触面，选择相互作用模块定义路面与周围大气的热交换过程（即第一类边界条件为随时间变化的外界温度，第二类边界条件为随时间变化的热流），叠加后代入有限元分析软件进行计算。因此，依据数值计算分析所列路面结构及参数，建立有限元分析模型。

2. *最热月份高温温度场和最冷月份低温温度场*

在有限元分析软件用户子程序中，对温度场在夏季和冬季的极端情况进行分析，即高温温度场假设为夏季晴天、太阳辐射强烈、无风无对流换热、日照时间长；而低温温度场假设为冬季阴天（不考虑雨天雨水冲刷路面等因素对温度场的影响）、太阳辐射弱、有风有对流换热、日照时间短。

在计算参数取值中，考虑季节性影响，对于太阳辐射总量和日照时间，夏季取大值，冬季取小值，这样可以在考虑实际的情况下，较好地模拟极端情况。高温、低温温度场计算结果如图 1-12 所示。

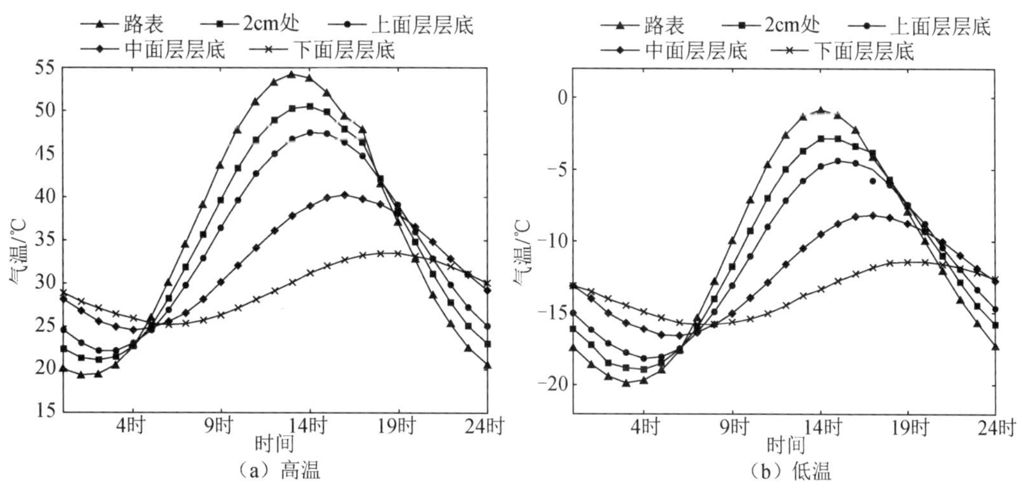

图 1-12　高温和低温温度场计算结果

1）高温温度场模拟：有限元计算的高温周期中，取连续 7d 平均日最高气温 $T_a^{max}=34.8$℃，对应最低气温为 $T_a^{min}=15.4$℃，则路表的最高温度是 54.1℃，高温计算时路表下 2cm 处的温度 $T(0.02,t)_{max}$=50.5℃。与 Superpave 的结果相比，当 Superpave

可靠度取 50%时，绝对误差为 0.3℃，相对误差限为 0.6%；当 Superpave 可靠度取 85%时，绝对误差为 2.3℃，相对误差限为 4.4%；当 Superpave 可靠度取 99%时，绝对误差为 4.9℃，相对误差限为 8.8%。

2）低温温度场模拟：有限元计算的低温周期中，取最冷月份的极端最低气温 $T_a^{min}=-23.8℃$，对应最高气温为 $T_a^{max}=-2.3℃$，则路表的最低温度是-19.9℃。与 Superpave 的结果相比，当 Superpave 可靠度取 50%时，绝对误差为 1.0℃，相对误差限为 5.0%；当 Superpave 可靠度取 85%时，绝对误差为 3.1℃，相对误差限为 15.6%；当 Superpave 可靠度取 99%时，绝对误差为 5.2℃，相对误差限为 26.1%。由计算结果也可知，SHRP 的低温温度场计算偏保守，而加拿大的计算结果则与实际较为接近。

由图 1-12 可知：最高温发生在当地地方时的 13～14 时（约北京时间 15 时），最低温发生在当地地方时的 3～4 时（约北京时间 5 时），且误差均在工程容许范围内。通过解析方法、有限元法与 Superpave 的对比可知，本节采用有限元方法可以满足计算精度要求。

以西宁地区夏季典型气候特征进行计算：从实际计算可知，路面温度场是随时间和深度变化的周期性变温条件的温度场，路表直接承受太阳辐射和温度作用，其周期性变温幅度也最大，由于实际影响因素很多，根据自然环境条件假设，计算得出路表的最高温为 54.1℃。

3. 路面不同层位的温度场分析

沥青路面不同层位的温度场的变化趋势是不同的。路表直接接触大气，因此受大气环境作用影响最大，温度场的变化趋势明显，随着层位的下降，大气环境作用的影响降低。随着层位的下降，由于热传导的作用，各个层位最高温的时间段依次延后。

（1）路面不同层位的高温温度场分析

高温温度场的路表最高温为 54.1℃，发生于地方时的 13～14 时；最低温为 19.2℃，发生于 1 时。路表下 2cm 处的最高温为 50.5℃，发生于 14 时；最低温为 20.9℃，发生于 2 时。中面层最高温为 47.5℃，发生于 14～15 时；最低温为 22.2℃，发生于 2～3 时。下面层最高温为 40.2℃，发生于 16 时；最低温 24.5℃，发生于 4 时。

（2）路面不同层位的低温温度场分析

低温温度场的路表最高温为-0.8℃，发生于地方时的 14 时；最低温为-19.9℃，发生于 3 时。路表下 2cm 处的最高温为-2.8℃，发生于 15 时；最低温为-18.9℃，发生于 3～4 时。中面层最高温为-4.4℃，发生于 15～16 时；最低温为-18.2℃，发生于 4 时。下面层最高温为-8.2℃，发生于 17 时；最低温为-16.6℃，发生于 5～6 时。

四、沥青混凝土桥面温度场分析

（一）桥面结构

西宁南绕城高速公路沥青混凝土桥面铺装与沥青路面结构类似，但桥体结构比路面结构要复杂得多，利用解析法研究温度场在桥面铺装中的应用时，解析方程和边界条件过于复杂，无法直接求解，因此实际中采用有限元法来计算，可以得到满意的结果。西宁南绕城高速公路的桥面典型断面结构图如图 1-13 和图 1-14 所示。

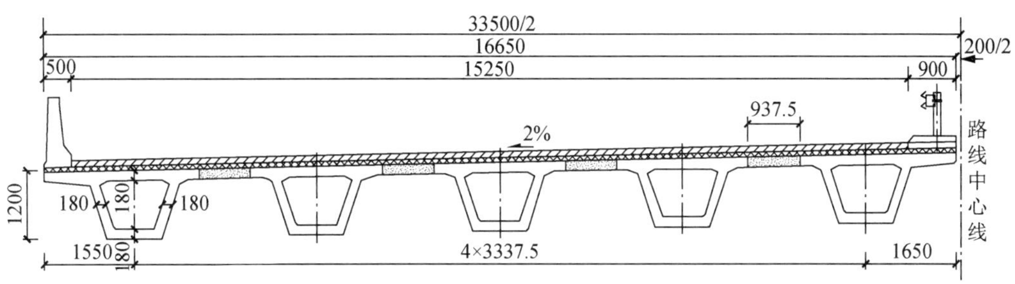

图 1-13　桥面典型断面——跨中横断面结构图

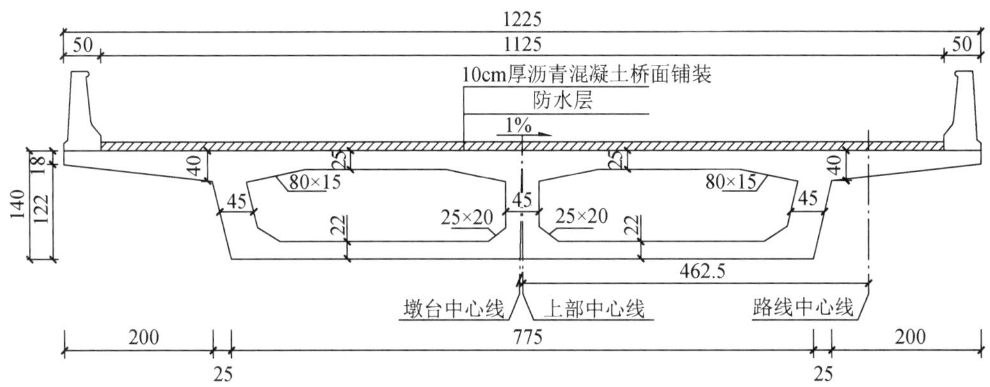

图 1-14　桥面典型断面——第一～第三联跨中横断面结构图

沥青混凝土桥面铺装的典型结构如图 1-15 所示，其与路面结构上、下面层采用相同的结构层材料及厚度，即 4cm AC-13F 细粒式沥青混凝土+6cm AC-20C 中粒式沥青混凝土。

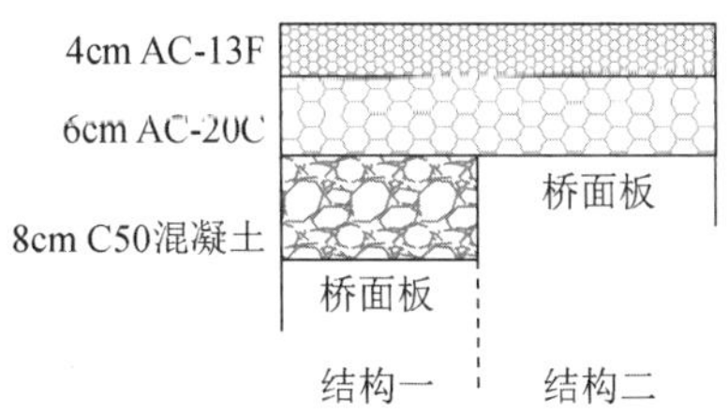

图 1-15　桥面铺装的典型结构

（二）桥面结构有限元模型

桥面模型与路面模型的不同之处在于，路面模型只有路表直接接触太阳辐射和大气环境，而桥面结构不仅桥面铺装直接接触太阳辐射和大气环境，桥面结构其他表面也直接接触大气。因此，桥面铺装结构不仅桥面发生热交换和热传递作用，其他结构部位也会与大气发生热交换和热传递作用。

水泥混凝土桥面现浇层的数值分析计算材料参数见表 1-15，其他数值分析计算材料参数及热交换系数关系同前所述。

表 1-15　数值分析计算材料参数

热特性参数	参数值
导热系数 λ / [(J / (m · h · K)]	6200
密度 ρ / (kg / m^3)	2350
比热容 C / [J / (kg · K)]	837.4

建立的有限元模型及温度场如图 1-16 和图 1-17 所示。

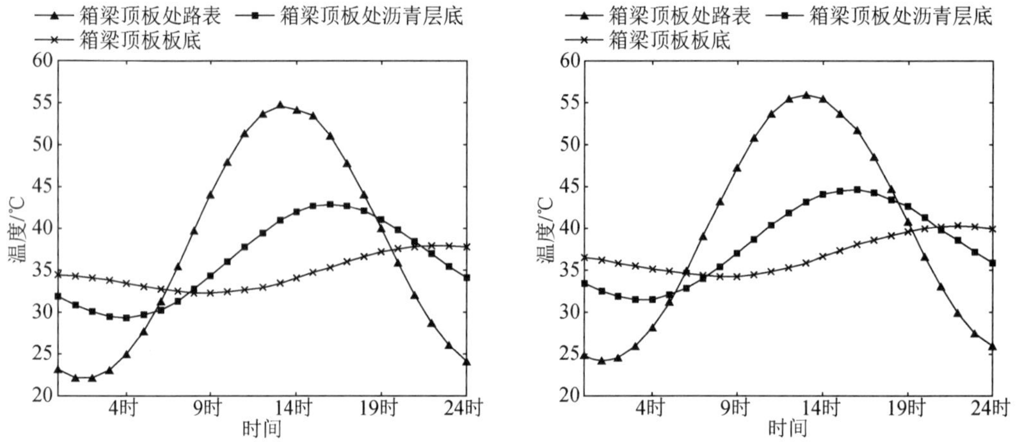

（a）结构一

（b）结构二

图 1-16　结构一和结构二的箱梁顶板处温度场

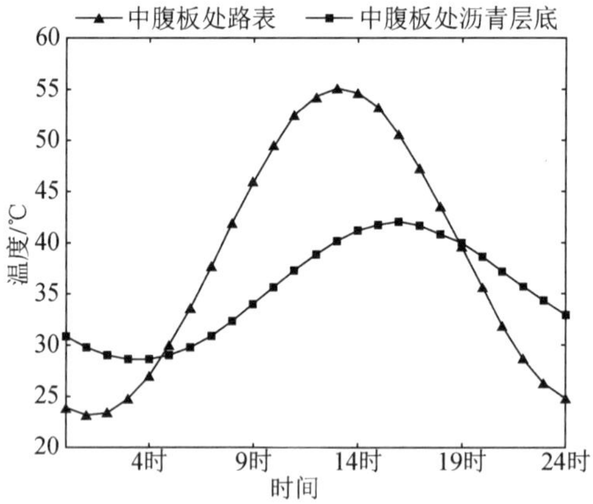

图 1-17　结构二的中腹板处温度场

以西宁地区夏季典型气候特征进行有限元计算，从有限元分析可知，桥面铺装温度场与路面温度场有很大的不同，因为其边界条件是不同的。路面温度场面层直接承受太阳辐射和温度热交换作用，而桥面温度场是桥面铺装表层的路面层承受太阳辐射，而其他与大气接触的部位均承受温度热交换作用，且箱梁结构的差异也造成温度场的差异。

有限元计算结果如下：桥面典型断面结构一的路表最高温度为 54.7℃，桥面典型断面结构二的路表温度最大值为56.2℃。由于桥面结构更易受到环境因素的影响，通常认为桥面铺装路面结构比一般路面结构对太阳辐射和温度影响程度大。而实际通过有限元计算得知一般路面路表高温温度场最高值为54.1℃，比桥面典型断面结构一和结构二的路表高温温度场温度分别低0.6℃和2.1℃。由此可知，桥面铺装的高温稳定性要求比一般路面结构要高。同时，由典型断面结构二可知：箱梁顶板处沥青层层底的温度要比中腹板处沥青层层底的最高温温度高2.8℃。

桥面在使用过程中，除了承受车辆、行人等荷载，还要承受风荷载、更大的温度应力作用，因此桥面铺装沥青面层的沥青混合料要比公路沥青面层的沥青混合料有更好的高温稳定性，以及抗振动作用和抗疲劳的能力。

五、沥青铺装层温度场对比与验证

为了准确分析在外界环境影响下，西宁地区沥青路面及桥面沥青铺装层的温度场分布状况及其变化规律，本小节内容通过室内试验模拟和现场温度场实测，来验证本节采用温度场分析方法的可靠性。

（一）室内温度场模拟分析

1. 试验方案

为了能够准确把握西宁地区沥青路面温度场的规律，分别对夏季高温期和冬季低温期两种工况下的路面温度场进行测试，夏季最高气温和冬季最低气温取值为前面有关温度场模型选型中的数据。

试验采用大马歇尔试件，并在试件0cm、4cm、6cm，以及试件底部和试件外围分别埋入温度传感器，为准确模拟自然环境下路面结构温度传递的真实情况，使温度仅从试件上表面向下传递，而不从试件四周及底部传入，采用隔热纤维毡对试件进行包裹处理，并采用热沥青对包裹过程中存在的缝隙进行封缝处理，试验测试试件如图1-18所示。

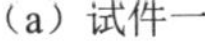
（a）试件一

（b）试件二

图1-18　试验测试试件

温度测试仪采用多通道温度自动记录仪，如图 1-19（a）所示。该仪器测量范围为-40～+100℃，共有 8 个通道，可同时记录 8 处温度，其精度为 0.5℃，记录间隔时间设置为 20s，在无人值守的状态下进行连续观测。采用高低温恒温箱对试件表面温度进行控制，如图 1-19（b）所示，恒温箱温度范围为-45～+100℃，温度均匀度为±2℃，温度波动度为±0.5℃。

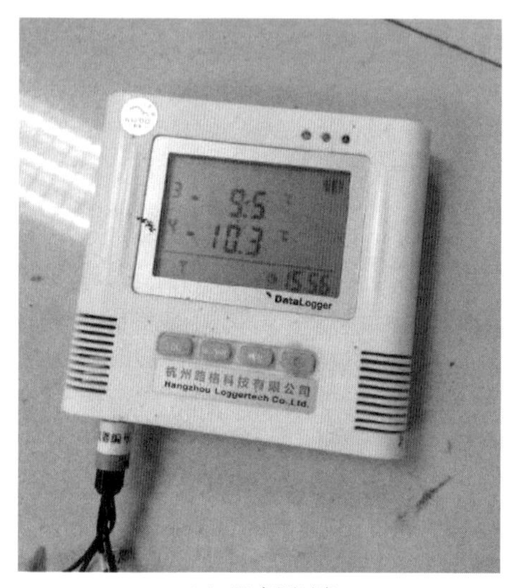

（a）温度测试仪

（b）高低温恒温箱

图 1-19　温度测试仪和高低温恒温箱

2. 隔温效果分析

为了检验隔热纤维毡包裹试件的效果是否达到预期试验要求，在试件外侧及底部均埋入温度传感器探头，将试件中面层表面温度和外侧温度、底部温度进行对比，试件中面层表面温度和外侧温度、底部温度对比如图 1-20 和图 1-21 所示。

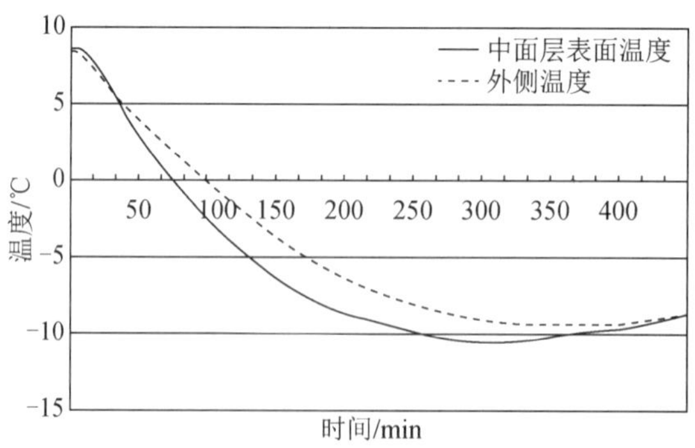

图 1-20　试件中面层表面温度和外侧温度对比

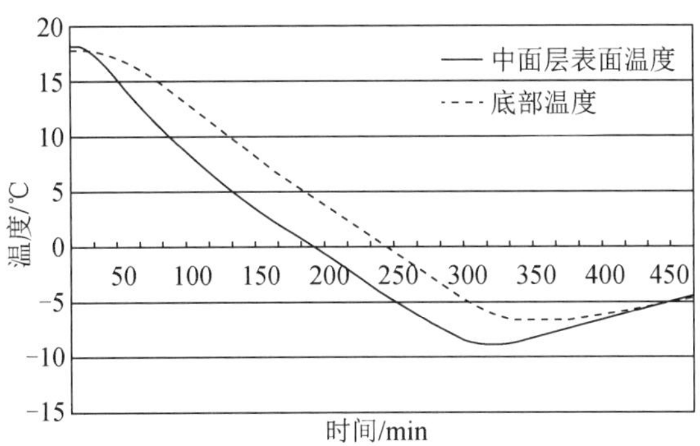

图 1-21　试件中面层表面温度和底部温度对比

由图 1-20 可以看出，在观测之初，中面层表面中心位置处与试件外侧温度几乎相同；随着外界温度的降低，中面层表面温度开始持续降低，先降低中心处的温度再向两侧扩散，因而中面层表面中心温度低于外侧温度；若隔温效果不好，则试件外侧温度应当直接受到外界温度的影响，外侧温度应比中面层表面中心温度低。试验结果表明，外侧温度传感器探头所处位置并未受到从试件周围传入温度的影响。这说明试验采取的隔温措施是合理有效的，可保证试验结果的准确性。

同理，由图 1-21 可以看出，在观测之初，中面层表面中心位置处与试件底部温度相差不大；随着外界环境温度的降低，中面层受到上方温度传递的影响，其温度开始逐渐降低，而底部由于距离上面层较远，温度传递不如中面层迅速。若隔温效果不好，则底部温度应当直接受到外界环境温度的影响，其温度应当低于中面层温度。试验结果表明，采取的隔温措施是合理有效的，可保证试验结果的准确性。

3. 温度场观测结果及分析

温度观测方案是在高温、低温作用情况下，连续观测试件结构不同深度处的温度变化情况，观测结果及分析如下。

（1）低温温度变化测试结果

将试件放置在−25℃的环境下恒温 3.5h，试件上面层表面温度和中面层表面温度对比如图 1-22 所示。

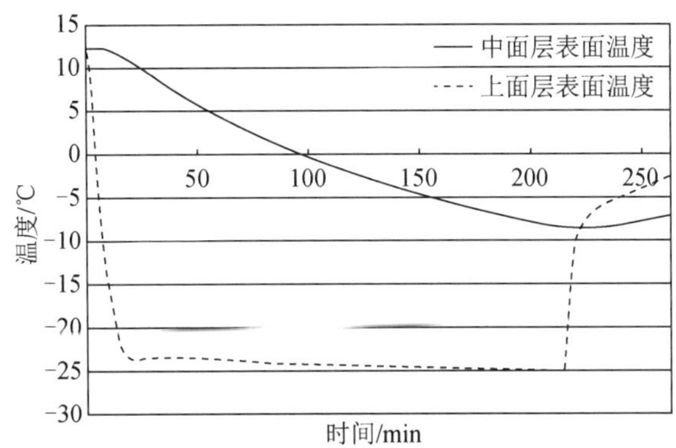

图 1-22　恒定低温温度测试试验

由图 1-22 可以看出，在试验时间段内，试件在恒温箱设定为−25℃恒温 3.5h 后，由于传导作用，中面层表面温度平缓持续地下降；当恢复试件温度为初始温度时，上面层表面温度急剧回升，当其与中面层温度基本接近后，由于上面层表面温度的升高，中面层表面温度开始缓慢回升。在试验时间段内，中面层表面温度最低降至−9.5℃。

为了更好地模拟实际情况，在前 30min 内迅速将试件环境温度降至−15℃，之后下降速度较为缓慢，将试件在初始温度为−20℃以下环境恒温 3h 后，每隔 1h 调节恒温箱温度上升 5℃，即在−20℃、−15℃、−10℃及−5℃下分别恒温 1h，测试试件上面层表面和中面层表面的温度变化趋势，结果如图 1-23 所示。

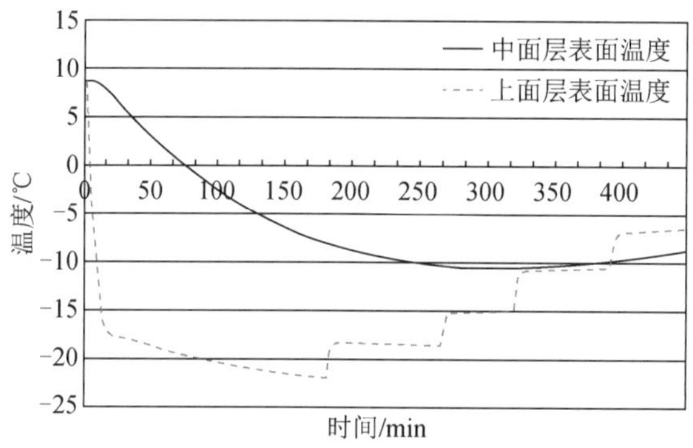

图 1-23　阶梯低温温度测试试验

由图 1-23 可以看出，在试验时间段内，上面层表面温度随着恒温箱内环境温度的阶梯变化而变化。中面层表面温度由于温度传导作用，持续地平缓下降；当上面层温度逐渐回升，其表面温度与中面层温度基本接近后，由于上面层表面温度的升高，中面层表面温度开始缓慢回升。在试验时间段内，中面层表面温度最低降至−10.7℃。

（2）高温温度变化测试结果

将试件放置在常温环境下的恒温箱中，设定恒温箱温度为 35℃，打开恒温箱使其逐渐升温 4h 后关闭恒温箱，测试试件上面层表面和中面层表面的温度变化趋势，结果如图 1-24 所示。

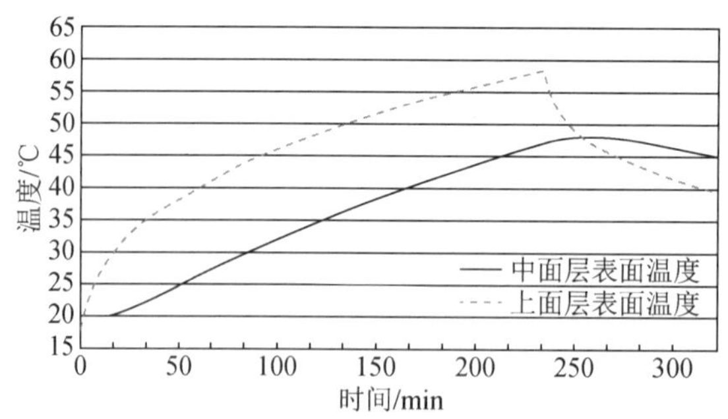

图 1-24　逐渐高温温度测试试验

由图 1-24 可以看出，在试验时间段内，由于恒温箱温度逐渐升高，试件温度低于环境空气温度，上面层表面温度随着环境温度的升高而升高，同时上面层表面温度的升高带动了试件结构内温度的逐渐升高，即中面层表面温度也随之逐渐上升。当恒温箱关闭后，试件表面温度随环境温度的降低而明显降低，而试件内部中面层表面温度由于热传递效应，温度先继续升高一段时间后开始缓慢降低。在试验时段内，中面层温度最高达到 48.5℃。

根据上述试验结果可知，中面层表面温度区间基本为-10.7～+48.5℃，该范围在本节研究推荐的温度场范围内，说明本节研究分析采用的温度场满足要求。

4. 温度梯度分析

试验中温度传感器埋设深度分别为表面、4cm、6cm 及底部，在同一外界温度作用下，不同深度处其温度传递速率不同，故不同深度处混合料的温度也就不同。由于温度变化速率越快，越容易产生温缩裂缝，即不同结构层温度梯度的变化情况可反映出不同结构层对高低温性能的要求。

（1）高温条件下梯度分析

在上述试验高温条件下，不同时间段、不同深度处试件混合料的温度梯度曲线如图 1-25 所示。

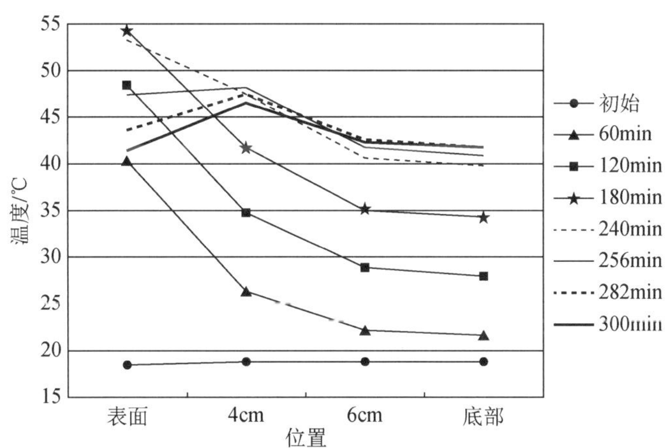

图 1-25　高温条件下不同时间段、不同深度处试件混合料的温度梯度曲线

由图 1-25 可以看出，试验测试的 4 个位置在试验初始时温度相同。随着试件所处环境温度的升高，表面温度迅速升高，当环境温度降低时，表面温度随即降低。由于热传递效应，随着环境温度降低，试件内部温度先继续升高，一段时间后开始缓慢降低。

1）60min 时表面温度比 4cm 处高 13.9℃，120min 时高出 4cm 处 13.5℃，180min 时高出 4cm 处 12.65℃，240min 时高出 4cm 处 5.7℃，256min 时外界温度已开始降低，而 4cm 处温度达到最高值，其温度高出表面 0.75℃。

2）60min 时，4cm 处温度高于 6cm 处 4.05℃，120min 时高 5.95℃，180min 时高 6.5℃，240min 时高 6.95℃，282min 时 6cm 处温度达到最高值，但仍低于 4cm 处 4.85℃。

3）60min 时，6cm 处温度高于底部 0.45℃，120min 时高 0.85℃，180min 时高 0.95℃，

240min 时高 0.85℃，282min 时高 0.85℃，300min 时高 0.65℃。

综上分析可知，温度升高速率随着试件深度的加深而减缓，表面层与 4cm 处温度梯度差距大于 4cm 和 6cm 处的温度梯度差距。在整个试验过程中表面层与 4cm 处温差最大为 14.4℃，4cm 处与 6cm 处温差最大为 7℃。

（2）低温条件下梯度分析

为了简化低温条件下梯度分析，采用前面内容所述试验方法，将试件放置在−25℃的恒温环境下 3.5h，测定不同时间段、不同深度处试件混合料的温度梯度曲线，结果如图 1-26 所示。

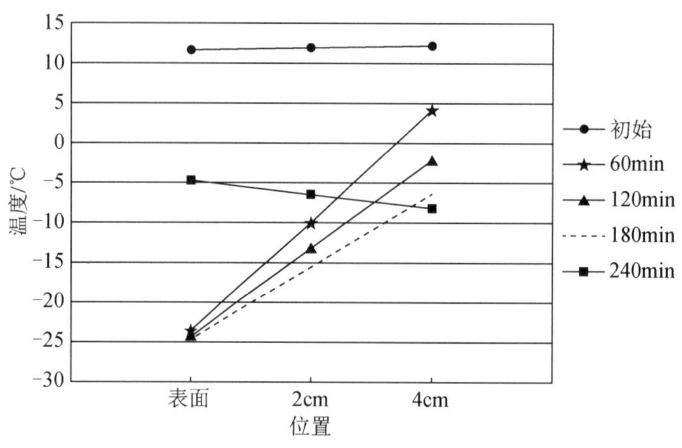

图 1-26　低温条件下温度梯度对比

试验初始时表面与 4cm 处温度大致相同，随着恒温箱温度的降低，表面温度迅速降低，温度渐渐向下传递，4cm 处温度开始降低。在 60min 时，表面温度比 4cm 处低 27.82℃，120min 时比 4cm 处低 22.1℃，180min 时比 4cm 处低 18.05℃，221min 开始 4cm 处达到温度最低值，而表面温度已经开始回升，之后中面层温度由于热传导效应也逐渐开始回升，240min 时表面比 4cm 处温度高 3.25℃。可见，在恒温箱降温及保持低温恒定的过程中，表面温度与 4cm 处的温度差逐渐缩小。

因此，通过温度梯度分析可知，沥青路面上面层应具有良好的抗温缩裂缝能力，中面层、上面层应具有良好的高温稳定性能。

（二）现场对温度场进行实测

为进一步验证本节温度场分析方法的可靠性，在实体工程及所在区域已通车道路上进行了沥青路面温度场的现场实测，如图 1-27 所示。沥青路面分别采用钻孔埋设温度传感器和钻芯回填埋设温度传感器的方法采集区域沥青路面的温度场，埋设深度分别为 0cm、2cm、4cm、10cm 和 18cm，即上面层表面、上面层 2cm 处、中面层表面、下面层表面和基层表面。

（a）开挖传感器埋设路面

（b）回填传感器路面（一）

（c）回填传感器路面（二）

图 1-27　现场温度传感器的埋设

通过现场实测西宁地区环境对沥青混合料路面温度场的影响可知，不同结构层的实测温度呈现与本节计算分析及室内温度场模拟相似的趋势，即在高温季节，随着层位的增加，结构层温度逐渐减低；在低温季节，随着层位的增加，结构层温度逐渐升高。

由实测温度数据可知：中面层、上面层的实测温度差为 2.1℃，中面层、下面层的实测温度差为 6.3℃；而本节采用的温度场分析方法确定的中面层、上面层计算温度差为 2.6℃，中面层、下面层计算温度差为 5.7℃。因此，依上述计算法确定的不同结构层温度差满足可靠度要求。另外，通过室内试验模拟及现场实测路面结构温度场分析可知，前面所采用的沥青路面温度场分析埋论和计算模型可靠度满足要求。因此，本节所采用的沥青路面温度场分析理论和计算模型可为沥青路面材料选型，特别是沥青选型提供必要的依据。

第四节　高寒高海拔地区的交通条件分析

一、西藏地区交通条件分析

（一）古露至当雄段

根据青藏公路建设项目可行性研究报告的交通量预测与分析结果，古露至当雄段各特征年交通量及车型比例预测结果见表 1-16 和表 1-17。

表 1-16　古露至当雄段各特征年交通量预测结果

年份	交通量/（辆/d）	年份	交通量/（辆/d）
2020 年	8522	2030 年	15118
2025 年	11602	2035 年	18430

表 1-17　古露至当雄段特征年车型比例预测结果　（单位：%）

车型	车型比例/%			
	2020 年	2025 年	2030 年	2035 年
中型货车	2.73	2.71	2.7	2.69
小型货车	6.06	6.03	6	5.97
小客车	45.66	45.87	46.09	46.3
拖挂车	20.24	20.15	20.05	19.95
大客车	5.12	5.14	5.17	5.19
大型货车	20.19	20.1	19.99	19.9
总计	100	100	100	100

（二）当雄至羊八井段

根据青藏公路的交通量预测与分析结果，当雄至羊八井段各特征年交通量及车型比例预测结果见表 1-18 和表 1-19。

表 1-18　当雄至羊八井段各特征年交通量预测结果

年份	交通量/（辆/d）	年份	交通量/（辆/d）
2020 年	10295	2030 年	18267
2025 年	14080	2035 年	22160

注：表中为小客车交通量。

表 1-19　当雄至羊八井段各特征年车型比例预测结果

车型	车型比例/%			
	2020 年	2025 年	2030 年	2035 年
小客车	59.10	60.00	60.88	61.64
大客车	5.67	5.76	5.84	5.92
小型货车	10.86	10.56	10.26	10.00
中型货车	3.90	3.79	3.69	3.59
大型货车	7.38	7.17	6.97	6.80
拖挂车	13.09	12.72	12.36	12.05
合计	100	100	100	100

（三）羊八井至拉萨段

根据青藏公路建设项目可行性研究报告的交通量预测与分析结果，羊八井至拉萨段各特征年交通量及车型比例预测结果见表 1-20 和表 1-21。

表 1-20　羊八井至拉萨段各特征年交通量预测结果

年份	交通量/（辆/d）	年份	交通量/（辆/d）
2020 年	10268	2030 年	18209
2025 年	14039	2035 年	22087

注：表中为小客车交通量。

表 1-21　羊八井至拉萨段各特征年车型比例预测结果

车型	车型比例/%			
	2020 年	2025 年	2030 年	2035 年
小客车	48.85	49.36	49.92	50.54
大客车	4.84	4.89	4.95	5.01
小型货车	22.07	21.81	21.51	21.19
中型货车	6.18	6.10	6.02	5.93
大型货车	8.30	8.20	8.09	7.97
拖挂车	9.76	9.64	9.51	9.36
合计	100	100	100	100

（四）代表车型

通过对现有青藏公路、G214 线等公路的交通组成调查，初步确定选取的代表车型及其轴载见表 1-22。

表 1-22　代表车型及其轴载

车型	代表车型	前轴重/kN	后轴重/kN	后轴轮组数	后轴距/m	后轴数	换算系数
小客车	江淮 AL6600	17.00	26.50	2.00	0.00	1	1.0
大客车	鞍山 AK682	33.70	68.30	2.00	4.00	2	1.5
小型货车	跃进 NJ131	20.20	38.20	2.00	0.00	1	1.0
中型货车	奔驰 LPK913	27.00	66.00	2.00	0.00	1	1.5
大型货车	尼桑 CW-L-40HD	50.00	93.80	2.00	2.00	2	2.5
拖挂车	五十铃 EXR18L	60.00	100.00	2.00	4.00	3	4.0

（五）累计标准当量轴次

根据交通量预测结果，结合项目气候环境特征，将青藏公路分为羊八井至拉萨段、古露至羊八井段两段分别进行交通量计算，车道系数（η）取 0.45，累计标准当量轴次（N_e）详见表 1-23。

表 1-23　累计标准当量轴次

路段	η	N_e/（万次/车道）	
		以设计弯沉值及沥青层底拉应力为指标	以半刚性基层底拉应力为指标
古露至羊八井段	0.45	1906.71	2363.31
羊八井至拉萨段	0.45	1372.48	1658.98

由青藏公路设计年限内高速公路累计标准当量轴次计算结果可知，青藏公路属于“重交通”等级。

二、青海地区交通条件分析

交通量和交通组成是反映公路运行情况、评价公路交通运输形式和公路网的适应程度的重要参数，还是研究我国交通运输发展战略的重要基础数据，在公路建设、管理、养护中发挥着重要作用。

2014 年青海省省养干线公路 8003.165km，5 条国道上设连续式观测站点 16 个、间隙式观测站点 16 个，10 条省道上设连续式观测站点 1 个、间隙式观测站点 29 个，省高速公路管理局在国高网 G6 上设间隙式观测站点 3 个，合计观测里程 5149.117km。其中，连续式交通量观测站点全年 365d、每日 24h 不间断地观测，间隙式观测站点每月 5 日、15 日、25 日昼夜 24h 连续观测。在国道交通构成比例方面：2014 年全省干线公路机动车交通量构成为货车 70.63%，客车 25.72%，摩托车、拖拉机 3.63%；在省道交通构成比例方面：2014 年全省干线公路机动车交通量构成为货车 63.05%，客车 24.16%，摩托车、拖拉机 12.5%。

截至 2014 年底，共和至玉树高速公路（一期）基本建成通车，与现有 G214 线构成了通往玉树的高速化大通道，这也是穿越青藏高原高海拔、高寒地区的首条高速化公路。为此，特别梳理了 2009～2014 年青海省 G214 线交通量及交通组成。2009～2014 年青海省 G214 线年平均日交通量如图 1-28～图 1-33 所示；2009～2014 年青海省 G214 线 13 类车型交通构成如图 1-34～图 1-36 所示，9 类车型交通构成如图 1-37～图 1-39 所示。

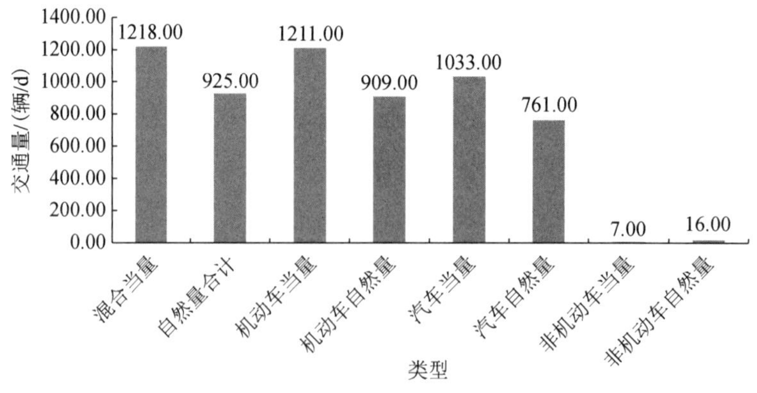

图 1-28　2009 年青海省 G214 线年平均日交通量

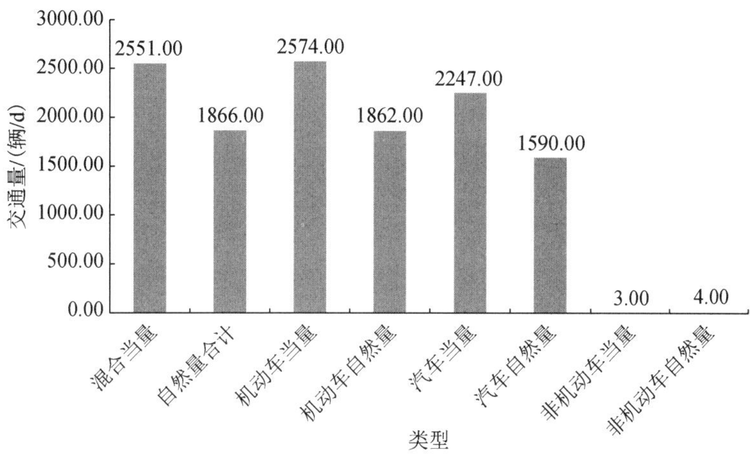

图 1-29　2010 年青海省 G214 线年平均日交通量

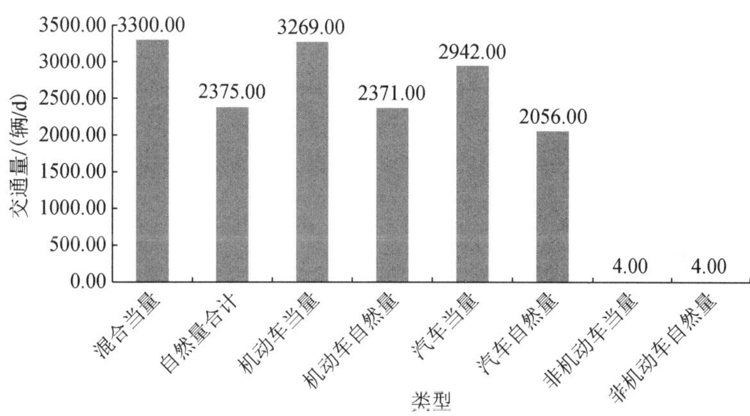

图 1-30　2011 年青海省 G214 线年平均日交通量

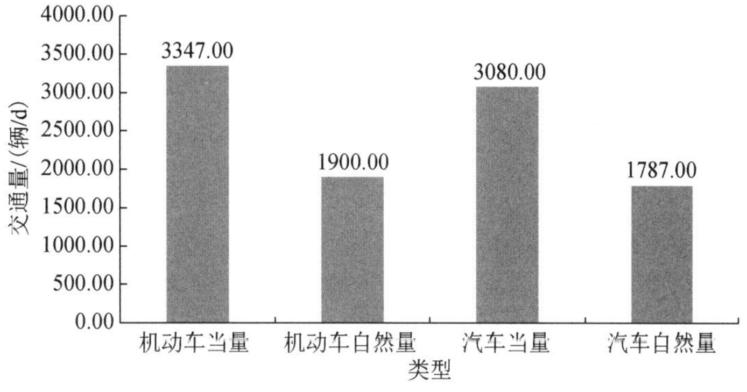

图 1-31　2012 年青海 G214 线年平均日交通量

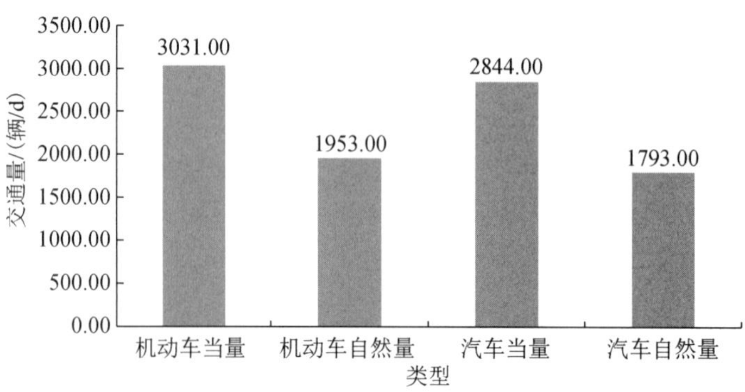

图 1-32　2013 年青海省 G214 线年平均日交通量

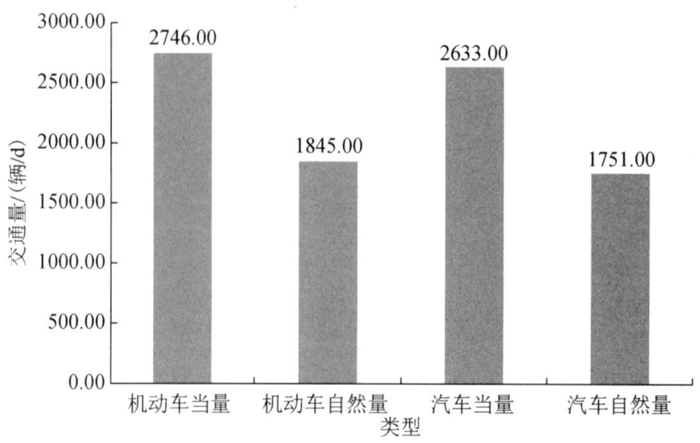

图 1-33　2014 年青海省 G214 线年平均日交通量

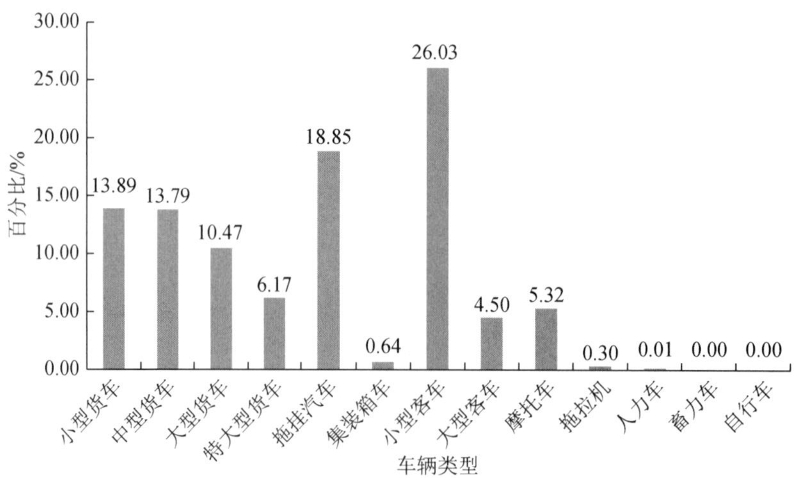

图 1-34　2009 年青海省 G214 线 13 类车型交通构成

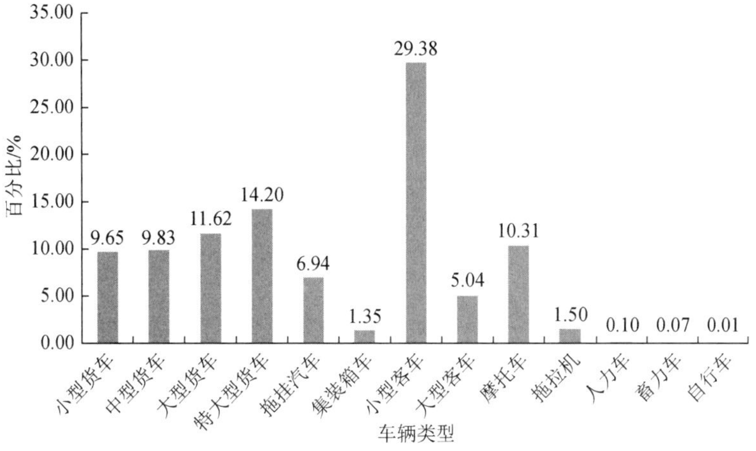

图 1-35　2010 年青海省 G214 线 13 类车型交通构成

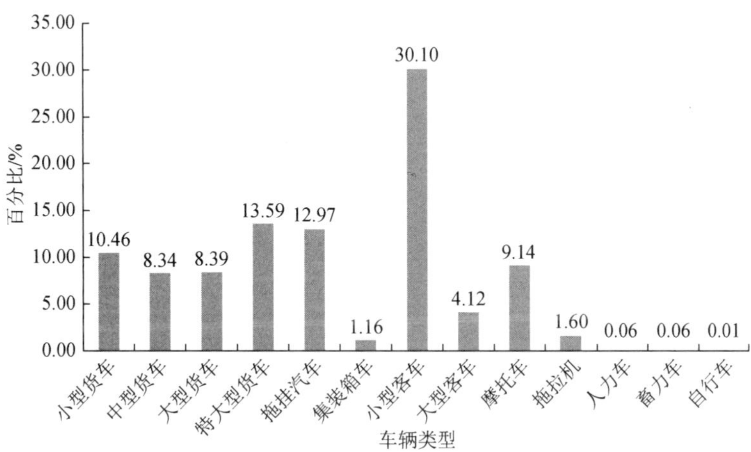

图 1-36　2011 年青海省 G214 线 13 类车型交通构成

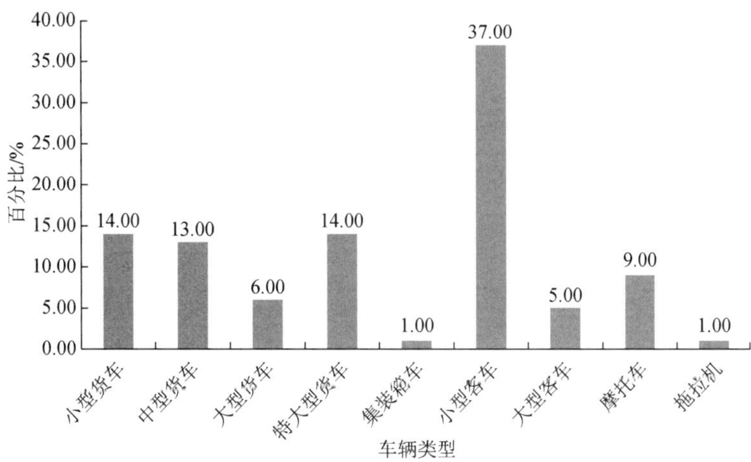

图 1-37　2012 年青海省 G214 线 9 类车型交通构成

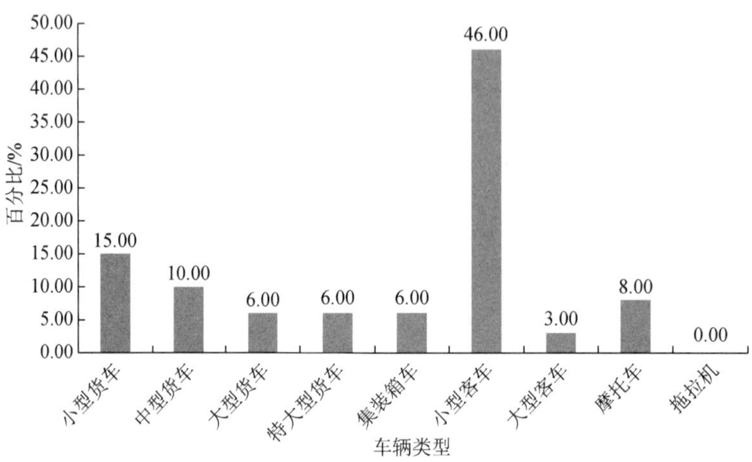

图 1-38　2013 年青海省 G214 线 9 类车型交通构成

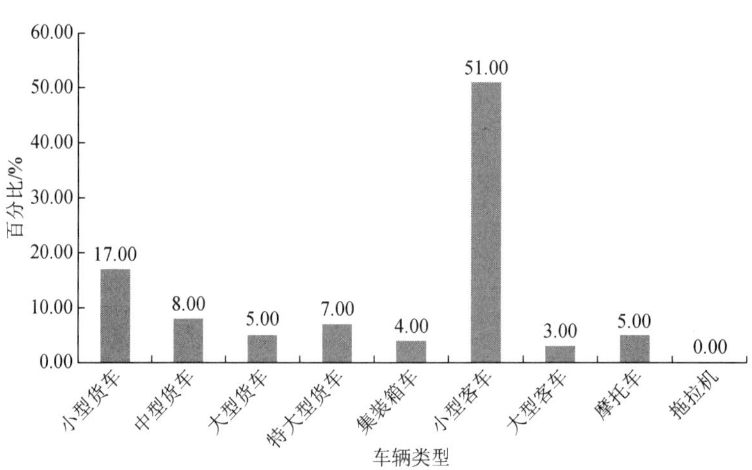

图 1-39　2014 年青海省 G214 线 9 类车型交通构成

此外，2009～2014 年 G214 线大客车及中型以上各种货车交通量见表 1-24。

表 1-24　G214 线大客车及中型以上各种货车交通量

年份	大客车及中型以上各种货车交通量/［辆/（d·车道）］
2009	167
2010	296
2011	361
2012	386
2013	299
2014	245

由图 1-28～图 1-39 及表 1-24 可知如下几点。

1）交通组成中货车（小型、中型、大型、特大型）大致占 40%以上；集装箱车的货运模式发展较快，尤其是自青海省 G214 线的高速化改造之后，进一步优化了沿线货运通道的发展格局。

2）按照我国现行的交通等级划分可知，青海省 G214 线的交通等级属于“轻交通”等级，但中型及以上各种货车仍占有相当比例，且拖挂汽车和大货车超载现象非常严重，对路面结构的破坏作用不容忽视。

第二章 高寒高海拔地区筑路材料的分布特征

第一节 西藏地区沥青路面筑路材料的分布特征

为了更好地对高寒高海拔地区沥青路面进行有针对性的设计与建设、养护，需要对该地区的生产的规模、能力，料场的位置、储量，材料的品质、供应价格、供应地点及运输的距离、条件、方式等进行详细、深入的调查。通过现场调查发现：该地区可用于筑路材料的岩石主要有石灰岩、安山岩、闪长岩、花岗岩和卵砾石，其中，拉萨至羊八井段石料较为丰富，以卵砾石和花岗岩为主，局部区域分布有石灰岩、安山岩和闪长岩；羊八井至当雄段拥有丰富的河滩料，以卵砾石为主，局部区域分布少量花岗岩；当雄至古露段缺少路面用石料，仅在古露附近存在一些河滩卵砾石。根据对石灰岩进行室内试验的试验结果，石灰岩难以达到沥青混合料及水稳碎石用粗集料的技术指标要求，因此不可将其作为沥青层及水稳碎石层用粗集料。

青藏公路沿线可用于沥青层的筑路材料场有闪长岩料场 1 处、安山岩料场 1 处，且均需自采，建设时优先选取以上 2 处料场的石料进行沥青面层施工，若条件受限或供应困难，采用花岗岩时，应掺加抗剥落剂，并进行室内试验验证后使用；采用卵砾石破碎成的碎石时应进行室内试验验证后使用。青藏公路沿线有花岗岩料场 3 处，可用于水泥稳定碎石基层及底基层的卵砾石料场 7 处，可用于级配砂砾垫层的卵砾石料场 8 处。经调查，青藏公路全线各类材料场共 20 处，具体信息如下。

一、卵砾石

1）K3649+200 右侧料场：该料场位于主线 K3649+200 右侧的谷露桥南侧，改庆村西南方向，桑曲河河道东侧，所属位置为那曲市古露镇改庆村。上路桩号为 K3648+940，上路运距 1km，石料主要成分为花岗岩、砂岩、灰岩。卵石经破碎清洗后可作为半刚性基层、底基层集料，砂砾经清洗筛分后可作为垫层集料。石料可开采尺寸（长×深×宽）约为 1500m×2m×100m。砂石厂无石料破碎设备，施工阶段施工方可与砂石厂合作加工。

2）K3654+500 左侧料场：该料场位于主线 K3654+500 左侧，格托村东北方向，桑曲河河道西侧，所属位置为那曲市古露镇格托村。上路桩号为 K3653+150，上路运距 2.5km，石料主要成分为花岗岩、砂岩、灰岩。卵石经破碎清洗后可作为半刚性基层、底基层集料，砂砾经清洗筛分后可作为垫层集料。石料可开采尺寸（长×深×宽）约为 1500m×2m×100m。砂石厂无石料破碎设备，施工阶段施工方可与砂石厂合作加工。

3）K3726+500 右侧料场：该料场位于主线 K3726+500 右侧河道，所属位置为拉萨市当雄县宁中乡麦灵村。上路桩号为 K3726+500，上路运距 100m。石料成分以花岗岩为主，石英砂岩和板岩含量较少；矿物成分以石英、长石为主。卵石经破碎清洗后可作为半刚性基层、底基层集料，砂砾经清洗筛分后可作为垫层集料。石料可开采尺寸（长×深×宽）约为 800m×2m×180m。砂石厂无石料破碎设备，施工阶段施工方可与砂石厂合作加工。

4）K3746+000 左侧料场：该料场位于主线 K3746+000 左侧的格那曲河道，所属位置为拉萨市当雄县宁中乡堆灵村五组。上路桩号为 K3745+600，上路运距 800m。石料成分以花岗岩为主，石英砂岩和板岩含量较少；矿物成分以石英、长石为主。卵石经破碎清洗后可作为半刚性基层、底基层集料，砂砾经清洗筛分后可作为垫层集料。石料可开采尺寸（长×深×宽）约为 2000m×2m×100m。砂石厂无石料破碎设备，施工阶段施工方可与砂石厂合作加工。

5）K3747+300 右侧料场：该料场位于主线 K3747+300 右侧 300m 处的格那曲河道，所属位置为拉萨市当雄县宁中乡堆灵村二组。上路桩号为 K3745+600，上路运距约 1.05km。石料成分以花岗岩为主，石英砂岩和板岩含量较少；矿物成分以石英、长石为主。卵石经破碎清洗后可作为半刚性基层、底基层集料，砂砾经清洗筛分后可作为垫层集料。石料可开采尺寸（长×深×宽）约为 1500m×2m×100m。砂石厂无石料破碎设备，施工阶段施工方可与砂石厂合作加工。

6）K3784+000 右侧料场：该料场位于主线 K3784+000 右侧 2km，羊八井镇西南侧（S304 以南）羊八井河道，所属位置为拉萨市当雄县羊八井镇桑巴萨村。上路桩号为 K3783+120，上路运距约 5.6km。石料成分以花岗岩为主，砂岩、安山岩、凝灰岩含量较少；矿物成分以石英、长石为主。河道位于下游，石料粒径多数小于 5cm，砂砾经清洗筛分后可作为垫层集料。石料可开采尺寸（长×深×宽）约为 1500m×2m×80m。

7）K3782+200 右侧料场：该料场位于主线 K3782+200 右侧 300m，羊八井镇北侧（S304 以北）羊八井河道，所属位置为拉萨市当雄县羊八井镇桑巴萨村。上路桩号为 K3783+120，上路运距约 1.1km。石料成分以花岗岩为主，砂岩、安山岩、凝灰岩含量较少；矿物成分以石英、长石为主。卵石经破碎清洗后可作为半刚性基层、底基层集料，砂砾经清洗筛分后可作为垫层集料。可在此处设置料场自采，石料可开采尺寸（长×深×宽）约为 1500m×2m×100m。

8）K3849+800 左侧料场：该料场位于主线终点 K3849+800 左侧 2.5km 处，建立在拉萨河岸，所属位置为拉萨市堆龙德庆区羊达乡通嘎村。上路桩号为 K3850+050，上路运距约 4.6km。卵石经破碎清洗后可作为半刚性基层、底基层集料，砂砾经清洗筛分后可作为垫层集料。料场具有石料破碎设备，为卵砾石破碎料，石料成分以石灰岩为主，有部分花岗岩。目前该料场长期供料给拉萨市周边商品混凝土及部分沥青混凝土搅拌站，生产 0～5mm、5～15mm、15～30mm 3 种规格石料。

二、花岗岩

1）K3745+000 右侧料场：该料场位于主线 K3745+000 右侧 4.5km，曲才村西北侧山脚下，所属位置为拉萨市当雄县宁中乡曲才村。上路桩号为 K3745+250，上路运距约

5.1km。岩性主要为花岗岩，未风化，坚硬致密。该处石料可开采尺寸（长×深×宽）约为3000m×3m×1000m，由于埋置于地下，土石混合，可开采量约为150万m^3。采石厂无石料破碎设备，施工阶段施工方可与采石厂合作加工。

2）K3791+400右侧料场：该料场位于主线K3791+400右侧400m处北侧山体，从109国道沿桑巴萨村4组方向进山约1.2km，所属位置为拉萨市当雄县羊八井镇桑巴萨村四组。上路桩号为K3783+120，上路运距约10.8km。岩性为花岗岩，岩石结构均一，坚硬致密，未风化，可在此处设置料场进行自采。石料可开采尺寸（长×深×宽）约为400m×30m×80m。桑巴萨村目前在该位置已进行局部开采。

3）K3850+650东侧料场：该料场位于主线终点K3850+650东侧19.3km处山体，所属位置为拉萨市堆龙德庆区柳梧乡桑达村勒堆组。上路桩号为K3850+050，上路运距约35.2km。岩性为花岗岩，结构均一，坚硬致密，未风化。目前所采石料用于花岗岩石材加工，采石厂无石料破碎设备，施工阶段施工方可与采石厂合作加工。

对料场取样的花岗岩材料进行室内试验，其压碎值为30.1%，洛杉矶磨耗损失为47.6%，黏结力4级。为充分利用青藏公路沿线材料资源，可将上述料场的花岗岩用于路基填料，如需在路面中应用，需进行室内试验验证，合格后方可使用。

三、闪长岩

K3789+950左侧料场：该料场位于主线K3789+950左侧约2.2km处北侧山体，从G109线沿夺来达方向进山约3km，所属位置为拉萨市当雄县羊八井镇桑巴萨村四组。上路桩号为K3783+120，上路运距约9.6km。岩性为闪长岩，岩石结构均一，坚硬致密，未风化，可在此处设置料场进行自采。石料可开采尺寸（长×深×宽）约为400m×40m×80m。拟采用该料场石料作为沥青层集料。

四、安山岩

K3829+300左侧料场：该料场位于主线K3829+300左侧1km处，所属位置为拉萨市堆龙德庆区马乡设兴村北侧山体。上路桩号为K3825+813，上路运距约4.8km。岩性主要为安山岩，微风化，坚硬致密。该山体石料曾用于青藏铁路建设，开采位置已进行覆土恢复。可在此处设置料场自采，沿现有覆土位置往上及侧面山体继续开采。石料可开采尺寸（长×深×宽）约为300m×30m×60m。拟采用该料场石料作为沥青层集料。

五、沥青

沥青由市场供应。

六、水泥

青藏公路沿线有大型水泥厂（如西藏高争建材股份有限公司），经调查，水泥产量可满足工程需求。

第二节　青海地区路面材料的分布特征

在沥青路面中，集料占沥青混合料质量的95%左右，其在沥青混合料中起到一个整体作用来抵抗路面的变形。自从沥青路面问世以来，人们就高度重视集料的质量，对集料建立了质量标准及相应的测试方法和规程。

路面集料性质可以分为料源特性与加工特性两类。料源特性包括岩性、压碎值、洛杉矶磨耗损失、磨光值、石料与沥青的黏附性、坚固性等，这些指标主要由料源所决定，与集料的强度、物理结构、化学特性等相关；而集料的加工特性则与其加工工艺有直接关系，包括粗集料棱角性、细集料棱角性、针片状颗粒含量、砂当量、水洗法小于0.075mm颗粒含量、软石含量等。

G214线沿线地区集料资源丰富，石灰岩、砂岩、花岗岩及片麻岩储量非常大，分布也极其广泛，岩性复杂。对于青海高寒高海拔地区，面层集料生产总量虽然基本能够满足日益增长的公路建设的需求，但是本地优质集料产量少、分布不均，外地供应则增大经济成本，因此青海省一些地区出现了优质集料供应紧张、集料质量控制不严的问题；同时，由于地域广阔、运距较远，一些公路建设项目只能使用强度较低、黏附性较差的集料，且随着公路建设高峰的持续推进，集料的供求此消彼长的趋势越来越激烈。一方面，这种现状造成了集料供应不足，供应商顺势抬升集料的价格，增加了公路工程的造价；另一方面，造成局部地区公路建设供料困难，影响公路建设的质量与进度。现有调研表明，青海省公路建设所需的优质石料匮乏，料场的各项质量管理体系尚不够完善。因此，研究集料的品质，优化集料的加工工艺，选择性能优良的集料已成为目前G214线沿线地区公路建设的必要条件。

一、G214线沿线沥青路面集料岩性

G214线沿线地区用于沥青路面面层的集料，其料源比较匮乏，早期还使用过河卵石破碎成的石料作为上面层集料，现阶段青南地区沥青路面面层主要以砂岩为主，部分公路采用石灰岩、花岗岩、片麻岩；在集料加工工艺上，集料主要来自当地中小型私营料场的加工破碎生产集料，G214线沿线地区部分路段面层筑路集料的岩性见表2-1。

表2-1　G214线沿线地区部分路段面层筑路集料的岩性

路段	层位	岩性
A路	上面层、下面层	石灰岩
B路	上面层	花岗岩
C路	上面层、下面层	片麻岩
D路	上面层、下面层	砂岩

二、沥青上面层集料技术指标

用于沥青路面上面层的集料应该选用强度高、颗粒形状好、表面纹理粗糙、吸水率小的集料，最好选用玄武岩，石灰岩、砂岩也可用作沥青路面上面层，但要保证其具有优良的品质，白云岩和花岗岩则应关注其与沥青的黏附性，在使用时部分地区路线需添加抗剥落剂或水泥以提高其与沥青的黏附性。

青海省沥青路面上面层集料目前主要以砂岩、片麻岩、花岗岩和石灰岩为主，所检测的上面层集料的技术指标见表 2-2。

表 2-2　青海省青南地区部分路段上面层集料检测指标

指标		A 路	B 路	C 路	D 路	技术要求	
公路等级		二级	二级	高速	高速	高速公路/一级公路	其他等级公路
岩性		石灰岩	花岗岩	片麻岩	砂岩	—	—
压碎值/%		16.9	13.0	15.4	14.5	≤28	≤30
高温压碎值/%		20.5	17.8	19.5	16.3	—	—
洛杉矶磨耗损失/%		20.7	14.2	16.8	14.6	≤30	≤35
磨光值（BPN）		40	43	44	45	—	—
粗集料坚固性/%		3	4	2	3	≤12	—
细集料坚固性/%		5	4	3	4	≤12	—
软石含量/%		1.4	2.0	1.5	1.7	≤3	≤5
砂当量/%		49	57	58	63	≥60	≥50
针片状颗粒含量/%	粒径大于 9.5mm	12.7	10.2	14.0	18.8	≤15	≤20
	粒径小于 9.5mm	10.9	10.8	13.0	8.3	≤20	—
水洗法小于 0.075mm 颗粒含量/%		16.4	20.6	15.7	17.4	≤15	—
与沥青的黏附程度		4 级	3 级	4 级	3 级	≥4 级	≥3 级

三、沥青下面层集料技术指标

G214 线沿线地区细集料不够洁净、含泥量偏高，砂当量也普遍超标，其他技术指标符合《公路沥青路面施工技术规范》（JTG F40—2004）的要求。部分路段下面层集料检测指标见表 2-3。

表 2-3　G214 线沿线地区部分路段下面层集料检测指标

指标	A 路下面层	B 路下面层	C 路下面层	D 路下面层	技术要求	
					高速公路/一级公路	其他等级公路
公路等级	二级	二级	高速	高速	—	—
岩性	石灰岩	花岗岩	片麻岩	砂岩	—	—
石料压碎值/%	18.9	12.7	17.5	14.4	≤28	≤30
高温压碎值/%	20.5	16.8	19.5	19.3	—	—
洛杉矶磨耗损失/%	21.7	14.6	19.7	17.6	≤30	≤35

续表

指标		A 路 下面层	B 路 下面层	C 路 下面层	D 路 下面层	技术要求	
						高速公路/ 一级公路	其他等 级公路
磨光值（BPN）		39	43	43	45	—	—
粗集料坚固性/%		4	3	3	3	≤12	—
细集料坚固性/%		5	4	4	3	≤12	—
软石含量/%		1.8	2.3	1.7	1.5	≤3	≤5
砂当量/%		49	56	56	68	≥60	≥50
针片状颗粒含量/%	粒径大于 9.5mm	13.8	13.3	12.2	18.1	≤15	≤20
	粒径小于 9.5mm	10.7	12.0	12.5	10.4	≤20	
水洗法小于 0.075mm 颗粒含量/%		16.4	20.6	15.7	17.4	≤15	—
与沥青的黏附程度		4 级	3 级	4 级	3 级	≥4 级	≥3 级

四、集料技术指标

1. 集料料源特性

1）压碎值：《公路沥青路面施工技术规范》（JTG F40—2004）要求沥青路面中面层、下面层集料的石料压碎值是高速、一级公路不大于 28%，其他公路不大于 30%。青海省已建沥青路面上面层集料压碎值的检测值在 13.0%～16.9%，下面层集料压碎值的检测值在 12.7%～18.9%，低于要求的 28%，因此，青海省沥青路面上面层、下面层的集料压碎值指标满足要求。

2）洛杉矶磨耗损失：《公路沥青路面施工技术规范》（JTG F40—2004）要求沥青路面上面层、下面层集料洛杉矶磨耗损失是高速、一级公路不大于 28%，其他等级公路不大于 35%。根据调查，青南地区几条公路面层集料洛杉矶磨耗损失在 14%～22%内，低于要求的 28%，均满足要求。

3）表观相对密度：《公路沥青路面施工技术规范》（JTG F40—2004）要求高速公路上、中面层的粗、细集料的表观相对密度不小于 2.60。青海省沥青路面上面层 1～4 号料及石屑等表观相对密度检测值符合要求。

4）对沥青的黏附性：沥青路面在水与交通荷载的同时作用下，可能引起沥青与集料界面的黏附性降低，并导致剥落、掉粒、松散、坑洞等破坏，在潮湿多雨及春融期这是一种常见的路面病害。一般来说，碱性集料与沥青有良好的结合力，而酸性集料结合力较弱，遇水极易剥落。石灰岩、安山岩、玄武岩等碱性或中性集料与大多数沥青有较好的黏附性，而石灰岩对沥青的黏附性是最强的，可以有效地提高抗水损害能力。

根据调查结果可知，除 B 路和 D 路采用花岗岩和砂岩，黏附性仅为 3 级外，两条 A 路和 C 路沥青路面面层集料与沥青的黏附性检测值均满足不小于 4 级的要求。

5）坚固性：《公路沥青路面施工技术规范》（JTG F40—2004）对高速公路、一级公路粗、细集料坚固性指标要求不大于 12%。青海省上面层集料坚固性检测值为 2%～4%，下面层集料坚固性检测值为 3%～4%，远小于 12%，满足要求。

6）软石含量：《公路沥青路面施工技术规范》（JTG F40—2004）对高速公路、一级公路要求软石含量不大于 3%，其他公路不大于 5%。青海省沥青路面上面层集料软石含量检测值为 1.4%～2.0%，下面层集料检测值为 1.6%～2.3%，满足要求。

7）石料磨光值：沥青路面在使用过程中，经过车轮反复滚动摩擦的作用，集料表面会被逐渐磨光，从而导致道路表面光滑，尤其是在雨季会因此酿成车祸。为满足行车安全、舒适的要求，路面表面需满足宏观平整、微观粗糙的要求，尤其是高等级公路，对路面的抗滑耐磨性能提出了较高的要求，《公路沥青路面施工技术规范》（JTG F40—2004）要求年降雨量 250～500mm 地区的集料磨光值不得小于 38BPN。根据调查的 4 条路段磨光值结果可知，磨光值均满足要求，但是石灰岩磨光值最低，基本接近要求值。由此可见：应根据所用集料的磨光值选择石灰岩，判断其用于沥青路面面层时能否都满足沥青路面的抗滑要求。

2. 集料加工特性

1）针片状颗粒含量：《公路沥青路面施工技术规范》（JTG F40—2004）要求高速公路、一级公路上面层粗集料粒径大于 9.5mm 针片状颗粒含量不大于 12%，粒径小于 9.5mm 针片状颗粒含量不大于 18%，其他等级公路针片状颗粒含量都要求不大于 20%。根据调查的路段针片状颗粒含量结果，有 1 条路粒径大于 9.5mm 针片状颗粒含量超标，达到 18%左右，其余 3 条路针片状颗粒含量均低于要求。调查发现：针片状颗粒含量超标的路段岩石分化极为严重，层状解理面较为明显，初步推测岩石在爆破的时候沿解理面裂开，呈现出表面平整规则的形态，如图 2-1 所示。

（a）针片状结构（一）

（b）针片状结构（二）

（c）针片状结构（三）

图 2-1　块石层状解理面与针片状结构

2）水洗法小于 0.075mm 颗粒含量：《公路沥青路面施工技术规范》（JTG F40—2004）要求，用于高速公路沥青路面任何层次的粗集料含泥量应控制在 1%以内；用于沥青路面的细集料含泥量应控制在 3%以内。根据调查，路段沥青路面上面层、下面层细集料水洗法小于 0.075mm 颗粒含量在 15.7%～20.6%内，其均超标。细集料粉尘含量过大。

3）具有一定数量破碎面颗粒的含量：《公路沥青路面施工技术规范》（JTG F40—2004）要求该指标不小于 90%是针对卵石而言的，而青海省用于沥青路面中面层、下面层的集料均为碎石。

4）细集料砂当量：细集料的砂当量是影响沥青路面的重要指标，它反映细集料中泥土颗粒的含量。泥土颗粒的含量大，影响沥青与石料的黏附性，降低沥青胶结料的黏附力，从而降低沥青路面结构强度和沥青路面的抗水损害能力。细集料的砂当量主要受石料性质和生产加工厂除尘能力的影响。

《公路沥青路面施工技术规范》（JTG F40—2004）要求高速、一级公路细集料砂当量不小于 60%，其他等级公路细集料砂当量不小于 50%。根据调查的 4 条路段沥青路面细集料砂当量检测结果，有 2 条路沥青路面细集料砂当量不合格，表明青海省青南地区沥青路面普遍存在细集料过脏的现象，粉尘、泥土含量过大，对此，必须高度重视，在集料生产和管理过程中严格控制。

总体而言，G214 线沿线地区沥青路面用集料大部分指标满足要求，但部分路段针片状颗粒含量、水洗法小于 0.075mm 颗粒含量和细集料砂当量不满足要求，这些指标与集料的加工特性关系较大；砂岩黏附性较差也是普遍问题，这些指标与集料的料源特性关系较大。从初步调研分析来看，只要满足《公路沥青路面施工技术规范》（JTG F40—2004）的技术指标，就能满足青海省公路建设和使用条件对集料的要求，对于一些不合格的指标，主要是由于碎石加工控制不严和选择原材料不当，又未采取必要的措施来改善造成的。

较可能不合格的指标是水洗法小于 0.075mm 颗粒含量和细集料砂当量。因此，青海省必须严格控制细集料的含泥量，从石料加工工艺和进场检测控制做起，含泥量过高的细集料不得用于沥青面层。在考虑石灰岩粗集料用于高等级公路沥青路面上面层时要慎重，其磨光值应不小于 38BPN；砂岩与沥青黏附性普遍偏低，在考虑用于沥青路面时则需添加抗剥落剂或水泥，以改善花岗岩与沥青的黏附性。

另外，个别料场用于沥青路面面层的粗集料还存在棱角性较差的问题，集料过于圆滑，棱角磨损严重，给目标配合比设计和生产配合比设计造成了较大的困难。过于圆滑的粗集料会造成集料之间的嵌挤作用降低，从而使沥青混合料的高温稳定性降低。同时，其也会造成混合料容易压实，空隙率过低，沥青混合料试件有效沥青饱和度 VFA 过大，在车辆作用下容易发生泛油病害的问题。另外，在进行配合比设计时，必须通过增加粗集料的用量来获得合格的体积指标，包括沥青混合料试件的矿料间隙率 VMA、VFA 和空隙率等。粗集料用量过多，一方面将限制拌和楼的产量，另一方面也可能对备料造成困难。

五、集料加工工艺

该地区当前集料加工不合格的指标主要是由碎石加工控制不严和选择原材料不当且未采取必要的措施来改善造成的。课题组调研了 G214 线全线各标段碎石加工的情况，从规范筛网规格、合理配置破碎机组合、增加除尘设备、规范原材料的后场控制方面进行了深入研究。

1. 规范筛网规格

目前 G214 线沿线公路建设工程对石料的需求量很大，因此均在工程建设现场自行或委托碎石场加工石料。各碎石场加工石料的设备、筛网规格不同，粒料质量也参差不齐，导致同规格的粒料内部粒径分布情况也不尽相同，虽然拌和楼分不同层筛网进行筛分，但无法保证每一个热料仓粒径分布稳定。实际工程中，粒料粒径分布范围较大，这就造成沥青混合料矿料级配组成发生变化，同时导致沥青混合料各项指标变异性也较大，影响沥青混合料路面的结构稳定性和使用寿命。因此，为了保证路面结构材料颗粒组成的一致性，统一轧石机的型号及筛网网孔尺寸对保证沥青混合料质量具有重要意义。

根据该地区多年的技术咨询工程实践，对该地区沥青路面的集料加工工艺提出统一的筛网设置要求，碎石加工振动筛网尺寸及所生产的规格见表 2-4。

表 2-4　碎石加工振动筛网尺寸及所生产的规格

结构层	结构类型	建议筛孔尺寸/mm	规格/mm
上面层	AC-13	3.5、6、11、15	0～3.5、3.5～6、6～11、11～15
下（或上）面层	AC-16	3.5、6、11、18	0～3.5、3.5～6、6～11、11～18
下面层	AC-20	3.5、6、11、22	0～3.5、3.5～6、6～11、11～22

以某施工标段沥青面层 AC-16 为例：该结构层所用碎石规格分别为 10～20mm、5～10mm、3～5mm 和 0～3mm，筛网控制前对应的筛网筛孔尺寸为 20mm、12mm、8mm、4mm，筛网调整后对应的筛网筛孔尺寸为 18mm、11mm、6mm、3.5mm。各规格碎石筛网调整前后单粒级配筛分结果对比见表 2-5～表 2-8 和图 2-2～图 2-5。

表 2-5　筛网调整前、后石屑（0～3mm）筛分级配对比

对比项目	筛分级配/%						
	4.75mm 筛孔	2.36mm 筛孔	1.18mm 筛孔	0.6mm 筛孔	0.3mm 筛孔	0.15mm 筛孔	0.075mm 筛孔
筛网调整前级配	100.0	73.9	44.6	33.6	21.0	18.0	14.9
筛网调整后级配	100.0	86.5	65.7	50.4	31.1	21.3	12.5

表 2-6　筛网调整前、后（3～5mm）筛分级配对比

对比项目	筛分级配/%				
	9.5mm 筛孔	4.75mm 筛孔	2.36mm 筛孔	1.18mm 筛孔	0.6mm 筛孔
筛网调整前级配	100.0	55.7	0.9	0.4	0.4
筛网调整后级配	100.0	87.9	8.6	0.6	0.6

表 2-7　筛网调整前、后（5～10mm）筛分级配对比

对比项目	筛分级配/%				
	13.2mm 筛孔	9.5mm 筛孔	4.75mm 筛孔	2.36mm 筛孔	1.18mm 筛孔
筛网调整前级配	100.0	80.3	3.9	0.2	0.2
筛网调整后级配	100.0	93.6	2.5	0.7	0.7

表 2-8　筛网调整前、后（10～20mm）筛分级配对比

对比项目	筛分级配/%				
	26.5mm 筛孔	19mm 筛孔	16mm 筛孔	13.2mm 筛孔	9.5mm 筛孔
筛网调整前级配	100.0	91.5	60.4	25.2	1.1
筛网调整后级配	100.0	97.0	76.6	39.4	0.2

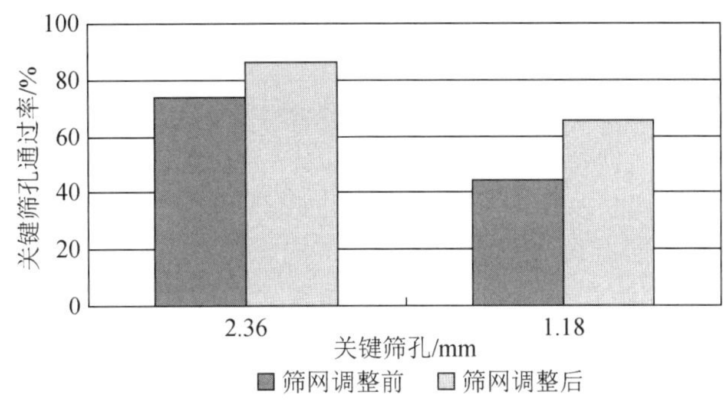

图 2-2　筛网调整前、后石屑（0～3mm）关键筛孔通过率对比图

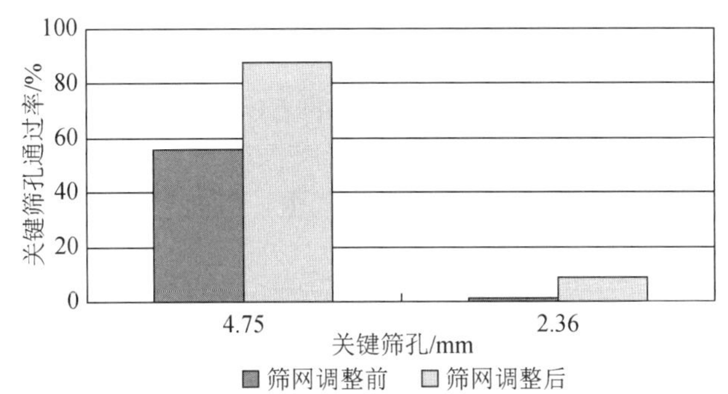

图 2-3　筛网调整前、后（3～5mm）关键筛孔通过率对比图

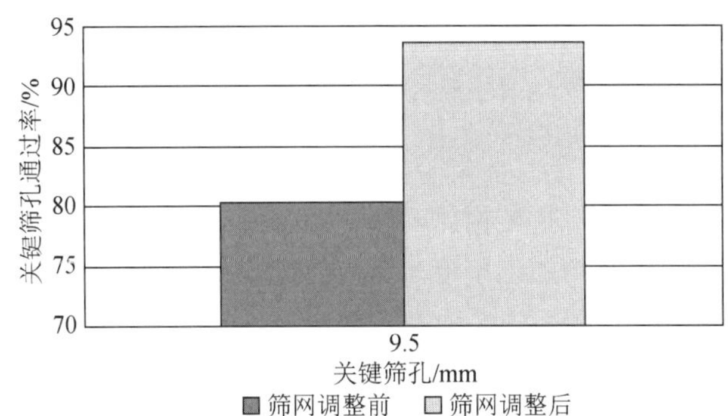

图 2-4　筛网调整前、后（5～10mm）关键筛孔通过率对比图

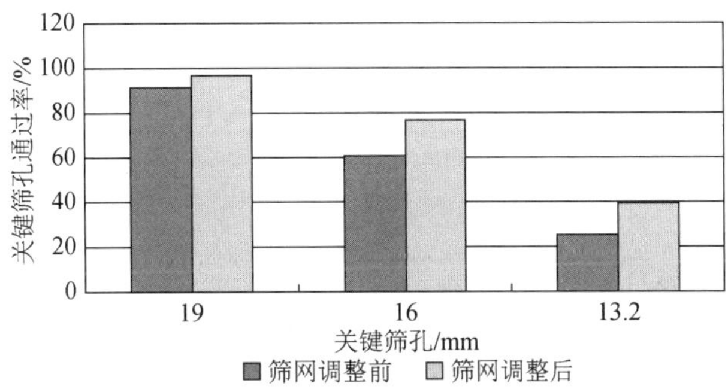

图 2-5　筛网调整前、后（10～20mm）关键筛孔通过率对比图

2. 合理配置破碎机组合

目前 G214 线沿线地区常用的集料破碎设备包括颚式碎石机、圆锥式碎石机、反击式碎石机、锤式碎石机、颚破反击破一体化。国内其他地区有的料场生产设备，青海省也基本都有，但要生产出优质石料，具体做法是将不同型号的生产设备合理组合，以形成较好的生产组合，主要有以下几种方案。

1）方案一：该方案依照块石进入振动喂料器、颚式破碎、反击式破碎、振动筛分、出料的顺序进行，在青南地区碎石加工中最为常见。对于块石质量较好的情况，该方案完全能满足要求；对于质量较差（尤其分化严重、层状解理面明显）的块石，该方案并不能起到很好的改善效果。

2）方案二：该方案依照块石进入振动喂料器、颚式破碎、双颚式破碎、反击式破碎、振动筛分、出料的顺序进行，仅在高寒地区个别标段使用。该方案的破碎效果与方案一较接近，差别在于二破增加了一道双颚破的工序，其主要是利用双颚破的作用将块石进一步破碎，减轻反击破板锤的压力，从而降低因频繁更换反击破板锤而造成的费用。

3）方案三：该方案依照块石进入振动喂料器、颚式破碎、双反击式破碎、振动筛分、出料的顺序进行，其与方案一的区别在于二破时采用的是双反击破。碎石破碎效果较方案一有所提高，块石破碎更为充分，生产效率大大提高，但是对于质量较差（尤其分化严重、层状解理面明显）的块石，该方案同样不能起到很好的改善效果。

4）方案四：该方案依照块石进入振动喂料器、颚式与反击式一体化破碎、振动筛分、出料的顺序进行，其破碎效果并不理想，仅在少数标段采用，主要用于生产基层碎石。该方案的缺点是级配控制较不理想，原因是采用直线式筛网，过筛过程中粗的筛孔很容易被颗粒较大的碎石堵塞，细的筛孔在雨雪天气容易被细料堵塞，细料很难通过筛孔过筛，因此各档碎石过筛不充分。

5）方案五：该方案依照块石进入振动喂料器、颚式破碎、反击式破碎、圆锥破碎、振动筛分、出料的顺序进行，其头破采用颚式破碎机，二破采用反击式破碎机，三破采用圆锥式破碎机对碎石进行精加工整形，然后经过振动筛分档制成品料，超粒径颗粒返回圆锥式破碎机再次进行破碎。由于成本大幅提高，很多碎石场承包商不太愿意使用方案五，仅在高寒地区个别标段采用，该组合方案所生产的碎石质量较前几种组合方案有明显的提高，碎石较为规整、均匀，针片状颗粒含量得到有效改观。

针对高寒地区常用的砂岩和片麻岩，不同碎石加工工艺生产的各岩性集料的针片状颗粒含量值见表 2-9。

表 2-9　不同碎石加工工艺生产的各岩性集料的针片状颗粒含量值

参数	方案一	方案二	方案三	方案四	方案五	技术要求	
碎石岩性	砂岩	砂岩	砂岩	片麻岩	片麻岩	高速公路/一级公路	其他等级公路
大于 9.5mm 针片状颗粒含量/%	14.1	13.8	11.2	19.2	13.7	≤15	≤20
小于 9.5mm 针片状颗粒含量/%	12.3	11.0	9.5	11.4	10.2	≤20	
平均产能/（m^3/h）	180	245	270	250	220	—	—
设备工艺成本/（元/m^3）	4.5	5	5.5	4	8	—	—

研究表明，对于砂岩，在组合方案颚式破碎+反击式破碎的工艺基础上，增加一道颚破对集料的整形效果不明显，而增加一道反击破对集料的整形效果较好，同时其成本和产能均略有增加；对于片麻岩，颚破+反击破+圆锥破的整形效果相对于颚破与反击破一体化更好，但是前者生产成本较高，产能也较低。综合来看，各生产工艺组合中，颚破+反击破的生产工艺基本可以满足青海省碎石加工的要求；颚破+反击破+反击破的生产工艺的产能最大，设备工艺成本也较为适中；颚破+反击破+圆锥破的成本最大，但适合于对集料整形，减少碎石的针片状颗粒含量；颚破与反击破一体化在青海不常用，也不建议在面层备料时使用。

3. 增加除尘设备

G214 线沿线地区沥青路面使用的集料普遍存在水洗法小于 0.075mm 颗粒含量和细集料砂当量超标的现象，且细集料含泥量过大。这一方面与该地区目前集料加工厂普遍未设置除尘设备有关，另一方面与料场管理有关，建议采取如下措施进行控制：

1）严格要求各料场生产石料时对粉尘含量较大的石料加强吸尘力度，并配合雾状喷水（但必须确保水不接触石料）做到二级除尘（一级除尘宜采用旋风吸尘，二级除尘宜采用布袋吸尘），必要时还必须在皮带机机头加装筛粉筛网和溜槽，以便进一步降低成品中的粉尘，使成品石料的含粉率达到要求；为防止集料的二次污染，必须做到加工现场“日产日清”，并用洒水设备对场地洒布，以减少空气中的粉尘含量。

2）各施工单位在开始大规模备料之前，对原材料进行检测，并在施工过程中，按照一定频率对原材料进行检测，重点控制石屑和砂的含泥量，保证集料的洁净。从源头开始控制，对石料场的生产过程进行要求，不合格的原材料不允许进场。

针对高寒地区喂料口块石源头含泥量较大的问题，建议在块石进入喂料机之前先进行一次大规模的过滤处理，通过在宕口附近架设一套大型隔片筛，提前过滤泥块及部分包裹泥土的块石等杂质，隔片筛用钢筋焊接，间距为 10cm 左右，架空形成 45°的斜坡，用来过滤块石中的泥块及杂质。在振动喂料机之前增加小隔片筛，过滤原料块石中的泥土及细小颗粒；同时加大纵向挖掘的深度，尽量挖出更优质的原材料。通过测试改进前后细集料的含泥量指标，0.075mm 筛网通过率大幅下降，说明改进效果明显。试验结果见表 2-10。

表 2-10　工艺调整前后含泥量（0.075mm 筛网通过率）对比　（单位:%）

工艺调整前含泥量（0.075mm 筛网通过率）	工艺调整后含泥量（0.075mm 筛网通过率）
12	7

4. 规范原材料的后场控制

石料的后场控制对公路工程建设质量非常重要，是公路建设质量的第一关。

（1）建立健全质量管理体系

建立与完善各项规章制度，加强生产过程中各环节的质量管理与质量控制，明确岗位职责，建立健全完整的质量保证体系。加强职工队伍的建设，包括思想教育与工作技能培训，为确保产品质量创造条件。

原料块石是整个产品质量的源头，必须从严进行控制，应有专人负责，对原料块石的供应进行把关，杜绝方解石、有水锈块石、风化石和含泥块石进入圆锥破或反击破生产线；必须保证进入破碎机的块石粒度，可通过带条筛的振动给料机对进入破碎机的块石进行最后一次筛选，以筛除原料块石中的碎石和泥块，确保进入破碎机的块石质量；建立健全现场石料质量跟踪体系。现场必须有专人负责巡视检查，发现不符合要求的矿石和杂物应及时清除，对现场的筛子、皮带进行定期检查，对筛面的磨损、料流、成品石料的含粉率应严格控制，发现问题及时处理。

（2）保证成品石料的质量

首先，建立健全标准实验室的各种配套设施，加强对试验人员的培训和管理，坚持做到每日进行 1 次筛分试验，每周进行 1 次针片状颗粒含量、压碎值试验；做好相应的试验记录与报告，发现问题及时汇报并整改。

其次，必须按规格标准分类堆放成品集料，保证砌有隔墙（高≥1.5m、厚度≥15cm，可用片石或砖砌筑），严禁混料，场地须用混凝土硬化。场地应清洁、规整，不允许有其他杂物；由于青南地区雨水较为丰富，为保证集料质量，成品料需采取防雨棚覆盖，在细集料转场打堆时，严禁用装载机、汽车爬坡进行作业（可采用移动式皮带机进行作业）。

再次，必须按要求、按标准、按比例进行成品集料的发运，统一指挥，严禁出现抛、洒、滴、漏现象，防止对料场及其他石料的污染。

最后，及时收集公路建设部门和用户对料场成品集料的反馈信息，并跟踪了解产品质量的信息，不断提高产品质量。

（3）建立设备管理制度

从生产设备的操作、日常维护、定期保养，到试验检测设备的计量标定、操作规程等一系列的规章制度，必须加以制定并上墙明示，且落实到生产活动中。

（4）增强环保意识、加强环保措施

有必要制定具体措施减小生产过程中的空气污染、噪声污染，并将其落实到生产活动中去，做到文明生产。为了加强对周围生态环境的保护，需要合理利用水资源，保护水环境和周围的土壤环境。该地区的集料有其特殊性，即尽管有些集料各项技术指标都满足要求，但在施工过程中发现该种集料明显易于压碎，那么这种压碎状态是否影响沥青路的使用质量，以及如何从石料技术标准要求的角度来减少石料在施工中的压碎程度都值得深思。另外，石料强度是石料的一个非常重要的指标，但施工单位在进料时通常只能用压碎值从侧面表征石料的强度，因此需要建立强度与压碎值的相互关系，通过压碎值标准来确保集料的强度。

第三章　高寒高海拔地区沥青路面使用状况调查与分析

第一节　高寒高海拔地区沥青路面调查与分类

一、高寒高海拔地区沥青路面主导病害调查

2005 年和 2016 年对青藏高原 109 线、G214 线及内蒙古 301 线多年冻土区段的路面病害状况进行了调查，国道路面类型为沥青混凝土路面和水泥混凝土路面。调查内容主要包括沥青混凝土路面的龟裂、网裂、纵横裂缝、补块、推挤拥包、泛油、剥落、松散，水泥混凝土路面的断板、破裂等。

（一）109 线

109 线多年冻土区地处青藏高原腹地，多年冻土分布广，属中低纬度高海拔多年冻土，既分布有连续多年冻土，也有岛状多年冻土。特殊的自然环境和冻土条件造成沿线发生强烈的道路病害。水泥稳定基层在低温条件下不易形成板体，在 35 个路面钻孔芯样中，未形成板体的有 25 个，松散率为 71.4%。沥青路面在强烈紫外线照射和长期低温作用下老化加剧，龟裂、网裂占 11.8%，松散占 16.8%，路面波浪占 26.4%，路面横向裂缝十分严重。

109 线多年冻土地区紫外线辐射强，高原气候严寒，在常年低温和高强度蒸发条件下，沥青面层变脆变硬，路面易开裂破坏，因而裂缝、松散类病害严重。青藏公路自铺筑沥青面层后，路基下多年冻土上限不断下降，特别是退化和较不稳定型多年冻土融化强烈，路基下多年冻土的变化及路基季节性冻融是形成路面沉陷、波浪变形和纵向裂缝等病害的主要原因（图 3-1）。

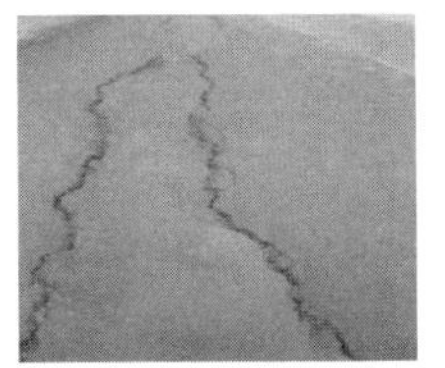

（a）纵向裂缝

（b）松散脱落

（c）坑槽

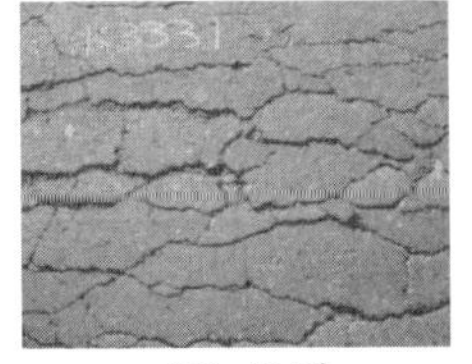

（d）龟裂

图 3-1　路面纵向裂缝、松散脱落、坑槽及龟裂

（二）G214 线

G214 线沿线 313.3km 多年冻土位于青藏高原多年冻土带边缘，属于退化性多年冻土，冻土分布条件复杂，稳定性极差，受道路影响多年冻土极易产生变化，进而对工程带来不利影响，病害发生广泛。沿线路基路面沉陷、波浪变形严重，路面纵横向裂缝和龟裂、网裂破坏明显。

通过对沿线路基路面病害的状况进行调查发现，路面存在裂缝、变形、松散、排水状况及路面不平整等主要问题，对其进行了详细的描述和原因分析，并根据《公路沥青路面施工技术规范》（JTG F40—2004）进行了等级评价。从养护部门收集到最近几年的路面养护情况，为路面改扩建设计提供了最新的基础资料。

1. 横向裂缝及龟裂

由于超限超载车流量大，有的路段荷载疲劳裂缝较为严重，同时也有部分典型的半刚性基层反射裂缝，多贯穿路面，而且分布均匀。调查中发现有的裂缝及沉陷处采用了高压注浆处理，但效果不理想，其病害发展较严重。裂缝严重的路段主要包括 K139+000～K340+940（共和至姜路岭）段 190.29km、K696+500～K705+000 段 8.5km、K725+000～K756+000 段 31km、K771+000～K782+000 段 11km。沥青路面病害如图 3-2 所示。

（a）横向裂缝

（b）疲劳裂缝

（c）龟裂坑槽

（d）修补

图 3-2　沥青路面病害

2. 纵向裂缝

纵向裂缝是由地基、基层的压实度不够及重车碾压而使路面产生不均匀沉降造成的，纵向裂缝比较严重的路段主要分布在路幅左边，如图 3-3 所示。

（a）纵向裂缝

（b）纵向裂缝灌缝后二次拉裂

图 3-3　沥青混凝土路面纵向裂缝

3. 路面沉陷

路面沉陷主要分布在 K347+200～K490+000（姜路岭至玛多黄河大桥）段、玛多黄河大桥至巴颜喀拉山段多年冻土路段，其中沥青路面破坏以沉陷为主（图 3-4），根本原因是黑色沥青路面的吸热作用使路基表面温度高于原地面温度，改变了多年冻土水热平衡状态，导致冻土融化，路基路面产生不同程度沉陷。

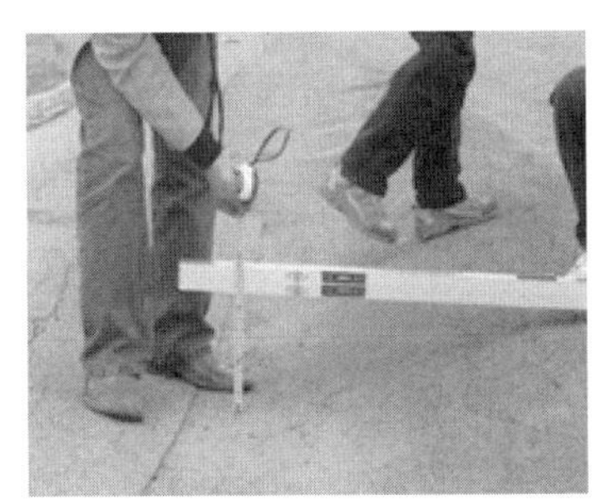

图 3-4　沥青路面沉陷

综合分析表明，造成沉陷的主要原因包括施工工艺、路基填料不满足要求、多年冻土融化、斜坡路段路基阻水冻胀，以及车辆超重、超载等。

4. 其他病害及修补

经过调查，G214 线全路路面基本上进行过修补，从整体来看，新维修过的路段状况良好，但是有的路段所隐藏的基层病害已经反映到面层。在调查中发现，唧泥、龟裂、沉陷、坑槽等病害也比较严重，而且往往是几种病害（如车辙、裂缝、唧泥、翻浆沉陷等）同时存在。

（三）301 线

301 线东起绥芬河，西至满洲里，全长 1500km，而现有路面为砂石路面，路况差、车速低、运营成本高。为改善运输条件，降低运输成本，提高运输效益，内蒙古自治区将 301 线全线黑色化列为重点工程。所经地区的岛状多年冻土属低海拔、高纬度多年冻土，目前处于退化阶段，沿线路基路面沉陷、波浪和冻胀变形明显。

（四）共和至玉树（结古）公路

共和至玉树（结古）公路（以下简称共玉公路）起于青海省海南藏族自治州共和县，终于玉树藏族自治州结古镇，与G214线的结古至巴塘段公路衔接，是西宁与玉树的唯一便捷通道。共玉公路采用半刚性基层沥青路面，主线路面结构详见表3-1。

表3-1　共玉公路主线路面结构

类型		路面结构
季节性冻土区	一般坡段	4cm AC-13+5cm AC-16C+18cm 5%水稳碎石+18cm 4%水稳碎砾石+20cm 级配砂砾，总厚度为65cm
	长大纵坡路段	5cm AC-16C+6cm AC-20C+18cm 5%水稳碎石+18cm 4%水稳碎砾石+20cm 级配砂砾，总厚度为67cm
多年冻土区	一般坡段	4cm AC-13（SBS 改性）+5cm AC-16C+18cm 5%水稳碎石+18cm 4%水稳碎砾石+20cm 级配砂砾，总厚度为65cm
	长大纵坡路段	5cm AC-16C（SBS 改性）+6cm AC-20C+18cm 5%水稳碎石+18cm 4%水稳碎砾石+20cm 级配砂砾，总厚度为67cm

2014年底建成通车后，共玉公路部分标段路面出现了不同程度的横向开裂，如图3-5所示。分析病害原因可能如下：①该地区属于青藏高原高寒地带，昼夜温差较大，沥青面层产生低温收缩裂缝；②在高寒高海拔气候条件下，半刚性基层产生的温缩裂缝或干缩裂缝反射至路表，产生横向裂缝；③在高寒气候条件下，半刚性基层养生条件较差，强度难以达到要求，微裂缝发育，道路通车后在行车荷载及温度荷载作用下，半刚性基层出现裂缝，进而反射至路表形成横向裂缝；④存在半刚性基层施工过程中含水率或水泥剂量过大、路面结构各层之间施工间隔较长等问题。

图3-5　共玉公路分标段路面的横向开裂

（五）花石峡至大武公路

花石峡至大武公路（以下简称花大公路）位于青海省果洛藏族自治州境内，起于玛多县境内G214线，终于玛沁县境内S101线，主线全长155.9km。花大公路采用半刚性基层沥青路面，主线段路面结构为4cm AC-13细粒式沥青混凝土上面层+5cm AC-16C中粒式沥青混凝土下面层+18cm 6%水泥稳定碎砾石（掺40%碎石）基层+18cm 4%水泥稳定砂砾底基层+20cm级配砂砾垫层，总厚度为65cm。

（六）拉萨至贡嘎机场专用高速公路

拉萨至贡嘎机场专用高速公路（以下简称拉萨机场高速）是西藏第一条高速公路，于2009年4月28日开工，2011年7月17日全线通车。拉萨机场高速起于拉萨市规划的柳梧新区世纪大道的终点，终于嘎拉山隧道北洞口与拉萨河特大桥南桥头之间，全长37.8km，设计行车速度80km/h。拉萨机场高速采用半刚性基层沥青路面，主线路面结构为4cm AC-13+5cm AC-20+8cm AC-25+24～30cm水泥稳定砂砾+20cm天然砂砾。

2016年调研发现，拉萨机场高速路面存在一定的裂缝，裂缝纵横交错、十分密集，主要位于行车道上。从裂缝分布上看，路基段横向裂缝密集，在轮迹带位置伴有纵向裂缝；而桥面及隧道铺装横向裂缝较少，主要病害为局部存在的纵向裂缝。因此，分析病害原因可能为半刚沥青性基层反射裂缝，反射裂缝形成的原因与共玉公路类似。

由以上分析可以看出，高寒高海拔地区普通公路沥青路面病害特征及程度较为复杂、严重，病害种类及规模因地质条件、路面结构和养护措施不同差异较大。总体来说，沉陷、裂缝最为发育，占路面病害的主要部分，网裂、拥包和松散现象比较普遍，相比之下，泛油和车辙情况很少发生。而对于共玉公路、花大公路及拉萨机场高速公路等均采用半刚性基层沥青路面。从目前调查情况看，共玉公路及拉萨机场高速公路均出现了不同程度的裂缝病害，其中横向裂缝为最主要的病害形式，总结其可能的原因如下：①高寒高海拔地区昼夜温差大，湿度低，养生期半刚性基层干缩、温缩现象严重，微裂缝发育；②高寒高海拔地区长时低温，半刚性基层养生条件有限，强度难以形成；③沥青层厚度较薄，在基层强度较低、微裂缝较为发育的状况下，道路通车后在行车荷载及温度荷载作用下，半刚性基层裂缝极易反射至路表形成横向裂缝。

二、高寒高海拔地区沥青路面主导病害类型

通过多年的病害跟踪与调查发现：冻土类型决定了路基的承载特性，其地温、含水率和含冰量极大地影响着季节活动层和多年冻土层的力学性能，而路基的力学特性与气候环境条件、交通条件综合影响了沥青路面的主导病害类型，路基病害类型如图3-6所示，路面病害类型如图3-7所示。

（a）纵向裂缝

（b）波浪变形

（c）沉陷

（d）边坡疏松

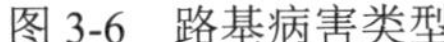

图3-6 路基病害类型

（a）横向裂缝

（b）网裂

（c）坑槽

（d）车辙

图3-7 路面病害类型

如图3-6所示，路基病害以纵向裂缝、波浪变形、沉陷和边坡疏松病害为主。如图3-7所示，路面病害以横向裂缝、网裂、坑槽和车辙病害为主。路基排水设计不完善，路侧积水是影响路基水热稳定性的关键，G214线由于新老线并行，积水现象尤为严重。高海拔低温的气候条件及冻结和融化致使土体疏松、强度下降。路基断面形式，如路基高度、宽度和阴阳坡效应等影响着多年冻土的热稳定性。

第二节　高寒高海拔地区沥青路面病害的机理分析

一、气候环境的影响

高寒高海拔地区沥青路面病害产生的气候环境主要表现为气温低，辐射强、老化快，冻融频繁，路面黑色化导致水热平衡变化。

1）气温低：青藏高原气候的基本特点是气温低、空气稀薄、大气干燥、太阳辐射异常强烈。道路沿线多年高寒高海拔地区年均最低气温为-17.4～-14.5℃，最高温度为6.8～8.1℃，气温年差为23～26℃，年均气温为-6.9～-4.0℃，容易产生横向、块状低温收缩裂缝。

2）辐射强、老化快：在海拔高、太阳辐射强烈的青藏高原，沥青老化极为严重，使用五年的沥青针入度、延度下降达55%以上，沥青质含量提高了近38%。

3）冻融频繁：在冻融频繁的10月至翌年5月，路面每日都要冻融循环多次，即便在6～9月的暖季也存在冻融循环的现象，加上高原天气多变，且夜间有负温出现，导致沥青路面冻融病害和水损害较为严重，同时，容易产生温度疲劳裂缝。

4）路面黑色化导致水热平衡变化：通过对原来的砂砾路面等加铺沥青面层以提高路面等级，改善通行能力，但同时却增加了热量的吸收，并减少了路基内部热量的蒸发，这将导致冻土路基的融化速度大于冻结速度，容易产生融化夹层等病害。

二、施工控制及施工条件的影响

高寒高海拔地区沥青路面病害的产生与路基、沥青路面施工及集料质量控制有关，具体如下。

1）路基施工：路基不均匀使路基产生沉陷，进而使路面出现变形，路基边缘压实不足使路基、路面产生纵向裂缝。

2）沥青路面施工：沥青混合料拌和、摊铺、压实都与温度密切相关，而青藏公路沿线气温很低，夏季最高约20℃，沥青混合料运输、摊铺中降温快，致使压实温度过低，从而影响混合料施工后的密实性，使沥青路面产生松散、冻胀等水害现象。虽然在高原沥青路面施工中采用了一些防止混合料降温的措施，但恶劣的气候条件总是无法避免的。

3）集料质量控制：青藏高原所能提供的集料多为酸性，物理风化严重，容易导致沥青路面产生松散病害。

三、养护技术的影响

在每年降水期到来之前，路面出现的局部坑槽未及时修补，形成积水凼；路肩土在频繁冻融下密度减小，路肩升高，路面形成积水槽；边沟、排水沟雨季前未做清理，雨雪漫上道路，使路面较长期浸水。

四、道路运行时间的影响

由于道路修筑时间不同，路基下多年冻土稳定状况也不同。一般而言，在采用同一种措施的前提下，道路运行时间越长路基下冻土也就越稳定，而新建的道路对路基下的冻土扰动比较大，需要较长一段时间才能稳定下来。道路修筑时间除了影响冻土地基以外，还将影响到路基填料、路面基层和面层，随着时间的延长，路基填料、路面基层的压实度越高，变形量也就越小，而路面则会老化并不断破坏。

五、路基高度的影响

青藏公路在“八五改建”及20世纪90年代一期、二期整治中，通过加高路基高度提高了冻土路基稳定性，保护了路基下部冻土，并减少了翻浆和沉陷病害。但是，路基纵向裂缝这种新型病害也随之产生。根据对青藏公路路基纵向裂缝破坏的调查，100%裂缝段的路基高度小于2.0m，其中有70%病害路段的路基高度接近或者超过3.0m（表3-2）。

表3-2　青藏公路路基纵向裂缝最大宽度与最大路基高度对应关系

起始里程	终止里程	最大路基高度/m	路基纵向裂缝最大宽度/mm
K2911+000	K2913+600	4.0	700
K2939+100	K2940+300	2.8	250
K2940+800	K2941+100	1.8	350
K2946+900	K2947+100	2.0	500
K2947+500	K2951+100	3.0	500
K3020+000	K3027+000	3.5	400
K3027+000	K3033+000	3.0	300
K3078+400	K3081+000	4.5	300
K3219+100	K3225+400	2.2	300
K3342+000	K3350+000	3.0	200

六、交通荷载的影响

高寒高海拔地区的道路同样存在交通量大、超载、超限的问题，这将对病害的产生有着重要影响。青海省S205线和X411线分别为部分和全部砂砾路面。S205线的交通量较小且绝大部分为轻型车辆，因此病害较轻，主要病害类型为路面坑槽；而X411线主要行驶车辆为载重量在40t左右的重型卡车，翻浆、车辙病害严重，部分车辙深度达到0.5m左右，并且经常因为翻浆导致交通中断。

七、地理因素的影响

道路沿线的地形、地貌、气候条件也对道路病害有一定影响，当道路经过山坡或者坡脚时要做好上坡截水、边沟和涵洞排水，否则就易于出现涎流冰、冰漫或者冻胀丘等病害。在秋末冬初多雨的东北多年高寒高海拔地区，一方面要更加重视涎流冰危害，另一方面还要预防路基冻胀和桥梁桩基冻拔病害。路基在秋末浸入雨水以后，冬季的水分迁移冻结将导致路面冻胀破裂，来年春季出现唧泥、翻浆病害；同时，雨水将沿着路面的裂缝浸入基层，引起更大规模的破坏。

第四章　高寒高海拔地区沥青混合料设计及其性能评价

第一节　基于低温性能要求评价及选择沥青黏结料

沥青混凝土路面是用沥青材料作为结合料黏结矿料由经碾压铺筑的面层、各类基层和垫层所组成的路面结构，由上到下因其层位功能的不同，其强度、抗变形能力和稳定性均呈降低趋势。面层是由集料、沥青胶结料、矿粉、外加剂（如纤维、改性剂等）以一定的比例和结构组成的混合料构成的，其中各种组分组成的比例、结构对沥青混合料的路用性能有不同的影响，所起的作用也是不同的。

对于高寒高海拔地区的特殊自然环境和施工条件，仍依靠传统沥青指标对其进行评价及选择是不合理、不完善的。本章本着简单、明了、易行的原则，对高寒高海拔地区和普通地区常用的高标号基质、改性沥青及低标号基质、改性沥青进行研究，通过采用测力延度试验（force-ductility test，FDT）、常规技术指标和 SHRP 技术指标对沥青路用性能进行评价，选择适于冻土区沥青路面的沥青结合料。

一、目前沥青性能评价方法

随着沥青路面通车年限的增加，路面病害日益增多。近年来，尽管不少国家对沥青的温度敏感性、流变性、低温特性及沥青混合料的高温和低温力学性质进行了广泛的研究，但纵观国内外现行指标体系，除了 SHRP 指标体系之外，以针入度、针入度指数（penetration index，PI）、软化点、当量软化点、黏度、脆点、当量脆点、延度，以及老化后的质量损失、残留针入度比、残留延度比等来反映沥青的温度敏感性、高温稳定性、低温抗裂性及老化后性能的指标体系难以满足冻土区特殊的气候及地理条件。

首先，现行分级标准 25℃针入度只能表征沥青在 25℃下的黏稠程度，而难以此评价整个路用温度范围的沥青性能，如图 4-1 所示。

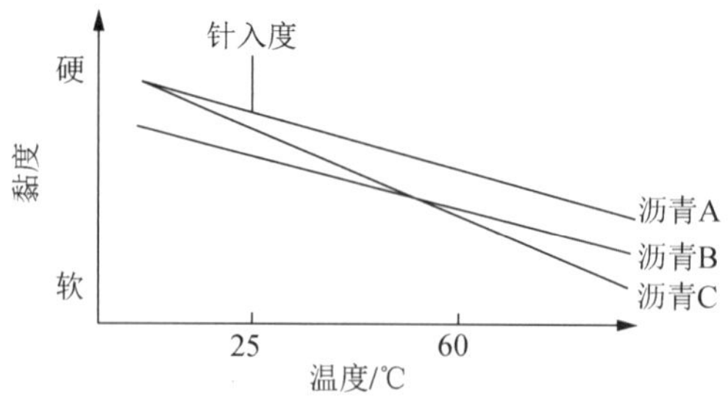

图 4-1　针入度分级的缺陷示意图

图 4-1 表明：沥青 A 与沥青 C 以 25℃针入度划分属同一针入度等级，被误认为有相同或相似的路用性能，然而图上显示沥青 A 的高温稳定性比沥青 C 好。而沥青 B 和沥青 C 在 60℃的性能相近，但却不属同一针入度等级。由此可见，同等级的沥青在实际路用性能上存在较大差别，同一级别针入度区间较大，且分级依据也存在缺陷。以某一温度点下的针入度作为沥青的分级标准并不能真正区分沥青的性能。

尽管评价沥青温度敏感性的指标较多，但普遍采用针入度指数，其大小反映了沥青的稳定性。但由于其受温度区间和误差的影响，单独的敏感性指标并不能反映沥青的综合性能。

其次，在评价高温稳定性时，主要考虑软化点、当量软化点和黏度等。尽管它们都能起到较大作用，但是仍然存在不足。其中，软化点受到含蜡量的影响且不同沥青之间的差别有时比较小。当量软化点受到针入度准确性及非线性的制约。黏度在评价沥青高温性能时效果比较好，与路用性能有较密切的关系，但试验相对烦琐，同时《公路工程沥青及沥青混合料试验规程》(JTG E20—2011)对不同类型的沥青并未选用统一的温度，黏度结果缺乏可比性，如普通沥青选用 60℃的黏度，SBS 改性沥青选用 135℃的黏度；另外，毛细管号数影响流出时间，进而影响未知黏度沥青的测定。

再次，在评价低温抗裂性时，主要考虑脆点、当量脆点、延度等。其中，脆点不易测准确且受含蜡量的影响；低温延度仅反映了低温下沥青的延度，并未准确反映其他温度下的变化情况，以及其拉伸过程中的内部应力变化。

最后，在评价沥青老化时，主要考虑施工期间的短期老化和使用过程的长期老化，短期老化在《公路工程沥青及沥青混合料试验规程》(JTG E20—2011) 中可以由薄膜加热试验或旋转薄膜加热试验来模拟，而长期老化在《公路工程沥青及沥青混合料试验规程》(JTG E20—2011) 中没有相应的模拟手段。只利用短期老化的沥青残留物评价沥青的耐久性，与路面实际经过长期老化有较大差别，因此用路面使用初期的沥青性能来评价路面使用末期的性能是有问题的。目前，SHRP 指标体系考虑沥青在路面整个使用期间的老化，很有必要将老化不同时间的沥青进行常规试验及 SHRP 试验对比研究。

二、沥青 FDT 试验及其机理剖析

为了更好地评价高寒高海拔地区沥青低温抗裂性能，沥青 FDT 试验在延度仪的基础上研制出能更全面反映沥青拉伸特性的测力延度仪，对沥青的低温性能做进一步的评价。

针对高寒高海拔地区的低温特点，发现很难通过常规指标对各试验沥青进行优劣评价，即各沥青无法拉开档次，故采用了低温 FDT 试验对 6 种 SBR 改性沥青进行了低温性能研究，采用韧性比 $R_{T/V}$、拉伸柔度 f、屈服应变能 E、基质沥青当量劲度 S_a、SBR 改性剂当量劲度 S_{SBR} 等指标进行评价对比，从中选择最合理的指标。同时，通过对 9 种基质沥青和改性沥青进行常规技术指标试验、SHRP 的动态剪切流变（dynamic shear rheological，DSR）试验、弯曲梁流变仪（bending beam rheometer，BBR）试验的对比及其相关性分析，验证 FDT 试验方法的可行性及高标号沥青低温性能评价指标的合理性。

（一）FDT 试验方案

1. 沥青试样

FDT 试验中沥青试样及特性见表 4-1。

表 4-1　沥青试样及特性

代号	沥青种类	特性	代号	沥青种类	特性	代号	沥青种类	特性
沥青 1	欢喜岭 160 号	改性	沥青 5	兰炼 130 号	改性	沥青 9	兰炼 130 号	基质
沥青 2	兰炼 160 号	改性	沥青 6	兰炼 160 号	改性	沥青 10	泰普克 90 号	改性
沥青 3	克拉玛依 160 号	改性	沥青 7	兰炼 160 号	基质	沥青 11	壳牌 70 号	改性
沥青 4	克拉玛依 130 号	改性	沥青 8	克拉玛依 130 号	基质	沥青 12	欢喜岭 70 号	基质

注：其中 6 种改性沥青 1、2、3、4、5、6 均采用 2%的 SBR 改性剂。

2. 试验设备及试验条件

1）FDT 试验应用了河南省高远公路养护技术有限公司开发的 GYLCY1200A-60 型立置式沥青测力延度仪，该测力延度仪及其操作界面如图 4-2 所示。

（a）测力延度仪

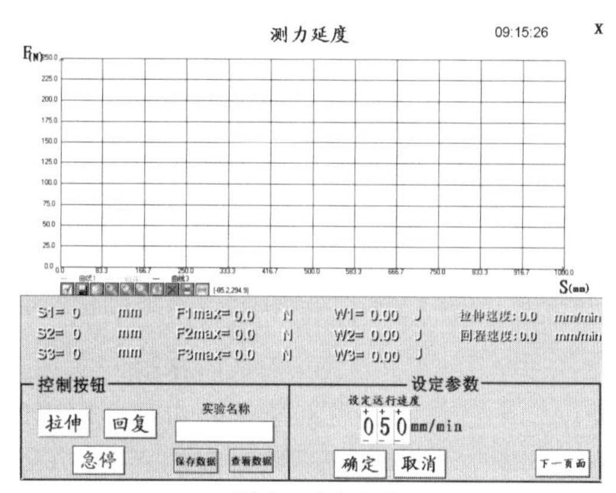

（b）测力延度仪操作界面

图 4-2　沥青测力延度仪及其操作界面

FDT 试验在 5℃的水浴内进行，拉伸速率为 50mm/min；由计算机系统自动采集荷载、延度数据，直接输出峰值力、延度、屈服应变能，并绘制荷载-延度曲线；采用与普通延度试验相同的“8”字模和直线模进行对比试验；试件成型与普通延度试验一样，试件成型后要在 5℃±0.1℃恒温水槽中保养 30min 后，用小刀修剪完毕，再放入 5℃±0.1℃恒温水槽中保养 1～1.5h；启动计算机及测力延度仪，进入测试程序，放置好试件后立刻开始试验，直至试件被拉断，停止试验，并保存数据文件及 FDT 曲线。

2）常规技术指标试验均依照《公路工程沥青及沥青混合料试验规程》（JTG E20—2011）、《公路沥青路面施工技术规范》（JTG F40—2004）所要求的仪器和条件进行试验。

3）DSR 试验与 BBR 试验依照美国 SHRP 沥青路用性能规范（AASHTO MP1），采用美国产的弯曲流变仪、动态剪切流变仪等设备进行。

（二）FDT 试验原理分析

（1）FDT 试验典型曲线

基质沥青和改性沥青 FDT 试验荷载-延度曲线如图 4-3 所示。

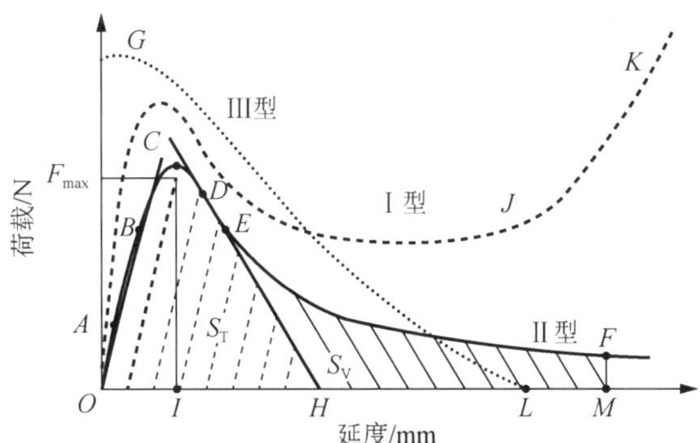

I 型曲线—橡胶类改性沥青典型曲线（即 *OJK* 曲线）；II 型曲线—非橡胶类改性沥青典型曲线（即 *OABCDEF* 曲线）；III型曲线—低标号基质沥青典型曲线（即 *GL* 曲线）；*AB*—FDT 曲线上升部分的直线段；*DE*—FDT 曲线下降部分的直线段；S_T—曲线 *OABCDE* 与直线 *EH*、*OH* 所围面积；S_V—曲线 *EF* 与直线段 *EH*、*HM*、*FM* 所围面积；F_{max}—改性沥青峰值力。

图 4-3　基质沥青和改性沥青 FDT 试验荷载-延度曲线

（2）计算机输出 FDT 曲线

5℃时沥青试样受到荷载的拉伸过程中，由计算机每 2s 自动采集一组荷载、延度数据，并输出各个试样的 FDT 曲线，如图 4-4 所示。

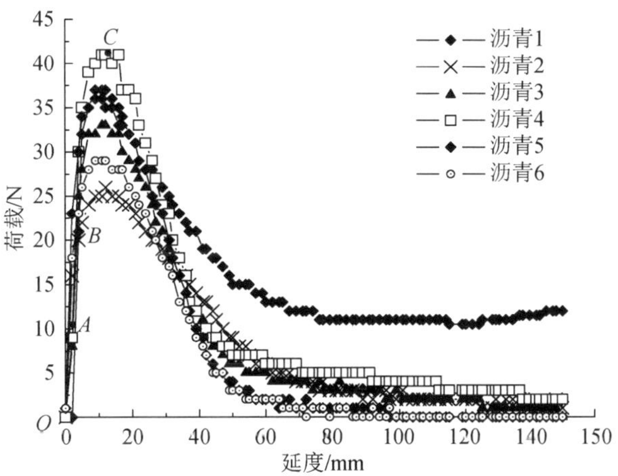

图 4-4　计算机自动绘制的 FDT 试验荷载-延度曲线

（3）沥青试样的 FDT 曲线解释

所有沥青试样针入度指数均大于-1，说明表 4-1 中沥青 1～沥青 6 这 6 种改性沥青试样感温性较差，充分说明高标号改性沥青在 5℃时，只能发生黏性断裂，其玻璃化温度将更低，黏弹性区域将更大。

图 4-4 表明，基质沥青的荷载-延度曲线呈单调下降，直至拉断也无峰值力出现，呈Ⅲ型曲线；而改性沥青的荷载-延度曲线则明显不同，在较小的延度内荷载出现峰值力，然后曲线渐变平缓且呈现下降趋势，沥青 1 在 120mm 时荷载又出现反弹上升，呈Ⅰ型曲线，而分析其余 5 种沥青试样的数据文件可知，当延度超过 120mm 时（试样在 150mm 的量程内未见断裂），荷载趋于零，曲线呈Ⅱ型。

在施加荷载的初期，改性剂的存在使沥青这种高分子材料的链状结构更加牢固，也使黏结力比改性之前增大许多，在荷载达到峰值之前的延度内首先要发生较短时间的弹性变形；荷载继续增大且 FDT 曲线仍呈上升趋势（图 4-4 中 *OABC* 上升段），充分显示了沥青的黏弹特性，*AB* 段的斜率越大，说明基质沥青的黏度越大，低温抗裂性能也越差；继续施加荷载直至沥青试样内部出现微损伤，FDT 曲线开始出现峰值，沥青试样开始进入短暂的屈服阶段，在第一阶段主要是基质沥青在承受荷载作用；当屈服后，改性剂（线状高分子材料）开始起主导作用，使沥青的黏韧性，即柔度大大加强，从而也改变了其低温抗裂性能，此时改性沥青的荷载也逐渐呈下降趋势，试样表现出较短时间的应力松弛现象（图 4-4 所示的 20～60mm 段）后便开始进入“颈缩”阶段。在这个阶段内，其名义应力几乎保持不变，颈缩后会发生均匀塑性变形，产生的颈缩区沿试样长度方向扩展，试样在颈缩处的横截面面积逐渐减小，直至沥青试样被拉断（图 4-4 所示的 60～120mm 段）。

而沥青 10 的 FDT 曲线为Ⅰ型曲线，它出现了两处颈缩，颈缩部位的截面面积尺寸稳定，颈缩沿轴向向试样两端扩展，出现变形强化现象，当颈缩扩展到两端后，荷载随伸长增加又出现增大趋势，致使沥青 1 在 120mm 处又出现反弹现象。

三、采用韧性比评价沥青性能

（一）沥青 FDT 试验结果

7 种沥青试样的 FDT 指标计算结果见表 4-2。

表 4-2　7 种沥青 FDT 指标计算结果

试验指标（均为“8”字模）	沥青 1	沥青 2	沥青 3	沥青 4	沥青 5	沥青 6	沥青 12
峰值力对应延度 D / mm	10	12.67	11	11.83	11.67	11.83	9.0
峰值力 F_{max} / N	35.67	25.33	33	42.67	38.67	28.33	72
拉伸柔度 f/（N/mm）	0.23	0.5	0.33	0.28	0.3	0.42	0.13
屈服应变能 E /J	0.38	0.65	0.75	0.99	0.96	0.98	0.41
黏韧性 S /（N·m）	1.96	1.16	1.4	1.85	1.18	0.95	3.23
韧性比 $R_{T/V}$	8.2	6.31	5.45	4.96	4.12	4.7	0.11
基质沥青当量劲度 S_a /kPa	2.48	1.5	3.78	5.28	4.06	1.68	11.85
SBR 改性沥青当量劲度 S_{SBR} /kPa	0.51	0.49	0.83	1.05	1.06	0.8	—

（二）FDT 试验的各项评价指标的定义

1）柔度 f：指峰值力与对应延度的比值，如式（4-1）所示：

$$f = \frac{F_{max}}{D} \tag{4-1}$$

式中：F_{max} 为峰值力；D 为峰值力对应的延度。

2）基质沥青当量劲度 S_a：2～8 mm 延度内荷载、延度数据线性回归（R^2>0.9）后的直线斜率。

3）SBR 改性沥青当量劲度 S_{SBR}：对应于 20～35mm 延度的 FDT 曲线下降段（实为直线段的斜率），计算方法同 2）项。

4）屈服应变能 E：

$$E = F_{max} \cdot D_{max} = S_{OABCI} \tag{4-2}$$

式中：E 为屈服应变能，即荷载拉伸沥青试样所做的功；S_{OABCI} 为线 $OABC$ 与横轴及 CI 线段围成的面积（图 4-3）。

5）黏韧性面积（S）：FDT 曲线与横轴所围区域面积（延度在 120mm 内的面积）。

6）韧性比（$R_{T/V}$）：

$$R_{T/V} = \frac{S_T}{S_V} \tag{4-3}$$

式中：$R_{T/V}$ 为韧性比；S_T 为将 FDT 曲线的下降段中的 DE 直线段（对应 20～35 mm 延度时的 FDT 曲线）延长与横轴相交于 H，由 $OABCDE$ 曲线、直线段 EH、OH 围成的面积；S_V 为 EF 曲线与 EH、HM、FM 直线段围成的面积。

（三）沥青试样的韧性比评价指标对比研究

经过对表 4-2 中所列出的评价指标进行分析，确定采用韧性比 $R_{T/V}$ 指标对高标号改性沥青的低温性能进行评价。同时，经对比“8”字模更适合高标号、大延度的改性和基质沥青试样。

表 4-2 中 $R_{T/V}$ 值能很明显地将沥青档次区分开，沥青 1～沥青 3 的 $R_{T/V}$ 比其他沥青都大，沥青 1 在计算黏弹性面积积分时，延度大于 1.2m 的黏性面积没有计算在内，致使其韧性比指标似乎偏小，实际上沥青 1 的韧性比应该是最大的。再分析表 4-2 中的当量劲度数据可知，沥青 1～沥青 6 试样的 S_a 值相差较大，变化范围为 1.5～5.28kPa；但 S_{SBR} 却仅在 0.49～1.06kPa 范围内有较小的波动，因此，上升段的斜率确实能反映基质沥青的性能，而下降段的斜率也能反映改性剂的性能，这一点与 FDT 试验拉伸机理的分析相吻合。如果从沥青试样本身性质出发进行分析，结果比较一致。因为沥青 2、沥青 5 的基质沥青均为同一种 160 号沥青（来自不同生产厂家），其 S_a 值分别为 1.5kPa、1.68kPa，比较接近；沥青 1、沥青 3 也为 160 号沥青，S_a 为 2.48kPa、3.78kPa；而沥青 4、沥青 5 为 130 号沥青，S_a 偏大，分别达到 5.28kPa、4.06kPa。对比 FDT 曲线可知，沥青 1 比较特殊，当拉力降低到大约 10N、延度达到 1.2m 时，其拉力又出现反弹，直至出现第二峰值力，但是第二峰值力要比第一峰值力小得多。而其余 5 种沥青试样当出现第一峰值力后，拉力下降直至为零，究其原因，可能主要受改性工艺的影响，由于沥

青1采用了胶体磨法进行改性，SBR改性剂颗粒不能很好地分散到沥青相中，但其原因还值得进一步研究。

对于沥青10和沥青11，其FDT曲线属于Ⅰ型曲线，当延度增加到一定程度时，荷载又将出现反弹增大现象，这将使韧性比指标计算中 S_V 面积部分异常增大，因此韧性比指标不适合低标号改性沥青试样的评价。

总之，综合表4-2中的评价指标可知，沥青的 $R_{T/V}$ 越小，D 值也越小，而其对应的 E 值却越大，即这种沥青达到屈服所做的功越大，很显然这样的沥青的低温性能越差。因为 D 值相差太小，难以区分优劣，只有 $R_{T/V}$ 与 E 值更加适合高标号沥青，所以主要通过 $R_{T/V}$、E 指标对7种SBR改性沥青的低温性能进行优劣排序，结果为沥青1>沥青2>沥青3>沥青4>沥青6>沥青5>沥青12。

（四）韧性比 $R_{T/V}$ 同常规技术指标之间的相关性分析

常规技术指标试验均依照《公路工程沥青及沥青混合料试验规程》（JTG E20—2011）进行。改性沥青和基质沥青的常规技术指标的试验结果见表4-3。

表4-3 改性沥青和基质沥青的常规技术指标的试验结果

试验项目	试验条件	沥青种类								
		沥青1	沥青2	沥青3	沥青4	沥青5	沥青6	沥青7	沥青8	沥青9
针入度（100g，5s）/0.1mm	25℃	147	149	144	124	104	149	141	121	130
	15℃	50	52	51	35	42	65	54	38	40
	5℃	18	20	19	8	17	30	20	10	13
延度（5cm/min）/cm	15℃	200	200	200	187	200	200	172	100	132
	5℃	200	200	200	200	200	200	112	123.4	38.9
软化点/℃		55	45.2	45.4	50.0	51.7	48.2	43.8	45.4	43.9
脆点/℃		−28.3	−24.8	−23.8	−18.5	−25.0	−24.5	−20.2	−16.4	−14.8
135℃运动黏度/（mm^2/s）		400.2	390.2	360.4	375.5	440.5	410.0	160.5	140.5	180.3
60℃动力黏度/（Pa·s）		1024	932.5	831.2	623.5	970.0	960.5	410.1	321.2	370.5
密度/（g/cm^3）	15℃	1.021	1.021	1.011	1.014	1.009	1.013	0.986	0.976	0.987
A（直线斜率）		0.046	0.044	0.044	0.060	0.039	0.035	0.042	0.054	0.050
R（相关系数）		0.999	0.999	0.999	0.998	0.999	0.999	0.999	0.998	0.999
针入度指数		−0.85	−0.57	−0.62	−2.45	0.11	0.95	−0.39	−1.91	−1.43
沥青当量脆点 $T_{1.2}$/℃		−20.7	−22.9	−22.2	−10.0	−24.3	−27.4	−23.9	−12.2	−18.2
沥青当量软点 T_{800}/℃		45.7	43.4	42.0	37.4	47.5	53.7	42.7	39.9	38.3
柔性范围/℃		66.4	66.3	64.2	47.4	71.8	81.1	66.6	52.2	56.5
弹性恢复	恢复长度/cm	9.5	2.5	3.2	3.5	3.5	3.6	0.8	1.1	1.8
	恢复率/%	95	25	32	35	35	36	8	11	18

续表

试验项目	试验条件	沥青种类								
		沥青 1	沥青 2	沥青 3	沥青 4	沥青 5	沥青 6	沥青 7	沥青 8	沥青 9
薄膜加热试验（163℃，5h）	质量损失/%	−0.049	−0.48	−0.23	−0.39	−0.43	−0.55	−0.5	−0.45	−0.5
	针入度（25℃）/0.1mm	110	82	87	80	69	72	107	86	78
薄膜加热试验（163℃，5h）	针入度比/%	75	55	60	65	67	48	76	71	59
	延度（15℃）/mm	200	200	200	164	112	118.5	89	163.4	78
	延度（5℃）/mm	175	162	155	148	138	153	42	72	13
	延度比（5℃）/%	87.5	81.0	77.5	74.0	69.0	76.5	37.5	58.3	33.4

表 4-3 主要对薄膜加热试验前后的 6 项常规技术指标进行测试，侧重于从沥青的感温性能（针入度指数）、低温延度、当量脆点（$T_{1.2}$）、弹性恢复这几个指标进行分析。

由表 4-3 中原样沥青的 5℃延度的结果可知，6 种改性沥青的延度明显大于 3 种基质沥青的延度，且 6 种改性沥青在试验机的量程内未见拉断。表 4-3 中显示了不同种类沥青的感温性能有明显的差异，沥青 4、沥青 8、沥青 9 这 3 种沥青的回归直线斜率最大，温度敏感性最强；从表 4-3 可知，沥青 4、沥青 8、沥青 9 针入度指数都小于−1.0，而 A 值分别为 0.06、0.054、0.050，针入度指数均不符合“八五攻关沥青性能指标建议”的 $A_{max}<0.0482$ 和 $PI_{min}>-1.2$ 的要求，即不符合沥青路用性能的 B 级要求；三者的当量脆点（$T_{1.2}$）也较高，分别为-10.0℃、-12.2℃、-18.2℃。由表 4-3 可知，沥青 7、沥青 8、沥青 9 的 5℃延度都明显小于其余 6 种沥青，虽然三者针入度比较大，但薄膜加热试验残留沥青的延度较小，综合考虑低温延度、$T_{1.2}$、薄膜加热试验后延度和针入度指数比，这 3 种沥青的低温性能明显较差。

对于其余 6 种改性沥青来说，原样沥青的 5℃延度均大于 200cm，单纯靠低温延度并未拉开差距；综合比较 $T_{1.2}$、柔度范围（即当量软化点减去当量脆点）、薄膜加热试验后延度可知，沥青 1、沥青 2、沥青 3 处于同一等级，但沥青 1 弹性恢复率达 95%，针入度指数比也达 75%，沥青 3 略差于沥青 1、沥青 2；沥青 6 的薄膜加热试验延度虽稍小点，但其 $T_{1.2}$ 达到-27.4℃，其弹性恢复率、老化后 5℃延度、针入度指数要比沥青 4 高，因此低温性能较沥青 4 好；沥青 5 老化后 5℃低温延度最小，低温性能是 6 种改性沥青中最差的。采用传统低温指标对 9 种沥青试样的低温性能进行如下优劣排序，即沥青 1>沥青 2>沥青 3>沥青 6>沥青 4>沥青 5>沥青 8>沥青 7>沥青 9。

按照低温优劣排序时，除沥青 6、沥青 7 顺序略有不同之外，其他沥青试样排序同韧性比排序基本一致，因此韧性比指标比较合理。

（五）韧性比 $R_{T/V}$ 与 SHRP 试验指标相关性分析

1. 疲劳性能分析

SHRP 对沥青的高温性能采用了原样沥青和旋转薄膜烘箱老化（RTFOT）残留沥青的 DSR 试验进行评价，而对其抗疲劳性能、低温抗裂性能则采用压力老化（PAV）残留沥青进行了 DSR 试验、BBR 试验，见表 4-4。为了对韧性比指标的合理性进行验证，要对 SHRP 评价指标同韧性比指标之间的相关性进行分析。从原样沥青（未列出）、RTFOT 残留沥青的 DSR 试验结果看，试样满足大于 1.0kPa 和 2.2kPa 要求时的最高温度均超过了该地区 39.6℃的路面最高设计温度，因此主要针对高寒高海拔地区特殊气候特点，仅对 PAV 残留沥青进行了 DSR、BBR 试验，并将试验指标同韧性比相关性进行分析。

表 4-4　6 种改性沥青的 DSR 和 BBR 试验的试验结果

<table>
<tr><td colspan="4">沥青试样</td><td>沥青 1</td><td>沥青 2</td><td>沥青 3</td><td>沥青 4</td><td>沥青 5</td><td>沥青 6</td><td>规范要求</td></tr>
<tr><td colspan="11">RTFOT 残留沥青（旋转薄膜老化 85min，163℃）</td></tr>
<tr><td colspan="4">质量损失/%</td><td>−0.049</td><td>−0.48</td><td>−0.23</td><td>−0.39</td><td>−0.43</td><td>−0.55</td><td><1.0</td></tr>
<tr><td rowspan="6">DSR 试验</td><td rowspan="3" colspan="2">58℃</td><td>δ/（°）</td><td>78.00</td><td>73.70</td><td>70.60</td><td>67.70</td><td>66.50</td><td>63.60</td><td rowspan="6">>2.2kPa</td></tr>
<tr><td>|G*|/MPa</td><td>2.05</td><td>4.71</td><td>5.29</td><td>7.37</td><td>8.06</td><td>9.20</td></tr>
<tr><td>（|G*|/sinδ）/kPa</td><td>2.10</td><td>4.91</td><td>5.61</td><td>7.97</td><td>8.79</td><td>10.27</td></tr>
<tr><td rowspan="3" colspan="2">64℃</td><td>δ/（°）</td><td>—</td><td>77.10</td><td>74.50</td><td>72.60</td><td>71.70</td><td>68.90</td></tr>
<tr><td>|G*|/MPa</td><td>—</td><td>2.27</td><td>2.65</td><td>3.69</td><td>3.99</td><td>5.04</td></tr>
<tr><td>（|G*|/sinδ）/kPa</td><td>—</td><td>2.33</td><td>2.75</td><td>3.87</td><td>4.20</td><td>5.40</td></tr>
<tr><td colspan="11">PAV 残留沥青（压力老化 20h，100℃，2.1MPa）</td></tr>
<tr><td rowspan="12">DSR 试验</td><td rowspan="3" colspan="2">7℃</td><td>δ/（°）</td><td>—</td><td>—</td><td>—</td><td>35.6</td><td>—</td><td>—</td><td rowspan="12"><5000kPa</td></tr>
<tr><td>G*/MPa</td><td>—</td><td>—</td><td>—</td><td>9218.67</td><td>—</td><td>—</td></tr>
<tr><td>（|G*|/sinδ）/kPa</td><td>—</td><td>—</td><td>—</td><td>5366.40</td><td>—</td><td>—</td></tr>
<tr><td rowspan="3" colspan="2">10℃</td><td>δ/（°）</td><td>44.60</td><td>34.70</td><td>36.20</td><td>33.90</td><td>37.20</td><td>38.40</td></tr>
<tr><td>G*/MPa</td><td>7614.98</td><td>7608.76</td><td>9795.14</td><td>8114.48</td><td>9896.22</td><td>9306.67</td></tr>
<tr><td>（|G*|/sinδ）/kPa</td><td>5346.88</td><td>4445.36</td><td>5785.07</td><td>4525.81</td><td>5983.25</td><td>5780.82</td></tr>
<tr><td rowspan="3" colspan="2">13℃</td><td>δ/（°）</td><td>48.60</td><td>36.00</td><td>34.70</td><td>32.90</td><td>35.20</td><td>35.70</td></tr>
<tr><td>G*/MPa</td><td>6459.36</td><td>6776.48</td><td>8436.04</td><td>7085.64</td><td>8595.25</td><td>8365.79</td></tr>
<tr><td>（|G*|/sinδ）/kPa</td><td>4845.24</td><td>3983.11</td><td>4802.46</td><td>3848.74</td><td>4954.58</td><td>4881.78</td></tr>
<tr><td rowspan="3" colspan="2">16℃</td><td>Δ</td><td>53.50</td><td>37.20</td><td>34.00</td><td>32.30</td><td>34.00</td><td>33.70</td></tr>
<tr><td>G*/MPa</td><td>4609.29</td><td>5808.47</td><td>7550.28</td><td>5975.27</td><td>7413.46</td><td>7604.76</td></tr>
<tr><td>（|G*|/sinδ）/kPa</td><td>3705.21</td><td>3511.80</td><td>4222.06</td><td>3192.90</td><td>4145.55</td><td>4219.46</td></tr>
<tr><td rowspan="6">BBR 试验</td><td rowspan="2">−24℃</td><td rowspan="2">60s</td><td>S/MPa</td><td>423.000</td><td>282.000</td><td>209.500</td><td>214.250</td><td>238.667</td><td>—</td><td rowspan="6">S≤300MPa，m≥0.3</td></tr>
<tr><td>m</td><td>0.319</td><td>0.275</td><td>0.263</td><td>0.262</td><td>0.248</td><td>—</td></tr>
<tr><td rowspan="2">−18℃</td><td rowspan="2">60s</td><td>S/MPa</td><td>156.000</td><td>119.000</td><td>89.400</td><td>84.500</td><td>118.500</td><td>110.500</td></tr>
<tr><td>m</td><td>0.401</td><td>0.320</td><td>0.297</td><td>0.292</td><td>0.286</td><td>0.281</td></tr>
<tr><td rowspan="2">−12℃</td><td rowspan="2">60s</td><td>S/MPa</td><td>—</td><td>—</td><td>43.900</td><td>45.600</td><td>55.500</td><td>44.500</td></tr>
<tr><td>m</td><td>—</td><td>—</td><td>0.312</td><td>0.309</td><td>0.323</td><td>0.330</td></tr>
<tr><td colspan="4">PG 分级</td><td>PG</td><td></td><td></td><td></td><td></td><td></td><td></td></tr>
</table>

$|G^*|$为沥青结合料的复数剪切模量，δ 表示产生的应变（应力）响应滞后于施加的应力（应变）荷载的相位角，而$|G^*|/\sin\delta$ 综合反映了沥青结合料在剪切过程中由于黏性摩擦生热而损失的能量，称为损失剪切模量。$|G^*|/\sin\delta$ 值越小，说明其低温疲劳性能越好，表 4-4 结果表明，沥青 2 的疲劳性能最好；但是如果损失剪切模量比较接近，则损失正切越大，说明其黏性成分越多，疲劳性能应该越好，如表 4-4 中沥青 3 和沥青 6 的$|G^*|$值分别为 5.29MPa、9.20MPa，且后者 δ 小于前者，说明沥青 3 疲劳性能较好些。依此结

果对疲劳优劣进行排列，顺序如下：沥青 2>沥青 4>沥青 1>沥青 3>沥青 6>沥青 5。

2. 低温性能分析

主要通过 BBR 试验对沥青的低温性能进行评价，得到劲度模量 S 与劲度变化速率 m，并要求劲度模量 $S\leqslant 300$MPa 且劲度变化速率 $m\geqslant 0.3$。若分析表 4-4 中−12℃、−18℃和−24℃时 6 种改性沥青的 S 和 m 发现，−18℃下满足 $S\leqslant 300$MPa、$m\geqslant 0.3$ 要求的只有沥青 1、沥青 2，而其余 4 种改性沥青只在−12℃满足此要求，而且沥青 1 与沥青 2 在−18℃时的 S 和 m 值均要求同时满足，由此说明沥青 1、沥青 2 的低温性能最好。因此，综合其 S、m 指标要求，对 6 种沥青进行如下的低温性能优劣排序：沥青 1>沥青 2>沥青 3>沥青 6>沥青 4>沥青 5。

3. 韧性比 $R_{T/V}$ 与 m 值相关性分析

对沥青的低温抗裂性能进行常规技术指标评价时，只能采用多项指标综合评价，很难找到某一个常规技术指标与 FDT 试验的韧性比指标的相关性。而 SHRP 计划中 BBR 试验的 m 值反映了沥青劲度的时间敏感性及应力松弛性能，当 S 值接近时，m 值越大，说明其应力松弛性能越好，低温抗裂性能也就越好。将沥青 2、沥青 3、沥青 4、沥青 5 和沥青 6 在−18℃的 m 值与 5℃的 $R_{T/V}$ 进行线性回归后得到如图 4-5 所示曲线，可见其相关性系数达 0.9255，由此可知 m 与 $R_{T/V}$ 有较好的相关性。

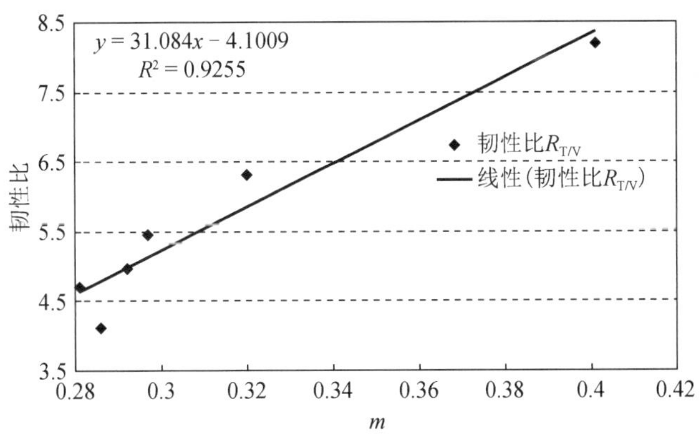

图 4-5　$R_{T/V}$ 与 m 相关性曲线

据 AASHTO MP1 要求，m 值应该不小于 0.3，如果将 m=0.3 代入图 4-5 中的直线回归方程可求出 $R_{T/V}$ 此时对应的值应为 5.22。因此，综合常规技术指标、SHRP 技术指标的评价方法，建议寒区选择沥青结合料的韧性比 $R_{T/V}$ 值应该不小于 4.5。

四、沥青黏结料的优选标准与方法

（一）路面等级和交通发展的要求

一般来说，路面的等级越高，对沥青结合料、集料和沥青混合料的路用性能的要求越高。随着路面等级的提高，路面应选用黏结力更大、低温抗裂能力更强、高温抗车辙能力更高的沥青结合料，尤其在高寒高海拔地区施工条件恶劣的情况下，更应严格选用符合要求的沥青结合料。

当然，交通量的增长与材料的选择也密切相关，国民经济高速发展同样带来交通量迅速增长、车辆大型化、超载严重化及交通渠化等，这使路面面临着严峻的考验。路面等级设计时不但要求避免或尽量减少路面低温开裂的发生，而且也要兼顾高温重载下抗车辙、抗永久变形的能力。

（二）自然环境、地理、地质构造条件的影响

我国高寒高海拔地区，特别是分布我国75%多年冻土的青藏高原，有其独特的自然、地理条件，年较差小，而日较差反而较大，给沥青结合料的选择带来更大的困难。因为沥青结合料是一种黏弹性材料，在高温时较软，而在低温时将变得较脆，从而使沥青混合料的劲度明显地提高，其低温抗裂的能力自然要大大地削减，而这些变化却是路面设计时应该避免或者尽量减少的。

（三）材料供应、运输条件的制约

在材料的选择上，尽量坚持就地取材的原则，尤其对于用量较大的矿料更是如此。以青藏线为例，从格尔木到拉萨全长1147km，路面宽7m，铺筑4cm AC-13+5cm AC-16双层式面层，光修筑面层就需要石灰岩矿料近176万t，再加上10cm级配碎石+25cm水泥稳定集料+30cm级配砂砾，所需的矿料将是个天文数字，只能充分地利用当地的现有矿料条件；即使是用量相对较少的沥青也需要近12万t，这就大大制约了材料的远距离供应，如沥青结合料一般都采用距离最近的兰州、克拉玛依等地生产的稠油沥青，制约了沥青、集料的选择自由度。

（四）材料的自身技术性能

沥青混合料主要由集料、沥青结合料、矿粉、纤维等外加剂组成，而混合料的整体性能由各种组成材料的性能综合反映，如集料的尺寸及比例、沥青结合料的低温抗裂性能、集料与沥青结合料黏结力等因素都直接影响着混合料的力学性能与技术性能。

（五）沥青结合料的选择流程

高寒高海拔地区的沥青结合料的选择很难依靠单一指标确定，为了使设计的沥青混合料有较大的安全保证率，主要依据如图4-6所示步骤进行选择，具体如下。

1）依靠常规技术指标针入度指数将沥青的标号确定在适合多年高寒高海拔地区的范围之内，即一般为120～180（0.1mm）。

2）根据沥青结合料的油源供应方便程度确定供应厂家。

3）进行FDT试验，测定、计算韧性比$R_{T/V}$指标，检验其是否满足建议值4.5。

4）如果上述要求合格，将选择好的沥青结合料和矿料以拟定的级配进行混合，并进行路用性能试验，检验性能试验指标能否达到混合料设计建议值。

5）若试验指标未能达到混合料设计建议值，在调整级配的前提下重新进行沥青结合料的选择。

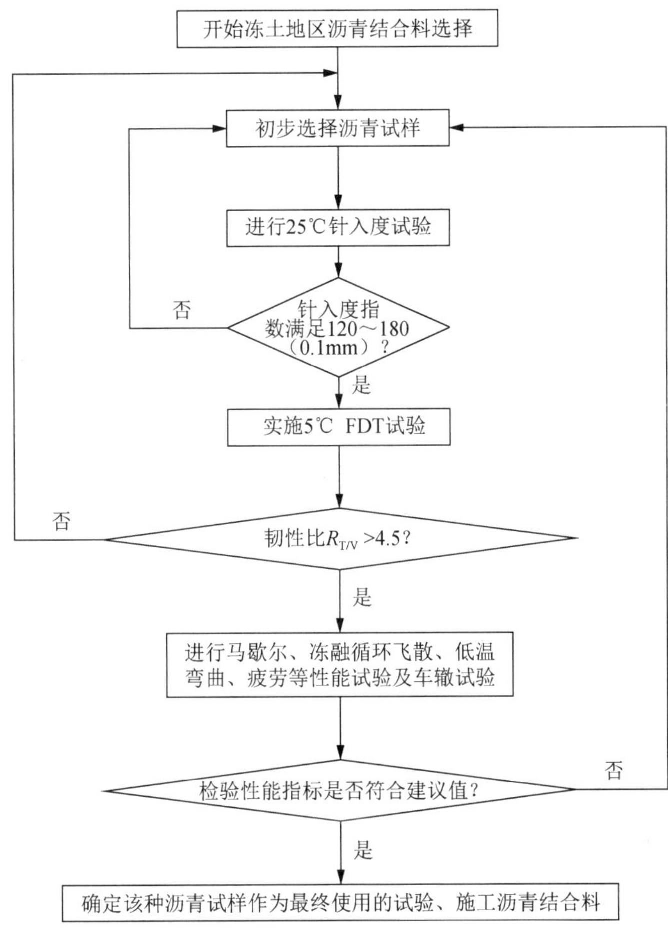

图 4.6　高寒高海拔地区的沥青结合料的选择流程图

第二节　高寒高海拔地区沥青混合料配合比设计

一、高寒高海拔地区沥青混合料配合比设计路线

世界各国沿用了 50 多年的马歇尔试验尽管有诸多缺陷，但其具有经济、简单、可行、方便的优点，对于多年高寒高海拔地区这种施工温度低、日较差大、太阳辐射强烈、风力强、交通量不太大的特殊条件来说，进行混合料设计有必要借鉴马歇尔试验设计法的思路。

首先，吸取体积设计法（即粗集料空隙填充法）及其他研究成果的优点初步拟订矿料级配，并且借鉴传统马歇尔试验设计法的思路，综合考虑抗冻性能、45℃高温性能指标，进行多年高寒高海拔地区的沥青混合料设计。

其次，在进行多年高寒高海拔地区沥青混合料设计时，采用多次（研究中采用 24 次）反复冻融循环后的马歇尔试件进行飞散试验，试验结果作为混合料设计的重要参数。

最后，除满足《公路沥青路面施工技术规范》（JTG F40—2004）常规混合料设计要求外，多年高寒高海拔地区混合料设计还需补充两个重要控制指标，即冻融飞散损失差和 45℃动稳定度。

1）根据沥青混合料性能评价结果，分析影响沥青混合料低温开裂的敏感性因素，为混合料设计参数提供合理的依据。

2）在确定级配时主要吸取 CAVF 体积设计法的优点，同时要确定一个尽量合理的经验油石比。

3）借鉴传统的马歇尔试验设计法的思路，提供初始的油石比。

4）如图 4-7 所示的设计法必须突出抗冻性能、45℃高温性能的特点，立足于冻融循环飞散试验、45℃车辙试验的研究结果，提出设计控制指标冻融飞散损失差和 45℃动稳定度的合理范围。

5）如果所设计的混合料不能满足性能检验指标的要求，确定调整级配、沥青结合料及经验油石比的方法。

6）根据初始油石比和性能检验时的油石比综合确定最佳油石比。

二、沥青混合料性能敏感性分析

（一）环境因素的影响

道路上的沥青混合料将暴露在大气自然环境中，不但要经受交通荷载的作用，而且还会受到气温、雨水、阳光、紫外线、冰冻、融化等气候环境的直接影响。其中，气温一般有高温和低温两种状态，对高寒高海拔地区的 7 月连续 7 天最高温度和最冷月极端最低温度的分析对沥青混合料的设计和性能评价极其重要，因为试件的击实成型温度及低温弯曲试验、弯曲疲劳试验、劈裂试验、车辙试验、冻融循环试验和马歇尔稳定度试验等温度的确定都需要对这些数据进行详细分析。

通过对高寒高海拔地区气象资料的分析确定几个关键性能试验的环境温度，如马歇尔稳定度试验温度、车辙试验温度均采用 45℃；并且针对日较差大的特点，采用冻融循环飞散试验作为关键的性能验证试验，从而可以模拟混合料在野外经受自然环境的作用。

（二）沥青结合料性能的影响

在路面结构中，面层与基层、垫层相比，应具有较高的结构强度和刚度，较好的水稳定性、温度稳定性，较强的抗变形能力，以及良好的抗疲劳、表面抗滑性，只有保证了以上这些性能，才能使沥青路面所具有的表面平整、行车舒适、抗滑耐磨、噪声震动小等性能得到充分发挥，因此面层材料是影响这些路面使用性能的重要因素。而铺筑沥青面层的沥青混合料是由沥青、集料和矿料及其他外加剂按一定比例组成的，沥青结合料的性能、骨料的质量、骨料与结合料的胶接效果对混合料的性质产生极大的影响，如果材料的性能不理想，力学性能和技术性能达不到要求，沥青混合料的质量也会达不到要求，从而使沥青面层的良好使用性能受到较大影响。

在沥青混合料中对其低温性能起决定作用的因素采用胶浆理论进行分析。沥青混合料这种多级分散相中的沥青胶浆对混合料的低温抗裂性能的发挥、强度构成起着决定性作用，因为只有沥青胶浆的黏结作用充分发挥出来，混合料内部才能有较强的黏结力，同时，沥青混合料内部的温度应力也才能得到松弛，从而保证混合料低温抗裂性能的发挥。

通过沥青混合料的性能试验可知，对于该地区的沥青混合料而言，沥青结合料的油源、针入度、延度对混合料低温性能的发挥有最大的影响。

从以往青藏公路的沥青结合料使用情况来看，因考虑到材料供应的方便程度，多采用产自克拉玛依和兰州的沥青产品。根据两个产地的 130 号、160 号基质沥青和改性沥青试验及沥青混合料性能结果可知，克拉玛依产的同标号基质沥青要比兰州炼油厂的低温性能好，这说明沥青性能因产地不同而存在较大的区别，基质沥青尤为明显。

选择多年高寒高海拔地区的沥青结合料时主要将 FDT 试验的韧性比作为选择的关键控制指标，但是，首要步骤仍然要根据沥青结合料的针入度必须满足 120～180（0.1mm）的要求进行初步筛选，因此，针入度仍然是我国高寒高海拔地区选择沥青结合料的主要依据。

研究表明，对油源相同（即感温性能相同）的沥青，针入度较大时，其劲度模量反而较小，较适合高寒地区；从老化角度分析，沥青老化后的针入度与路面的开裂也有密切的关系，对日本名神高速公路的调查表明，路面使用状况良好的回收沥青的针入度一般大于 50（0.1mm），否则路面就要开裂，从沥青结合料性能试验来看，建议该地区的沥青结合料经过薄膜老化后的针入度不得低于 80（0.1mm）。

沥青结合料的延展性反映了沥青在受力作用时，能够沿力的作用方向发生不同变形的程度。由于均为高标号沥青，其 15℃延度大都超过 200mm（3 种基质沥青除外），研究中对 9 种沥青的原样和薄膜老化后的试样均进行了 5℃延度和测力延度试验，建议薄膜老化后的 5℃延度残留率应该不低于 70%。

沥青含量即为混合料中沥青的质量占混合料总质量的百分比，对于混合料的抗冻性能、抗裂性能、抗疲劳性能、抗水损性能和抗车辙性能都有很大的影响，随着沥青含量的增加，混合料中沥青结合料的填充状况将发生变化，从而通过这种内部结构的变化影响着混合料整个结构的抗剪、抗裂和抗疲劳性能的发挥。沥青含量的影响是一个复杂的过程，当沥青含量很少时，沥青不足以形成结构沥青的薄膜来黏结矿料颗粒，混合料的强度较低；当沥青含量增加时，矿料表面的结构沥青逐渐形成，并包裹在矿料表面，沥青与矿料间的黏结力也随之增加。当沥青含量足以形成薄膜并充分黏附矿料颗粒表面时，沥青胶浆具有最优的黏结力，即沥青达到最佳含量。此时，如果再增加沥青含量，就将在矿料颗粒之间形成未与矿料交互作用的自由沥青，从而也降低了沥青与矿料的黏聚力。沥青含量继续增加时，黏聚力主要取决于自由沥青，混合料的强度也基本不变，沥青不但是黏结剂，同时还是润滑剂，减少了混合料的内摩阻角。其实，这将直接影响到混合料的黏结强度、抗裂性能、抗疲劳性能和应力松弛性能。

通过冻融循环飞散试验可知，沥青含量每增加 1%时，其飞散损失将减少 70%，并且随着沥青含量增加，飞散损失的减少率逐渐减少。从低温弯曲韧性试验结果来看，沥青含量增加 1%时，弯曲韧性将增加 30%，当增加到 6.0%时，弯曲韧性将又减小，而弯拉强度也有类似的规律。因为在沥青混合料中，沥青胶浆的应变为沥青混合料总应变的 7.8～510 倍，说明沥青的含量对温度缩裂影响较大，对混合料的抗疲劳性能将有更明显的影响。在级配、油源、环境等影响因子中，沥青含量对混合料的疲劳寿命的影响将达到50%。当然，沥青含量的直接影响是混合料的黏结强度，沥青含量每减少 1%，冻融循环的混合料疲劳寿命缩减率为 30%～77%，而对于未冻融循环的疲劳寿命缩减率则为 60%。

但是，沥青含量对混合料的低温抗裂能力和抗永久变形能力的影响相互矛盾，即沥青含量增加时，混合料的应力松弛能力和抗拉伸变形能力都随之增加了，但同时由于沥青的增多，混合料的抗剪切能力将减弱，车辙深度有所增加。当沥青含量每增加 1%时，45℃动稳定度将衰减 20%，竖向变形增加 20%；而当沥青含量增加到 6.5%时，则衰减率高达 50%，而竖向变形将增加 100%。

由此可见，当沥青含量由 4.5%增加到 7.5%时，沥青混合料的各种路用性能均发生较大变化，但都没有一个平稳的变化趋势，而在变化中均出现性能发生明显突变的“拐点”。因此，尽管沥青含量的增加能够改善沥青混合料的低温性能，但并不是含量越大越好，尤其是在沥青结合料的类型确定后，最佳沥青含量的确定显得尤为重要。

（三）沥青混合料组成结构类型的影响

矿料的级配组成也是影响混合料路用性能能否充分发挥的重要因素，在材料质量得以保证和合理选择的情况下，合理的矿料级配及沥青用量能够完全解决或缓解路面高低温稳定性、疲劳性能、路面特性和耐久性之间的矛盾。

沥青混合料的结构特点一般可由表面理论和胶浆理论来解释。表面理论中，沥青混合料是由稠度较稀的沥青结合料分布于由粗集料、细集料、填料组成的密实的级配矿质骨架表面而形成的一个具有强度的整体；胶浆理论中，沥青混合料是由粗集料、细集料、填料作为分散相分散在沥青砂浆、沥青胶浆、沥青分散相中的一种多级空间网状胶凝结构的分散系。因此沥青混合料是由矿料骨架和沥青胶结物构成的、具有空间网状结构的一种多相分散系，其力学强度主要由矿料之间的内摩阻力、嵌挤力与沥青于矿料之间的黏结力构成。

而根据嵌挤结构和密实结构在整个结构中所占的不同比例，可将沥青混合料分为悬浮密实结构、骨架空隙结构和骨架密实结构，其切片如图 4-7 所示。

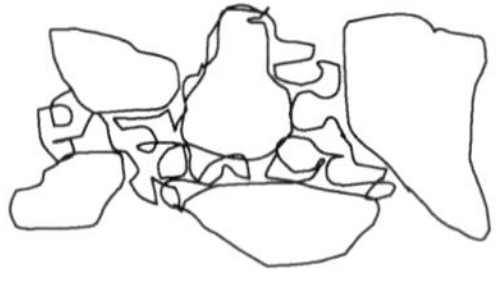
（a）悬浮密实结构

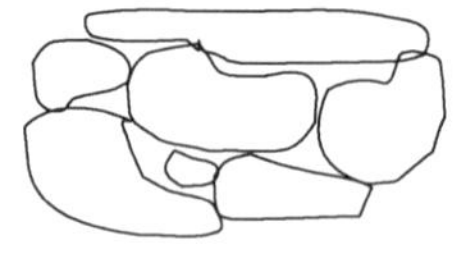
（b）骨架空隙结构

（c）骨架密实结构

图 4-7　沥青混合料结构示意图

东南大学曾就级配对沥青混合料的性能影响进行过深入的研究。结果表明，当集料中的粗集料含量为 68%～72%时，将形成骨架密实结构，使混合料的黏结强度、低温抗裂、高温抗车辙、抗疲劳性能都有明显的改善和提高。因为，在骨架密实结构中，粗集料较多，可形成空间骨架，细集料适量，足以填充骨架空隙，且这种结构的密度较大，具有较高的黏聚力和内摩阻角；在骨架空隙结构中，尽管粗骨料形成了骨架，但是细集料不足，难以填充骨架空隙，形成较大的空隙，大大地降低了混合料的黏聚力；而悬浮密实结构的粗集料不足以形成骨架，尽管密度较大、空隙小，但细集料较多，使粗集料常发生干涉现象，矿料的内摩阻角明显不足，使低温裂缝的抵抗能力不能得到最大限度的发挥。

（四）沥青混合料试验参数的影响

1. 混合料拌和及击实成型（碾压）温度

沥青混合料的施工温度主要包括拌和及碾压温度，而实验室成型试件时的击实成型温度相当于施工中的碾压温度，如果施工温度太高，沥青试样将加速老化、变硬，相反，温度太低时，不易压实，不能达到设计的体积指标，特别是改性沥青在较低温度时，改性剂将固化，混合料将失去施工和易性。从沥青的材料性能来说，高温时沥青表现为塑性材料，低温时近似于弹性材料，而在中等温度时却表现为一种复杂的黏弹性材料，当被加热时，沥青在与集料拌和时起到润滑剂的作用，而当沥青冷却时，又扮演着胶结剂的作用，因此温度对于沥青混合料的拌和及击实成型（碾压）非常重要。因此，保证合理的拌和及击实成型（碾压）温度是沥青混合料击实成型或施工成功的关键。

最早的施工温度均以经验确定，即以不至于导致沥青试样出现“冒烟”现象为判断标准，后来通过对沥青材料性能的深入研究发现，决定施工和易性的关键因素并非温度本身，而是不同温度时沥青的不同黏度，这使由“冒烟”现象的直观、视觉、定性温度控制标准逐渐转向定量化的黏度控制。施工温度与其黏度呈对数相关，但由于黏度量测不方便，就将施工和易性最适当的温度控制指标通过黏温曲线换算为更加直观的温度指标，这样也使沥青混合料的施工温度得到了进一步的量化。

$$\eta = aT^b \quad 或 \quad \lg\eta = n - m\lg T \tag{4-4}$$

式中：η为黏度；T为温度；a、b、n、m为试验参数。

美国的ASTM D1559规定，一般取运动黏度（170±20）mm^2/s［或动力黏度（0.17±0.02）Pa • s］所对应的温度范围作为拌和温度，取运动黏度（280±30）mm^2/s［或动力黏度（0.28±0.03）Pa • s］所对应的温度范围作为碾压（或试件击实成型）温度；而日本则规定拌和温度、碾压温度分别取（0.18±0.02）Pa • s和（0.30±0.02）Pa • s所对应的温度范围。但这只能适应基质沥青，对于改性沥青，即使采用不存在剪切作用的马歇尔击实成型法，即不考虑剪切速率对黏度的影响，也会因为改性剂的加入，使黏稠度大大增强。要使改性沥青达到同样的黏度，则有时计算会得到出乎意料的高温，这样就容易造成沥青试样冒烟，从而也改变了沥青试样的性能，使达到4.0%设计空隙率时的最佳沥青含量偏低，这在施工中是不允许的。

基质沥青和改性沥青施工温度确定方法的关键差异在于不同温度、不同成型设备时二者会表现出不同的流变学性质，当采用SGC（superpave gyratory compactor）成型试件时，与现场施工时的碾压一样都存在剪切作用。当然，由于基质沥青在高温时为牛顿流体，剪应力与剪应变的比值保持恒定，黏度与剪切速率无关，仅与温度有关，采用黏度-温度曲线换算施工温度的方法仍可使用；但改性沥青就有所不同，高温时为非牛顿流体，表现出假塑性，黏度不但与温度有关，而且随着剪切速率的增大而减小，即表现为剪切稀释特性，同时，由布洛克菲尔德（Brookfield）旋转黏度仪测定黏度的剪切速率比SGC成型时的剪切速率高得多，继续采用黏度-温度曲线换算的施工温度将有很大差异，如图4-8和图4-9所示。

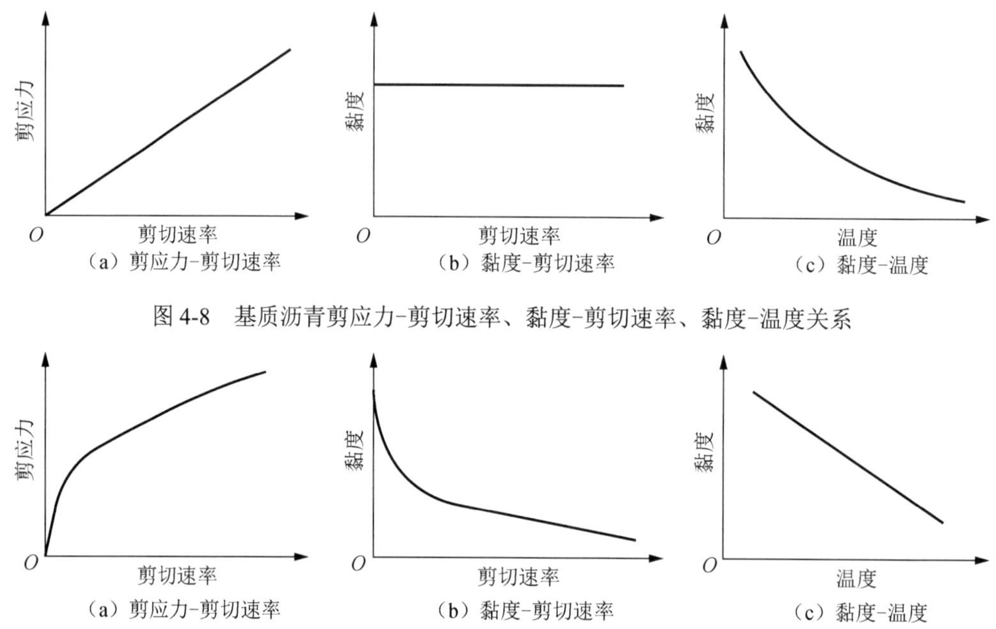

（a）剪应力-剪切速率　（b）黏度-剪切速率　（c）黏度-温度

图 4-8　基质沥青剪应力-剪切速率、黏度-剪切速率、黏度-温度关系

（a）剪应力-剪切速率　（b）黏度-剪切速率　（c）黏度-温度

图 4-9　改性沥青剪应力-剪切速率、黏度-剪切速率、黏度-温度关系

改性沥青的黏度很难像基质沥青一样与温度直接建立关系，但是，换个角度考虑，如果沥青混合料的集料类型、颗粒级配、沥青黏度（基质沥青、改性沥青）、成型设备都相同，则试件的毛体积密度应该相同；反之，如果两种沥青试件的毛体积密度同为某一值，则在各自对应的温度 *A*、*B* 时的黏度应该相同，二者的关系可由模型 $y=ax^b$（*y* 表示毛体积密度，*x* 表示击实成型温度，*a*、*b* 为常数）来确定，如图 4-10 和图 4-11 所示。

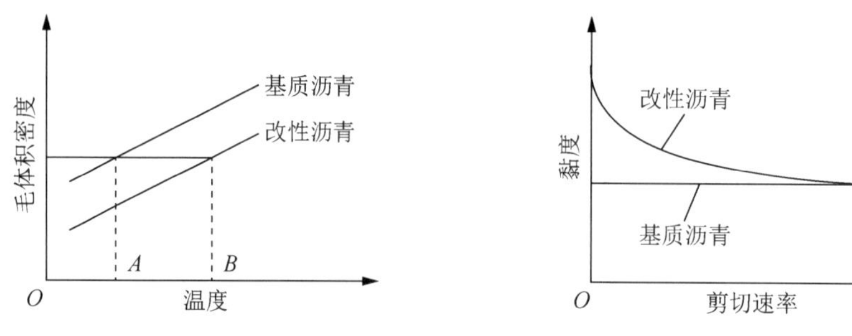

图 4-10　击实成型温度与毛体积密度关系　　图 4-11　黏度-剪切速率换算曲线

但是，此时改性沥青的等效黏度与基质沥青一样均属低剪切速率下的黏度，其实改性沥青被碾压时的剪切速率要比基质沥青采用布洛克菲尔德旋转黏度仪测定黏度的剪切速率高得多，因此必须通过 Shenoy 在 1999 年提出的著名“黏度-剪切速率”换算公式 $\eta = K\gamma^{n-1}$（η为黏度，γ为剪切速率）将低剪切速率（一般为 6.8s^{-1}）的黏度换算为实际碾压高剪切速率（一般为 490 s^{-1}）时的黏度，考虑剪切速率时的拌和温度一般比不考虑剪切速率时的温度低 14～38℃，而击实成型温度则低 10～27℃。

综上所述，如果不考虑基质沥青和改性沥青的性质及成型试件设备是否存在剪切的差异，而统一采用同样的等黏温度的方法来换算施工温度，肯定是不可行的。但是，对于高寒高海拔地区较低的施工温度及160号高标号沥青的条件，应当采用合理的击实成型温度范围的低限，从而也能提高最佳沥青含量，使之更适合富油沥青混合料的设计。世界各国对改性沥青混合料的拌和、击实成型温度的规定各不相同，但差异不大，如日本改性沥青协会规定橡胶类改性沥青混合料的拌和温度为150～200℃、初压温度为130～180℃、复压温度为110～160℃。而我国规定的热拌改性沥青混合料的施工温度一般要比基质沥青温度高出10～20℃，具体要求见表4-5。

表4-5　JTG F40—2004中热拌改性沥青混合料的施工温度　（单位：℃）

石油沥青	沥青加热温度	矿料温度		出场温度	储存温度	现场温度≥	摊铺温度≥		碾压温度≥		终了温度≥		
		间歇	连续				正常	低温	正常	低温	钢轮	轮胎	振动
AH160	150～180	170～200	155～190	135～180	125～170	130～170	120～150	130～160	120～160	130～170	80～90	90～100	75～85

选用克拉玛依地区生产的160号金石SBR改性沥青、兰州炼油厂生产的160号路安特SBR改性沥青，采用布洛克菲尔德旋转黏度仪测定60℃、135℃和175℃的表观黏度（即剪应力与剪切速率之比），计算出（0.17±0.02）Pa·s、（0.28±0.03）Pa·s所对应的温度，试验结果见表4-6。

表4-6　两种160号SBR改性沥青表观黏度试验及黏度-温度结果

<table>
<tr><td rowspan="2">温度</td><td colspan="3">克拉玛依生产的160号金石SBR改性沥青</td><td colspan="3">兰州炼油厂生产的160号路安特SBR改性沥青</td></tr>
<tr><td>黏度/（Pa·s）</td><td colspan="2">黏度-温度方程</td><td>黏度/（Pa·s）</td><td colspan="2">黏度-温度方程</td></tr>
<tr><td>60℃</td><td>712</td><td colspan="2" rowspan="3">$y=5\times1018x-8.92$
$R^2=0.98$</td><td>1400</td><td colspan="2" rowspan="3">$y=2\times1018x-8.72$
$R^2=0.98$</td></tr>
<tr><td>135℃</td><td>0.514</td><td>1.188</td></tr>
<tr><td>175℃</td><td>0.051</td><td>0.124</td></tr>
<tr><td rowspan="2">由黏度换算温度/℃</td><td>0.17±0.02</td><td>拌和</td><td>150～154</td><td>0.17±0.02</td><td>拌和</td><td>152～156</td></tr>
<tr><td>0.28±0.03</td><td>击实</td><td>142～146</td><td>0.28±0.03</td><td>击实</td><td>144～147</td></tr>
<tr><td rowspan="2">由温度换算黏度/℃</td><td>0.11±0.03</td><td>拌和</td><td>155～165</td><td>0.13±0.04</td><td>拌和</td><td>155～165</td></tr>
<tr><td>0.38±0.12</td><td>击实</td><td>120～125</td><td>0.41±0.13</td><td>击实</td><td>120～125</td></tr>
<tr><td rowspan="2">建议施工黏度及温度/℃</td><td>0.12±0.03</td><td>拌和</td><td colspan="4">155～165</td></tr>
<tr><td>0.40±0.12</td><td>击实</td><td colspan="4">135～145</td></tr>
</table>

注：黏度-温度方程的因变量 y 为黏度，自变量 x 为温度。

从表4-6可以看出，如果按照美国的ASTM D1559规定，取黏度为（0.17±0.02）Pa·s对应的温度作为拌和温度，而取黏度为（0.28±0.03）Pa·s对应的温度作为击实成型温度，对于改性沥青而言，拌和温度偏低，而击实成型温度偏高。由于试件击实成型时不存在剪切作用，认为施工温度和黏度满足黏度-温度曲线方程，但随着改性剂的加入，同样温度下的黏度要比基质沥青的黏度有明显增加。参考江苏省关于沥青混凝土路面施工温度的建议采用155～165℃的拌和温度，而通过施工温度对沥青混合料性能参数的影响分析可知，对于130号、160号高标号SBR改性沥青混合料的击实成型温度最合理的范围为135～145℃，因此将上述施工温度范围代入等黏度-温度曲线方程可计算出建议的施工温度对应的合理的黏度范围，即拌和黏度为（0.12±0.03）Pa·s，击实成型黏度为（0.40±0.12）Pa·s。

2. 马歇尔稳定度试验水浴环境温度

马歇尔稳定度试验的水浴温度一般均为60℃，尽管目前的研究认为马歇尔稳定度并不能完全反应沥青混合料的高温性能，但马歇尔试验法诞生时研究者认为稳定度指标能够反映沥青混合料的高温性能，因此马歇尔稳定度试验的水浴温度可反映路面表面的最高温度。

不同国家和组织对最高气温和路面不同深度最高温度的计算方法是不一样的，但不管采用什么方式计算，所采用的试验温度都是用来反映沥青混凝土路面的高温抗永久变形能力的，因此综合多年高寒高海拔地区的气候状况及最高路面设计温度的计算方法，依据《公路工程沥青及沥青混合料试验规程》（JTG E20—2011）的要求，可确定该地区的马歇尔稳定度试验温度为45℃，其更加贴近该地区路面表面的最高温度，同时与45℃车辙试验温度也能够保持一致。

采用45℃车辙试验温度时，试件的稳定度和流值都在稳定度仪的量程范围之内，如果采用60℃的试验温度，流值将大大超过稳定度仪的量程范围，试验无法正常进行。因此综合试验可行性、量测准确性及与车辙试验温度统一性等因素，最终确定的马歇尔稳定度试验水浴环境温度为45℃。

3. 马歇尔稳定度及流值指标范围

稳定度是指试件在加载过程中出现的最大荷载，流值是指在试验中试件的整体应变或变形。由45℃非常规马歇尔稳定度试验可得到，混合料的击实成型温度对稳定度的影响较小，稳定度均大于8.5kN，而流值却很大，当油石比大于7.0%时，流值已经超过了仪器的量程（100）。因此从控制关键性指标的角度出发，流值不作为沥青混合料设计时的控制指标，仅保证45℃马歇尔稳定度不低于8.5kN即可。

三、高寒高海拔地区沥青混合料设计控制指标及试验参数推荐值

通过对低温地区气候特点的研究分析，并结合沥青及混合料试验结果，得出高寒高海拔地区沥青混合料设计技术标准及试验参数推荐值，见表4-7。

表4-7 高寒高海拔地区沥青混合料设计技术标准及试验参数推荐值表

<table>
<tr><th rowspan="2">试验项目</th><th colspan="2">二级道路推荐值</th><th rowspan="2">混合料类型</th></tr>
<tr><th>建议</th><th>规范</th></tr>
<tr><td>击实次数/次</td><td>双面各50</td><td>双面各50</td><td rowspan="10">骨架密实型沥青混凝土粗集料∶细集料∶矿粉≈10∶3∶1；
粉油比为1.0～1.2</td></tr>
<tr><td>击实成型温度/℃</td><td>不低于135
不高于145</td><td>不低于110
—</td></tr>
<tr><td>击实成型黏度/（Pa · s）</td><td>0.40±0.12</td><td>0.28±0.03</td></tr>
<tr><td>矿料间隙率/%</td><td>14～16</td><td>12～14</td></tr>
<tr><td>沥青饱和度/%</td><td>75-85</td><td>65-75</td></tr>
<tr><td>稳定度试验温度/℃</td><td>45</td><td>60</td></tr>
<tr><td>45℃稳定度/kN</td><td>>8.5</td><td>>5.0</td></tr>
<tr><td>空隙率/%</td><td>1.5～3.0</td><td>3～6</td></tr>
<tr><td>24次冻融循环飞散损失差/%</td><td>不大于1</td><td>—</td></tr>
<tr><td>45℃动稳定度/（次/mm）</td><td>不小于1000</td><td>—</td></tr>
</table>

四、基于抗冻性能的沥青混合料配合比设计

基于抗冻性能的沥青混合料配合比设计流程图如图 4-12 所示。

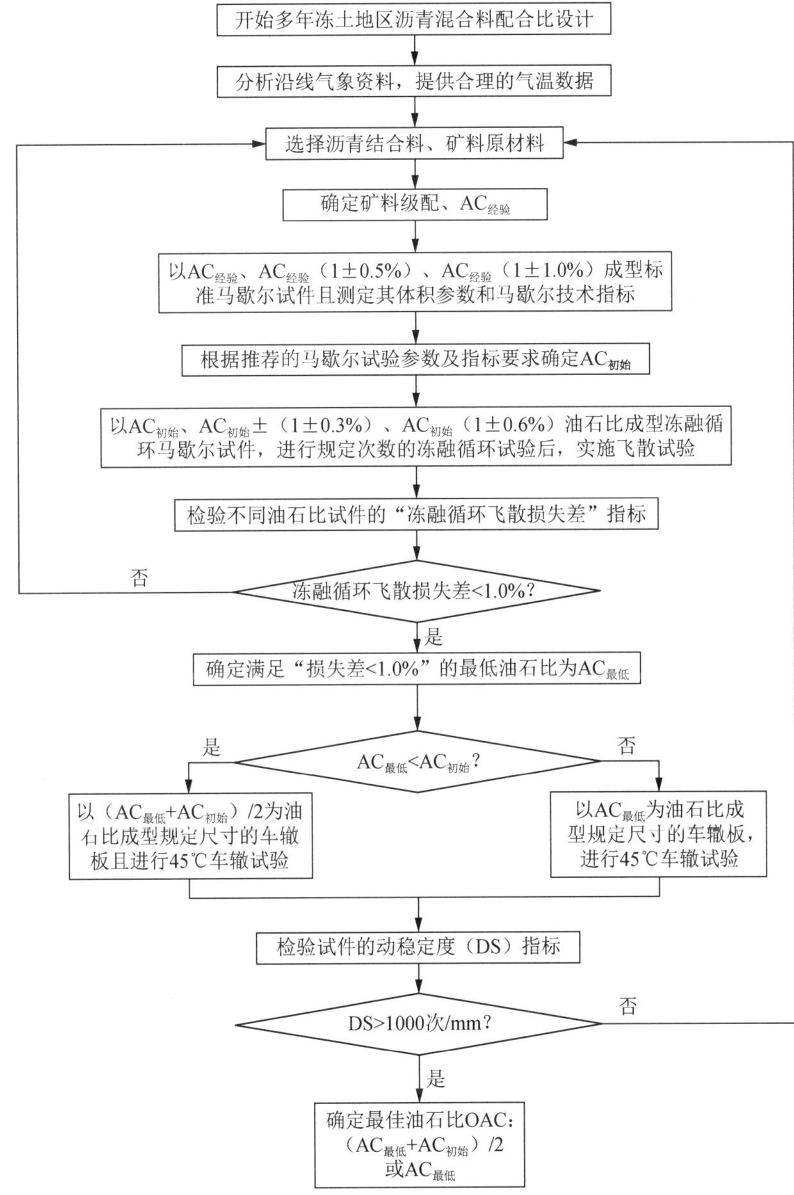

图 4-12　基于抗冻性能的沥青混合料配合比设计流程图

五、混合料设计原材料参数及混合料性能指标

（一）设计实例材料参数及混合料试验指标

设计实例材料参数及混合料试验指标见表 4-8。

表 4-8　试验实例材料参数及混合料试验指标

项目	指标		实测值	项目	指标	实测值
沥青结合料试验参数（克拉玛依160号金石改性）	针入度/0.1mm	25℃	144	沥青混合料设计、试验参数	马歇尔试件击实次数/次	50
		5℃	19		空隙率中值/%	2.4
	延度/cm	5℃	>200		击实成型温度/℃	140
	软化点/℃		45.4		45℃马歇尔稳定度/kN	15.8
	$T_{1.2}$/℃		−22.2		AC_1/%	6.6
	脆点/℃		—		AC_2/%	6.4
	韧性比		5.45		$AC_{初始}$/%	6.5
集料试验参数	矿质类型		石灰岩		冻融飞散损失差/%	2.8
	产地		—		$AC_{最低}$/%	6.3
	级配类型		AC-16（骨架密实型）		6.3%，45℃动稳定度/（次/mm）	2250
—	—		—		OAC =［（$AC_{初始}$+ $AC_{最低}$）/ 2］/%	6.4

（二）制备标准马歇尔试件

1）依据混合料设计流程图选择沥青结合料，并选择合适的矿料。

2）确定级配类型：在性能试验、敏感性分析时均采用了 AC-13C（骨架密实结构）级配，但为了验证沥青混合料设计流程图的正确、可行性，选择了 AC-16C 型骨架密实结构。此时，粗集料应该为大于 4.75mm 以上的集料（含 4.75mm），其含量为 71%，各筛孔通过率见表 4-9。

表 4-9　AC-16C（骨架密实型级配）组成　（单位：%）

筛孔尺寸/mm			矿粉	0.075	0.15	0.3	0.6	1.18	2.36	4.75	9.5	13.2	16	19	粗集料含量
级配类型	AC-16 骨架密实	筛孔通过率	—	6	8	10	13	16	21	29	49	70	90	100	—
		筛余量	6	2	2	3	3	5	8	20	21	20	10	—	71
	DAC-16 下限	筛孔通过率	—	4	7	11	16	22	32	42	58	75	95	100	58
	SMA-16 下限	筛孔通过率	—	7	7	10	12	14	15	20	45	65	90	100	80

3）根据高寒高海拔地区油石比使用范围的经验，预估适合于当地的经验油石比，因此沥青混合料的油石比初定为 6.0%。

4）以石油比分别为 5.0%、5.5%、6.0%、6.5%、7.0%制备 5 组标准马歇尔试件，每组试件数不少于 4 个。

（三）测试物理、力学指标且计算相应的体积参数

1）采用水中重法测定试件的视密度，计算空隙率。

2）进行 45℃马歇尔稳定度试验，测定其稳定度值，而对流质只做好记录即可。

（四）由马歇尔试验结果及体积参数确定初始油石比

1）以油石比为横坐标，以稳定度、空隙率作为纵坐标，绘制如图 4-13 所示的不同油石比与物理、力学指标的关系曲线。

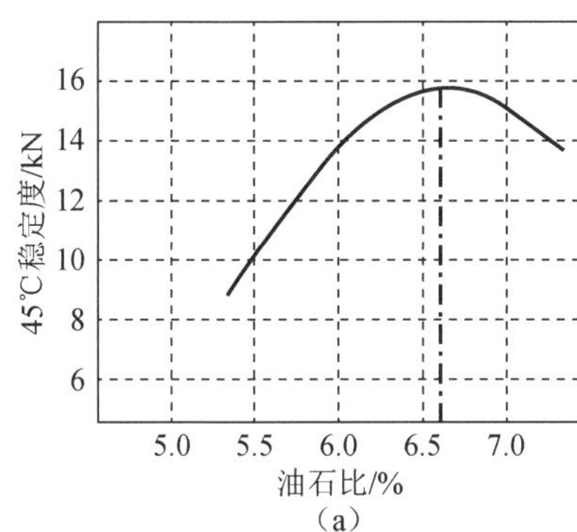

（a）

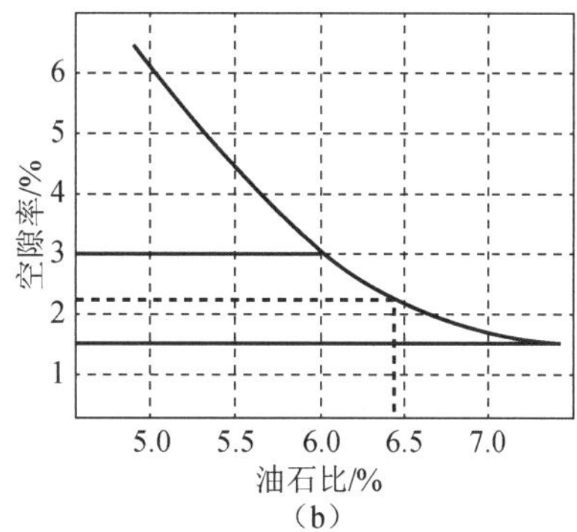

（b）

图 4-13　确定初始油石比示意图

2）从曲线中可以得到稳定度最大值对应的油石比为 AC_1=6.6%，相应于空隙率中值的油石比为 AC_2=6.4%，则取二者的平均值为初始油石比，即

$$AC_{初始} = \frac{AC_1 + AC_2}{2} = \frac{6.6\% + 6.4\%}{2} = 6.5\% \tag{4-5}$$

（五）抗冻性能试验

随着油石比的不同，沥青混凝土经过冻融循环后将更加松散，细颗粒容易脱落，飞散损失将明显不同，因此，首先以 6.0%、6.3%、6.5%、6.9%、7.2%为油石比成型冻融循环的马歇尔试件，然后进行 24 次冻融循环试验，对混合料进行抗冻性能评价，并进行油石比调整。而冻融循环与未冻融飞散损失差（以下简称损失差）指标要求见表 4-7，试验结果见表 4-10。

表 4-10　24 次冻融循环飞散损失差结果　　（单位：%）

油石比	24 次冻融循环飞散损失差
6.0	2.8
6.3	0.91
6.5	0.82
6.9	0.78
7.2	0.80

结果表明，随着油石比的增加，损失差将逐渐减小，并且当油石比为 6.3%时，损

失差为 0.91%，满足表 4-7 中冻融循环飞散损失差不大于 1%的要求，满足此要求的最低油石比为 6.3%，即 $AC_{最低}$=6.3%，并且由式（4-5）可知 $AC_{初始}$=6.5%，因此 $AC_{最低}<AC_{初始}$。又因为冻融循环飞散损失指标必须满足，所以以 6.4%［即（6.5%+6.3%）/2］油石比成型试件进行车辙试验，可进一步检验动稳定度。

（六）抗车辙性能试验

以 6.4%为油石比进行 45℃车辙试验，动稳定度为 2250 次/mm，大于建议值 1000 次/mm。

（七）确定最佳油石比

经过试验、计算和比较，沥青抗冻性能、高温性能指标都能满足要求，然后依据混合料配合比设计流程图（图 4-12）可知，$AC_{初始}=\dfrac{AC_1+AC_2}{2}=\dfrac{6.6\%+6.4\%}{2}=6.5\%$，并以此作为最佳油石比，通过比较目前青藏公路现场的油石比，可知该结论合理可信。

第三节　高寒高海拔地区沥青混合料路用性能评价

设计沥青混合料的最终目的是将其用于沥青路面的铺筑，并且使其路用性能在多年高寒高海拔地区的环境气候、交通等条件下得以充分发挥，这就要求在室内对设计的沥青混合料的路用性能进行合理评价，重点是针对低温抗裂、抗冻、抗疲劳性能的评价提出合理的试验方法和评价指标。

为了适应高寒高海拔地区自然条件，主要针对混合料的低温性能进行评价，从能量平衡角度出发分析认为，路面发生低温开裂是因为外力功裂纹（超过了裂纹扩展所需能量）进一步扩展，从而使系统进入了新的平衡状态，也使裂纹开始失稳直至断裂出现裂缝。对混合料的低温开裂（温度收缩、低温疲劳）采用能量耗散的原理，引入了断裂力学的理论，应用裂缝尖端应力、应变场及其他断裂判据与混合料低温韧性（即有效变形功，等于荷载-变形曲线所围面积，以下定义为劈裂韧性和弯曲韧性）之间的关系，通过简单易算的低温韧性指标对混合料的低温抗裂性能进行评价。同时针对该地区日较差大的气候特点，通过冻融循环飞散试验、冻融循环疲劳试验对混合料经过冻融循环后的抗冻性能、抗疲劳性能进行合理评价。

同时，采用 45℃车辙试验、冻融劈裂试验对混合料的路用性能进行综合评价，进而对马歇尔低温富油混合料设计方法进行验证。

一、混合料低温韧性指标分析与计算

混合料开裂的过程其实是一个外界系统提供满足裂缝产生、扩展所需能量的做功过程，必须寻找一个能够反映荷载和位移综合作用的性能指标对其开裂进行评价，因此选择了材料的低温韧性作为评价指标。下面就对低温韧性与不同的断裂判据之间的相关性进行分析和推理，从而说明韧性指标的合理性和可行性。

（一）低温韧性（有效形变功）与裂纹尖端应力、应变场的关系

假定有一相当大的线弹性板状式样，厚度 B=1，上下端施加均布荷载σ，裂纹长度为 2a，位移为δ（图 4-14），此时带有裂纹的整块板可看成一个封闭的能量系统。

从能量转化角度分析，当施加σ荷载时，外力功将转化为系统的弹性应变能 U_e，计算如图 4-15 所示，系统弹性应变能为单位体积应变能与体积 V 的乘积，而单位应变能为应力-应变曲线下的面积，即

$$U_e = \frac{1}{2}\sigma\varepsilon V = \frac{\sigma^2}{2E}V \tag{4-6}$$

式中：$\sigma = E\varepsilon$。

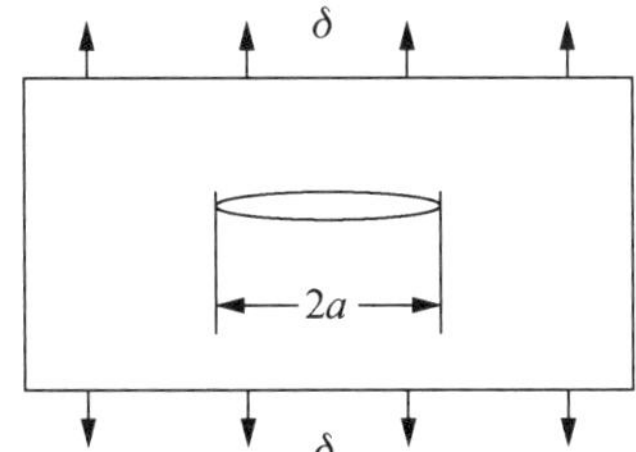

图 4-14 带裂纹的板状式样图

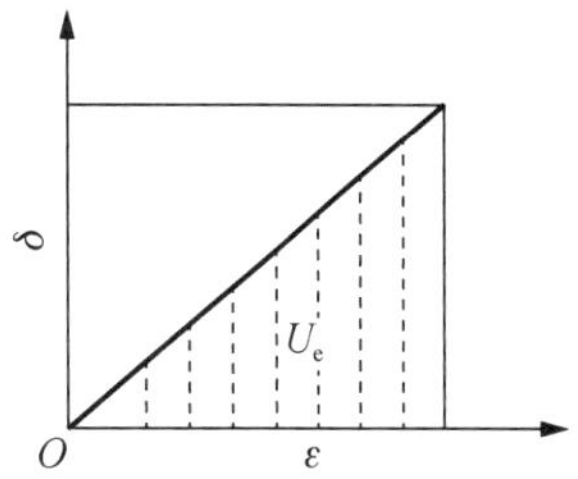

图 4-15 弹性应变能计算示意图

同时由于有 2a 长度的裂纹，裂纹表面区域的应力、应变被松弛，系统将释放部分弹性应变能 U_r，即对于平面应力状态，则有

$$U_r = \frac{\pi\sigma^2 a^2}{E} \tag{4-7}$$

由于有 2a 长的裂纹，形成上下两个新的裂纹表面，设单位面积表面能为γ，在新增加的上下两表面的表面能为

$$U_s = 4a\gamma \tag{4-8}$$

因此有效形变功为外力功减去应力松弛造成的弹性应变能，即 U_e-U_r，系统的总内能 U 即为

$$U = U_e + U_r + U_s = \frac{\sigma^2}{2E}V + \left(-\frac{\pi\sigma^2 a^2}{E}\right) + 4a\gamma \tag{4-9}$$

依据能量守恒原理可知，如果此时裂纹不扩展，则系统处于能量平衡状态，即

$$\frac{\partial U}{\partial a} = 2a\left(-\frac{\pi\sigma^2}{E}\right) + 4\gamma = 0 \tag{4-10}$$

则有

$$a_c - \frac{2E\gamma}{\pi\sigma^2} \tag{4-11}$$

$$\sigma_{1c} = \left(\frac{2E\gamma}{\pi a_c}\right)^{0.5}, \quad \sigma_{2c} = \left(\frac{2E\gamma}{\pi a_c(1-\mu^2)}\right)^{0.5} \tag{4-12}$$

式中：a_c 为裂纹长度临界值；σ_{1c} 为裂纹尖端应力临界应力值（平面应力）；σ_{2c} 为裂纹尖端应力临界应力值（平面应变）；又由于 $\frac{\partial^2 U}{\partial^2 a}=-\frac{2\pi\sigma^2}{E}<0$，由数学知识可知，此时系统内能存在极大值，只有满足 $a<a_c$ 或 $\sigma<\sigma_c$ 时，裂纹才不会扩展；同样说明，对于一定长度裂纹的系统，其裂纹表面能密度越大，临界应力值或临界裂纹长度值也越大，其抗裂性能就越好。

沥青混合料为黏弹性材料，一般会产生韧性断裂，可由 1949 年 Orowan 提出的塑性形变功来表达临界应力值公式为

$$\sigma_c=\left(\frac{2EU_{塑}}{\pi a}\right)^{0.5} \tag{4-13}$$

由式（4-13）可知，产生裂纹时所释放的弹性应变能只有少部分转化为裂纹表面能，而大部分则转化为裂纹前沿塑性形变功，因此可得有效形变功 U 为

$$U=U_s(\gamma)+U_{塑} \tag{4-14}$$

式（4-14）说明裂纹表面能密度越大，裂纹扩展所需的有效形变功越大，即材料的韧性越大，材料的抗裂能力越强。

（二）低温韧性（有效形变功）与 J 积分判据的关系

J 积分的物理意义比较明确，在线弹性条件下它与裂纹扩展能量释放率 G_1 完全等效，即 J 积分表示裂纹扩展过程的应变能释放率；而对于弹塑性体而言，J 积分表示两个具有相同外形、裂纹尺寸相近的试样，在单调加载到相同的位移或具有相同的荷载时所接受的形变功的差异。因此对于沥青混合料这种弹塑性体来说，其低温韧性与 J 积分判据之间的关系更值得分析。

对于跨径为 S、宽度为 B、高度为 W 的深裂纹（$a/W>0.4$），短跨距（$S/W=3\sim5$）的三点弯曲试样，采用中点加载方式进行弯曲试验，荷载 P 和位移 δ 满足下述关系：

$$P=B(W-a)^2 g(\delta) \tag{4-15}$$

试样在加载过程中所吸收的有效形变功为

$$U=\int_0^{\delta} P\mathrm{d}\delta \tag{4-16}$$

将式（4-15）代入式（4-16）可得

$$U=B(W-a)^2\int_0^{b} g(\delta)\mathrm{d}\delta \tag{4-17}$$

令 $f(\delta)=\int_0^{\delta} g(\delta)\mathrm{d}\delta$，则式（4-17）变为

$$f(\delta)=\frac{U}{B(W-a)^2} \tag{4-18}$$

将式（4-17）代入 J 积分表达式可得

$$J=-\frac{1}{B}\left(\frac{\mathrm{d}U}{\mathrm{d}a}\right)=-\frac{1}{B}\frac{\partial}{\partial a}\Big[B(W-a)^2 f(\delta)\Big]_{\delta}\Big|_{\delta}=2(W-a)f(\delta) \tag{4-19}$$

再将式（4-17）代入式（4-19）可得

$$J = \frac{2U}{B(W-a)} \tag{4-20}$$

对于三点弯曲试验，式（4-20）中的有效形变功 U 即为图 4-16 中荷载-位移曲线的面积 S_{OABC}。

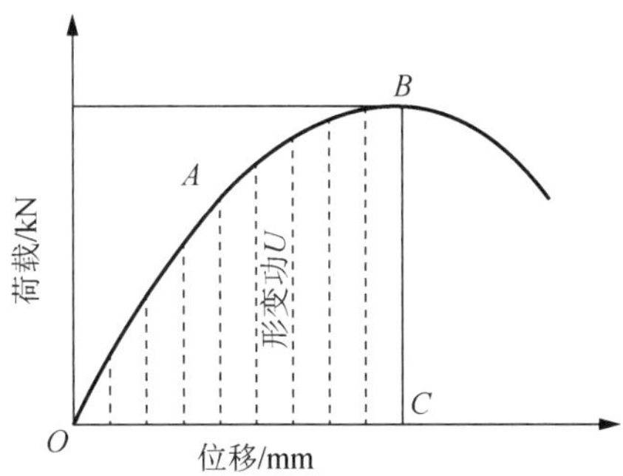

图 4-16　J 积分的荷载-位移曲线包围面积图

因此，式（4-17）及图 4-16 表明随着有效形变功的增加，J 积分也将增加，说明有效形变功越大，即材料低温韧性越大，材料的抗裂性能越好。

（三）低温韧性评价指标的可行性论证

采用低温韧性指标的可行性应该从断裂力学角度分析，即裂纹的表面能密度越大，裂纹尖端的临界应力值越大，即内部裂纹扩展为裂缝所需的能量将越多；这说明材料的低温韧性越大，其低温抗裂能力越强。如果采用 J 积分（J 积分有明确的物理意义）作为判据，当材料低温韧性越大时，其 J 积分也将越大，即材料的低温抗裂性能越强。

不论从传统的应力、应变场角度，还是从能量耗散角度出发，采用低温韧性的评价指标都是比较合理可行的，因此采用低温马歇尔韧性、低温劈裂韧性、低温弯曲韧性评价指标。

（四）低温韧性的计算方法

1. 荷载-变形曲线所围面积积分法

荷载-变形曲线所围面积积分法适用于能够采集荷载-变形数据的试验，因为用于量测材料荷载-变形的试验机，可通过计算机以一定的时间间隔采集到如图 4-17（a）中所示（δ_1，P_1），（δ_2，P_2）…（δ_{n-1}，P_{n-1}），（δ_n，P_n）n 组荷载-变形的数据。首先，计算任意第 n-1 个矩形的面积，即 $S_{n-1}=P_{n-1}\times\delta_{n-1}$，其他矩形面积的计算以此类推，只要有能够保证足够的切性计算精度的数据采集间隔 n，那么，由曲线 OAB、OD、BD 围成的能够反映韧性的面积积分就可近似表达为 n-1 个矩形的面积和，且采集数据间隔越小，计算精度越精确。

2. 毫米格纸估计法

毫米格纸估计法仅适用于能够打印出带有毫米方格坐标纸的曲线及没有方格的曲线。荷载-变形曲线所围面积积分法如图 4-17（b）所示，完整方格面积可直接计算，非完整方格面积可通过预估计算，然后再将两部分面积进行叠加，即可得到反映低温韧性的曲线所围面积。

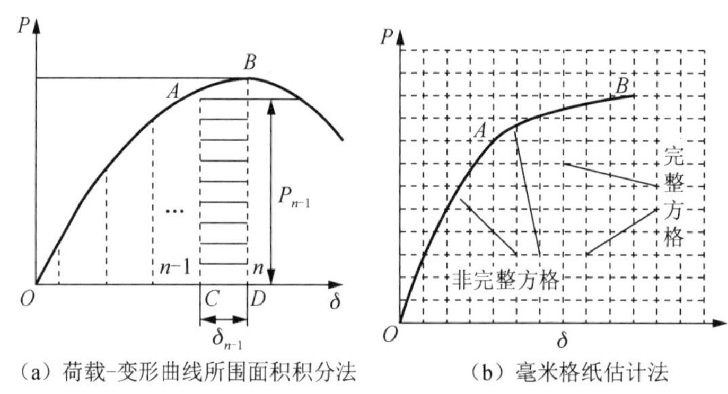

（a）荷载-变形曲线所围面积积分法　（b）毫米格纸估计法

图 4-17　低温韧性面积积分计算图解

毫米格纸估计法需要将透明毫米方格纸叠放在打印的曲线上，同样通过叠加完整方格面积和非完整方格面积来计算曲线所围面积。

当然，对于两种方法，不一定均需计算曲线出现峰值时的面积积分，根据实际情况可计算占峰值荷载某一比例时的荷载和变形曲线面积，不过要根据实际情况而定。

3. AutoCAD 计算法

AutoCAD 计算法是利用 AutoCAD 软件中的“面域”面积计算法进行计算。首先，将试验时输出的荷载-变形曲线扫描成图形曲线格式；其次，插入所计算面积的曲线位图，且根据曲线的轨迹用该软件绘制成闭合曲线；最后，利用“对象特性”功能计算并显示该面域的面积。

二、改进马歇尔试验

高寒高海拔地区气候条件特殊，昼夜温差大，不同季节气温变化非常显著，年均气温较低，因此现场铺筑沥青路面时，沥青混合料从拌和楼到摊铺现场，热量损失大，温度降低快，从而无法保证沥青混凝土压实。为了研究现场温度对沥青路面质量的影响，就需要进行室内不同击实成型温度下混合料的指标变化研究。同时，《公路工程沥青及沥青混合料试验规程》（JTG E20—2011）并不适合于多年高寒高海拔地区，如最佳油石比、初始油石比的确定不能按照其设计方法进行，而是需要通过不同击实成型温度下混合料各指标的变化规律初步确定初始油石比。基于以上原因，常规马歇尔试验无法达到研究目的，必须通过下述的非常规马歇尔试验来实现。

（一）材料、级配选择

（1）沥青与集料的技术指标

沥青与集料的技术指标要求：试验主要采用兰炼 160 号（路安特改性）和克拉玛依 160 号（金石改性）两种沥青结合料和石灰岩集料，拟定了 AC-13C 的级配形式，沥青试样技术指标见表 4-11。

表 4-11　沥青试样技术指标

技术指标	试验结果		规范要求
	兰炼 160 号（路安特改性）	克拉玛依 160 号（金石改性）	
原样沥青试样			
针入度（100g，5s）/0.1mm	149	144	>100
5℃延度（5cm/min）/cm	>200	>200	>100
薄膜老化后 5℃延度（5cm/min）/cm	—	—	≥60
弹性恢复率/%	25	32	—
软化点/℃	45.2	45.4	≥45
脆点/℃	—	—	—
闪点/℃	—	—	≥230
135℃运动黏度/（m^2/s）	—	—	≤3
密度（15℃）/（g/cm^3）	1.021	1.011	实测
针入度指数	-0.57	-0.62	≥-1.0
韧性/（N · m）	—	—	≥5
黏韧性/（N · m）	—	—	≥2.5
屈服应变能/J	0.65	0.75	—
黏弹率	6.31	5.45	建议≥4.5
基质沥青当量劲度/MPa	1.5	3.78	—
SBR 当量劲度/MPa	0.49	0.83	—
$T_{1.2}$/℃	-22.9	-22.2	—
（$\|G^*\|/\sin\delta$）/ kPa（10rad/s）	—	—	≥1.0
PG 分级	PG64-24	PG64-18	—
旋转薄膜老化后沥青试样（RTFO）			
质量损失/%	-0.48	-0.23	≤1.0
（$\|G^*\|/\sin\delta$）/ kPa（10rad/s）	2.33（64℃）	64℃@2.75	≥2.2
压力老化后沥青试样（PAV）			
（$\|G^*\|/\sin\delta$）/ kPa（10rad/s）	4623.90（10℃）	13℃@4802.46	≤5000
60s 蠕变劲度/MPa	45.900（-12℃）	-12℃@45.500	≤300
m	0.312（-12℃）	-12℃@0.323	≥0.3

注：《公路工程沥青及沥青混合料试验规程》（JTG E20—2011）。

（2）级配的确定

当粗集料比例为 68%～72%时，将形成骨架密实结构。当粒径为最大公称粒径 1/4 及其以上时，集料称为粗集料，以下的集料则称为细集料。本次试验中采用的是 AC-13C，且将最大公称粒径 1/4 以上的集料，即粒径为 2.36～13.2mm 的集料称为粗集料，初拟集料级配组成见表 4-12。

表 4-12 初拟集料级配组成

筛孔尺寸/mm	级配类型 AC-13C		筛孔尺寸/mm	级配类型 AC-13C	
	筛孔通过率/%	分计筛余量/%		筛孔通过率/%	分计筛余量/%
16	100		0.6	18	6
13.2	95	5	0.3	12	6
9.5	70	25	0.15	8	4
4.75	48	22	0.075	4	4
2.36	36	12	矿粉		4
1.18	24	12			

（二）试验工艺

1. 沥青混合料拌和

1）沥青加热温度：160～165℃。

2）矿料加热温度：175～180℃。

3）拌和方式：先干拌约 15s，直至粗细矿料分散均匀，再先后加入沥青和矿粉进行机械自动拌和，拌和试件共需 3min。

4）拌和温度：160℃。

2. 沥青混合料恒温保养

1）保养温度：将拌和好的沥青混合料放入盛样器中，再置于烘箱中恒温保养。由于从混合料准备到击实试件开始过程中，混合料的温度会下降，为了保证击实时的温度，保养温度要略高于击实成型温度，一般高于击实成型温度 2～5℃即可。

2）保养时间：一般保养 45min 左右，为了防止短期老化，保养时间最长不超过 1h。

3. 沥青混合料击实成型

1）击实设备：马歇尔自动击实仪，击实速度为（60±5）次/min。

2）击实成型温度：分别采用 5 个不同的击实成型温度，即 115℃、125℃、135℃、145℃和 155℃。

3）击实次数：依据《公路工程沥青及沥青混合料试验规程》（JTG E20－2011）规定采用 75 次标准击实。

4）试件尺寸：试件为直径为 101.6mm、高度为 63.5mm±1.3mm 的圆柱体试件。

5）试件数量：每组击实成型 4 个。

4. 密度、空隙率、沥青饱和度测定

依据《公路工程沥青及沥青混合料试验规程》（JTG E20－2011）中的 T 0705－2011 压实沥青混合料密度试验（表干法），采用表干法对沥青混合料的密度进行测定，然后进行空隙率、沥青饱和度、矿料间隙率等体积参数的计算。

5. 马歇尔稳定度试验

1）试验设备：马歇尔自动稳定度仪。

2）温度：45℃。

3）输出结果：为了计算韧性指标，输出荷载-位移曲线的同时，要输出采集的每组荷载-位移数据。

（三）试验结果及分析

1. 试验结果

不同击实成型温度、不同油石比的45℃马歇尔稳定度试验结果见表4-13。

表4-13　不同击实成型温度、不同油石比的45℃马歇尔稳定度试验结果

击实成型温度/℃	油石比/%	指标									
		毛体积相对密度	试件理论最大相对密度	空隙率/%	沥青体积含量/%	矿料间隙率/%	沥青饱和度/%	稳定度/kN	流值/mm	马歇尔韧性/（N·m）	马歇尔模数/（kN/mm）
115	4.5	2.3800	2.5201	5.6	10.1	15.7	64.6	12.2	11.5	40.3	10.6
	5.0	2.3950	2.5023	4.3	11.3	15.6	72.5	13.5	24.5	45.2	5.5
	5.5	2.4050	2.4849	3.2	12.4	15.6	79.4	14.6	39.0	49.7	3.7
	6.0	2.4100	2.4679	2.3	13.5	15.8	85.2	14.9	51.9	60.0	2.9
	6.5	2.4110	2.4514	1.6	14.6	16.2	89.8	13.8	68.0	78.3	2.0
	7.0	2.4030	2.4351	1.3	15.5	16.9	92.2	12.1	82.0	69.0	1.5
	7.5	2.3930	2.4193	1.1	16.5	17.6	93.8	10.8	92.0	55.2	1.2
125	4.5	2.3850	2.5201	5.4	10.2	15.5	65.5	12.5	15.4	49.2	8.1
	5.0	2.3980	2.5023	4.2	11.3	15.5	73.0	14.0	30.0	58.0	4.7
	5.5	2.4050	2.4849	3.2	12.4	15.6	79.4	15.0	45.0	70.2	3.3
	6.0	2.4099	2.4679	2.4	13.5	15.8	85.2	14.9	59.0	78.8	2.5
	6.5	2.4100	2.4514	1.7	14.5	16.2	89.6	13.9	72.0	84.9	1.9
	7.0	2.4030	2.4351	1.3	15.5	16.9	92.2	12.5	85.0	80.2	1.5
	7.5	2.3900	2.4193	1.2	16.5	17.7	93.2	11.0	96.0	75.6	1.1
135	4.5	2.3890	2.5201	5.2	10.2	15.4	66.2	12.9	21.2	48.9	6.1
	5.0	2.4005	2.5023	4.1	11.3	15.4	73.5	14.2	35.0	56.0	4.1
	5.5	2.4075	2.4849	3.1	12.4	15.5	79.9	14.9	50.0	66.6	3.0
	6.0	2.4110	2.4679	2.3	13.5	15.8	85.4	14.6	62.0	72.3	2.4
	6.5	2.4090	2.4514	1.7	14.5	16.3	89.4	13.5	74.5	68.0	1.8
	7.0	2.4009	2.4351	1.4	15.5	16.9	91.7	12.5	88.0	66.3	1.4
	7.5	2.3870	2.4193	1.3	16.5	17.8	92.5	11.5	98.5	65.6	1.2
155	4.5	2.3910	2.5201	5.1	10.2	15.3	66.5	14.5	16.0	45.0	9.1
	5.0	2.4030	2.5023	4.0	11.3	15.3	74.0	16.5	34.0	52.3	4.9
	5.5	2.4100	2.4849	3.0	12.4	15.4	80.5	15.8	54.0	56.3	2.9
	6.0	2.4099	2.4679	2.4	13.5	15.8	85.2	14.8	70.0	62.7	2.1
	6.5	2.4080	2.4514	1.8	14.5	16.3	89.2	13.6	84.0	59.6	1.6
	7.0	2.4055	2.4351	1.2	15.6	16.8	92.7	12.6	92.5	55.8	1.4
	7.5	2.3930	2.4193	1.1	16.5	17.6	93.8	11.9	98.1	51.9	1.2

2. 结果分析

不同温度下成型试件的指标参数（稳定度、流值、空隙率、主体积相对密度、沥青饱和度）与油石比的关系如图 4-18～图 4-20 所示。

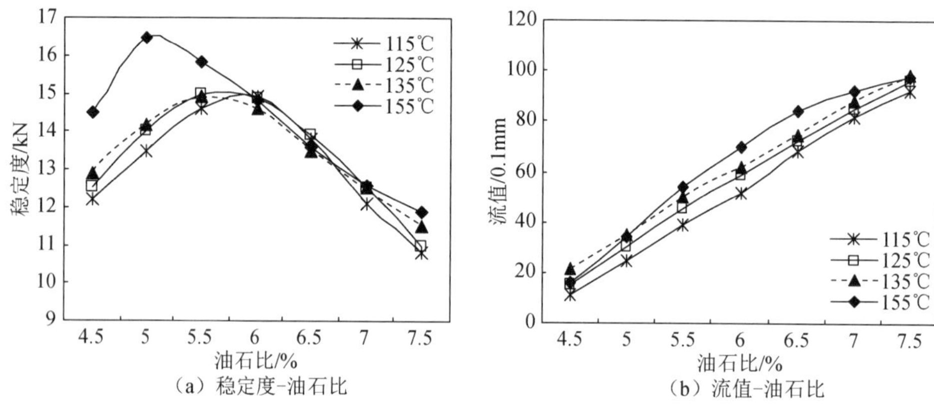

（a）稳定度-油石比　　（b）流值-油石比

图 4-18　稳定度-油石比和流值-油石比关系图

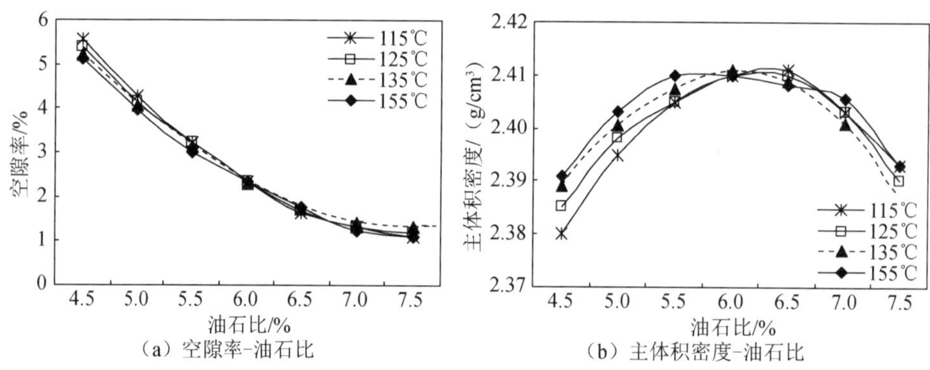

（a）空隙率-油石比　　（b）主体积密度-油石比

图 4-19　空隙率-油石比和主体积密度-油石比关系图

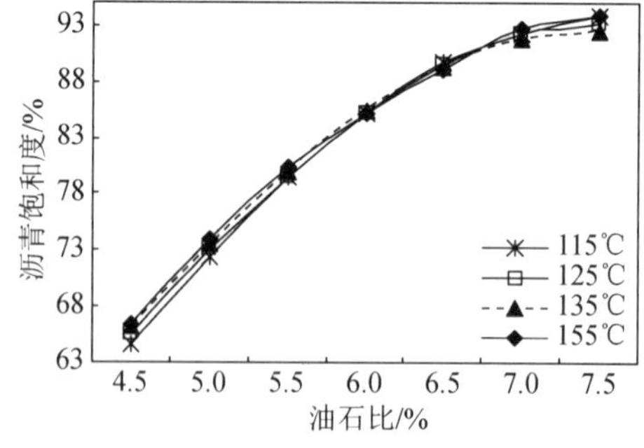

图 4-20　沥青饱和度-油石比关系图

（1）击实成型温度对稳定度及流值的影响

从图 4-18（a）可知，混合料的稳定度在 5.5%～6.5%范围内出现峰值，但是随着击实成型温度的升高，峰值对应的油石比却呈下降的趋势，即随着温度升高，峰值前移，与峰值对应的油石比将减小；而当稳定度出现峰值之后，温度对其影响将很小，即在峰值之后，稳定度对击实成型温度不再敏感。

图 4-21 说明，当击实成型温度低于 125℃时，稳定度曲线斜率较大，即曲线较陡，尽管此时稳定度值较低，但稳定度的增长率要比流值的增长率高得多；而当击实成型温度高于 125℃时，流值的增长率反而要比稳定度的增长率高得多。这说明当温度低于125℃时，稳定度对击实成型温度较为敏感，主要因为温度较低时，沥青的黏度较大，不易与矿料黏结，从而将减少沥青混合料的黏结力，当对马歇尔试件施加垂直荷载时，试件将很快发生破坏，从而使垂直荷载在低温时流值范围内比高温时的大，但最终的稳定度并不大，那么表现在曲线上就是荷载曲线均为上凸抛物线型；而当温度高于 125℃，且随着温度的升高，在流值较小时垂直荷载对温度反而更敏感，即增长率较大。但是随着流值增加到一定程度，流值的增长率变大了，反映在曲线上即是，当流值达到某一值时出现拐点。但是，当温度高于 125℃时，对于同一油石比的混合料来说，由于击实成型温度较高，沥青混合料更容易压密实，沥青在混合料的加荷变形中起主导作用，因此荷载在缓慢增长的同时，流值却迅速变大，但由于高温击实时更加密实，稳定度也较大。

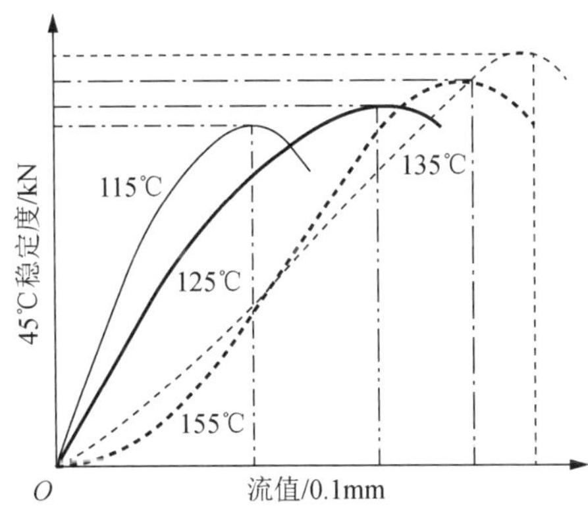

图 4-21　不同击实成型温度、相同油石比的 45℃稳定度-流值关系图

（2）击实成型温度对马歇尔模数的影响

马歇尔模数是指沥青混合料的稳定度与流值的比值，尽管它并非真正地表征混合料的荷载-变形曲线的斜率，但却反映出沥青混合料在一定温度、一定加载速率下的荷载随垂直变形的变化趋势。

图 4-22（a）显示了随着温度的升高，不同油石比的沥青混合料的马歇尔模数在变小，当温度接近 135℃时，低油石比的沥青混合料的马歇尔模数又趋于增加，而随着油石比的增加，不同温度的马歇尔模数渐趋稳定且比较接近，曲线趋于平缓，说明油石比对混合料的马歇尔模数起着决定性作用。图 4-22（b）表明，击实成型温度对马歇尔模数有一定影响，但随着油石比的增长，这种影响越来越小，说明油石比是马歇尔模数变化的主导因素，反映在曲线上即是随着油石比的增加，不同温度时的马歇尔模数将趋于相同。

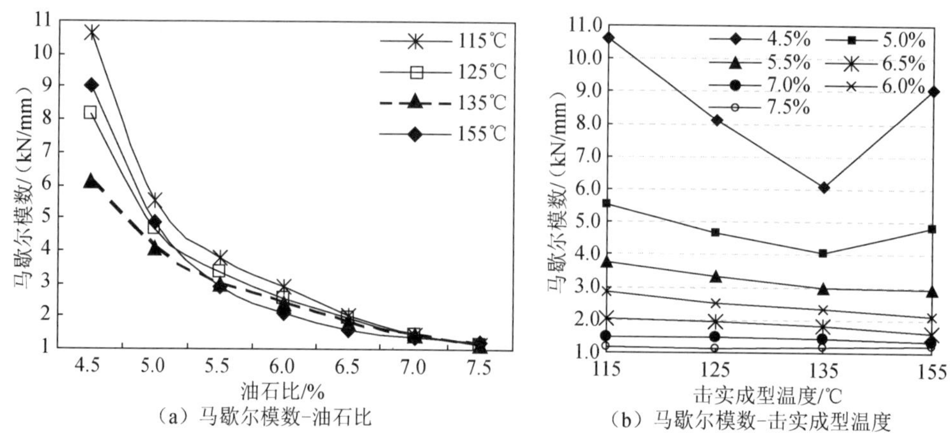

（a）马歇尔模数-油石比　（b）马歇尔模数-击实成型温度

图 4-22　马歇尔模数-油石比和马歇尔模数-击实成型温度的关系图

因此，马歇尔模数越大，荷载-变形曲线越陡，荷载对温度或油石比最敏感，但随着油石比的增加，油石比成为主导因素。

（3）击实成型温度对马歇尔韧性的影响

马歇尔韧性是用来评价沥青混合料的抗裂性能的，因为在寒区的路面设计中，沥青混合料不但要具备一定交通量下的荷载抵抗能力，而且还要有很强的低温抗变形能力，而马歇尔韧性能够反映沥青混合料在受压时的荷载和垂直变形的综合效应。马歇尔韧性不但与沥青混合料的级配、材料有关，而且与击实成型温度、油石比也有重要的关系。通过对 4 种不同温度下沥青混合料的马歇尔韧性试验可知，并非击实成型温度越高，韧性越大，图 4-23（a）表明，当击实成型温度高于 125℃时，马歇尔韧性将呈下降趋势，当温度低于 125℃时，韧性随着温度的升高则呈上升趋势；同时，油石比越小，韧性对击实成型温度的敏感性也越小，图 4-23（b）体现得更为直观。对比不同油石比的韧性曲线［图 4-23（a）］可知，曲线在 125℃左右均出现峰值，且随着油石比的降低，韧性-温度曲线渐变平缓，说明击实成型温度和油石比对马歇尔韧性有很大影响。

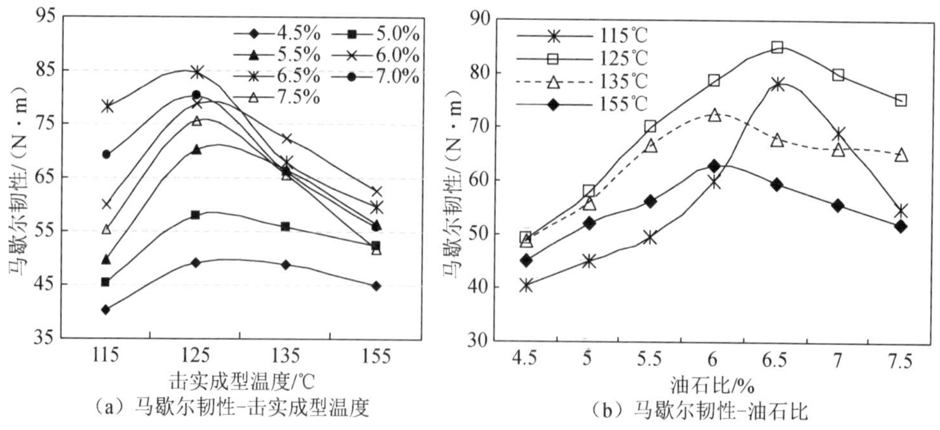

（a）马歇尔韧性-击实成型温度　（b）马歇尔韧性-油石比

图 4-23　马歇尔韧性-击实成型温度和马歇尔韧性-油石比关系图

（4）击实成型温度对空隙率的影响

从试验数据分析可知，击实成型温度对沥青混合料的空隙率的影响不太明显，从图 4-24 可以看出，不同击实成型温度、同一油石比的混合料的空隙率曲线都比较平缓，这说明击实成型温度对空隙率来说不是主导因素。但从不同击实成型温度的油石比-空隙率关系图中可知，不同油石比的沥青混合料的空隙率相差较大，但油石比增加到 7.0%时，空隙率变得很小，逐渐趋于水平。

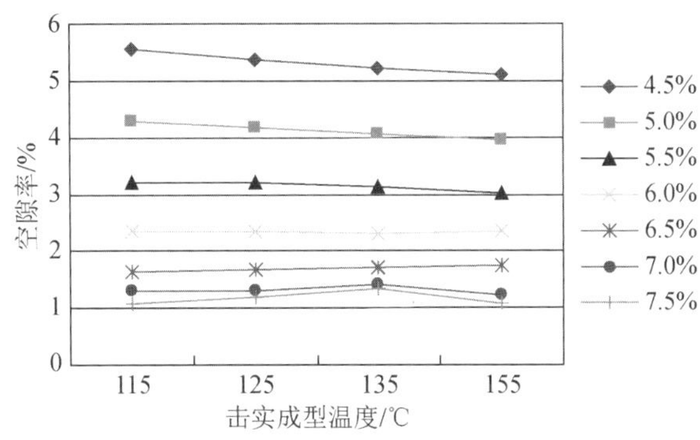

图 4-24　击实成型温度-空隙率曲线

总之，沥青混合料的击实成型温度对密度、空隙率、沥青饱和度、马歇尔稳定度、流值及马歇尔韧性均有不同程度的影响，但对空隙率、马歇尔稳定度、流值及马歇尔韧性的影响要比对密度、流值的影响更加明显。另外，随着击实成型温度的升高，沥青混合料各项指标对温度变化的敏感性逐渐降低，但是影响程度都不太明显。分析其原因主要是所采用的沥青试样的标号为 160 号，其针入度达 144（0.1mm），60℃黏度达 1400Pa·s，而 135℃黏度仅为 1.18 Pa·s，因此其体积参数对击实成型温度的敏感性就不如低标号、高黏度沥青的强，但因其黏度低、针入度大，所以为了方便击实成型，对其击实成型温度的高限应该有严格的限制，而对击实成型温度的低限可适当放宽，一般比 70 号、90 号沥青低 5～10℃是比较合理的。但是对于野外碾压温度而言，其至少应满足 130～150℃的要求。

三、抗冻性能评价

青藏高原的年均气温多为负温，并且最大的特点就是日较差高达 20～30℃，甚至有时达 40℃，因此该地区的沥青混合料必须具备较强的抗冻性能。否则，沥青混合料冻融后体积增大（空隙体积增大），承载力下降，经过若干次冻融循环后沥青混合料内部的微损伤将逐渐地发展为混合料的松散、开裂破坏，因此研究沥青混合料抗冻性能对多年高寒高海拔地区沥青混合料的设计显得尤为重要。

沥青混合料经过多次冻融后的直接表现就是空隙增大、沥青膜剥落、沥青与集料的黏结力下降，最后将导致沥青混合料的结构松散。这种变化在结构上的直接体现是，由于空隙率的变化，经过冻融循环的混合料在水中的质量也将因油石比的不同而发生不同程度的变化。该质量变化应由两部分组成：一部分为松散脱落而引起的质量减少部分，另一部分为空隙增大、水中浮力减小而引起的质量增加部分。不过最后水中质量是增加还是减少取决于这两种作用中到底哪一种起主导作用，因此，本节将对冻融过程中质量的变化进行分析对比。

当然，经过若干次冻融循环后，如何定性地判断、定量地评价其结构的松散程度是最关键的，因此立足于质量变化的特点，同时兼顾冻融循环过程，首次引入了冻融循环飞散试验。这样既采用冻融循环试验进行了定性判断，又借助飞散试验中的飞散损失差定量地评价了混合料的抗冻性能。

（一）冻融循环飞散试验评价方案

1）试件制备：选择4.5%、5.0%、5.5%、6.0%、6.5%、7.0%、7.5%共7个油石比，采用马歇尔击实法，双面分别击实50次，成型高为（101.6±0.25）mm、直径为（63.5±1.3）mm的圆柱体试件，每个油石比成型8个试件，共成型7×8=56个。

2）体积参数测定：依据规范要求分别测定干重、水中重及表干重，再计算空隙率、密度等混合料试件的体积参数。

3）冻融循环准备：从各个油石比中分别随机取5个试件（共35个），然后将其抽真空15min后在常温（约25℃）水槽中放置约1 h；考虑到保水后试件上部的水分将向下迁移，致使试件整体冷冻效果不好，在试件保水后采用如图4-25所示的方法，逐个取出试件，用食品保鲜膜密实包裹，然后放入调至预定温度的低温箱内冷冻，过程如图4-25所示。

（a）浸水

（b）裹膜

（c）封水

图4-25　冻融循环试验试件的浸水、裹膜、封水

4）冷冻要求：冷冻前1h打开低温箱，在放入试件之前要降到预定的-18℃的试验温度；当完成步骤3）后，立即将封膜完毕的试件放入低温箱，且保证试件之间有2cm的间隔，然后从低温箱内温度回升到试验温度时开始计时，时间不少于4 h。

5）融化要求：取出冻好的试件间隔2cm放入常温水槽中进行融化，30min后慢慢撕掉试件表面的保鲜膜，融化时间不低于4h，撕膜的时候尽量避免黏附沥青和松散集料；重复以上的步骤，每3个循环后测定一次试件的水中质量m_w，然后再根据水中质量的变化趋势确定冻融循环的次数，从而结束所有的冻融循环试验。

6）飞散试验：将未经过冻融循环的试件抽真空，然后与冻融循环后的试件同时放入常温水槽内静置20h，取出每个试件测定其飞散前的表干质量m_0，然后放入洛杉矶磨耗机中进行飞散试验，每次只能放入一个试件。旋转规定的 300 转后取出试件测定其质量 m_1，最后计算每个试件的飞散损失，即

$$\Delta S = \frac{m_0 - m_1}{m_0} \times 100\% \tag{4-21}$$

式中：ΔS 为沥青混合料的飞散损失（%）；m_0 为试验前试件的表干质量（g）；m_1 为试验后试件的残留质量（g）。

（二）冻融循环后试件质量损失同油石比（或空隙率）的关系

1. 水中质量变化分析

经过冻融循环后混合料的水中质量变化 Δm_{w} 包括两部分，即

$$\Delta m_{\mathrm{w}} = \Delta m^+ + \Delta m^- \tag{4-22}$$

式中：Δm^+ 为由空隙增大造成的沥青混合料水中质量增加部分；Δm^- 为由松散引起细小颗粒脱落造成的沥青混合料水中质量减少部分。

在沥青混合料冻融过程中，Δm^+ 和 Δm^- 对 Δm_{w} 的贡献是同时存在的，当 $\Delta m_{\mathrm{w}} > 0$ 时，说明在冻融过程中空隙增大起决定性作用，水中质量将增加；反之，则说明沥青混合料中细小颗粒松散脱落引起的质量减少在起决定性作用，混合料的水中质量将减小。

对于 Δm^+，可由下面的过程推出：

$$\mathrm{VV} = \left(1 - \frac{\gamma_{\mathrm{f}}}{\gamma_{\mathrm{t}}}\right) \times 100\% \tag{4-23}$$

式中：VV 为沥青混合料试件的空隙率；γ_{f} 为用表干法测定的试件毛体积相对密度；γ_{t} 为沥青混合料理论最大相对密度。

$$\gamma_{\mathrm{f}} = \frac{m_{\mathrm{a}}}{m_{\mathrm{f}} - m_{\mathrm{w}}} \tag{4-24}$$

式中：m_{a} 为干燥试件的空中质量；m_{w} 为试件的水中质量；m_{f} 为试件的表干质量。

$$m_{\mathrm{f}} = m_{\mathrm{a}} + (v_0 + v_0^+ + v_1)\rho_{\mathrm{w}} \tag{4-25}$$

$$m_{\mathrm{w}} = m_{\mathrm{a}} - (v_{\mathrm{s}} - v_1)\rho_{\mathrm{w}} \tag{4-26}$$

$$m_{\mathrm{f}} - m_{\mathrm{w}} = (v_0 + v_0^+ + v_{\mathrm{s}})\rho_{\mathrm{w}} \tag{4-27}$$

式中：ρ_{w} 为 20℃时水的密度；v_{s} 为不包括孔隙的干燥试件体积；v_0 为混合料原有的开口孔隙体积；v_0^+ 为在循环冻融作用下原有孔隙增大体积；v_1 为在冻融作用下原有闭口孔隙变为开口孔隙体积。

在沥青混合料循环冻融过程中，原来空隙中的水结冰导致沥青结合料拉伸而空隙增大，即 v_0^+ 增大，由式（4-27）得 $m_{\mathrm{f}}-m_{\mathrm{w}}$ 增大；因 m_{a} 不变，式（4-24）显示 γ_{f} 减小；由式（4-23）可知，因为 γ_{t} 不变，所以 VV 变大；最终造成 Δm^+ 的变化。

为了使变化趋势更加直观化，将每个油石比的 5 个试件在 24 次冻融循环后沥青混合料的水中质量变化进行直线回归，采用回归直线的斜率来反映水中质量变化趋势及变化速率，具体见表 4-14。由表 4-14 可知，尽管质量变化速率不太显著，但随着油石比的增加，总体看来水中质量呈现逐渐增加趋势，而质量损失的变化趋势可通过如图 4-26

所示的变化速率拟合曲线表征。从表 4-14 和图 4-26 可知，当油石比从 4.5%变化到 7.5%时，回归直线斜率由-0.2109 逐渐增加到 0.0580（其中 7.0%油石比的斜率为 0.0805），油石比为 5.5%～6.5%的沥青混合料斜率很小，只有-0.0729～0.0221，而质量随循环次数变化的曲线趋近于直线，说明在这个油石比范围内沥青混合料的抗冻性能较好。当然，进一步验证和试验则需要通过飞散试验中质量损失差的对比进行分析和评价。

表 4-14 24 次冻融循环后沥青混合料的水中质量变化趋势及变化速率

项目	油石比/%						
	4.5	5.0	5.5	6.0	6.5	7.0	7.5
回归直线方程	$y=-0.2119x+794.88$	$y=0.2167x+798.05$	$y=0.0452x+800.55$	$y=0.0048x+779.15$	$y=0.0524x+790.19$	$y=0.0595x+809.01$	$y=0.0345x+793.69$
	$y=-0.0643x+788.61$	$y=0.1179x+800.84$	$y=0.1179x+811.47$	$y=0.1429x+797.12$	$y=0.0333x+804.08$	$y=0.1405x+773.57$	$y=0.0619x+808.67$
	$y=-0.1619x+801.15$	$y=0.0405x+797.03$	$y=0.0774x+793.89$	$y=0.0143x+794.59$	$y=0.0536x+825.95$	$y=0.1024x+806.31$	$y=0.0821x+797.12$
	$y=-0.4655x+793.51$	$y=0.1869x+781.15$	$y=-0.119x+792.16$	$y=0.0357x+787.89$	$y=0.0274x+792.46$	$y=0.1000x+790.60$	$y=0.1083x+782.9$
	$y=-0.1512x+797.84$	$y=0.0571x+803.19$	$y=0.1119x+753.13$	$y=0.1179x+802.11$	$y=0.0488x+799.42$	$y=0.0786x+785.8$	$y=0.031x+807.31$
平均变化速率	-0.2109	-0.1238	-0.0729	-0.0702	0.0221	0.0805	0.0580

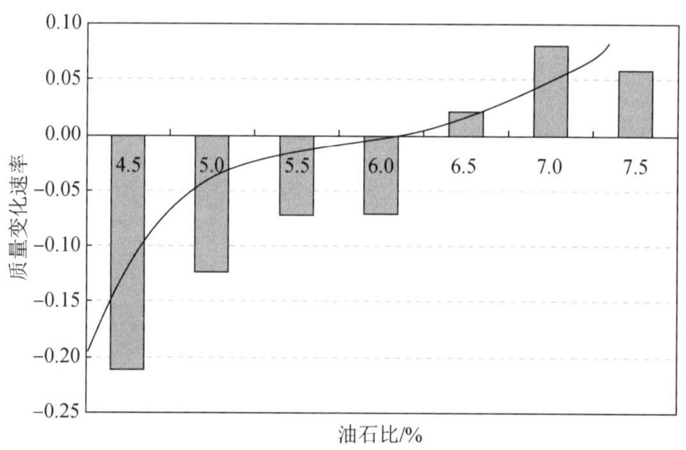

图 4-26 冻融循环过程中质量损失图

2. 沥青混合料试件的水中质量变化机理分析

沥青混合料的冰冻破坏与水分的介入直接相关，如整个冻融循环过程中，沥青混合料一直处于饱水状态，这将造成沥青混合料内部的水分在冻结后产生体积膨胀。如果沥青混合料内部有足够的空隙体积容纳这部分增大的体积（增大 9%），则冰冻不会对混合料产生重大影响，否则空隙内冰冻的水会产生很大的膨胀力，使混合料的体积膨胀而破坏。这正好验证了上述试验的水中质量变化的趋势，因为当油石比较小时，说明沥青混合料的空隙率较大，其内部有足够的空隙体积来容纳水结冰后的体积膨胀部分。沥青混合料在冰冻过程所形成的负温梯度作用下，一部分水分通过连通空隙排到混合料表面（冰冻速度慢排除的多），还有一部分水在压力作用下被挤到一些小气泡中储存起来，也相当于减轻了冰冻膨胀作用造成的危害，同时，由于油石比较小，沥青与集料的黏结力较差，沥青混合料结构容易变得松散脱落，整个过程中由于松散脱落引起的质量损失将起主导作用，水中质量将减小；当油石比增加到一定程度时，这两种作用趋于平衡，因而沥青混合料的水中质量趋于稳定；但是，随着油石比的继续增加，空隙率将不断地减小，饱水后进入沥青混合料内部的水分很难迁移出来，细小空隙中的毛细水不断向已结冰部分聚集又加剧了冰冻作用。经过数次冻融循环后，这种膨胀破坏作用将集聚，最后造成混合料的空隙不断地增大，原来的闭口空隙连通，从而使沥青混合料在水中浮力减小，致使其在水中质量增加。可见，沥青混合料油石比的变化会直接改变内部空隙率的大小，打破水分、沥青结合料及集料的平衡状态，最后对沥青混合料的抗冰冻性能产生影响。

（三）冻融循环和未冻融循环试件飞散损失结果比较

1. 冻融循环和未冻融循环试件的表观差异

沥青混合料经过-18～+25℃的 24 次冻融循环作用后，随着油石比的不同，经过洛杉矶磨耗机的 300 转飞散后，其外观差异将明显有别，如图 4-27 所示。图 4-27（b）所示试件为经过冻融循环作用的试件；图 4-27（a）中试件标有“+”号，为未经冻融循环的试件。从图 4-27 中可直观地看出二者的外观磨损情况有明显的不同，经冻融循环后的试件破损程度更大，随着油石比从 4.5%增加至 5.5%，这种外观差异变得越来越不明显，而当增加至 7.5%时，从外观上基本上看不出其差异性。

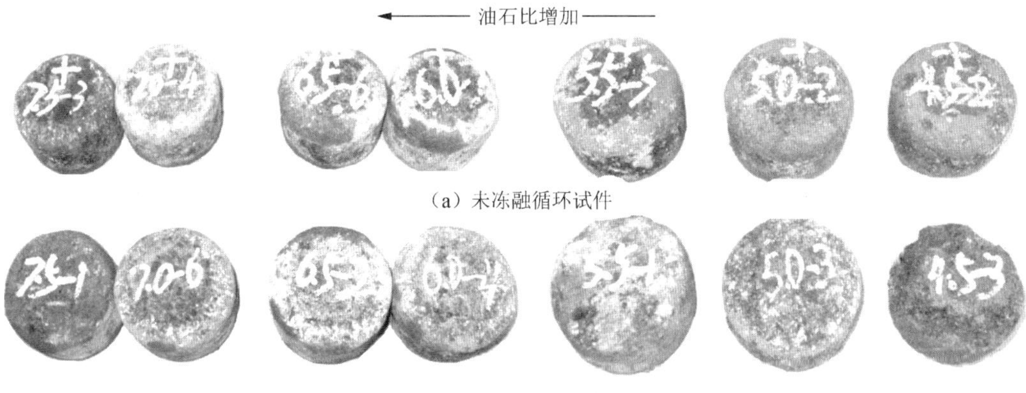

（a）未冻融循环试件

（b）冻融循环试件

图 4-27　冻融循环试件和未冻融循环试件的外观差异

2. 飞散损失结果分析

沥青混合料经过冻融循环后，结构将变得更加松散且容易脱落，水分更容易进入沥青膜内部，从而减弱沥青结合料与集料的黏结力。同时，高原的大风作用和强紫外线的照射会使沥青加速老化，加上胎面的摩擦作用，上面层混合料的表面集料将被胎面带走，这种荷载和冰冻、水分的综合作用也会使混合料的结构性急剧下降。因此，为了更好地模拟该地区现场环境，引入飞散试验，对经过 24 次冻融循环作用后试件的抗冻性进行评价，并采用冻融、未冻融绝对质量损失、损失差、损失比等指标进行对比（表 4-15），从而确定最合理的评价抗冻性能的评价指标。

表 4-15　不同油石比马歇尔试件的冻融、未冻融飞散损失　　（单位：%）

油石比	冻融飞散损失（1）	未冻融飞散损失（2）	损失差（3）=（1）－（2）	损失比（4）=（1）/（2）	空隙率
4.5	24.55	6.67	17.88	3.68	6.11
5.0	14.03	5.92	8.11	2.37	5.11
5.5	9.34	1.79	7.55	5.22	3.36
6.0	2.78	0.58	2.20	4.79	2.46
6.5	1.23	0.52	0.71	2.37	1.65
7.0	1.19	0.50	0.69	2.38	1.46
7.5	1.18	0.47	0.71	2.51	1.36

从表 4-15 中可以看到，当油石比为 4.5%～6.5%（不含 6.5%）时，冻融飞散损失则为 2.78%～24.55%、未冻融飞散损失为 0.58%～6.67%，二者之差为 2.20%～17.88%，差别比较明显；但油石比为 6.5%～7.5%（含 6.5%）时，前 3 个指标范围分别为 1.18%～1.23%、0.47%～0.52%、0.69%～0.71%，差异变得很小，而且比较稳定。

将各项拟评价指标随油石比变化规律绘制成如图 4-28 和图 4-29 所示的柱状图及曲线图进行对比分析。

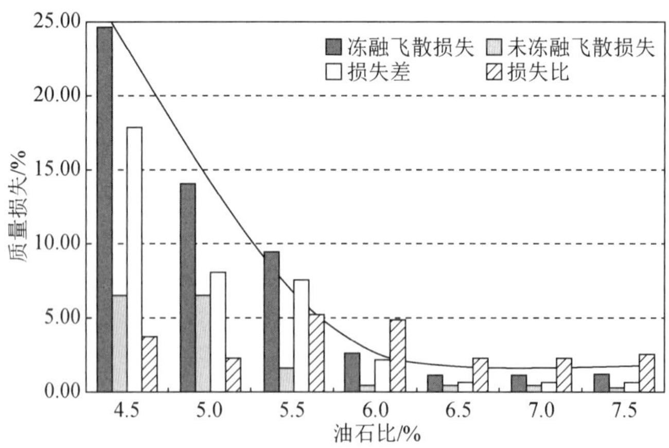

图 4-28　冻融、未冻融循环试验飞散损失柱状图

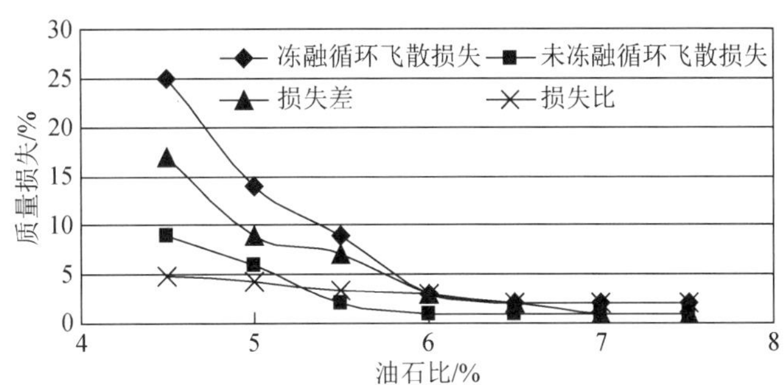

图 4-29　冻融、未冻融循环试验飞散损失曲线图

图 4-28 显示，油石比越小，采用的 4 个评价指标的差别越大，冻融飞散损失、未冻融飞散损失尤为明显；而随着油石比的增加，各项指标均趋于稳定，变化范围很小。当然，由此拟合的曲线也能说明问题。

图 4-29 表明，在 6.0%的油石比处曲线均出现了拐点，也就是说当油石比大于 6.0%后，冻融飞散损失、未冻融飞散损失、损失差都比较接近，这充分证明该地区的沥青混合料只有满足了 6.0%的油石比的要求，才能充分地显示出其良好的抗冻性能。同时也可看出，损失比对油石比的变化不太敏感，因此不仅采用飞散损失、损失差作为冻融循环飞散试验的抗冻性能评价指标，还要采用冻融循环飞散损失差作为混合料设计控制指标，并且保证其值不高于 1%。

（四）冻融循环机理分析

从冻融循环飞散损失总的下降趋势看，随着油石比的增大（即空隙率减小），飞散损失减小的幅度也在下降，当下降到一定程度后，随着油石比的进一步增大，空隙率也将在 1.65%～1.36%的范围内变化，随之，冻融循环飞散损失稳定在 1.2%左右，而未冻融循环飞散损失稳定在 0.5%左右。但从图 4-29 中的损失差曲线可以明显地看到有 3 个拐点，即 4.5%～5.0%、5.0%～5.5%、5.5%～6.5%的油石比范围内，而空隙率处于 1.5%～5.0%，这说明尽管总的变化趋势均为下降，但下降的速率随着油石比或空隙率的不同而有所区别。

当试件的空隙率为最大即最小油石比（4.5%～5.0%段）时，由于试件内部吸收了大量的水，水结冰体积增大得多，产生的膨胀力虽然被释放一部分，但与其本身的膨胀相比是微不足道的，因而冰冻作用加剧，即试件的强度衰减得最快，损失将最大。

油石比增加至 6.0%时，即空隙率进一步减小至 2.46%，试件内部的水结冰后将在空隙内产生很大的膨胀力，使一部分水被排出到试件表面，还有一部分水被挤入内部，封闭在沥青膜的空隙中，从而使产生的膨胀力大部分被释放掉，反而使冰冻作用减轻，损失差将趋于稳定，反映在曲线上时，即 5.0%～6.0%段曲线。

空隙率继续减小至 1.36%，并且试件是在饱和的状态下放在水中冰冻的，因此空隙小的试件虽然吸水少，但在冰冻过程中水不易排到试件外部。因为水是从外向内一点一点结冰的，所以试件表面的水先结冰，将与外界连通的空隙封住，虽然内部水结冰体积膨胀，但由于水量少，产生的膨胀力一部分被孔壁的阻力抵消（孔越小，阻力越大），另一部分将水挤入由沥青膜封闭的空隙中，剩下的不足以破坏表面冰膜，因此这些饱和水全部在试件内部结冰。同时细小空隙中的水分由于冰点低，不断向结冰处聚集，使其体积膨胀破坏了试件内部的结构，试件的强度将大幅度下降，损失也将明显减小。

但是，当油石比增加到6.5%以上时，混合料内部的空隙将很小，即使饱和水冰冻，水分也很难进入空隙内部，因此此时的冻融循环作用对混合料的抗冻性能影响作用十分微小。

四、低温抗裂性能评价

劈裂试验又称为间接拉伸试验，即通过径向施加荷载使试件横向裂开，反映了沥青混合料的抗裂能力，其受力状态与沥青路面的低温开裂状态很接近。沥青混合料在低温状态下抗拉强度越大时，其低温抗裂性能也就越好，并且与直接拉伸试验相比，低温劈裂试验方法较简单，试验数据容易采集记录，因此低温劈裂试验可以用来对沥青混合料的低温性能进行合理评价。

（一）试验原理及参数计算方法

劈裂试验就是将沥青混合料用马歇尔标准击实法制成直径（101.6±0.25）mm、高（63.5±1.3）mm的圆柱体试件，试件两侧垫上宽为12.7mm的金属压条，在给定温度下沿试件直径方向通过试件两侧压条按一定加载速率施加压力，直到试件劈裂破坏，并且测定出最大破坏荷载。试件通过竖向直径方向劈裂，实际上在这个面上试件处于受拉的应力状态。因此，通过测定最大破坏荷载、竖向变形，假定泊松比，依据弹性力学理论反算试件水平变形及劲度模量等技术指标，具体计算公式及方法均列入《公路工程沥青及沥青混合料试验规程》（JTG E20—2011）的T0716 2011中，计算公式如下：

$$R_{\mathrm{T}} = 0.00628P_{\mathrm{T}} / h = 9.9^{-5}P_{\mathrm{T}} \tag{4-28}$$

$$\varepsilon_{\mathrm{T}} = X_{\mathrm{T}}(0.0307 + 0.0936\mu) / (1.35 + 5\mu) = 0.003029Y_{\mathrm{T}} \tag{4-29}$$

$$S_{\mathrm{T}} = P_{\mathrm{T}}(0.27 + 1.0\mu) / (h \times X_{\mathrm{T}}) = 0.03268P_{\mathrm{T}} / Y_{\mathrm{T}} \tag{4-30}$$

$$T_{\mathrm{T}} = S_{OAB} \tag{4-31}$$

式中：R_{T}为劈裂抗拉强度（MPa）；ε_{T}为破坏拉伸应变；X_{T}为试件相应于最大破坏荷载时的水平方向总变形（mm），由MTS试验机自动采集；S_{T}为破坏劲度模量（MPa）；P_{T}为试验荷载的最大值（N）；h为试件高度（mm）；Y_{T}为试件相应于最大破坏荷载时的垂直方向总变形（mm），由MTS试验机自动采集；T_{T}为劈裂韧性，即试件自加载到断裂的荷载-位移曲线与横轴围成的面积积分，计算时对试验机采集的荷载-位移数据进行梯形数值积分；μ为试验温度为-10℃时的泊松比，取为0.25。

（二）试验方案

试验方案具体如下。

1）沥青试样及矿料级配：采用AC-13F（调整）级配，选择克拉玛依地区生产的160号（金石SBR改性）沥青，分别拟定7个油石比。

2）试验温度：为了验证采用劈裂韧性指标对混合料抗裂性能进行评价的可行性，研究中采用了-10℃的试验温度。

3）试件成型方法：用 135℃的击实成型温度、50 次双面击实成型马歇尔试件，即试件直径为（101.6±0.25）mm，高度为（63.5±1.3）mm。

4）试件数量：每个油石比成型 5 个试件，共成型 7×5=35 个。

5）试验仪器：采用 810 型 MTS 万能材料试验机。

6）试验参数：试验温度为-10℃，加载速度为 1mm/min，且需低温箱保温；劈裂压条宽度均为 12.7mm，内曲率半径均为 50.8mm。

（三）试验结果及分析

1. 试验及计算结果

通过对混合料进行低温劈裂试验，试验结果见表 4-16。

表 4-16　劈裂试验结果

油石比/%	P_T/kN	R_T/MPa	$\varepsilon_T/100^{-3}$	S_T/MPa	T_T/（N·m）
4.5	13.37	1.32	4.04	327.33	12.28
5.0	11.56	1.14	4.43	258.43	12.18
5.5	10.10	1.00	4.76	209.80	11.79
6.0	8.52	0.84	6.14	137.34	13.19
6.5	7.43	0.74	7.18	102.49	14.24
7.0	6.67	0.66	8.98	73.55	15.65
7.5	7.19	0.71	10.32	68.98	19.67

2. 不同指标随油石比变化的规律分析

从试验及计算结果来看，不同的油石比对劈裂强度、劈裂韧性、破坏应变、破坏劲度模量的影响程度有明显的不同。

由表 4-16 得知，当油石比低于 6.0%时，尽管韧性有所差别，但是不太明显。反之，随着油石比的增加，劈裂韧性将明显地增加，且从 11.79N·m 增至 19.67N·m。这表明随着油石比的增加，沥青混合料的低温抗裂性能得到明显的改善，说明油石比对沥青混合料的劈裂韧性的影响有一个最低限度。

同时，对于低温地区来说，沥青混合料的低温劲度模量越小，说明其低温柔度越好，随着油石比的增加，劲度模量逐渐减小，沥青混合料的低温柔度越来越好，低温抗变形能力也越来越强；当油石比增加至 7.0%时，变化趋势越来越平缓且渐趋稳定，这充分说明油石比对低温抗裂性能的影响不但有一个接近于 6.0%的低限，而且也有一个接近于 7.0%的高限。

五、高温性能评价

尽管高温性能并非高寒高海拔地区的关键因素，但随着气温以每年 0.3℃的速率上升，冻土面积则以每年 0.45%的缩减率减少。当然，自然环境引起的气温升高变化是难以改变的，只有从如何增强混合料本身的耐高温性能入手，来提高混合料设计乃至路面结构在未来可能出现高温时的安全系数，因此，高温性能对该地区的混合料设计仍然比较重要。

当然，考虑到超载、超限车辆比较多，尽管路面温度不太高，但重车反复作用也将产生车辙，因此车辙试验仍然是沥青混合料高温性能评价的主要试验。

（一）试验温度的确定

试验环境温度将是影响动稳定度最敏感的条件（即在配重等仪器参数确定时）。该地区使用的沥青结合料的针入度均超过了 120，而且从抗冻性能试验、疲劳试验可知，该地区的油石比高达 6.0%～7.0%。如果仍然采用 60℃的试验温度，动稳定度值很小，而且其测定难度也会很大，因此很有必要提出一个合理的车辙试验温度，以下将分别通过气象资料和 SHRP 公式的分析来确定。

1. 依据气象资料分析

气温对多年高寒高海拔地区路面结构的影响是一个长期过程，虽然道路施工等工程作用时间较短，但是其对天然环境的破坏效应将与气候变化的自然背景叠加而共同影响夏季路面结构的浅层温度，预计升幅最大为 18℃，最小为 10℃。由 1994～2014 年气象数据知，青藏高原五道梁、沱沱河、风火山 6 月、7 月、8 月的平均最高气温分别为 17.1℃、17.3℃、17.4℃，7 月平均气温为 17.3℃，路面浅层温度为 27.2～35.2℃。

2. 依据 SHRP 计算公式计算

对于混合料设计来说最关心的是最高路面设计温度，参照美国 SHRP 的路面最高设计温度的计算公式可对青藏高原有代表性的气候点的最高设计温度进行计算，最高路面设计温度（一年中温度最高的 7d 周期的空气温度转化过来的路表下 20mm 深处的平均最高温度）为

$$\begin{aligned} T_1 &= (T_{air} - 0.00618 \times \mathrm{Lat}^2 + 0.2289 \times \mathrm{Lat} + 42.2) \times 0.9545 - 17.78 \\ &= (17.3 - 0.00618 \times 32.5 \times 32.5 + 0.2289 \times 32.5 + 42.2) \times 0.9545 - 17.78 \\ &= 39.88(℃)\ （根据32.5度的纬度计算） \end{aligned} \tag{4-32}$$

$$\begin{aligned} T_2 &= (T_{air} - 0.00618 \times \mathrm{Lat}^2 + 0.2289 \times \mathrm{Lat} + 42.2) \times 0.9545 - 17.78 \\ &= (17.3 - 0.00618 \times 35.7 \times 35.7 + 0.2289 \times 35.7 + 42.2) \times 0.9545 - 17.78 \\ &= 39.29(℃)\ （根据35.7度的纬度计算） \end{aligned} \tag{4-33}$$

$$T_{平均} = (39.88 + 39.29)/2 = 39.6(℃)$$

由此可知，若采用 SHRP 公式进行计算，该地区的最高路面设计温度为 39.6℃，而根据气象资料分析中的气象、低温的测量、调查、统计资料规律可知，最高路面设计温度为 27.2～35.2℃。因此，从该地区的沥青结合料的性能、试验难易性及与非常规马歇尔稳定度试验温度的统一性考虑，车辙试验温度确定为 45℃是比较合理的。

（二）高温抗车辙性能评价

车辙即为行车道的轮迹带上产生的永久形变，主要由行车荷载反复作用的进一步压密变形和沥青混合料的侧向剪切形变构成。车辙试验主要用来评价沥青混合料在高温季节抵抗变形的能力，室内通常在规定温度及荷载条件下测定试验轮往返行走所形成的车辙永久变形速率，通常以每产生 1mm 深度的永久变形的行走次数，即动稳定度表示，一般认为动稳定度越大，混合料的抗永久变形能力越强，因此动稳定度成为评价混合料高温抗永久变形能力的重要指标。

动稳定度评价了混合料在某一时间段的车辙发展速率，并没有反映混合料在试验期间的总变形量，要想知道其总变形量，必须采用车辙绝对变形对沥青混合料的高温抗车辙性能进行评价。因此，主要采用动稳定度和绝对变形两个指标进行评价对比。

1. 试验方案

试验方案具体如下。

1）试验温度：为了比较不同试验温度对富油沥青混合料的高温永久变形能力的影响，分别选择了 45℃、60℃两个不同温度，确定最终适合该地区车辙试验的试验温度。

2）油石比与矿料级配：45℃试验选择了 6.0%及±0.5%、±1.0%、±1.5 共 7 个不同油石比进行 7 组试验，60℃试验选择了 6.0%及±0.5%共 3 个油石比进行 3 组试验，矿料级配采用 AC-13F 骨架密实型结构。

3）试件成型：每个试验温度进行 3 组平行试验，即根据已确定的级配和沥青用量，按马歇尔试验实际所得的单位容重作为控制指标，采用 125℃的温度分别碾压成型 30 块 300mm×300mm×50mm 的车辙板用于车辙试验。

4）常温保养：改性沥青混合料车辙板试件在成型后连同试模常温保养 48h 为宜，不得超过 7d。

5）恒温保养：连同试模置于（45±0.5）℃和（60±0.5）℃的恒温室内保养 5～24h。

6）车辙试验：启动车辙仪，放置试件，进行试验。

7）试验时间：一般情况下，试验进行 1h 就结束，从而记录 1h 内的动稳定度，但如果试件的车辙在 1h 内已达 30mm，则将达 30mm 时的时间作为终了时间。

8）记录结果：车辙仪自动计算并记录动稳定度。

2. 试验条件

车辙试验条件见表 4-17。

表 4-17　车辙试验条件

试件尺寸	试验轮/mm				轮载/MPa	行程/ mm	速度/(次/min)	温度/℃	评价指标
	外径	宽度	厚度	硬度					
300mm×300mm×50mm	200	50	15	84±4	0.7±0.05	230±10	42±1	45～60	动稳定度/（次/mm）

3. 试验曲线分析

（1）不同油石比及环境温度对永久变形、动稳定度影响的分析

从图 4-30 中可知，45℃、60℃的动稳定度随着油石比的增加均呈下降趋势，曲线在变化过程出现突然变缓趋于稳定的拐点，但 60℃动稳定度曲线拐点要比 45℃拐点出现得早。

再看图 4-31 的 45℃、60℃的永久变形与油石比的关系曲线，其变化趋势与动稳定度恰恰相反，但在 60℃时，油石比大于 5.0%时变形突然增大，当油石比超过 6.0%时，曲线稍有缓和，分析其原因很可能是变形太大，试验轮受到更大的阻力，不易碾压走动，从而影响了变形的形成。同一温度时不同油石比试件的沥青混合料竖向位移随时间的变化规律可从图 4-32 的曲线看出，当油石比为 4.5%～5.5%时，竖向位移曲线比较平缓、集中，其差别不大；但是当油石比达 6.0%时，竖向位移曲线明显变陡，这与图 4-31 的变化规律一致。

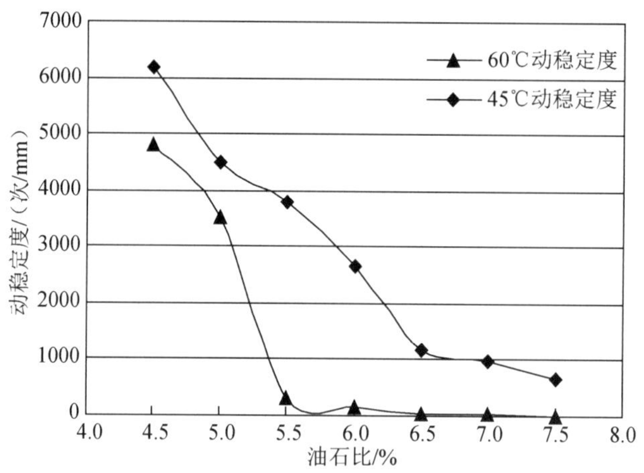

图 4-30　动稳定度随油石比的变化规律

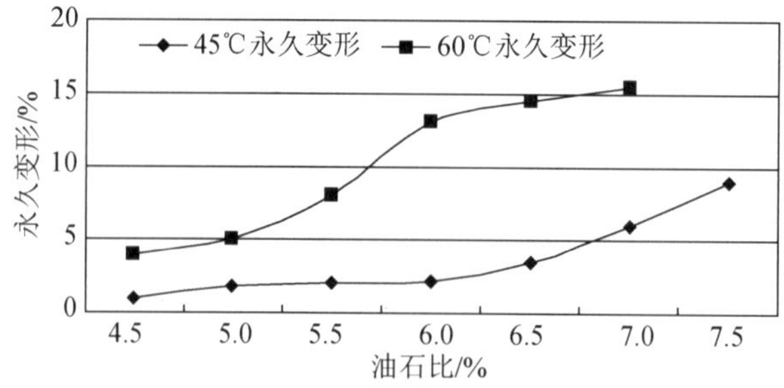

图 4-31　绝对变形随油石比的变化规律（45℃和 60℃）

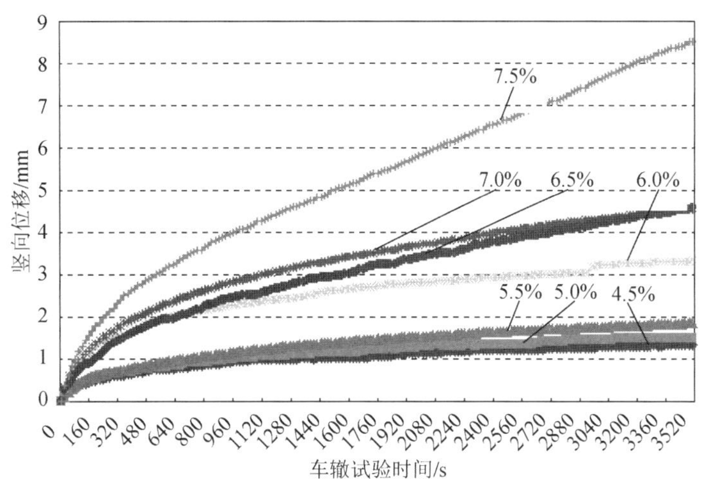

图 4-32　不同油石比的沥青混合料竖向位移随试验时间的变化规律曲线

（2）动稳定度、绝对变形结果的分析

动稳定度、绝对变形结果，即车辙试验结果见表 4-18。

表 4-18　车辙试验结果

试验参数		油石比/%							规范标准	
		4.5	5.0	5.5	6.0	6.5	7.0	7.5	高速道路	其他道路
45℃	动稳定度/（次/mm）	5687	4500	3805	2672	1155	881	467	—	—
	绝对变形/mm	1.3	1.5	1.8	2.5	3.5	5.8	8.5	—	—
60℃	动稳定度/（次/mm）	4521	3200	750	360	53	20	—	800 次/mm（夏凉区）	600 次/mm
	绝对变形/mm	4.2	4.8	8.2	12.5	14.5	15.2			—

表 4-18 的数据表明，油石比和环境温度是影响动稳定度、永久变形等混合料高温评价指标的最敏感因素。而图 4-33 能够更直观地反映动稳定度对不同油石比、试验温度的敏感性，在 45℃时，动稳定度对油石比比较敏感，变化范围为 467～5687 次/mm；而动稳定度对温度的敏感性与油石比的大小也有关，当油石比低于 5.0%时比较敏感，而当油石比为 5.5%～7.5%时，动稳定度均小于 750 次/mm，差距很小，不太敏感。

总之，对于克拉玛依 160 号的高标号沥青来说，45℃、60℃时动稳定度趋于稳定时的油石比都超过了 5.5%，比较大。另外，从图 4-33 所示的动稳定度对温度的敏感性看，当油石比超过 5.5%时，60℃的动稳定度均小于 750 次/mm，最小的为 20 次/mm，不论从结果测定难易性，还是从试验准确性来说，60℃均不合适。因此多年高寒高海拔地区的沥青混合料车辙试验采用 45℃的试验温度是比较合理的。

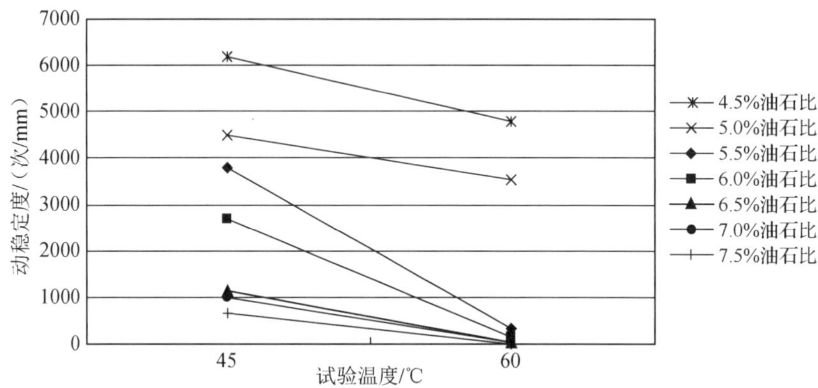

图 4-33　不同油石比混合料的动稳定度对试验温度的敏感度

六、冻融循环低温弯曲韧性评价

为了对经受若干冻融循环的沥青混合料的低温抗弯拉性能进行对比评价，测量两组小梁试件（其中一组未经冻融循环作用，另一组为冻融循环试件）的抗弯拉强度、破坏弯拉应变及弯曲劲度模量等常规指标，同时，引入低温弯曲韧性指标对沥青混合料的低温抗弯拉性能进行评价。

（一）试验原理及参数计算方法

沥青混合料的低温弯曲试验是通过对规定尺寸的小梁试件的跨中施加集中荷载，直至发生断裂破坏的试验（图 4-34）。因为混合料的低温开裂主要表现为张开型裂缝，所以用来模拟当路面弯曲的静定梁试件受到集中荷载时，其内部的受力状态与路面的受力状态非常接近，只发生纯弯曲现象。通过试验时测定的破坏荷载来计算抗弯拉强度，同时用测定的跨中挠度来反算弯拉应变，最后将抗弯拉强度与弯拉应变的比值作为破坏弯曲抗弯拉度模量。计算公式如下：

$$R_{\mathrm{B}} = (3LP_{\mathrm{b}})/(2bh^2) = 0.00816P_{\mathrm{b}} \tag{4-34}$$

$$\varepsilon_{\mathrm{B}} = (6hd)/L^2 = 0.00525d \tag{4-35}$$

$$S_{\mathrm{b}} = R_{\mathrm{B}}/\varepsilon_{\mathrm{B}} \tag{4-36}$$

式中：R_{B} 为破坏抗弯拉强度（MPa）；P_{b} 为试件破坏时的最大荷载（N）；ε_{B} 为破坏抗弯拉应变；S_{b} 为破坏抗弯拉劲度模量（MPa）。L、b、h、d 分别为小梁试件的跨度、宽度、高度、跨中挠度，试验中 $L = 200\text{mm}$、$b = 30\text{mm}$、$h = 35\text{mm}$。

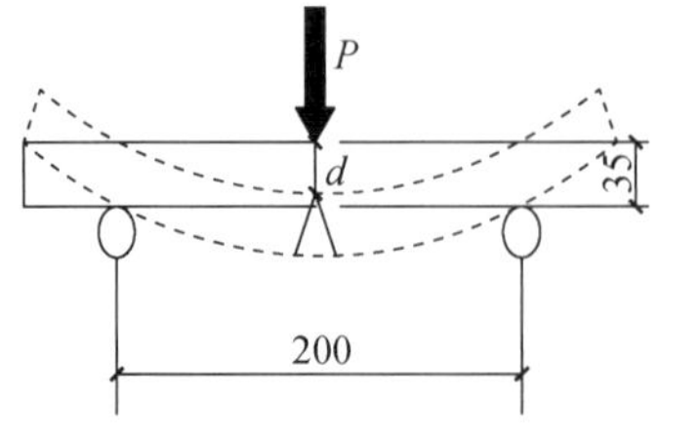

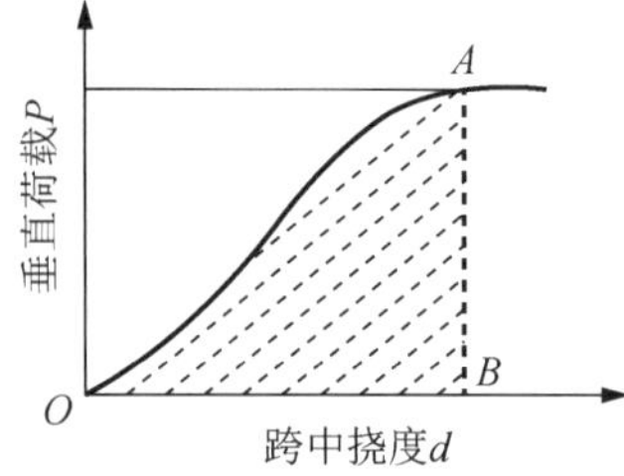

图 4-34　弯曲试验、弯曲韧性计算示意图

（二）低温弯曲试验方案

低温弯曲试验方案如下。

1）试验规程：试验依据《公路工程沥青及沥青混合料试验规程》（JTG E20—2011）的 T 0715—2011 进行。

2）沥青及级配：AC-13C Ⅰ型级配，石灰岩集料，克拉玛依 160 号（金石改性）沥青。

3）试件成型：以 125℃、轮碾成型 300mm×300mm×50mm 的车辙板，再由车辙板切割成（250mm±2.0mm）×（30mm±2.0mm）×（35mm±2.0mm）的棱柱体小梁。

4）试件数量：采用 7 个油石比，每个油石比成型试件 1 块，每块切割 8 根小梁，共切割 7×8=56 根。

5）冻融循环：从每个油石比试件中随机取出 4 根进行-18℃的 24 次冻融循环试验，冻融循环结束后，同各油石比中的其余 4 根同时在-10℃的低温箱中保养不低于 5h，然后进行弯曲试验。

6）加载方式及速率：采用加载速率为 50mm/min 进行加载。

7）试验温度：采用了-10℃的试验温度，试验前须在试验温度±0.5℃的恒温箱中保养 5h 以上，由于加载速率为 50mm/min，试验时不采用恒温箱保温。

8）加载跨径：采用中央单点加载，跨径为（200±0.5）mm。

9）试验机：美国进口的 810 型 MTS 万能材料试验机。

（三）试验结果及分析

1. 低温弯曲试验结果

低温弯曲试验结果见表 4-19。

表 4-19　低温弯曲试验结果

油石比		4.5%	5%	5.5%	6%	6.5%	7%	7.5%
韧性	未冻融/（N·m）	0.18	0.21	0.24	0.25	0.24	0.22	0.20
	冻融/（N·m）	0.12	0.15	0.19	0.24	0.23	0.21	0.20
	冻融循环变化率/%	33.33	28.20	20.83	4.00	4.17	4.55	2.50
R_B	未冻融/MPa	9.75	10.80	12.05	11.58	10.80	10.62	10.33
	冻融/MPa	7.90	9.05	10.52	11.10	10.48	10.44	10.28
	冻融循环变化率/%	18.97	16.24	12.70	4.18	2.96	1.69	0.44
$\varepsilon_B/10^{-5}$	未冻融	133.00	136.97	137.66	137.72	135.65	134.43	131.35
	冻融	125.00	127.93	130.62	135.47	133.69	133.93	131.24
	冻融循环变化率/%	6.02	6.59	5.11	1.64	1.44	0.37	0.08
S_B	未冻融/MPa	7331	7885	8753	8412	7962	7900	7864
	冻融/MPa	6320	7071	8054	8194	7839	7795	7836
	冻融循环变化率/%	13.79	10.32	7.99	2.59	1.54	1.33	0.36
P	未冻融/kN	1.19	1.32	1.48	1.42	1.32	1.30	1.27
	冻融/kN	0.97	1.11	1.29	1.36	1.28	1.28	1.26
	冻融循环变化率/%	23.42	19.38	14.54	4.37	3.05	1.72	0.44

2. 试验结果及试验曲线分析

冻融和未冻融沥青混合料低温弯曲韧性、抗弯拉强度与油石比关系曲线如图 4-35 和图 4-36 所示。

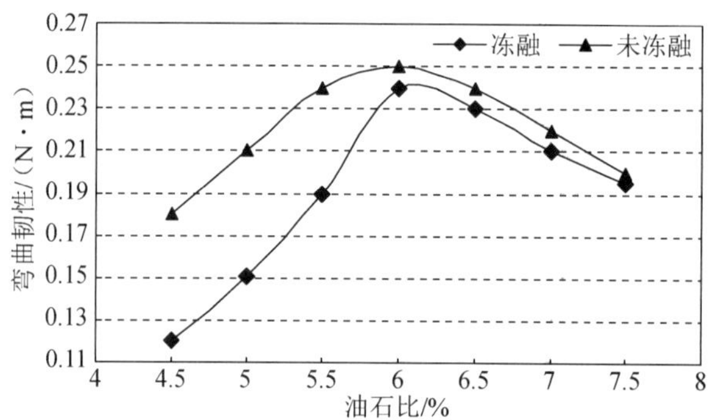

图 4-35　冻融和未冻融沥青混合料低温弯曲韧性与油石比关系曲线

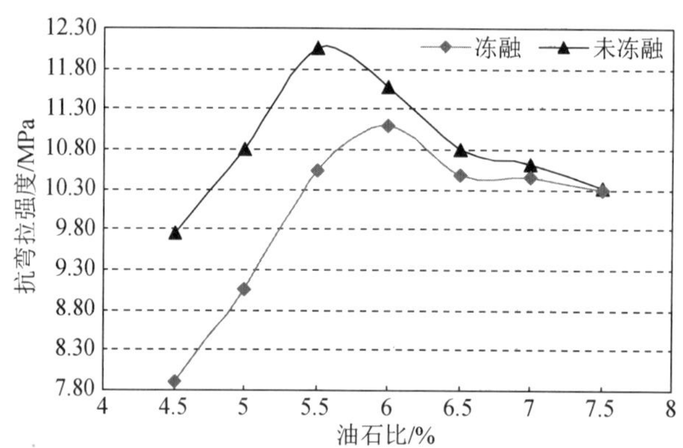

图 4-36　冻融和未冻融沥青混合料抗弯拉强度与油石比关系曲线

从图 4-35 可以看出，油石比对沥青混合料的低温弯曲韧性的影响也较大，且出现了最大韧性的油石比。随油石比的增加，低温弯曲韧性也在增加，当油石比增加至 6.0%左右时，曲线出现峰值，随后低温弯曲韧性将随油石比的增加而减小。同时，冻融和未冻融试件的低温弯曲韧性的差别将变得很小，而抗弯拉强度也会出现如图 4-36 所示的变化趋势。

图 4-37 表明，经过冻融循环后弯曲韧性、劲度模量、破坏抗弯拉强度的变化率随油石比的变化趋势基本相似，但当油石比增加到 6.0%～6.5%时，各个指标的变化率曲线变得平缓，趋于稳定，说明油石比增加到 6.5%以上，即空隙率小于 1.5%时，增加用油量不会明显改善混合料的低温弯拉性能。

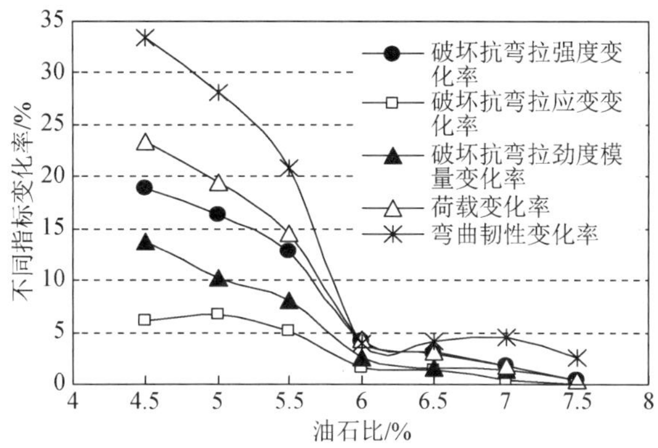

图 4-37　24 次冻融循环后沥青混合料不同指标随油石比的变化率

七、冻融疲劳特性评价

高寒高海拔地区沥青混凝土路面不但要经受交通荷载的重复作用，而且更多地要经受较大的日夜温差交替作用，从而使路面发生交通和温度荷载的疲劳破坏。而疲劳寿命是评价混合料疲劳性能最常用的指标，疲劳寿命越长，说明疲劳性能越好；同时，还可以采用应力、应变疲劳方程和能量疲劳方程对影响疲劳寿命的因素进行分析评价。

（一）疲劳特性评价理论

沥青混合料的疲劳是指材料在荷载重复作用下产生不可恢复的强度衰减积累所引起的一种损伤现象，而沥青混合料的抗疲劳能力反映了它承受重复荷载而不断裂的能力。

根据荷载的不同，疲劳可分为交通荷载重复作用引起的疲劳和温度循环作用引起的温度疲劳。前者是交通荷载的重复作用使路面结构内产生的微小变形累积而成的，当这种变形继续增大扩展时，将导致路面的破损发生；而后者是由于多年高寒高海拔地区的沥青路面长期暴露在强紫外线、大风、气温日较差大的环境中，气温较长周期性（同交通荷载作用周期相比）变化引起温度场、温度应力场的周期变化，当温度应力的累积超过沥青混合料的极限抗拉强度时，路面发生的疲劳破损。不管哪一种疲劳破损，都将导致沥青混合料劲度模量的衰减，同时应力松弛性能将下降，最终路面结构将发生开裂破损。这两种疲劳一般都相互伴随发生，只是在不同的环境下二者所起的主导作用不同。

疲劳破损是沥青路面主要的破坏形式之一，因此研究沥青混合料在一定的交通和环境条件下的疲劳特性是很有必要的。由于多年高寒高海拔地区具有气温日较差大、降雪量大等特殊地理气候环境及交通量日益增大的特点，沥青路面的疲劳破损主要以温度疲劳开裂、交通荷载疲劳为主，同时还要考虑沥青混合料冻融循环后的抗疲劳性能。

测定沥青混合料疲劳特性的方法有很多，根据影响疲劳性能的不同因素和疲劳寿命之间的关系，一般主要有以下两种表述疲劳特性的方程：

1. 表述控制应力和控制应变关系的疲劳方程

目前主要采用 Monismith 等提出的疲劳寿命同应力、应变状态关系的疲劳方程，即

$$N_{\mathrm{f}}=c\left(\frac{1}{\varepsilon_0}\right)^m=k\left(\frac{1}{\sigma_0}\right)^n \tag{4-37}$$

式中：N_{f} 为达到破坏时的重复荷载作用次数；ε_0、σ_0 分别为施加的初始弯拉应力和弯拉应变；c、k、m、n 分别为与试验方法有关的系数。

当然，还有反映疲劳寿命与沥青含量、劲度模量之间关系的疲劳方程等，因为影响疲劳寿命的因素很多，如沥青类型和等级、集料类型和级配、沥青用量、空隙率等材料本身结构特性，以及温度、应力/应变水平、沥青混合料老化等外界环境因素，所以很难建立一个统一的包罗万象的沥青混合料疲劳响应方程，人们就提出可表征混合料内部结构的某个参数及与疲劳寿命相关的疲劳方程。

2. 能量疲劳方程

1972 年，van Dijk 研究发现累积耗散能对于疲劳寿命来说是一个独立的因素，其仅与混合料本身的成分、沥青用量、碾压成型条件、集料分布均匀性等有关，而与试验方法、温度、加载模式、频率等因素无关。因为当沥青混合料受到外部作用时，内部组织结构将发生变化以抵抗外部作用的影响，所以沥青混合料将不断地消耗能量，即以足够的耗散能来适应内部结构的重新有序变化。耗散能使沥青混合料得以破坏，但需外力做功才能实现耗散能的积累，而累积的耗散能主要用于弹性应变能的储存、流动消耗、裂纹发生及裂纹发展为新表面所需的表面能。

沥青混合料在交通荷载和温度荷载的作用下，或者在实验室进行加载和卸载时，不但是一个外界做功使混合料内部有足够的能量满足裂缝的发生和扩展的过程，而且也是一个能量耗散的过程。在这个循环加载过程中，加载和卸载阶段的应力-应变曲线将形成一个个称为迟滞回线或滞后环的闭环，闭环所包围的面积反映了材料塑性变形时外力做功或所消耗的能量。随着循环加载和卸载的不断进行，疲劳损伤将进一步累积，能量也逐渐消耗，而所有迟滞回线的面积的总和即为混合料达到破坏时的累积耗散能，即

$$W_{\mathrm{f}}=\sum_{i=1}^{N_{\mathrm{f}}}W_i \tag{4-38}$$

式中：W_{f} 为混合料发生疲劳破坏时的累积耗散能，而在本次试验中采用的是控制模式，为非破坏性试验，即当试件劲度模量下降至初始模量 50%时的累积耗散能（MPa）；W_i 为每个加载周期的耗散能（MPa）；N_{f} 为混合料的劲度模量达到初始模量的 50%时的荷载重复作用次数，即疲劳寿命（次）。

经过大量的研究后发现，沥青混合料的疲劳寿命 N_{f} 与达到疲劳破坏时的累积耗散能 W_{f} 有如下关系：

$$W_{\mathrm{f}}=A\times N_{\mathrm{f}}^B \tag{4-39}$$

式中：A、B 为试验确定的参数，由试验结果回归确定。

由此可知，为了使混合料有足够的抵抗疲劳开裂的能力，所设计的混合料必须要有

足够的累积耗散能量，这也正好符合应用断裂力学中的能量观点及路面开裂机理的分析研究，即可通过冻融循环作用后的疲劳寿命和混合料的能量疲劳方程对混合料的疲劳性能进行对比评价。

（二）疲劳试验方案

1）试样及级配：分别采用 5.3%、6.3%、7.3%共 3 个油石比，AC-13F 型级配。

2）试件成型方法及试件数量：采用轮碾法碾压成型 300mm×400m×70mm 车辙板状试件，再切割成 381mm×63.5mm×50mm 的棱柱体梁式试件，每个油石比成型 3 块，每块板切割 3 根梁，共切割 3×3×3=27 根，其中每个油石比试件中随机抽取 5 根用于冻融循环，其余 4 根直接进行疲劳试验。

3）荷载控制模式：应变控制模式是指在重复加载过程中施加的应变峰谷值始终保持不变，即在整个加载过程中试件不发生破损现象，但是随着荷载的重复作用，混合料的劲度模量将逐渐衰减，一般以混合料劲度下降到初始劲度的 50%时的荷载作用次数作为疲劳寿命。采取这种控制模式时，低温性能越好的混合料，其疲劳寿命越长，因为低温性能越好的混合料，要使试件产生相同的应变，则所施加应力水平越小，试件产生疲劳破损时间反而越长，其荷载作用次数也越多，因此疲劳寿命就越长。

针对高寒高海拔地区面层沥青混合料的抗疲劳性能，如果考虑温度应力的循环造成的疲劳作用，应该采用控制应力的加载模式，因为沥青混凝土路面在温度反复变化引起温度应力的重复作用时，应变在不断地增加，路面会出现微裂纹，并且随着温度循环次数的增加，微裂纹将迅速扩张，最后路面结构发生破坏。因此，低温地区的路面产生温度疲劳破损时，其路面结构层内的应力应变状态与控制应力时疲劳试验的状态更加接近。

本次试验主要模拟交通荷载重复而引起的疲劳作用。该地区的面层结构较薄，一般认为厚度小于 5.0cm 或 7.6cm 的沥青混凝土面层，符合应变控制条件。因为面层较薄，基层厚度和刚度较大，有较大的支承力，在荷载重复作用下面层应变的增长较慢，不致发生突然断裂的情况。因此本次试验将采用半正弦应变控制模式。

1）加载方式：三分点加载。

2）试验温度：15℃。

3）加载频率：10Hz，即一个循环周期为 0.1s，而试验机每秒自动采集 10 个数据点（如疲劳寿命次数、累积耗散能及弹性模量等数据）。

4）应变水平：800×10^{-6}。

5）试验设备：澳大利亚产 UTM 疲劳试验机。

（三）疲劳试验结果及分析

1. 疲劳寿命及耗散能疲劳方程

疲劳寿命及耗散能疲劳方程见表 4-20。

表 4-20　疲劳寿命及耗能疲劳性能

状态	油石比/%	W_f/MPa	N_f/次	$\lg W_f$	$\lg N_f$	耗散能疲劳方程
非冻融	5.3	153	395140	2.18	5.60	$W_f = 0.0268 \times N_f^{0.6699}$
		105	241620	2.02	5.38	
		80	150000	1.90	5.18	
		21.8	44470	—	—	
	6.3	179	430840	2.25	5.63	$W_f = 0.0287 \times N_f^{0.6739}$
		145	301770	2.16	5.48	
		125	255970	2.10	5.41	
		20	38240	—	—	
	7.3	637	1811840	2.80	6.26	$W_f = 0.0739 \times N_f^{0.6303}$
		600	1502530	2.78	6.18	
		488	1208110	2.69	6.08	
冻融	5.3	61.3	172490	1.79	5.24	$W_f = 9.1264 \times 10^{-4} \times N_f^{0.9467}$
		53	122000	1.72	5.09	
		31.7	84330	1.50	4.93	
		23.1	62040	—	—	
	6.3	128	307280	2.11	5.49	$W_f = 11.633 \times 10^{-4} \times N_f^{0.9258}$
		110	235610	2.04	5.37	
		80	157970	1.90	5.20	
		97.8	228180	1.99	5.36	
		65	144490	1.81	5.16	
	7.3	525	1608580	2.72	6.21	$W_f = 43.712 \times 10^{-4} \times N_f^{0.8258}$
		500	1383560	2.70	6.14	
		420	1151690	2.62	6.06	

通过对每个油石比的疲劳寿命和累积耗散能进行双对数直线回归，分别求出了疲劳方程［式（4-39）］中的 A、B 系数，可以得到表 4-20 中的不同油石比对应的耗散能疲劳方程，其中 A 表示试件经受一次疲劳作用时所要耗散的能量。对比冻融循环和未冻融循环疲劳方程则发现，当油石比由 5.3%增加至 7.3%时，冻融后的 A 值变化范围为 9.1264×10^{-4}～43.712×10^{-4}，而 B 值则为 0.8258～0.9467，经过冻融循环作用的试件的单位耗散能相差的比例较大。对比同一油石比的冻融循环和未冻融循环时的 A 值则发现，A 值相差近两个数量级。

当疲劳寿命随油石比增加的同时，累积耗散能也将在增加（因为 B 值对耗散能的影响很小），这充分地说明随着油石比的增加，混合料达到疲劳破坏所需要的累积耗散能将更大，其抗疲劳破坏性能也将更强。

2. *疲劳寿命及劲度模量衰减变化分析*

随着荷载作用次数的增加，混合料的劲度模量也将逐渐衰减。油石比为 5.3%的试件冻融后，其随疲劳寿命的变化趋势如图 4-38 所示。

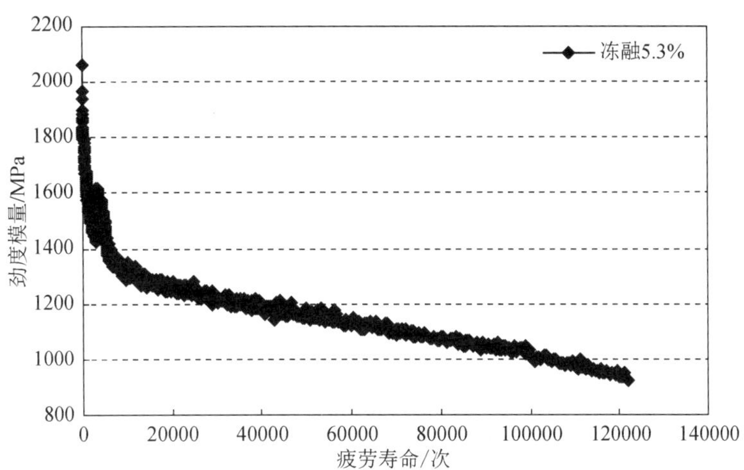

图 4-38　劲度模量随疲劳寿命的变化趋势

图 4-38 表明，在混合料的劲度模量下降到 50%初始劲度模量的过程中，即在整个疲劳寿命期内，其下降的速率是明显不同的。经过对采集的不同油石比的所有混合料试验数据进行分析可知，在初始劲度下降到其 3/8 的寿命期内，劲度下降速率最快，未冻融循环的混合料下降速率为 38～538MPa/万次，冻融循环后的下降速率为 126～776MPa/万次；而在剩余寿命期内的下降速率明显地减少，未经冻融的下降速率为 7～54MPa/万次，冻融后的下降速率为 12～116MPa/万次。随着油石比的增加，下降速率明显减小，由于采用了应变控制模式，对于油石比越低而下降速率越大的混合料，要达到同样的应变水平，必须施加更大的荷载，因此，其疲劳寿命越短，说明其抗疲劳性能越差。

当然，不同油石比的疲劳寿命衰减速率也是不同的，不同油石比冻融和未冻融循环后的混合料劲度变化见表 4-21，当油石比从 5.3%增至 7.3%时，未冻融试件疲劳寿命由 26 万次增至 150 万次，而冻融试件疲劳寿命也由 12 万次增至 138 万次。对于同一油石比来说，经过冻融循环后寿命将衰减 1/12～1/2，随着油石比的增加，其冻融疲劳寿命衰减率也将越来越小。

表 4-21　不同油石比冻融和未冻融循环后的混合料劲度变化

油石比/%		5.3	6.3	7.3
未冻融循环	疲劳寿命/次	262253	329526	1507493
	初始劲度/MPa	2150	1890	1660
	下降 3/8 后的劲度/MPa	1344	1181	1038
	下降 3/8 初始劲度的疲劳寿命/次	15000	60000	165000
	劲度下降最大速率/（MPa/万次）	538	118	38
	剩余寿命期劲度下降速率/（MPa/万次）	54	39	7

续表

油石比/%		5.3	6.3	7.3
冻融循环	疲劳寿命/次	126273	214706	1381277
	初始劲度/MPa	2070	1830	1660
	下降 3/8 后的劲度/MPa	1294	1144	1038
	下降 3/8 初始劲度的疲劳寿命/次	10000	20000	50000
	劲度下降最大速率/（MPa/万次）	776	343	125
	剩余寿命期劲度下降速率/（MPa/万次）	116	44	12
冻融循环寿命衰减率/%		53.9	34.8	8.4

3. 冻融和未冻融混合料的累积耗散能以及疲劳寿命对比分析

从图 4-39 中的曲线可以看到，对于不同油石比的混合料未冻融循环与冻融循环作用后的累积耗散能和疲劳寿命有着类似的趋势，即随着油石比增加，其达到疲劳开裂破坏所需的累积耗散能也将增加，说明其抗疲劳性能也在不断地增强；而且，曲线在 6.3%（即空隙率约为 2.4%）处均出现明显变陡的趋势，充分地说明只有满足了该油石比或空隙率的要求，混合料才能具备较好的抗疲劳性能。

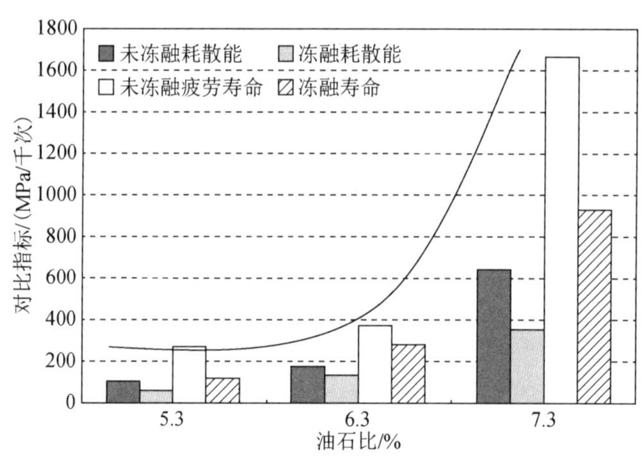

图 4-39　冻融和未冻融循环后混合料累积耗散能、疲劳寿命对比柱状图

八、抗水损性能评价

抗水损性能是指混合料能够抵制水分浸入的能力，一旦水分浸入结构内部，能尽量将浸入其中的水分排出去或者能够在水分的浸透下尽量提高沥青结合料与矿料之间的黏附性。而在冰冻地区，水分一旦进入混合料内部就很难排出，因为，当雨水、融化雪水进入路面结构内时，下渗的水分与路基土中的水分在冻结过程中要发生迁移，使基层底部的含冰量急剧增加。在春融季节，面层内部冰开始融化，而基层底部继续冻结或停止冻结，形成了不透水层，上部的水分不能得到及时排出，造成基层的软化，使其强度急剧下降，此时路面在车辆荷载的重复作用下发生了弹簧、断裂、鼓包和唧泥等现象，

也就是人们常说的翻浆现象。另外，沥青混凝土内部水分的反复冻融作用，降低了沥青结合料和集料的黏附性，因此，必须深入研究高寒高海拔地区沥青混合料抗水损坏性能。

对目前选择的石灰岩集料和克拉玛依 160 号改性沥青所组成的混合料的水稳定性，仍然采用由美国 AASHTO T283 Lottmen 方法修正简化而成的冻融劈裂试验进行评价，该方法不但适用于南方的非冰冻地区，而且也适合低温地区。

（一）抗水损试验方案

抗水损试验方案如下。

1）试件成型：油石比为 5.3%、6.3%和 7.3%，级配采用 AC-13C；选用 135℃击实成型温度、双面击实 50 次成型，直径为 101.6mm、高度为（63.5±1.3）mm 的圆柱体马歇尔试件，每组成型试件数不少于 8 个。

2）测定参数：依据相应规程测定试件的密度、空隙率及沥青饱和度等体积参数。

3）真空饱水：随机取 4 个试件在 98.3～98.7kPa 真空条件下保持 15min，然后在水中常压保持 0.5h。

4）低温冷冻：取出真空饱水的 4 个试件放入−18℃的恒温冰箱中保持（16±1）h。

5）高温融化：将恒温冷冻的试件放入（60±0.5）℃的恒温水浴中保温 24h。

6）恒温保温：将经历冻融的 4 个试件和未冻融的 4 个试件同放入（25±0.5）℃恒温水浴中保温不少于 2h。

7）劈裂试验：依据规程对 6）中的所有试件进行劈裂试验，并测定冻融和未冻融试件的劈裂抗拉强度。

8）评价指标：采用劈裂强度比进行评价，依据下式计算劈裂抗拉强度比：

$$\mathrm{TSR} = (R_{\mathrm{T2}} / R_{\mathrm{T1}}) \times 100\% \tag{4-40}$$

式中：TSR 为冻融劈裂试验强度比（%）；R_{T2} 为冻融循环后试件的劈裂抗拉强度平均值（MPa）；R_{T1} 为未冻融循环试件的劈裂抗拉强度平均值（MPa）。

（二）试验结果及分析

表 4-22 为冻融劈裂试验结果，可以看出，当油石比从 5.3%增至 6.3%时，冻融和未冻融劈裂强度均下降，而当油石比再增加 1.0%时，其值又有所增加，但冻融劈裂强度比呈增加趋势，由 79.9%增至 85.7%。因此随着油石比的增加，冻融劈裂强度也逐渐增加，说明混合料的水稳定性较好。

表 4-22　冻融劈裂试验结果

油石比/%	冻融劈裂抗拉强度/MPa	未冻融劈裂抗拉强度/MPa	冻融劈裂强度比/%
5.3	1.14	0.91	79.9
6.3	0.84	0.72	85.7
7.3	0.85	0.75	88.2

第四节　高寒高海拔地区道路沥青路面结构类型选择

一、高寒高海拔地区沥青路面结构初步选择

在高寒高海拔地区选择沥青路面结构类型时，需要综合考虑路面材料、路面结构、路面使用性能和路面费用等因素。第一是不同结构的路面使用性能，其好坏直接关系到为道路使用者提供的服务水平，同时也会影响到道路的养护改建对策；第二是不同基层结构的经济性（路面寿命周期费用），经济性的大小直接体现了路面结构方案的资源需求水平，在经济条件一般的地区，路面结构方案的经济性甚至会成为选型的首要考虑因素；第三是不同基层结构的技术可行性（对土基条件、环境条件和交通条件的适应性等），目前青藏公路超载严重，轴载呈现逐渐增大的趋势，重载敏感性在一定程度上反映了不同基层结构对重载变化的适应性；第四是不同基层材料的材料性能，实际上材料性能部分隐含体现在路面的使用性能和路面费用（经济性）方面；第五是不同基层结构的环境保护，其主要包括环境污染和废物利用等。

综合考虑，寻求这些因素之间的平衡点，以便选择出使用性能良好、经济合理的结构类型，具体如下。

1）考虑到多年高寒高海拔地区路基不均匀沉降及半刚性基层温缩裂缝和水损坏等特点，提出多年冻土区柔性基层沥青路面的应用。

2）通过对多年高寒高海拔地区不同拟定沥青路面结构进行寿命周期费用分析，从经济性方面进行合理的路面结构选择。

3）综合层次分析法、模糊综合评判法及性能费用比法等多种路面结构选型方法，进行多年高寒高海拔地区沥青路面结构选型。

4）运用遗传算法、模糊数学等方法，通过确定优化目标函数及约束条件对多年高寒高海拔地区不同基层材料的性能进行优化。

（一）四种常用基层材料的性能特点

沥青混凝土路面常用基层材料有半刚性材料（水泥稳定粒料、二灰稳定粒料）、级配碎石和沥青稳定基层材料。了解四种不同基层材料的材料性能特点和路用性能特点，对于合理选择沥青路面基层结构具有重要的参考意义。

1. 两种半刚性基层材料的性能特点

按承受外部荷载的方式，半刚性基层材料性能包括强度和刚度、稳定性（抗冲刷性、抗冻性和收缩性）和疲劳性能。

（1）强度和刚度

半刚性材料强度和刚度（模量）的影响因素很多，如粒料级配、结合料剂量、养护温度和养护龄期等，半刚性材料的强度和刚度具有以下特点：

1）具有一定的抗拉强度。按照荷载加载方式的不同，半刚性基层材料的抗拉强度可分为抗弯拉强度（R_b）和劈裂强度（R_i）。表 4-23 为两种典型半刚性基层材料的抗拉强度，在相同的养护条件下，水泥稳定粒料的抗拉强度均比二灰稳定粒料的大。

表 4-23　两种典型半刚性基层材料的抗拉强度　（单位：MPa）

混合料	R_b	R_i	R_b	R_i	R_b	R_i	R_b	R_i
	3d		7d		28d		90d	
5%水泥稳定粒料	0.51	0.25	0.52	0.27	0.70	0.34	1.32	0.67
二灰稳定粒料（6.7∶13.3∶80）	—	—	0.11	0.05	0.41	0.18	0.95	0.46

2）强度随龄期逐渐增长，但后期增加幅度较小。由于半刚性基层材料中的结合料（水泥、石灰或粉煤灰）与水之间的化学反应需要经历较长时间，因而半刚性基层材料的强度一般都随龄期增长；随着反应的不断进行，可供反应的结合料逐渐减少，导致后期半刚性基层材料的强度增长非常缓慢。表 4-24 及表 4-25 为两种典型半刚性基层材料不同龄期的强度（或强度比）。

表 4-24　水泥稳定粒料不同龄期的强度和模量

试验路段	水泥		抗压强度/MPa				劈裂强度/MPa		抗压回弹模量/MPa	
	品种	剂量/%	7d	28d	90d	180d	90d	180d	90d	180
西安试验路（水泥砂砾）	325 号	4.17	2.28	2.73	3.68	5.27	0.45	0.59	1112	1270
	425 号	6.38	4.81	6.42	6.30	9.31	0.78	0.97	1538	943
无锡试验路	425 号	4	3.53	4.08	5.39	6.13	0.56	0.66	2132	2448
		5	4.50	5.93	7.83	8.93	0.83	0.91	2490	2711

表 4-25　二灰碎石抗压强度随龄期增长

混合料	强度比			
	7d	28d	90d	180d
1F 20∶80（1∶3）	1.00	3.99	7.00	11.18
3F 20∶80（1∶6）	1.00	3.84	7.10	10.49
4F 15∶85（1∶3）	1.00	4.58	10.26	15.34
6F 15∶85（1∶6）	1.00	3.20	7.05	9.93

注：“1F 20∶80（1∶3）”表示代号为 1F 的二灰碎石，二灰∶碎石=20∶80，石灰∶粉煤灰=1∶3，其余以此类推。

3）环境温度对半刚性材料强度的形成和发展有很大影响。环境温度越高，半刚性材料内部的化学反应就越快，强度也越高。试验证明，半刚性材料的强度在高温下形成和发展很快；当环境温度低于−5～0℃时，其强度难以形成且基本没有增长；而当温度低于 0℃时，若半刚性材料遭受反复冻融，其强度还可能下降，在有自由水伴随时，半刚性材料甚至可能破坏。养生时间和温度对二灰稳定粒料抗压强度的影响如图 4-40 所示。

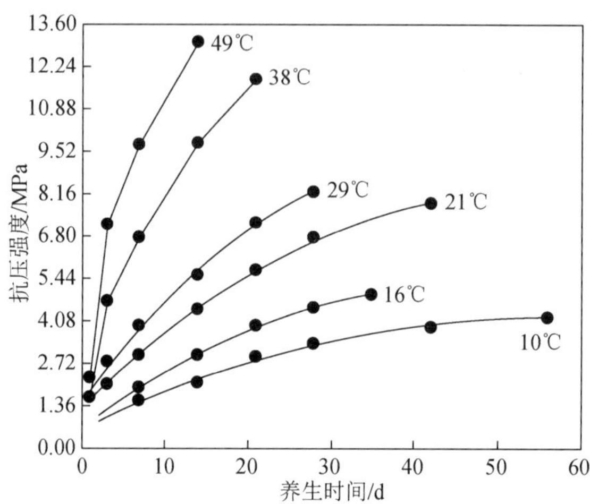

图 4-40　养生时间和温度对二灰稳定粒料抗压强度的影响

4）半刚性材料强度的时-温转换特性。在设计中，半刚性基层材料的设计参数要求的龄期较长（水泥稳定类为 90d，二灰稳定类为 180d）；为了在设计中及时获得半刚性基层材料的参数，国内外者进行了半刚性基层材料强度快速测定方法的研究。

根据半刚性材料强度与时间、温度的关系，任惠清等提出了半刚性材料的时-温转换特性公式。根据此转换公式，就可以快速获得半刚性基层材料的设计参数。

$$\frac{t_{20}}{R}=\left(\frac{T-4}{20-4}\right)^{a} \tag{4-41}$$

式中：t_{20} 为养护温度为 20℃时的养护时间；R 为半刚性材料的抗压强度（MPa）；T 为养护温度；$\lg a=0.0593+0.00634t$。

5）半刚性基层材料的刚度介于刚性材料和柔性材料之间。国内试验路证明，柔性级配砂砾的平均回弹模量为 400～500MPa，而采用不同结合料（5%水泥或 5∶15 二灰）稳定后的半刚性基层材料的平均回弹模量高达 2210～16360MPa（十月龄期）；国外，如澳大利亚，根据上层材料的厚度和模量，确定的级配碎石回弹模量变化为 150～700MPa，一般常取 500MPa，而取水泥稳定碎石的弹性模量为 4000～8000MPa，后者至少为前者的 8～16 倍。

一般情况下，刚性材料（水泥混凝土）的弹性模量为 30000MPa。因此，半刚性基层材料的刚度介于刚性材料和柔性材料之间。

（2）稳定性

半刚性基层材料的稳定性主要包括水稳定性和温度稳定性，可细分为抗冲刷性、抗冻性和收缩性（干缩、温缩）等，其中抗冲刷性和收缩性是半刚性基层材料稳定性研究的重点。

1）具有较好的抗冲刷性。一般表征半刚性基层材料抗冲刷性能的指标为 5min 内的冲刷速率（g/min）。目前国内外冲刷试验方法（法国的旋转刷或振动台、澳大利亚的振动台、沙爱民等研制的 MTS 冲刷试验装置等）不适合长龄期试件，本章研究利用如

图 4-41 所示的试验装置（该装置可方便调节冲刷水压的大小，最高水压可达 4MPa）对两种常见的半刚性基层材料进行了冲刷试验，并采用 5min（二灰稳定粒料）或 10min（水泥稳定粒料）内的冲刷率 R_{ab} 作为抗冲刷性能指标，冲刷率 R_{ab} 采用式（4-42）进行计算。

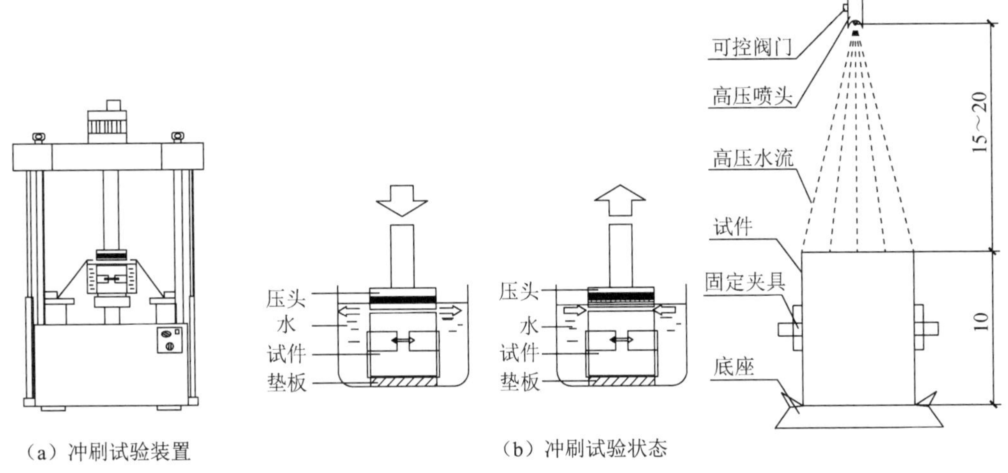

（a）冲刷试验装置　（b）冲刷试验状态

图 4-41　MTS 冲刷试验装置（单位：cm）

$$R_{ab} = \frac{m_0 - m_1}{m_0} \times 100\% \tag{4-42}$$

式中：R_{ab} 为试件的冲刷率（%）；m_0 为冲刷前试件的湿质量（g）；m_1 为冲刷一定时间后试件的湿质量（g）。

在不同养护龄期时，两种半刚性材料的冲刷率对比，如图 4-42（a）所示。在养护龄期较短时（90d 以内），水泥稳定粒料的抗冲刷性要远优于二灰稳定粒料的抗冲刷性，但在养护龄期较长时（90d 以上），两者抗冲刷性能差距逐渐减小。

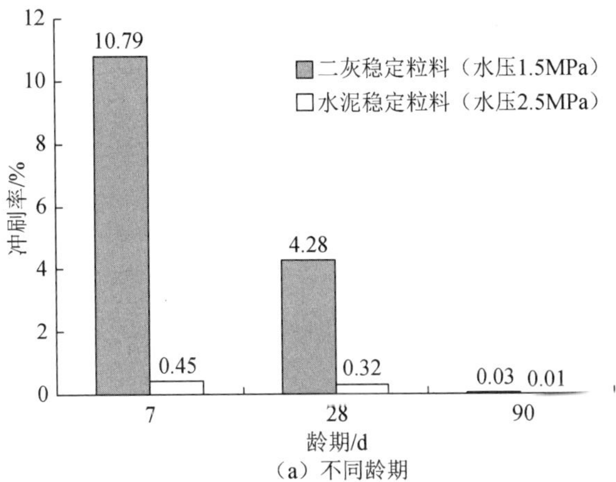

（a）不同龄期

图 4-42　二灰、水泥稳定粒料抗冲刷性能的对比

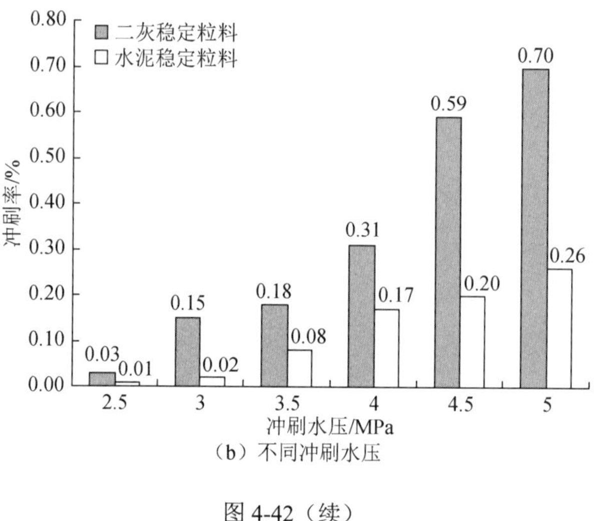

（b）不同冲刷水压

图 4-42（续）

2）具有较大的收缩性。当环境条件（温度和湿度）发生交替变化时，半刚性基层材料会产生收缩现象。

第一，半刚性材料具有较大的干缩性。水泥稳定粒料的干缩特性受很多因素影响，包括粒料种类、粒料级配、含泥量、结合料剂量、暴露时间和养护时间等，其中最主要的影响因素为含泥量和养护时间。二灰稳定粒料的干缩性同样受到上述因素的影响，其中影响较大的因素为级配、二灰剂量和养护条件。表 4-26 为常见半刚性材料的干缩系数和温缩系数，表中数据表明，水泥砂砾和二灰砂砾长龄期（大于 90d）的干缩系数相差不大，但前者的温缩系数较后者的小约 16%，这是由于粉煤灰具有较小的温度敏感性而引起的。

表 4-26　半刚性材料的干缩系数和温缩系数

龄期/d	干缩系数 $\alpha_d/10^{-6}$		温缩系数 α_t/（10^{-6}/℃）	
	水泥砂砾	二灰砂砾	水泥砂砾	二灰砂砾
1	—	−99.07	−7.94	−6.39
7	−34.1	−49.25	—	−6.78
28	−29.4	−41.13	−9.31	−8.53
90	−27.9	−35.70	−10.11	−8.60
180	−34.5	−32.20	−10.19	−9.07

第二，半刚性材料具有一定的温缩性。半刚性材料中，砂粒以上颗粒的温度收缩系数较小；粉粒以下颗粒，特别是黏土矿物的温度收缩性较大。黏土及其他胶体颗粒的温度收缩性的大小与其扩散层厚度成正比。半刚性材料中胶结物矿物有较大的温度收缩性。

存在于半刚性材料内部的较大孔隙、毛细孔和凝胶孔中的水通过扩张作用、表面张力作用和冰冻作用 3 个作用过程，对半刚性材料的温度收缩性质产生极大的影响，使半刚性材料在干燥和饱水状态下有较小的温度收缩值，而在一般含水率下有较大的温度收缩性。

（3）疲劳性能

影响半刚性材料疲劳性能的因素很多，如加载方式和应力比大小等。在低应力作用下（应力强度比小于 0.5，或应变比小于 0.33），半刚性材料理论上可以承受无穷次的荷载作用；在高应力的作用下，半刚性材料可承受的荷载作用次数急剧减小，且对应力变化很敏感。图 4-43 为英国 TRRL 关于半刚性材料的应力强度比与荷载作用次数的关系，可见在相同的应力强度比时，水泥砂砾的疲劳寿命要长于二灰砂砾的疲劳寿命，且其对荷载变化的敏感性较二灰砂砾要小。

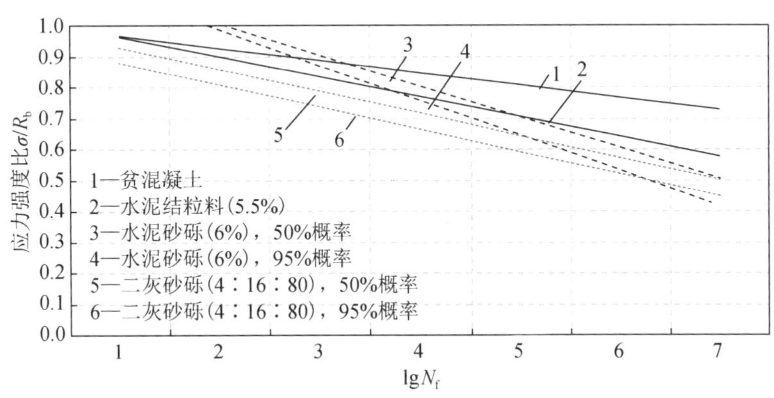

图 4-43 几种半刚性材料的应力强度比与荷载作用次数的关系

2. 级配碎石材料的性能特点

级配碎石是一种松散材料，其力学性能或水力学性能受很多因素影响，如粒料种类、碎石级配、压实含水率与密度、成型方式等，其中最主要的因素是含水率、成型方式和碎石级配；同时，级配碎石层在结构中的应力状态强烈地影响其力学性能的发挥，级配碎石材料具有如下特点。

（1）回弹模量的应力依赖性

从 1960 年开始，国内外对粒状材料的回弹特性进行了研究，结果表明应力状态对回弹模量的影响最大。这种影响使级配碎石回弹模量具有依赖于应力状态而变的非线性特性。对于特定的级配碎石材料（级配、含水率、成型方式等一定），要发挥级配碎石的非线性特性，就必须提高一定荷载状况下该结构层的应力水平。因而，在结构设计时，可考虑在级配碎石层下设置一定厚度的半刚性材料，这样在提高级配碎石层应力水平的同时，也可以提高整体结构的承载能力。

（2）级配碎石材料的可塑性

由于级配碎石材料的松散特性，在行车荷载的反复作用下，级配碎石中各种粒径粒料会发生一定程度上的结构重排，产生较大的塑性变形；同时在沥青面层底面也会产生较大的拉应力，加速沥青面层的疲劳破坏。图 4-44 为基层和底基层粒料的永久应变与荷载循环之间的典型关系。

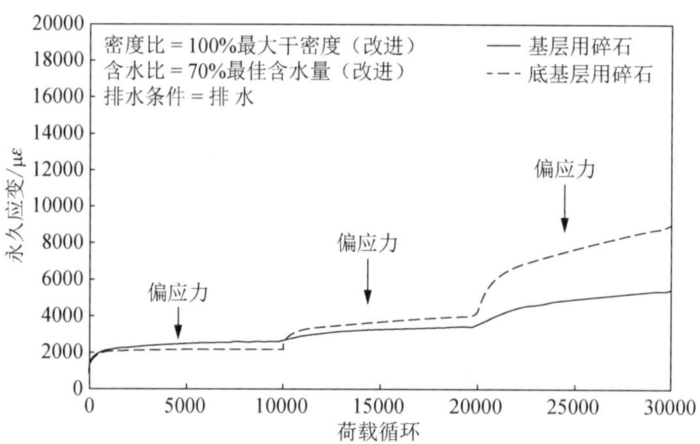

图 4-44 永久应变与荷载循环之间的典型关系

（3）级配碎石材料的渗透特性

级配碎石材料具有较大的空隙率（一般为 15%～25%），不仅可防止和延缓半刚性路面反射裂缝，同时也可消除面层透水及裂缝渗水而导致的半刚性基层冲刷唧浆现象。级配碎石渗透性的影响因素很复杂，对于所含细料无塑性的级配碎石，其渗透性（渗透系数）主要取决于粒径分配和密实度（空隙率）。

3. 沥青稳定基层材料的性能特点

（1）具有一定的高温稳定性

沥青混合料必须具有足够的高温稳定性，这样才足以在荷载作用下抵抗永久变形。沥青混合料具有一定的温度敏感性，在高温和车轮荷载的反复作用下，会产生永久变形的逐渐累积，形成路面车辙。车辙形成的最初原因是压密及沥青在高温下的流动，最终导致骨架的失稳。影响沥青稳定基层材料高温稳定性的因素有材料因素（沥青性质、沥青含量、集料级配、空隙率）、荷载和环境条件等，常采用车辙试验进行评价。

（2）具有好的低温抗裂性能

高寒高海拔地区沥青路面横向裂缝大多由非荷载因素引起，主要由降温和温度循环的反复作用引起。影响沥青稳定基层材料低温开裂的因素有沥青性质、混合料组成（沥青含量、矿料组成等）和环境条件等。常采用间接/直接拉伸试验、拉伸蠕变、梁弯曲试验和温度胀缩系数等试验来评价沥青混合料的低温抗裂性能。

（3）具有较好的疲劳性能

相对于其他几种基层材料而言，沥青稳定基层材料具有较好的疲劳性能。影响沥青稳定基层材料疲劳性能的因素包括材料、环境、荷载参数、路面结构组合和施工条件等。图 4-45 为不同级配的沥青稳定材料在常应变模式下的疲劳曲线。

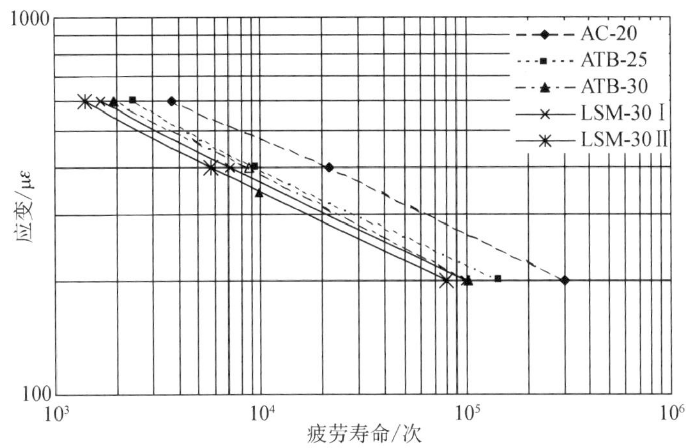

图 4-45　不同级配的沥青稳定材料在常应变模式下的疲劳曲线

由图 4-45 可知，5 种沥青混合料的弯拉疲劳曲线基本平行，曲线的斜率，即疲劳方程 $N_f=K(\varepsilon_t)^n$ 中的 n 值变化范围较小，在-4.0～-3.2 范围内，与以往研究成果吻合较好，如美国 AI 设计法取 n 值为-3.291，壳牌设计法取为-4.0。K 值反映疲劳曲线位置，从而直观反映了不同沥青混合料疲劳性能的优劣。5 种试验沥青混合料的疲劳性能由优至劣依次为 AC-20>LAASM-25>LAASM-30>LSM-30 Ⅰ>LSM-30 Ⅱ。

作为沥青稳定基层材料的 LAASM-25、LAASM-30、LSM-30 Ⅰ、LSM-30 Ⅱ型混合料均为嵌挤型沥青混合料，其疲劳性能相差不大，而 AC-20 混合料属于悬浮密实型沥青混合料，其疲劳性能较嵌挤型沥青混合料好得多，在应变水平为 400με时，AC-20F 型混合料的疲劳寿命是 LAASM-30 混合料的 2.48 倍。

（4）具有较好的水稳定性

相对于其他几种基层材料，沥青稳定基层材料具有较好的水稳定性。除了荷载及水分供给条件等外在因素外，沥青混合料的抗水损坏能力是影响路面水稳定性的根本因素，其主要取决于矿料性质、沥青与矿料之间相互作用的性质、沥青混合料的空隙率及沥青膜的厚度等。

（5）存在老化现象

在沥青混合料的拌和、摊铺、碾压过程（短期）及沥青路面使用过程（长期）中，沥青稳定材料都存在老化现象。短期热老化中，拌和过程中的热老化是一个最主要的阶段；沥青混合料的长期老化经历了漫长而复杂的过程，图 4-46 为沥青路面不同层位和时间的针入度变化曲线，沥青路面使用早期针

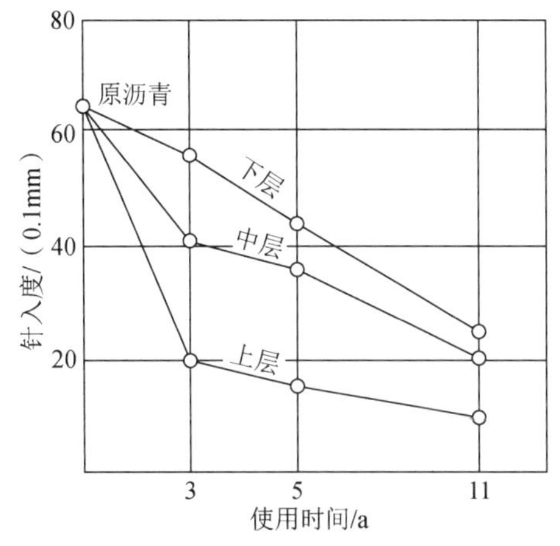

图 4-46　沥青路面不同层位和时间的针入度变化曲线

入度急剧变小，而后缓慢变小；老化主要发生在与大气接触的路表部分，而其空隙率是影响老化的主要因素。

（二）不同基层沥青路面结构的重载敏感性

不同基层沥青路面结构的重载敏感性，是指不同基层沥青路面结构应力验算控制层对重载（单后轴重大于 13t，双联轴重大于 18t）及其变化的敏感性。分析路面结构的重载敏感性，有助于更合理地选择沥青路面的基层结构。

1. 半刚性基层沥青路面结构

（1）路面结构

为了分析半刚性基层结构的重载敏感性，选取的三种半刚性路面结构见表 4-27。

表 4-27 三种半刚性路面结构

路面结构		结构 1	结构 2	结构 3
厚度及材料	面层	15cm AC	18cm AC	16cm AC
	基层	25cm 水泥碎石	34cm 水泥碎石	28cm 二灰碎石
	底基层	25cm 水泥土	15cm 石灰土	33cm 二灰土

（2）计算程序和荷载状况

直接采用 Kenlayer 程序进行半刚性基层的应力分析，应力分析时考虑车辆的实际超载情况。利用下式可计算以半刚性基层层底拉应力为指标的轴载换算系数 b'。

$$b' = \frac{\lg\sigma_1 - \lg\sigma_2}{\lg P_1 - \lg P_2} \tag{4-43}$$

式中：b' 为轴载换算系数；σ_1、σ_2 为不同轴载作用下基层或面层底面拉应力（MPa）；P_1、P_2 为轴载（kN）。

（3）计算结果分析

经过计算，可获得不同轴载作用下三种半刚性基层结构的轴载换算系数 b'，对于不同的半刚性基层结构，轴载换算系数 b' 随轴重的变化规律并不相同。就目前已建的高速道路而言，半刚性层的总厚度一般为 60cm 左右，其轴载换算系数 b' 随轴重增大而增大。

$$X_{半} = b'/c' = 0.114(T-13) + 7.611 \tag{4-44}$$

式中：$X_{半}$ 为以半刚性基层层底拉应力为指标的轴载换算指数；T 为气温（℃）；c' 为半刚性基层疲劳开裂的疲劳指数，由试验获得。

获得了轴载换算系数 b' 与轴重的关系后，通过式（4-44）即可求得半刚性基层沥青路面结构的轴载换算指数 $X_{半}$。由式（4-44）可见，在不考虑重载条件下材料的非线性时，轴载换算指数随轴重增加而增大，即半刚性基层结构对重载的变化较敏感。

2. 级配碎石过渡层结构

(1) 路面结构计算

参照沪宁高速无锡试验路等结构和部分高速道路路面结构，按图 4-47 所示的级配碎石过渡层结构进行计算，其计算参数如下：厚度从上到下依次为 18cm、15cm、30cm 和 30cm；面层、半刚性基层、底基层和土基模量分别为 1200MPa、1000MPa、600MPa 和 35MPa；级配碎石过渡层回弹模量采用 Monismith 应力依赖性模型，即 $E_2 = 3541\theta^{0.47}$ psi（1psi=6.895×10^3Pa）。

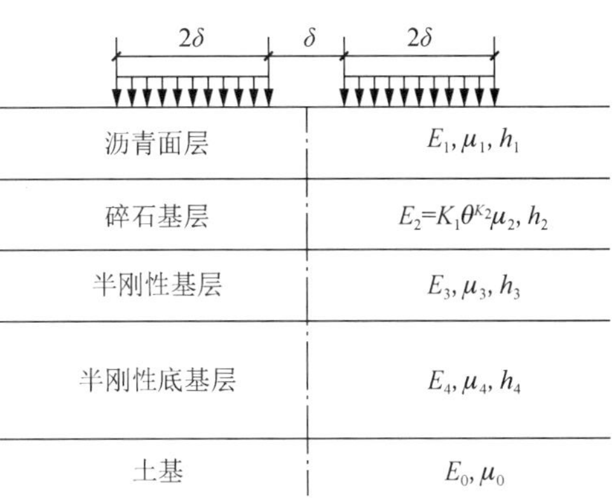

图 4-47　级配碎石过渡层结构

对于图 4-47 级配碎石过渡层结构，分析其重载敏感性，主要就是研究沥青面层对重载变化的敏感性。应力分析时，采用 Kenlayer 程序可获得不同轴载下沥青面层层底拉应力，见表 4-28。

表 4-28　不同轴载下沥青面层层底拉应力

轴载/kN	100	120	130	140	160	180	200
面层层底拉应力/MPa	0.356	0.402	0.422	0.441	0.478	0.511	0.541
轴载换算系数 b'	—	0.678	0.649	0.639	0.631	0.617	0.605

(2) 计算结果分析

利用式（4-45），可以计算不同轴载作用下级配碎石过渡层结构的轴载换算系数 b'，计算结果如图 4-48 所示。同样，可以获得以面层层底拉应力为指标的轴载换算指数。数据表明，随着轴载的增加，换算指数逐渐减小，即级配碎石过渡层对重载的变化不敏感。当单后轴重为 18t 时，轴载换算指数为 2.806。

$$X_{级} = b'/c' = -0.0355(T-13)+2.983 \tag{4-45}$$

式中：$X_{级}$ 为以面层层底拉应力为指标的轴载换算指数。

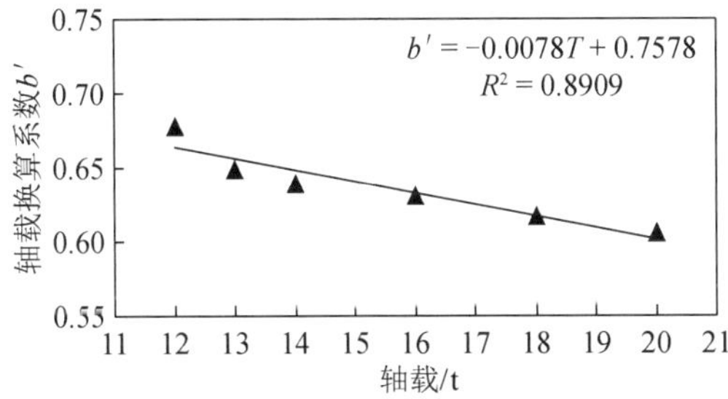

图 4-48　级配碎石过渡层结构的轴载换算系数

3. 沥青稳定基层沥青路面结构

（1）路面结构

国外沥青路面结构中，大多采用沥青稳定基层结构，如英国长寿命沥青路面结构、德国全厚式沥青路面结构和日本部分高速公路沥青路面结构；国内京津塘高速公路和广深珠高速公路的路面结构也可看成具有沥青稳定基层的路面结构，其中典型的路面结构见表 4-29。

表 4-29　典型的沥青稳定基层沥青路面结构

路面结构		英国长寿命路面结构	日本东北高速公路结构	广深珠高速公路结构
厚度及材料	面层	3cm 沥青混凝土	10cm 沥青混凝土	22cm 沥青混凝土
	基层	30cm 沥青碎石	20cm 沥青碎石	10cm 沥青碎石/23cm 水泥碎石
	底基层	20cm 稳定土	20cm 级配砂砾/水泥碎石	23cm 级配碎石/32cm 未筛碎石

（2）计算结果分析

对上述每种结构进行沥青稳定基层拉应力计算，可获得各种轴载下不同路面结构轴载换算系数 b'的变化规律。按照同样的方法，可获得以沥青稳定基层层底拉应力为指标的轴载换算系数。数据表明，随着轴载的增加，轴载换算系数逐渐减小，表明沥青稳定基层结构对重载的变化不敏感。

$$X_{沥} = b'/c' = -0.0291(T-13) + 4.177 \tag{4-46}$$

式中：$X_{沥}$为以沥青稳定基层层底拉应力为指标的轴载换算指数。

4. 不同基层结构形式结果比较

通过对不同基层（半刚性基层、级配碎石过渡层和沥青稳定基层）沥青路面结构的基层底面或面层底面拉应力的分析，可以获得各种基层结构对重载变化的敏感性，具体表现在轴载换算系数方面，如图 4-49 所示。

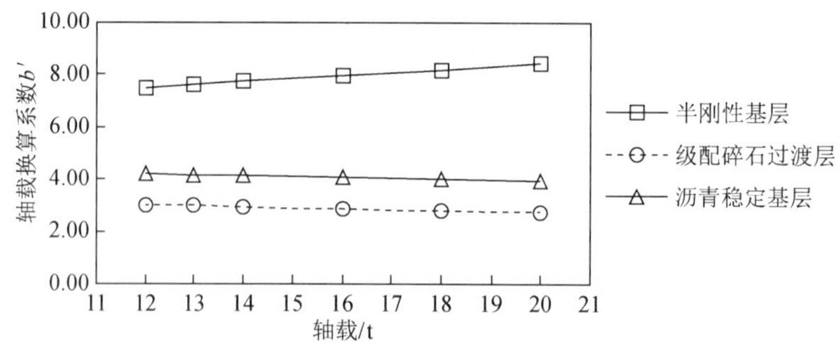

图 4-49　不同基层结构的轴载换算系数

从图 4-49 可知，三种不同基层沥青路面结构中，只有半刚性基层沥青路面结构的轴载换算指数随着轴载的增加而增大，其他两种基层结构的轴载换算指数均随轴载增加而略有减小。半刚性基层结构对重载的变化很敏感，沥青稳定基层结构的敏感性次之，级配碎石过渡层结构的重载敏感性最小，因此级配碎石过渡层结构与沥青稳定基层更适合交通特别繁重的路段，不易产生较严重的车辙现象。

（三）基层结构类型初步推荐

1. 推荐结构

青藏公路的使用经验表明，半刚性基层结构无法避免反射裂缝和水损害，同时由于气候温差大，半刚性基层温缩裂缝发育，在通车初期就出现了较严重的早期破坏现象，有的甚至不得不进行结构性维修，经济损失较大。另外，重载敏感性分析表明，半刚性基层结构对重载的变化很敏感。在超载日益严重的形势下，半刚性基层结构将面临严峻的挑战。

1996 年江苏省高速道路建设指挥部等根据室内环道试验，获得了车辙深度与沥青面层厚度的关系曲线，如图 4-50 所示。从图 4-50 可知，随着沥青面层厚度的增加，路面车辙深度也逐渐增加，但增幅逐渐减小。

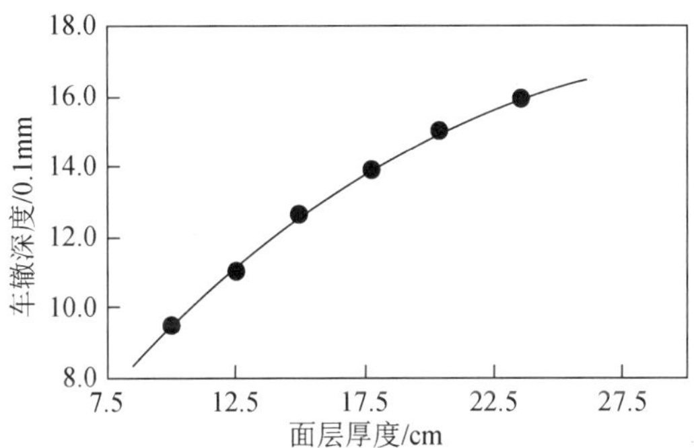

图 4-50　车辙深度与沥青面层厚度的关系

国外大量高速道路的使用经验表明，柔性基层结构（包括全厚式沥青路面结构）具有很好的路面使用性能，即路面使用年限可达 30 年以上；路面损坏（裂缝等）主要限制在表面层下 10cm 内，在整个使用期内几乎不需要进行结构性维修；厚沥青层（18～36cm）结构的路面车辙发生率并不大（图 4-51），但沥青层厚度较薄时（小于 18cm），路面的车辙发生率较大。

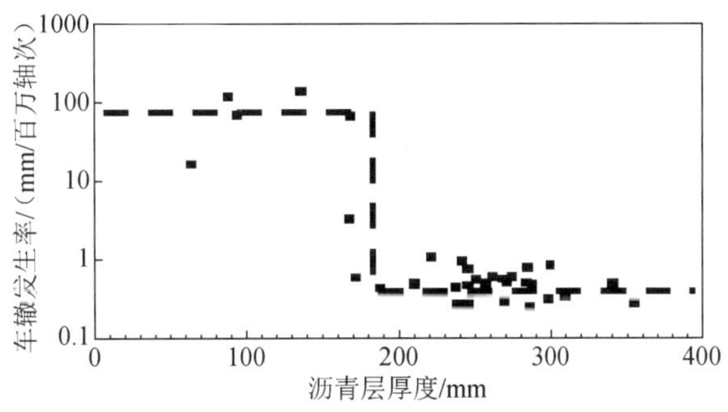

图 4-51　干线道路车辙发生率

为了克服半刚性基层沥青路面的反射裂缝和水损害，减少薄层沥青稳定基层结构（沥青层厚度小于 18cm）上的路面车辙和减轻沥青稳定基层的疲劳破坏，同时利用我国半刚性材料研究的成功经验，本节提出了如图 4-52 所示的推荐的沥青稳定基层结构。

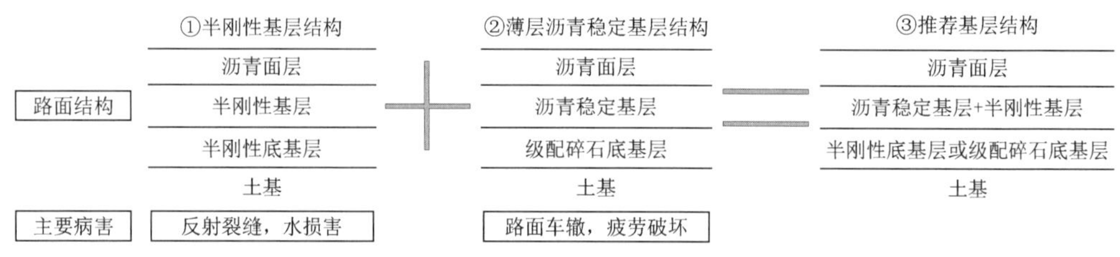

图 4-52　推荐的沥青稳定基层结构

2. 推荐结构的特点分析

对于半刚性基层结构而言，图 4-52 所推荐的沥青稳定基层结构相当于加厚了沥青面层。根据有关资料，增加沥青厚度有利于减轻半刚性基层上的反射裂缝，大幅提高原有路面结构的使用年限。对于薄层沥青稳定基层结构而言，此推荐结构相当于在沥青稳定基层下设置了一定厚度的半刚性层，其主要基于以下考虑：①减小沥青稳定基层层底拉应力或拉应变，减轻该层的疲劳破坏，提高原有路面的使用寿命；②改善薄层沥青稳定基层结构对土基条件的适应性，减薄级配碎石底基层的厚度；③充分利用我国半刚性材料研究的成果，在一定程度上节省沥青路面结构的初期投资。值得注意的是，半刚性层的存在有可能产生反射裂缝；可通过控制半刚性基层厚度，同时增加沥青层厚度来减少反射裂缝的产生。

3. 推荐结构的厚度确定

（1）沥青面层的厚度

根据美国国家公路与运输协会标准 AASHTO 2002 版设计指南的研究成果，对于反射裂缝，最不利沥青层厚度为 7.5～10cm；对于表面裂缝，最不利沥青层厚度为 15cm；对于车辙，最不利沥青层厚度为 10cm。因而，综合考虑反射裂缝、表面裂缝和车辙等因素时，推荐结构的沥青面层厚度可确定为 15～20cm。但因为目前多年冻土区沥青路面多为二级路（以青藏公路为代表），结合目前的路面结构及实际情况，推荐沥青面层厚度为 10cm 左右。

（2）沥青稳定基层的厚度

参考法国、德国等路面结构规范，以及国内外高速道路使用经验，可确定推荐结构中沥青稳定基层的厚度为 10～30cm。

（3）半刚性基层的厚度

为了不至于产生较严重的反射裂缝，参考国内外的使用经验，半刚性基层厚度宜控制在 15～25cm 范围内。

（4）半刚性底基层或级配碎石底基层的厚度

在推荐结构中，半刚性底基层或级配碎石底基层的厚度为计算厚度，需要根据不同的交通量水平和土基条件确定。

国内外大量沥青路面的使用经验（如日本的高速道路）表明，土基条件是影响路面长期使用性能的重要因素。因此，在多年高寒高海拔地区修正沥青路面时，要特别注重冻土的特殊性及对其的处理措施。

4. 推荐结构的经济性

在整个分析期内，推荐结构具有较小的寿命周期费用，值得大力推荐。

5. 级配碎石过渡层结构的考虑

国内外部分高速道路和试验路表明，级配碎石过渡层结构具有减轻反射裂缝和水损害的作用，可提供较好的使用性能。对于多年高寒高海拔地区，由于冻土的融沉，路基很容易产生不均匀沉降，同时伴随着冻融循环作用，路基内部水分将向基层底部迁移，因此选用级配碎石作为过渡层将有重要意义。

二、高寒高海拔地区道路基层材料性能优化

沥青稳定基层、级配碎石过渡层及半刚性基层在性能和层位选择上各有利弊，因此下面将对三类基层材料的性能进行优化。

（一）沥青稳定基层材料性能优化

1. 沥青稳定基层材料的性能优化指标

如果在沥青稳定基层下不设水稳材料，沥青稳定基层材料的模量将会增大，基层底部拉应力将达到劈裂强度的10%～20%，并且随着材料的老化，在交通荷载、气温的反复作用下，其刚度会逐步降低。同时，当沥青稳定基层下的半刚性底基层开裂时，基层层底拉应力将急剧增加到其劈裂强度的 30%，最终将导致沥青稳定基层材料的疲劳破坏。因此，沥青稳定基层材料应以疲劳性能为优化指标。

2. 沥青稳定基层材料疲劳性能

影响沥青稳定基层疲劳性能的因素很多，主要包括材料、环境、荷载、路面结构组合和施工条件等，在此主要考虑材料参数对沥青混合料疲劳性能的影响。

试验选用两种沥青、5 种集料（石灰岩）级配（表 4-30）。采用马歇尔试验方法确定最佳沥青用量，然后用轮碾机成型试板，再切割成 5cm×5cm×25cm 小梁。分别采用常应变和常应力两种荷载控制模式，三分点加载方式进行弯曲疲劳试验，采用 10Hz 连续式半正弦波荷载。同时，进行常应力加载下劈裂疲劳对比试验。

表 4-30　沥青稳定基层用集料级配　（单位：%）

级配编号	级配类型	通过下列筛孔（方孔筛）的质量分数												
		31.5mm	26.5mm	19.0mm	16.0mm	13.2mm	9.5mm	4.75mm	2.36mm	1.18mm	0.6mm	0.3mm	0.15mm	0.075mm
Ⅰ	AC-20	100	100	97.5	82.5	71.0	62.0	48.0	37.0	27.0	21.0	15.0	10.0	6.0
Ⅱ	LAASM-25	100	95.0	70	58.0	52.0	42.0	30.0	23.5	17.5	13.0	9.5	6.5	5.0

续表

级配编号	级配类型	通过下列筛孔（方孔筛）的质量分数												
		31.5mm	26.5mm	19.0mm	16.0mm	13.2mm	9.5mm	4.75mm	2.36mm	1.18mm	0.6mm	0.3mm	0.15mm	0.075mm
Ⅲ	LAASM-30	95.0	80.0	62.5	55.0	49.5	41.0	30.0	23.5	17.5	13.0	9.5	6.5	5.0
Ⅳ	LSM-30Ⅰ	93.8	75	53.2	43.8	36.9	26.3	19.5	15.4	11.6	8.8	6.7	4.8	3.8
Ⅴ	LSM-30Ⅱ	94.2	76.6	56.2	47.5	41.0	31.1	22.8	17.8	13.3	9.9	7.2	10.0	6.0

（1）所有影响因素分析

影响沥青混合料疲劳性能的材料因素主要包括沥青性质、沥青用量、集料级配及混合料的体积参数等。因此，选取沥青针入度、沥青软化点、油石比、胶粉比、4.75mm筛孔通过率、公称最大粒径、空隙率、沥青饱和度及沥青膜厚度作为沥青混合料疲劳性能的主要影响因素，引入灰色关联度方法，并采用灰色关联度指标进行对比分析。

1）常应变三分点小梁弯曲疲劳试验结果和灰色关联度见表4-31。从表4-31中可知，沥青混合料体积参数（空隙率和饱和度）对沥青混合料疲劳性能影响最大，集料4.75mm筛孔通过率影响也较显著，而沥青软化点影响较小。

表4-31 常应变三分点小梁弯曲疲劳试验结果和灰色关联度

影响因素	试验段								
	试验编号	Ⅲ 3.4%	Ⅲ 2.8%	Ⅲ 4.0%	Ⅲ MAC	Ⅰ	Ⅱ	Ⅳ	Ⅴ	灰色关联度
沥青针入度/0.1mm	A	64	64	64	55	64	64	64	64	0.679
沥青软化点/℃	B	51.2	51.2	51.2	90	51.2	51.2	51.2	51.2	0.609
油石比/%	C	3.52	2.88	4.17	3.52	4.60	3.52	3.52	3.56	0.680
胶粉比	D	0.704	0.576	0.833	0.704	0.767	0.704	0.926	0.938	0.636
空隙率/%	E	0.238	0.196	0.483	0.250	0.789	0.200	0.101	0.080	0.798
饱和度/%	F	66.05	56.90	82.43	67.24	89.46	61.84	44.08	37.53	0.782
沥青膜厚度/μm	G	7.812	6.391	9.253	7.850	7.420	7.812	9.997	10.508	0.649
4.75mm 筛孔通过率/%	H	30	30	30	30	48	30	22.8	19.5	0.754
公称最大粒径/mm	I	31.5	31.5	31.5	31.5	19	26.5	31.5	31.5	0.700
疲劳寿命（400με）/次	—	10670	8760	22990	9437	21640	9437	7090	5733	—

2）常应力三分点小梁弯曲疲劳试验结果和灰色关联度见表4-32。从表4-32可知，沥青混合料体积参数（饱和度和空隙率）对沥青混合料疲劳性能影响较大。

表4-32 常应力三分点小梁弯曲疲劳试验结果和灰色关联度

影响因素	试验段							
	试验编号	1	2	3	4	5	6	灰色关联度
沥青针入度/0.1mm	A	89	89	89	88	88	88	0.504
沥青软化点/℃	B	46.8	46.8	46.8	48	48	48	0.505
油石比/%	C	4.7	4.4	4.7	5.2	5.0	5.3	0.523
4.75mm 筛孔通过率/%	D	52.5	35	46	40	35	29	0.527
胶粉比	E	0.78	0.55	1.18	1.49	1.00	1.33	0.549
空隙率/%	F	3.89	3.8	3.56	6.9	7.15	7.28	0.567
饱和度/%	G	79	78.3	74.6	61	60	60	0.577
沥青膜厚度/μm	H	7.24	6.72	10.52	12.91	10.99	13.82	0.545
下降0.3初始劲度的疲劳寿命/次	—	15596	15181	22878	7323	5948	4434	—

3）常应力沥青混合料劈裂疲劳试验结果和灰色关联度见表 4-33。从表 4-33 可知，沥青膜厚度和空隙率对沥青混合料疲劳性能影响较大。

表 4-33　常应力沥青混合料劈裂疲劳试验结果和灰色关联度

影响因素	试验段								
	试验编号	1	2	3	4	5	6	7	灰色关联度
沥青针入度/0.1mm	A	69	69	69	71	62	62	62	0.586
沥青软化点/℃	B	48	48	48	46.7	49.9	49.9	49.9	0.599
油石比/%	C	4.1	4.5	5.4	5.3	3.9	4.5	5.5	0.583
4.75mm 筛孔通过率/%	D	39.8	40.5	62.0	60.6	32.1	36.5	44.5	0.558
粉胶比	E	0.24	1.24	1.19	1.11	0.82	1.09	1.09	0.569
空隙率/%	F	0.172	0.189	0.238	0.227	0.167	0.200	0.175	0.643
沥青膜厚度/μm	G	12.02	8.94	8.26	9.18	11.59	10.25	10.75	0.644
下降 0.5 初始劲度的疲劳寿命/次	—	2230	996	3162	4314	2728	1775	3512	—

4）综合分析。以上采用的三种试验方法对其疲劳寿命影响因素的显著程度不尽相同，由表 4-34 可知，沥青结合料的性质对混合料疲劳性能影响较小，集料级配的影响较大，混合料体积参数，如空隙率和沥青饱和度对疲劳性能的影响最为显著。

表 4-34　沥青稳定材料疲劳主要影响因素和次要因素

疲劳试验方法	主要影响因素（前三位）	次要影响因素
常应变三分点小梁弯曲疲劳试验	空隙率、饱和度、4.75mm 筛孔通过率	沥青软化点
常应力三分点小梁弯曲疲劳试验	饱和度、空隙率、胶粉比	沥青针入度
常应力沥青混合料劈裂疲劳试验	沥青膜厚度、空隙率、沥青软化点	4.75mm 筛孔通过率

（2）关键影响因素相关性分析

从表 4-34 可知，混合料体积参数，如空隙率和饱和度，以及 4.75mm 筛孔通过率对疲劳性能的影响很大，这些因素并不完全独立。

1）空隙率与饱和度的关联性。饱和度由沥青体积率和空隙率计算而得，与矿料级配及沥青结合料体积参数有关，可以表征沥青混合料体积参数对混合料疲劳性能的影响，计算如下：

$$\mathrm{VFA} = \frac{\mathrm{VA}}{\mathrm{VV} + \mathrm{VA}} \tag{4-47}$$

式中：VFA 为沥青饱和度（%）；VA 为沥青体积分数（%）；VV 为混合料空隙率（%）。

2）饱和度与 4.75mm 筛孔通过率的相关性。图 4-53 显示了沥青饱和度与 4.75mm 筛孔通过率的关系，进一步说明矿料级配对饱和度的重要影响。沥青混合料中细集料越多，混合料的空隙率越小，饱和度也越大。

（3）疲劳主要影响因素

由灰色关联分析和关键因素相关性分析可知，影响沥青稳定材料疲劳性能的主要因素为空隙率或饱和度、沥青膜厚度和 4.75mm 筛孔通过率，其中沥青膜厚度与沥青含量、集料级配（尤其是小于 4.75mm 细集料含量）等因素有关，因而，主要因素可表述为空隙率或饱和度、沥青含量和 4.75mm 筛孔通过率。

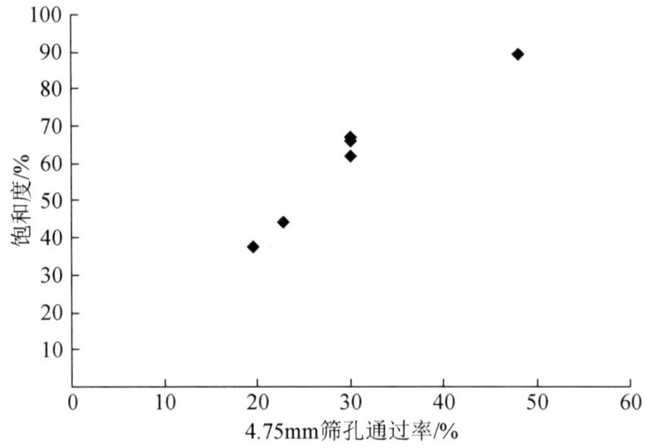

图 4-53　沥青饱和度与 4.75mm 通过率的关系

3. 沥青稳定基层材料性能优化

（1）空隙率

混合料空隙率与疲劳寿命的关系如图 4-54 所示，即随着沥青混合料空隙率的增大，疲劳寿命显著降低。空隙率越大，沥青混合料内部的空隙与微裂缝就越多，在荷载反复作用下就越易引发微裂缝的扩展破坏，从而使其疲劳性能降低。

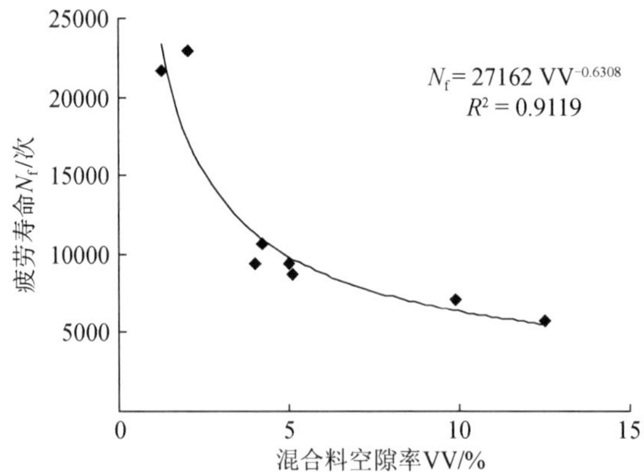

图 4-54　混合料空隙率与疲劳寿命的关系

（2）饱和度

沥青饱和度与混合料疲劳寿命的关系如图 4-55 所示，疲劳寿命随沥青饱和度的增加而提高。

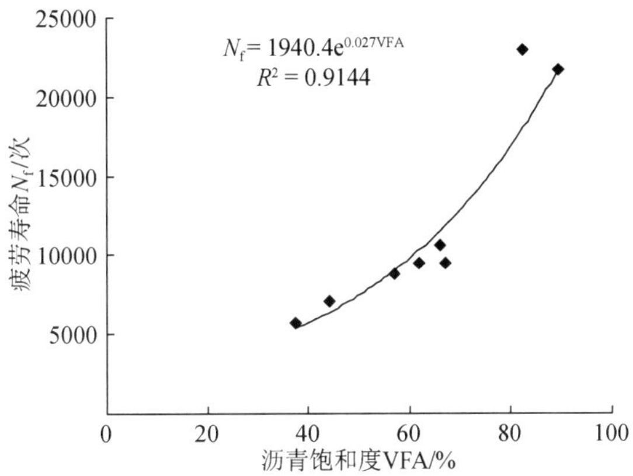

图 4-55　沥青饱和度与疲劳寿命的关系

如果同时考虑应变水平的影响，则沥青混合料疲劳寿命与饱和度的关系，如下式所示。因而，在混合料设计中保证一定的沥青饱和度对提高沥青稳定材料的疲劳性能十分必要。

$$N_{\mathrm{f}}=3.478\varepsilon_{\mathrm{t}}^{-4.135}\times 10^{0.0208\mathrm{VFA}} \tag{4-48}$$

式中：N_f为沥青混合料疲劳寿命（次）；ε_t为拉应变；VFA 为沥青饱和度（%）。

（3）4.75mm 筛孔通过率

沥青混合料承受弯拉疲劳过程中，由沥青、矿粉和细集料组成的细分散相对其疲劳性能的贡献率更大，因此在保证沥青用量情况下，细集料越多，混合料疲劳性能越好。4.75mm 一般是粗细集料的分界点，因此要严格控制 4.75mm 筛孔通过率，满足细集料含量。4.75mm 筛孔通过率与疲劳寿命的关系如图 4-56 所示。

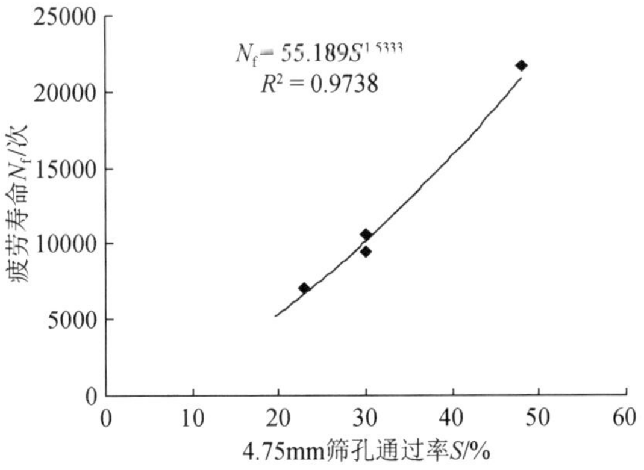

图 4-56　4.75mm 筛孔通过率与疲劳寿命的关系

（4）沥青含量

在细集料比例不变的情况下，提高沥青用量，可以改善细分散相质量，提高混合料疲劳性能（图 4-57）。因此，既要保证混合料中细分散相的数量，又要适当提高沥青用量，才能有效提高沥青混合料疲劳性能。

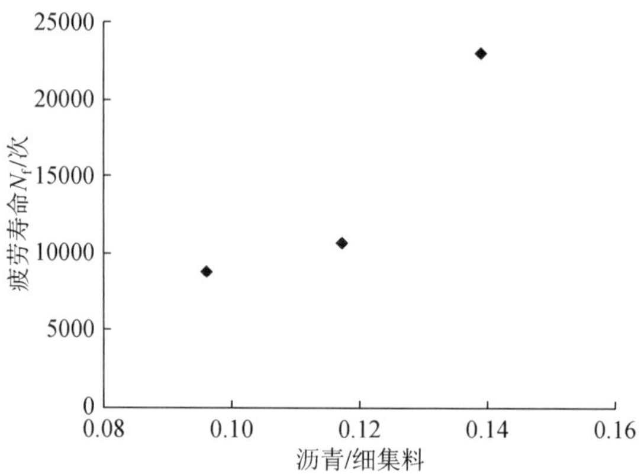

图 4-57　沥青/细集料比与疲劳寿命的关系

（5）沥青稳定基层材料的性能优化

经上述分析可知，空隙率或饱和度、4.75mm 筛孔通过率和沥青含量是影响沥青稳定材料疲劳性能的关键因素。因此，为了提高其疲劳性能，同时兼顾低温抗裂性、水稳定性和老化性能，须对级配科学设计，设计空隙率不超过 3%。

在设计中细集料比例不变的情况下，适当提高沥青含量，可改善沥青稳定材料的疲劳性能，但过多的沥青用量对其高温稳定性很不利，因此设计高寒高海拔地区沥青混合料时，在保证沥青用量的前提下，适当增加 4.75mm 筛孔通过率，有利于提高沥青混合料的疲劳性能。

（二）级配碎石材料性能优化

在高寒高海拔地区，冻土路基的融沉将导致路面沉陷、开裂等病害，而级配碎石过渡层结构作为一种松散结构，对路基的协调变形能力较强。尽管级配碎石过渡层结构因塑性变形大、回弹模量低及应力扩散能力差等缺点，在重交通荷载的反复作用下会产生车辙，但是高寒高海拔地区年均气温低，车辙并非主导病害，因此级配碎石可在冻土区路面结构中应用。

1. 级配碎石性能优化指标

（1）级配碎石的力学性能指标

目前，表征级配碎石的力学指标主要包括加州承载比（California bearing ratio，CBR）、回弹模量及塑性变形指标。CBR 值是衡量无黏结粒料强度及变形能力的重要指标，表征在一定变形下抵抗破坏的能力，但由于在测试 CBR 值过程中加载方式、加载点位置、弹塑性变形等条件不能分离，用 CBR 指标评价级配碎石有局限性。

回弹模量是用来表征级配碎石刚度的指标，反映在弹性变形下抵抗破坏的能力，在交通荷载作用下通常表现出非线性和依赖于时间的弹塑性特性，即

$$E = K_1\theta^{K_2} \tag{4-49}$$

式中：E 为级配碎石回弹模量（MPa）；θ 为第一应力不变量（MPa），$\theta = \sigma_1 + 2\sigma_3$，$\sigma_1$

为三轴试验竖向应力，σ_3 为三轴试验围压；K_1、K_2 为回归系数。

塑性变形是级配碎石承受的荷载应力超过其耐久疲劳应力时，粒料间相互嵌挤结构被破坏，导致内部粒料重新排列而产生的变形，用于表征材料在一定应力作用下变形累积的程度。

（2）级配碎石的水力学指标

级配碎石空隙率较大（一般在 15%～25%），可消除由面层透水及裂缝渗水而导致的半刚性基层冲刷和唧浆现象。能够反映级配碎石渗透性指标的主要为渗透系数，其与空隙率、级配有密切关系，在一定的范围内，其渗透系数与空隙率近似呈直线关系，其最大干密度较大时，空隙率也较小，其渗透系数也较小。另外，级配设计时泰波曲线系数 n 取 0.45～0.5 时，渗透系数介于 1.6×10^{-2}～2.6×10^{-2}cm/s，满足基层良好排水要求。

（3）级配碎石性能优化指标确定

对单项指标分析表明，级配碎石 CBR 与 E 之间存在良好关系，但与塑性变形 $l_{塑}$之间没有明显关系。由于回弹模量为路面结构设计参数之一，其大小在一定程度上可以反映其塑性变形 $l_{塑}$的大小，采用回弹模量作为级配碎石的优化指标具有可行性。同时为了发挥级配碎石的良好排水性能，在级配碎石性能优化时，可把表征其排水性能的渗透系数作为综合优化的限制条件。

因而，级配碎石性能优化指标为回弹模量 E，限制条件为渗透系数 k，且满足 1×10^{-3} cm/s <k<1×10^{-2}cm/s。

2. 级配碎石性能优化指标的影响因素分析

（1）影响因素的关联度分析

影响级配碎石性能的因素主要包括回弹模量、含水率、密实度、级配、成型方式、粒料种类等，但因成型方式和粒料种类在设计与施工中可控，所以仅对含水率、密实度和级配进行灰色关联分析（表 4-35）。

表 4-35　含水率、密实度、级配与级配碎石回弹模量之间的关系

数据来源	项目	代号	测试值						关联度
澳大利亚	含水率/%	X1	58	60	70	80	90	100	0.695
	回弹模量/MPa	Y1	460	450	412	390	350	270	
	密实度/%	X2	97	98	99	100	101	102	0.614
	回弹模量/MPa	Y2	280	335	395	430	481	510	
何兆益模型	含水率/%	X3	3	2.5	5	5	8	7.5	0.710
	回弹模量/MPa	Y3	355	383	307	314	510	379	0.640
	密实度/%	X4	90	93	95	100	90	100	
曹建新模型	粒料平均粒径/mm		10.7	10.1	9.2	8.3	7.7	7.2	0.657
	回弹模量/MPa		746	588	590	302	314	509	

注：用粒料平均粒径来表征粒料级配。

由表 4-35 可知，含水率对级配碎石回弹模量影响最大，级配次之，密实度影响程度最小。

（2）关键优化因素的确定

经过对比分析可知，回弹模量影响最大，级配与其直接相关，在路面结构设计时也必须考虑回弹模量，而含水率与回弹模量相关，只要控制好含水率就可获得足够的回弹模量，在优化设计中可以不予考虑。成型方式、密实度及粒料尽管有一定影响，但是在施工和设计时是可以合理控制的，均可不考虑。

因而，在对级配碎石进行性能优化时，可只考虑粒料级配对回弹模量的影响。

3. 级配碎石性能优化的级配影响因素

由以上分析可知，级配碎石的性能优化实际上就是粒料级配的优化。而影响级配的主要因素包括级配类型、最大粒径及集料通过 5mm 筛、0.5mm 筛和 0.074mm 筛含量等。

（1）小于 0.074mm 含量和最大粒径

通常小于 0.074mm 含量超过 8%～9%后，模量有所降低，一般以 4%～6%为较好。国外常用级配碎石最大粒径为 25mm、37.5mm、40mm 和 50mm 等，且大粒径级配碎石的功能往往好于小粒径级配碎石。

（2）级配类型

当采用密实级配时，粗集料数量较多，可以形成空间骨架；同时根据粗集料骨架空隙的多少加入足够的较细填充料，形成较大的密实度和较小的残余空隙率，从而成为一种骨架-密实结构，具有较高的内摩擦角。对于中轻交通，可采用松排骨架-密实结构；而对于重载交通，则选择紧密嵌挤骨架-密实结构较为合适，也更适合冻土区沥青路面。

总之，高寒高海拔地区沥青路面采用紧密嵌挤骨架-密实结构较合理，可采用 Fuller-Talbol 方法进行设计，最大粒径宜控制在 30mm 左右，指数 n 一般为 0.35～0.55，以确保较高的回弹模量和较强的抵抗变形能力。

（三）半刚性基层材料性能优化

1. 两种半刚性基层材料的性能综合优化指标

在进行半刚性材料（水泥稳定粒料和二灰稳定粒料等）的综合性能评价时，既要求全面分析材料性能，保证分析的完整性，同时又要求性能综合优化指标尽量简单，保证设计中的可操作性和方便性。半刚性基层材料抗压强度与抗冲刷性、疲劳特性相关，二灰稳定粒料抗压强度与温缩的变化趋势也基本一致，而与干缩性无明显关系，水泥稳定粒料的抗压强度与抗冻性之间相关性也不显著。

因此，对于高寒高海拔地区半刚性基层材料的性能优化，可以考虑其抗压强度和收缩性（干缩和温缩）关系，下面仅分析其抗压强度、抗干缩性、抗温缩性。在此基础上提出半刚性材料的综合性能优化指标（综合压缩模量），如下式所示：

$$E_{\mathrm{YS}}=\frac{\sigma_{\mathrm{UCS}}}{m\lambda_{\mathrm{d}}\varepsilon_{\mathrm{d\cdot m}}+n\lambda_{\mathrm{t}}\varepsilon_{\mathrm{t\cdot m}}} \tag{4-50}$$

式中：E_{YS}为半刚性基层材料的综合压缩模量（MPa）；σ_{UCS}为半刚性基层材料无侧限抗压强度（一般取 7d 龄期）（MPa）；m、n 为考虑地区因素（湿度、气温状况等）的影响系数，$m+n\leqslant1$；λ_{d}、λ_{t}为考虑干（温）缩应变速率的系数，其值为某段时间内（一般取 24h）材料的最大干（温）缩应变速率与平均干（温）缩应变速率之比；$\varepsilon_{\mathrm{d\cdot m}}$、$\varepsilon_{\mathrm{t\cdot m}}$分别为半刚性基层材料的最大干缩应变和最大温缩应变（10^{-6}）。

综合压缩模量考虑了材料本身的特性，如抗压强度、最大干缩应变和最大温缩应变（σ_{UCS}、$\varepsilon_{\mathrm{d\cdot m}}$和$\varepsilon_{\mathrm{t\cdot m}}$）。其计算参数见表 4-36。

表 4-36　综合压缩模量参数建议值

潮湿系数 W	m	λ_{d}	年均气温 T	n	λ_{t}	备注
$W<0.5$	0.0～0.2	1.0～1.5	$T<5$℃	0.75～1.00	4.5～6.0	$m+n\leqslant1$
$0.5\leqslant W<1.0$	0.2～0.4	1.5～2.5	$5\leqslant T<10$℃	0.55～0.75	3.5～4.5	
$1.0\leqslant W<1.5$	0.4～0.6	2.5～3.5	$10\leqslant T<15$℃	0.40～0.55	2.5～3.5	
$1.5\leqslant W<2.0$	0.6～0.8	2.5～1.5	$15\leqslant T<20$℃	0.25～0.40	1.5～2.5	
$W\geqslant2.0$	0.8～1.0	1.0～1.5	$T\geqslant20$℃	0.15～0.25	1.0～1.5	

注：① 潮湿系数 $W=R/Z$，其中 R 为年均降水量（mm），Z 为年均蒸发量（mm）。
② 当 $m+n>1$ 时，以 m 取值为准，满足 $m+n\leqslant1$ 的条件。

对于高寒高海拔地区，假定年均气温 T 低于 5℃，水泥稳定粒料的最大干缩应变$\varepsilon_{\mathrm{d\cdot m}}$和最大温缩应变$\varepsilon_{\mathrm{t\cdot m}}$分别为 125.5×10^{-6}、50.5×10^{-6}，7d 抗压强度为 3.5MPa；二灰稳定粒料的$\varepsilon_{\mathrm{d\cdot m}}$和$\varepsilon_{\mathrm{t\cdot m}}$分别为 128.8×10^{-6}、45.4×10^{-6}，7d 抗压强度为 1.0MPa，则二者的综合压缩模量如下。

1）水泥稳定粒料：

$$E_{\mathrm{YS}}=\frac{\sigma_{\mathrm{UCS}}}{m\lambda_{\mathrm{d}}\varepsilon_{\mathrm{d\cdot m}}+n\lambda_{\mathrm{t}}\varepsilon_{\mathrm{t\cdot m}}}=\frac{3.5\mathrm{MPa}}{(0.3\times2.0\times125.5+0.8\times5.0\times50.5)\times10^{-6}}=12621.7\mathrm{MPa}$$

2）二灰稳定粒料：

$$E_{\mathrm{YS}}=\frac{\sigma_{\mathrm{UCS}}}{m\lambda_{\mathrm{d}}\varepsilon_{\mathrm{d\cdot m}}+n\lambda_{\mathrm{t}}\varepsilon_{\mathrm{t\cdot m}}}=\frac{1.0\mathrm{MPa}}{(0.3\times2.0\times128.8+0.8\times5.0\times45.4)\times10^{-6}}=3862.8\mathrm{MPa}$$

2. 两种半刚性基层材料综合优化指标的影响因素

（1）水泥稳定粒料综合优化指标影响因素分析

首先，综合压缩模量的主要影响因素包括粒料级配 A、膨胀剂量 B、水泥剂量 C 及含泥量 D，采用灰色关联分析方法分析其相互之间的关联度。其中，粒料级配 A 的量化指标为粒料的平均粒径，并与水泥稳定粒料的干（温）缩应变存在如下关系：

$$\overline{D}=\frac{1}{100}\sum_{i=1}^{n}\overline{d_i}\times S_i \tag{4-51}$$

式中：$\overline{D}$为粒料的平均粒径（mm）；$\overline{d_i}$为第 i-1 级筛孔（筛孔从大到小排序）下、第 i 级筛孔上粒料的平均粒径；S_i为第 i 级筛孔上粒料的分计筛余（%）。

表 4-37 为水泥稳定粒料指标序列、影响序列和关联度。由表 4-37 可知，各因素对水泥稳定粒料综合压缩模量的影响系数 $A:B:C:D=0.937:1.000:0.839:1.271$，说明含泥量与综合压缩模量的关系最为密切，而水泥剂量的影响最小。

表 4-37　水泥稳定粒料指标序列、影响序列和关联度

测试指标		观测对象									关联度	备注
		1	2	3	4	5	6	7	8	9		
综合压缩模量	X0	7750	2255	8248	13424	4094	1078	933	3350	3372	—	指标序列
粒料级配 A	X1	10.03	10.03	10.03	8.10	8.10	8.10	6.13	6.13	6.13	0.511	影响因素序列
膨胀剂量 B	X2	2.0	5.0	10.0	2.0	5.0	10.0	2.0	5.0	10.0	0.545	
水泥剂量 C	X3	5.0	6.0	5.0	6.0	5.0	5.0	5.0	5.0	6.0	0.457	
含泥量 D	X4	0.0	8.0	0.0	0.0	3.5	15.0	22.0	0.0	7.0	0.693	

其次，对综合压缩模量与膨胀剂量 B、压实度 E 和龄期 F 之间的关联度进行分析，结果见表 4-38。

表 4-38　综合压缩模量与膨胀剂量、压实度和龄期之间的关联度

测试指标		观测对象									关联度
		1	2	3	4	5	6	7	8	9	
膨胀剂量 B	X2	0.578	0.685	0.990	0.393	0.445	0.333	0.464	0.563	0.719	0.574
压实度 E	X5	0.347	0.542	0.990	0.393	0.677	0.541	1.000	0.463	0.719	0.630
龄期 F	X6	0.808	0.685	0.467	0.718	0.445	0.739	1.000	0.779	0.719	0.707

表 4-38 表明，各因素对水泥稳定粒料综合压缩模量的影响系数 $B:E:F=1.000:1.098:1.231$，说明龄期对水泥稳定粒料综合压缩模量的影响较大。

因此，含泥量 D 和龄期 F 是影响水泥稳定粒料综合压缩模量的两个重要因素，适当减小水泥稳定粒料混合料中的含泥量，延长混合料的养护时间可在一定程度上提高综合压缩模量。

（2）二灰稳定粒料优化指标分析

二灰稳定粒料综合压缩模量的主要影响因素包括级配、二灰剂量、二灰比例、压实度和养护条件，各影响因素对综合优化指标和抗压强度的灰色关联度见表 4-39。数据表明，级配、二灰剂量和养护条件对二灰稳定粒料综合压缩模量和抗压强度的影响都很大。

表 4-39　二灰稳定粒料综合压缩模量和抗压强度与其影响因素的灰色关联度

指标	级配	二灰剂量	二灰比例	压实度	养护条件
综合压缩模量	0.732	0.791	—	—	0.787
抗压强度	0.728	0.776	0.667	0.710	0.761

3. 水泥稳定粒料的性能优化

水泥稳定粒料的性能优化如下：

1）在设计水泥稳定粒料的性能时，要严格控制粒料中的含泥量（含泥量越小越好）并适当延长混合料的养生时间，这样就可以保证水泥稳定粒料混合料具有足够的综合压缩模量，因此含泥量和养护龄期可不作为性能优化指标。

2）随着压实度的增加，水泥稳定粒料的综合压缩模量先迅速增加后略有减小，在保证压实度达到98%的前提下，可以不考虑压实度因素。

3）掺加一定量的膨胀剂，可以有效地减小水泥稳定粒料的综合压缩模量，但要确定最佳膨胀剂量。

4）随着粒料平均粒径增大，水泥稳定粒料综合压缩模量也逐渐增大。当平均粒径为 7.8～8.3mm，即处于规范级配中值范围时，水泥稳定粒料的综合压缩模量较小，而如果对 4.75mm、2.36mm 和 0.075mm 集料的通过率严格控制时，且平均粒径位于 7.4～7.8mm 和 8.3～8.8mm 段，综合压缩模量将大大提高。级配采用骨架密实结构（表 4-40）。

表 4-40　水泥稳定粒料推荐级配范围　（单位：%）

级配	通过下列筛孔的百分率							
	31.5mm	26.5mm	19mm	9.5mm	4.75mm	2.36mm	0.6mm	0.075mm
规范级配范围	100	95～100	88～99	57～77	29～49	7～35	8～22	0～7
推荐级配范围	100	95～98	90～95	60～75	32～47	20～32	10～18	2～5

5）随着水泥剂量的增大及养护龄期的延长，水泥稳定粒料的综合压缩模量也逐渐增大。但水泥剂量变化范围较窄（4.5%～6%），因此水泥剂量一般控制为 5%～6%，不必进行优化。

4. 二灰稳定粒料的性能优化

影响二灰稳定粒料最重要的因素为粒料级配、二灰剂量和养护条件，而龄期的增加将引起综合压缩模量的直线增长。经过试验，并结合高寒高海拔地区施工实践经验可知，当粒料平均粒径为 12.4mm、二灰剂量为 19.0%时，二灰稳定粒料具有较好的性能。

第五章　高寒高海拔地区沥青路面的结构设计及施工

第一节　高寒高海拔地区沥青路面的结构设计

一、国内外沥青路面设计的发展

（一）国外沥青路面设计的发展

路面结构是道路基础设施的重要组成部分，承受着过往交通的全部车辆荷载，通过它可将荷载传递给路基，因此它必须具备一定的强度和抗变形能力。同时，由于路面结构长时期直接暴露在大气自然环境之中，经受着气温和湿度的周期性作用，即高温与低温、冰冻与融化、干燥与湿润的反复交替作用，以及车辆的反复碾压作用，路面结构的各项抗力特性与表面功能会发生衰变。因此，路面设计必须能够提供技术可行、经济合理、安全可靠、经久耐用的路面结构，使其在预定的设计期内经行车荷载和环境的作用后，仍满足使用要求的功能。

沥青路面设计方法经历了力学法（古典设计方法，如 1901 年麻省理工静力平衡法、1906 年理查德森冰块试验法）、经验法（如 CBR 法、美国平板加载试验法、美国 Hveen 法、美国 Kansas 三轴法）、力学-经验法（在南非、英国、法国、比利时、澳大利亚、中国等国使用）的发展。美国国家公路与运输协会（American Association of State Highway and Transportation Officials，AASHTO）设计法采用力学-经验法，其经历了 1961、1972、1986、1993、2002 版本的发展。

（二）中国沥青路面设计的发展

对于幅员辽阔的中国，特别对于占陆地面积 70%的高寒高海拔地区和占陆地面积 25%的多年高寒高海拔地区，其自然条件、行车条件、材料来源、经济条件等与其他地区有较大的差别，因此既不能单一采用经验法或者力学法，也不能完全照搬全国统一的设计规范。

中国沥青路面设计方法均基于层状弹性体系，设计规范经历了《公路柔性路面设计规范》（JTJ 014—86）、《公路沥青路面设计规范》（JTJ 014—97）、《公路沥青路面设计规范》（JTG D50—2006）、《公路沥青路面设计规范》（JTG D50—2017）阶段的发展。尤其，《公路沥青路面设计规范》（JTG D50—2017）经历了 3 年多的酝酿终于于 2017 年 3 月 20 日正式发布，并要求于 2017 年 9 月正式施行，与《公路沥青路面设计规范》（JTG D50—2006）相比，其在设计思路、材料参数确定、交通等级划分与交通量计算、设计控制及验算指标、设计流程等方面均发生了颠覆性的变化，主要表现如下。

1）设计中引入了可靠度设计方法，即不同阶段在选择材料参数时可以选取不同水平的标准和方法，尤其对于沥青混合料要求采用动态模量，并且引入了贯入试验。

2）当量设计轴载累计作用次数的换算不再采用经验公式，而是采用全新的轴载谱。

3）摒弃了数十年的弯沉设计指标，而是针对不同底基层、基层、面层组合的路面结构类型，提出了沥青混合料疲劳开裂、无机结合料稳定层疲劳开裂、沥青混合料永久变形、路基顶面竖向压应变等设计控制指标，尤其路基顶面竖向压应变指标与路基设计指标实现了统一。不过，尽管设计指标中放弃了弯沉指标，但在交工验收时还要求采用落锤式弯沉仪对弯沉值进行检测。

本书中主要工程案例 G214 线等沥青路面均在 2014～2016 年完成设计、施工并投入了运营，因此本书中所涉及工程案例均依据《公路沥青路面设计规范》（JTG D50—2006）进行设计。当然，随着《公路沥青路面设计规范》（JTG D50—2017）在实践中的进一步应用、总结，以后很有必要结合高寒高海拔地区的特殊自然、地理、交通条件及行车需求，提出更加适合该地区沥青路面的设计方法。

二、沥青路面结构设计方法

对于高寒高海拔地区所处的高海拔、高寒地区条件，有必要提前设计出适合当地不同交通、环境条件的典型路面结构，以便在设计时可根据当地的条件来直接应用与之适合的路面结构。也就是将长期的工程实践经验、试验路和现有路面的大量调查结果与路面力学计算相结合，把路面结构组合、混合料组成和厚度计算等设计工作融为一体，提前做出一系列设计方案，形成可供选择的典型路面结构。这种典型结构将实现路面设计与施工技术措施系列化、规范化及标准化，也使路面结构定型化、图表化，使路面结构的设计更加方便、快捷及省时，路面结构的质量也能得到更好的保证。

针对高寒高海拔地区沥青路面的特点，结合该地区沥青路面使用性能的调查，高寒高海拔地区沥青混凝土路面典型结构设计主要包括以下内容。

1）以青藏公路为依托，兼顾其他高寒高海拔地区道路经验，首先拟定 5 种不同路面结构进行分析。

2）设计遵循“满足设计年限内交通荷载作用的沥青混凝土面层最小设计厚度、满足最小的防冻厚度以及满足各结构层的最小施工厚度”的原则。

3）通过对 5 种结构对比计算分析，最终确定适合于多年冻土区的合理路面结构组合。

（一）设计要求

高寒高海拔地区的路面典型结构，要具有一定的承受荷载能力和抗疲劳能力，路面的整体刚度要满足设计年限内的预测交通量要求。尽管青藏公路交通流量不算太大，属低交通量，但其自然环境因素恶劣。青藏公路直接暴露在高原强紫外线照射、较大的温差、冻融循环、强烈的高原大风等自然环境中，并且修筑在日益退化、上限逐渐下移的多年冻土路基上。因此，对于青藏公路来说，在进行路面结构设计时，考虑交通荷载的同时，要特别重视恶劣的自然环境对道路造成的巨大危害，要保证或尽量增强路面的耐久性，同时要兼顾路面结构的抗冻性能，使其结构厚度在满足荷载作用的同时，也要满足防冻最小厚度。

（二）设计原则

路面典型结构设计主要立足于长期使用中积累的经验，并铺筑大量的试验路以供长期观测，然后通过对使用中的路面结构进行较为全面的分析，最后提出适合本国国情的各种路面典型结构。青藏公路平均海拔 4500m 以上，地质条件复杂、材料运输供应艰难、施工期短、施工条件恶劣等问题给路面结构的设计和施工带来了不可想象的障碍。加之，我国在低纬度、高海拔的多年高寒高海拔地区修筑沥青混凝土路面的经验还不很丰富，可以借鉴的成功设计范例不太多，因此进行该地区的路面典型结构设计时，主要依据现行的路面设计规范、过去的青藏线及东北林区道路的研究成果、国内可借鉴的典型路面结构等，要把握路面结构层次不宜过多、厚度适中、材料供应方便、施工容易的原则，既要使路面结构满足交通荷载和自然环境的综合作用，又要经济、耐用、可行。

1）满足设计年限内交通荷载作用的沥青混凝土路面面层最小设计厚度，见表 5-1。

表 5-1　沥青混凝土路面面层最小设计厚度　（单位：cm）

道路冻深 h	土基干湿类型	最小设计厚度	
		粉性土	黏性、细砂亚土
$50<h\leqslant100$	中湿	30～50	30～45
	潮湿	40～60	35～55
$100<h\leqslant150$	中湿	40～60	35～50
	潮湿	50～70	45～60
$150<h\leqslant200$	中湿	45～70	40～60
	潮湿	60～80	50～70
$h>200$	中湿	50～75	50～70
	潮湿	65～100	55～80

从路面结构层厚度设计上看，最小设计厚度在满足交通荷载作用的同时，更要体现在沥青路面的功能设计和防止反射裂缝上，足够的面层厚度可以提供良好的行车舒适性、耐磨性、防水性和耐疲劳性；但过大的厚度反而容易引起较大的车辙，并且增加工程的造价。因此设计的厚度应该技术可行，经济合理。

2）满足最小的防冻厚度：对于高寒高海拔地区的中湿、潮湿路段，路面总厚度不应小于表 5-1 的规定，如果依照强度计算的路面结构层总厚度小于表 5-1 中的厚度值，必须调整结构层厚度或增加垫层厚度。

3）考虑到材料应力扩散和压实需要，各结构层要满足最小施工厚度，见表 5-2。

表 5-2　路面结构层最小施工厚度和适宜厚度　（单位：cm）

结构层类型		最小施工厚度	适宜厚度
沥青混凝土面层或沥青碎石（LSM25）面层	细粒式	2.5	4～6
	中粒式	4	2.5～4
	粗粒式	5	5～8
水泥稳定类基层		15	16～20
级配碎石、级配砾石		8	10～15

（三）典型结构设计流程

1）路面结构组合设计：根据经验和修筑试验路提出多种典型的路面结构组合。

2）路面结构计算参数的确定和选取：计算参数的选取是否准确将直接影响到路面结构厚度的设计结果，因此选取计算参数时首先要选取有代表性的参数值，主要依据《公路沥青路面设计规范》（JTG D50—2017）的推荐值、工程设计常用值和最近的科研成果等。

3）通过变化土基设计参数确定同一结构不同厚度的组合：沥青混凝土面层、水泥稳定类基层、级配碎石底基层的模量等计算参数在设计和施工中的变异性不太大，但是土基由于自然条件的千差万别，特别对于不同的含冰量路段，上限深度和活动层的变化规律非常复杂，在具体地段，必须首先了解该地段的地质特点和冻土条件，确定路基填筑材料，然后计算不同模量下的结构层组合厚度。

4）推荐合理的路面结构组合：结合多年冻土区气候环境特点，根据多年冻土路基研究成果，分析不同参数的路面结构层厚度计算结果，最终确定多年冻土区合理的路面结构组合。

三、设计参数确定

（一）交通量调查

在路面设计之前，要进行交通量调查或者对当地交通量进行预测、计算。以青藏公路（G109 线）为例，其最初设计交通量为每日 500 辆次左右，而实际上从 2001 年以来直到现在已经达到了 5000 辆次以上。2002 年为了配合青藏铁路建设，其交通量猛增到 30000 辆次。因此，需要对交通量进行科学、准确的预测。

（二）设计年限内累计标准当量轴次换算

通过对高寒高海拔地区道路交通量的统计调查，首先计算出平均日交通量；然后，采用路面设计、层底拉应力验算指标的公式，将不同车型的各级轴载分别换算为 100kN 的标准轴载；最后根据设计年限、交通量年增长率等结构设计参数将标准当量轴次换算为累计标准当量轴次。

1. 路面竣工一年后第一年双向日平均当量轴次换算

路面竣工一年后第一年双向日平均当量轴次换算，计算如下：

$$N = \sum_{i=1}^{k} C_1 C_2 n_i \left(\frac{P_i}{P}\right)^{4.35} \tag{5-1}$$

$$N' = \sum_{i=1}^{k} C_1' C_2' n_i \left(\frac{P_i}{P}\right)^{8} \tag{5-2}$$

式中：N 为以设计弯沉值和沥青层层底拉应力为指标的标准轴载的当量轴次（次/d）；N' 为以半刚性基层层底拉应力为指标的标准轴载的当量轴次（次/d）；P_i 为被换算车型的各级轴载（kN）；P 为标准轴载（kN）；n_i 为被换算车型的各级轴载作用次数（次/d）；k 为被换算车辆的类型数；C_1 为计算沥青层层底拉应力时的轴数系数，C_1=1+1.2m^{-1}，m 为轴数；C_2 为计算沥青层层底拉应力时的轮组系数，双轮组为 1.0，单轮组为 6.4，四轮组为 0.38；C_1' 为计算半刚性基层层底拉应力时的轴数系数，C_1'=1+2m^{-1}；C_2' 为计算半刚性基层层底拉应力时的轮组系数，双轮组为 1.0，单轮组为 18.5，四轮组为 0.09。

2. 累计当量轴次换算

设计年限内一个车道上的累计标准当量轴次 N_e 为

$$N_e = \frac{[(1+\gamma)^t - 1] \times 365}{\gamma} \times N_1 \eta \tag{5-3}$$

式中：N_e 为设计年限内一个方向一个车道的累计标准当量轴次（次）；γ 为设计年限内交通量的年均增长率（%）；t 为路面结构的设计年限；η 为沥青混凝土路面的车道系数，取 0.3～1.0；N_1 为运营第一年双向日平均当量轴次（次）。

（三）土基回弹模量

土基是路面结构的最下层，承受着由面层传下来的车辆荷载和上部结构的自重。土基回弹模量能较好地反映土基所具有的部分弹性性质，是路面设计中计算路面结构层厚度的重要参数。对 G109 线、黑北公路等高寒高海拔地区典型路段的土基进行了测试，土基模量范围为 35～65MPa，进行结构层厚度计算时，将土基依回弹模量大小分为 35～45MPa、45～55MPa、55～65MPa 三种。

（四）路面材料参数

高寒高海拔地区路面结构层分面层和基层。面层一般采用双层结构，其中上面层采用 AC-13C 型细粒式沥青混凝土，下面层采用 AC-16 型中粒式沥青混凝土及沥青碎石；而基层主要用水泥稳定砂粒及能够延缓裂缝产生的沥青稳定碎石、级配砂粒和级配碎石基层。面层、基层的材料力学参数首先需要通过试验的方法确定，然后通过野外现场取样测试进行检验和修正，材料参数建议值见表 5-3～表 5-6。

表 5-3　面层材料参数　（单位：MPa）

面层材料类型	抗压回弹模量		15℃劈裂强度
	20℃	15℃	
中粒式沥青混凝土	1100	1600	1.0
粗粒式沥青混凝土	800	1200	0.9

表 5-4　基层材料参数　（单位：MPa）

基层材料	配合比或规格要求	抗压回弹模量	劈裂强度
水泥稳定砂砾	水泥剂量	1300～1400	0.4～0.5（0.84～0.9，90 天龄期）
级配碎石	附表 C2 要求*	1000～1100	0.3～0.4
级配砂砾	附表 C3 要求*	1000～1100	0.3～0.4
沥青碎石	附表 D1 要求*	700	—

*《公路沥青路面施工技术规范》(JTG F40—2004)。

表 5-5　沥青碎石基层配合比要求　（单位：%）

结构类型	通过下列筛孔的百分率													沥青用量/%
	31.5 mm	26.5 mm	19 mm	16 mm	13.2 mm	9.5 mm	4.75 mm	2.36 mm	1.18 mm	0.6 mm	0.3 mm	0.15 mm	0.075 mm	
LSM-25	100	90～100	70～90	55～75	45～65	35～55	25～45	17～35	10～25	8～20	5～15	3～12	3～7	5.5～6.2

表 5-6　级配碎石基层配合比要求　（单位：%）

通过下列筛孔的百分率								压碎值/%
31.5mm	19mm	9.5mm	4.75mm	2.36mm	0.6mm	0.3mm	0.075mm	
100	85～95	50～70	29～54	17～37	8～20	2～15	0～7	≤26

（五）设计参数确定

以 G109 线为例，经过对其交通量进行调查，得出的设计参数及累计标准当量轴次换算见表 5-7。

表 5-7　G109 线设计参数及累计标准当量轴次换算

参数		指标要求
青藏公路等级		二级
路面等级		高级路面（沥青混凝土）
设计年限 t/年		12
换算的标准轴载/kN		BZZ—100
设计年限内交通量预计年均增长率γ/%		7.2
车道系数 η	较窄、无分隔、双车道	0.7
设计年限年内累计标准当量轴次换算值	$N_{e设计}$/次	1、450、000
	$N_{e验算}$/次	341、176

四、试验路路面结构拟定

针对高原地区昼夜温差大、海拔相对较高和路面结构层内温度梯度较其他地区明显偏大的特点，选定在 G109 线的 K2897+500～K2900 段，即西大滩—昆仑山口的路段修筑试验路。该区除分布有饱冰冻土外，还分布有少冰、多冰冻土，冻土上限一般为 2.1～3.0m，下限为 100～110m。

（一）基本设计理论

我国新建道路沥青路面结构设计采用双圆垂直均布荷载作用下的多层弹性层状体系理论，结构层厚度要满足整体刚度要求和结构层层底疲劳开裂要求，对于像 G109 线这样的二级道路及该地区高速道路、一级道路，都须以沥青路面路表回弹弯沉值、沥青混凝土层层底拉应力和半刚性基层层底拉应力为设计双控指标。当然，如果采用级配碎石或级配砂砾基层，则不需对该层层底拉应力进行计算。对于该地区的三级、四级道路，只以路表面设计弯沉值为控制指标。下面的力学计算均采用 APBI 程序，实际应用中可采用其他相关程序。路表弯沉值和沥青层层底及半刚性基层层底拉应力计算图式如图 5-1 和图 5-2 所示。

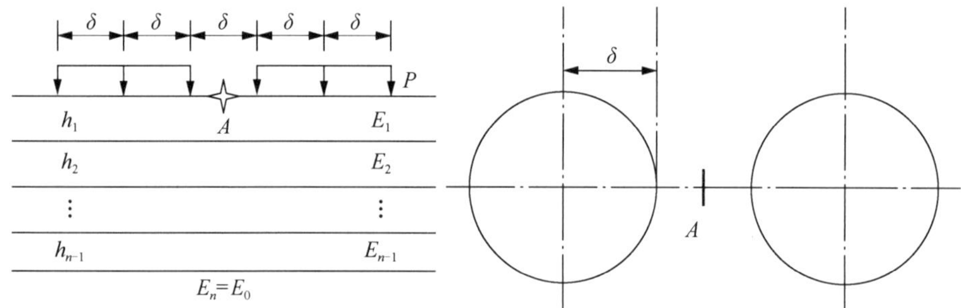

图 5-1　路表弯沉值计算图式

注：δ 为轮胎当量圆半径；h_1、h_2 ⋯ h_{n-1} 为各结构层厚度；E_1、E_2 ⋯ E_{n-1} 为各结构层材料抗压回弹模量；A 点为路表轮隙中心弯沉值计算点；E_0、E_n 为土基抗压回弹模量；P 为轮载。

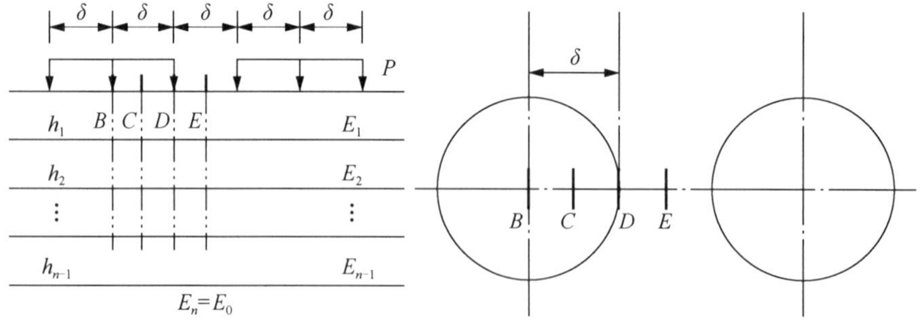

图 5-2　沥青层层底及半刚性基层层底拉应力计算图式

注：B、C、D、E 点为各结构层轮胎中心点、1/2 半径、半径、轮隙中心处的拉应力计算点；P 为 0.707MPa 荷载；δ 为轮胎当量圆半径（取 10.65cm）；其他变量同图 5-1。

（二）高寒高海拔地区路基路面结构响应分析

高寒高海拔地区道路工程修筑后，破坏了原有地基的热平衡状态，加剧了冻土融沉速度及其造成的不均匀沉降。同时，路基下部将形成深度不同和形状各异的融化盘，对于不同的路基状况，不同路面结构表现出不同响应。下面分别考虑冻土路基融化盘深度为 1m、2m 和 3m 情况下，沥青稳定基层沥青路面、级配碎石基层沥青路面和半刚性基层沥青路面的不同响应，采用有限元 ABAQUS 软件进行数值计算。

1. 计算模型

采用平面应变对路基路面横断面进行计算，考虑到横断面的对称性，将横断面一半作为计算模型，如图 5-3 所示。

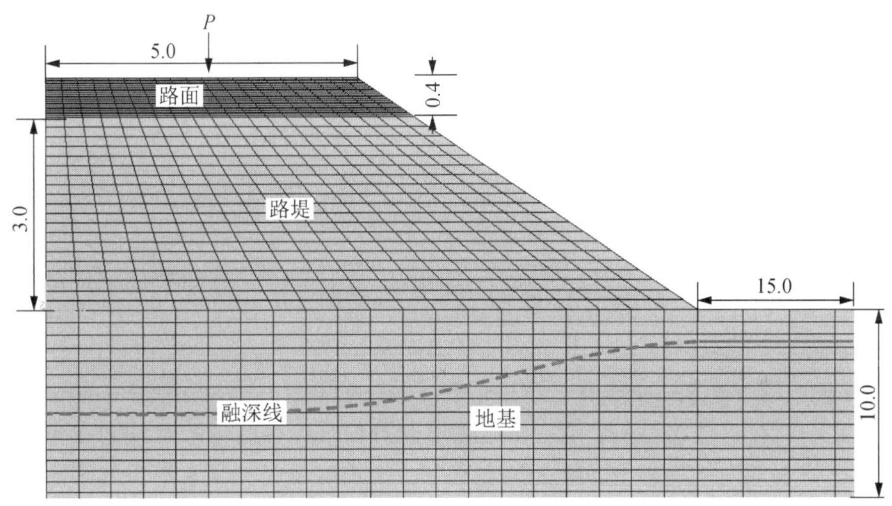

图 5-3　路面结构分析计算模型示意图（单位：m）

模型中路面宽度为 5m，路堤高度为 3m，地基深度取 10m。计算共包括 9 种工况，分别为 3 种融化盘深度（1m、2m 和 3m）及 3 种基层沥青路面结构（沥青稳定基层、级配碎石基层和半刚性基层）的组合。各工况中路基结构及参数相同，路堤采用粗粒土进行填筑，地基土包含冻土、融土和融化盘，融土深度为 2m，冻土深度为 8m，融化盘呈盆状，最深处位于路基中心部位。不同工况材料参数见表 5-8。

表 5-8　不同工况材料参数

工况	指标	上面层	下面层	上基层	底基层	融化盘深度 /m
1	结构类型	AC-13C	AC-16	沥青稳定碎石	水泥稳定碎石	1
	厚度/cm	4	6	10	20	
	模量/MPa	1300	1100	800	1300	
2	结构类型	AC-13C	AC-16	沥青稳定碎石	水泥稳定碎石	2
	厚度/cm	4	6	10	20	
	模量/MPa	1300	1100	800	1300	

续表

工况	指标	上面层	下面层	上基层	底基层	融化盘深度 /m
3	结构类型	AC-13C	AC-16	沥青稳定碎石	水泥稳定碎石	3
	厚度/cm	4	6	10	20	
	模量/MPa	1300	1100	800	1300	
4	结构类型	AC-13C	AC-16	级配碎石	水泥稳定碎石	1
	厚度/cm	4	6	10	20	
	模量/MPa	1300	1100		1300	
5	结构类型	AC-13C	AC-16	级配碎石	水泥稳定碎石	2
	厚度/cm	4	6	10	20	
	模量/MPa	1300	1100		1300	
6	结构类型	AC-13C	AC-16	级配碎石	水泥稳定碎石	3
	厚度/cm	4	6	10	20	
	模量/MPa	1300	1100		1300	
7	结构类型	AC-13C	AC-16	水泥稳定碎石		1
	厚度/cm	4	6	30		
	模量/MPa	1300	1100	1300		
8	结构类型	AC-13C	AC-16	水泥稳定碎石		2
	厚度 /cm	4	6	30		
	模量/MPa	1300	1100	1300		
9	结构类型	AC-13C	AC-16	水泥稳定碎石		3
	厚度/cm	4	6	30		
	模量/MPa	1300	1100	1300		

级配碎石材料是非线性的，由三轴压缩试验测得其弹性模量随着应力水平的增加而增加，其影响因素为材料类型、级配、含水率、密实度及应力状态等。其中应力状态与模量的非线性关系如下：

$$E = K_1\theta^{K_2} \tag{5-4}$$

式中：E 为级配碎石基层的弹性模量（kPa）；θ 为第一应力不变量，是 3 个主应力 σ_1、σ_2 和 σ_3 之和或 3 个法向应力 σ_x、σ_y 和 σ_z 之和；K_1 和 K_2 为与材料和试验有关的回归常数。

分析在地基沉降过程中路面结构的响应时，级配碎石的非线性由 ABAQUS 子程序实现，其中 K_1、K_2 分别取 24432 和 0.47。

2. 荷载及边界条件

计算采用平面应变模型，结合路基路面的实际受力状态，将模型部分简化。对交通动荷载而言，所受力等效为 11.5kPa 的均布静荷载。地基一侧延伸 15m，相对于路面宽度而言已较大，因此可定义地基侧面为 x 向约束、不渗透边界条件。地基深度为 10m，在地基底部，定义 x、y 向约束，并且为不透水边界。对于模型中的原始地面，定义为自由边界，无应力、位移及渗透约束。路堤坡比为 1∶1.5，路面顶部为无任何约束的自由边界。

3. 计算结果及分析

（1）路面变形计算结果与分析

分别对不同融化盘深度条件下 3 种路面结构进行数值计算。融化盘深度为 1m、2m 和 3m 时各种路面结构的顶部位移如图 5-4 所示，沥青稳定基层、级配碎石基层和半刚性基层路面结构在不同融化深度时的顶部位移如图 5-5 所示。

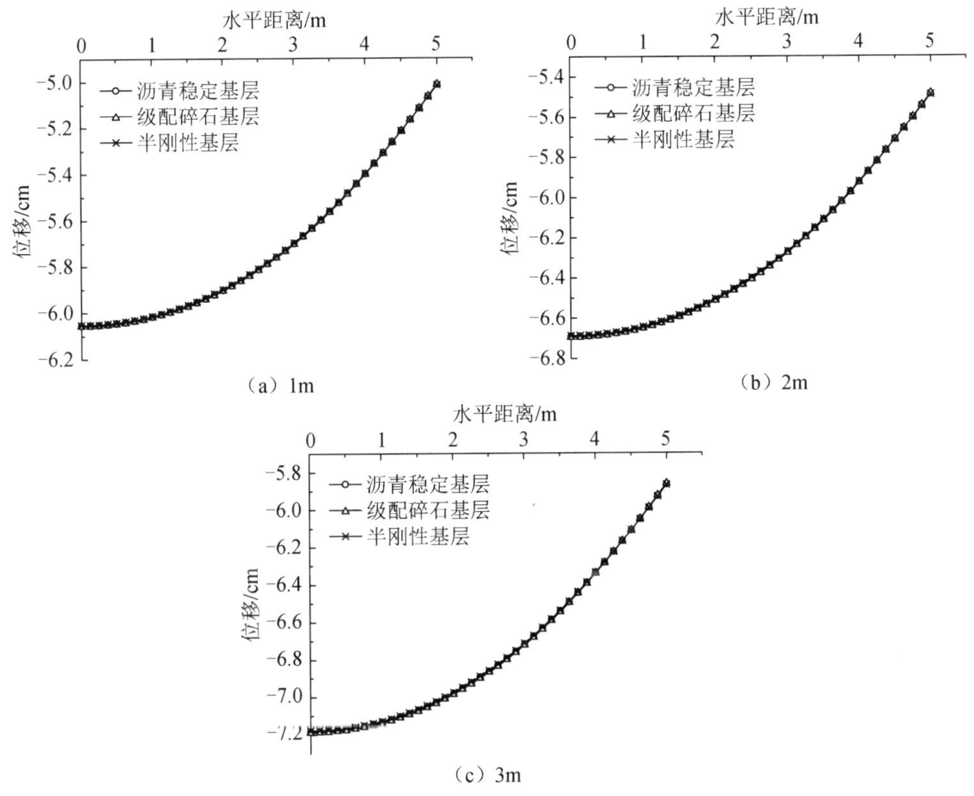

（a）1m　（b）2m　（c）3m

图 5-4　融化盘深度为 1m、2m 和 3m 时各种路面结构的顶部位移

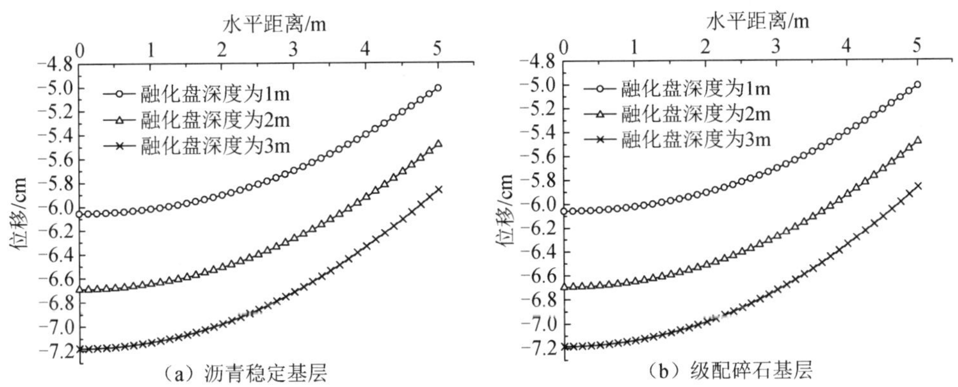

（a）沥青稳定基层　（b）级配碎石基层

图 5-5　相同融化盘深度时沥青稳定基层、级配碎石基层和半刚性基层路面结构在不同融化盘深度时的顶部位移

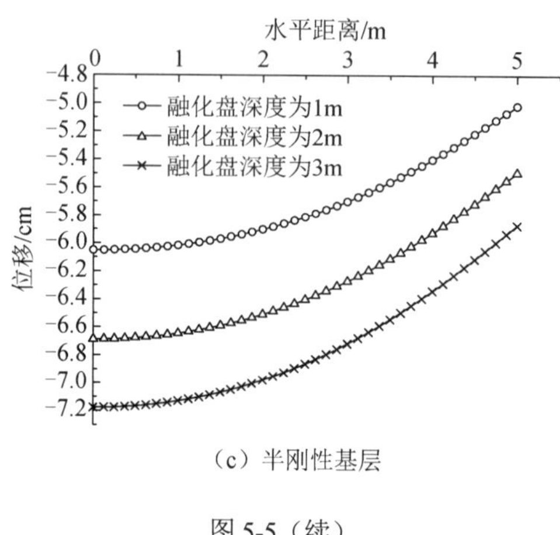

（c）半刚性基层

图 5-5（续）

由图 5-5 可知，对于相同的融化盘深度，不同路面结构面层顶部位移相差不大。因为研究的 3 种结构的基层种类不同，而基层厚度都较小，所以因基层形式不同而造成路面结构的位移差异并不大，但图 5-5 显示，融化盘深度对路面顶部位移影响甚大。随着融化盘深度增加，不同融化盘深度的各结构面层顶部最大位移见表 5-9。

表 5-9　不同融化盘深度的各结构面层顶部最大位移　　（单位：cm）

融化盘深度	面层顶部最大位移		
	沥青稳定基层沥青路面	级配碎石基层沥青路面	半刚性基层沥青路面
1m	−6.05	−6.06	−6.05
2m	−6.69	−6.69	−6.69
3m	−7.18	−7.19	−7.17

结合如上分析可知，在高寒高海拔区，面层与半刚性基层中间铺设一定厚度的其他材料对路面位移影响很小，路面位移主要是由路堤变形及冻土地基融沉引起的，而其中冻土地基融沉占主要部分。

（2）面层及基层底部应力计算结果与分析

下面针对不同融化盘深度条件下的各路面结构，对其面层底部与半刚性基层底部应力分布进行计算并分析。对沥青稳定基层和级配碎石基层，不进行应力分析。通过数值计算，得到不同融化盘深度时沥青稳定基层、级配碎石基层和半刚性基层的路面应力分布如图 5-6～图 5-8 所示。

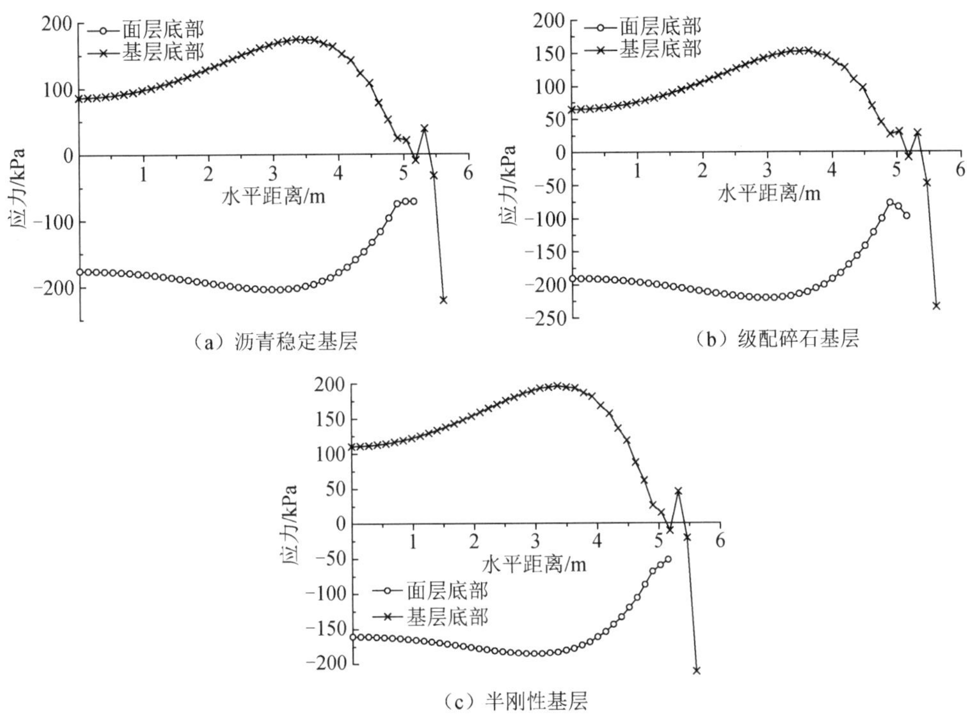

(a) 沥青稳定基层　(b) 级配碎石基层　(c) 半刚性基层

图 5-6　融化盘深度为 1m 时沥青稳定基层、级配碎石基层和半刚性基层的路面应力

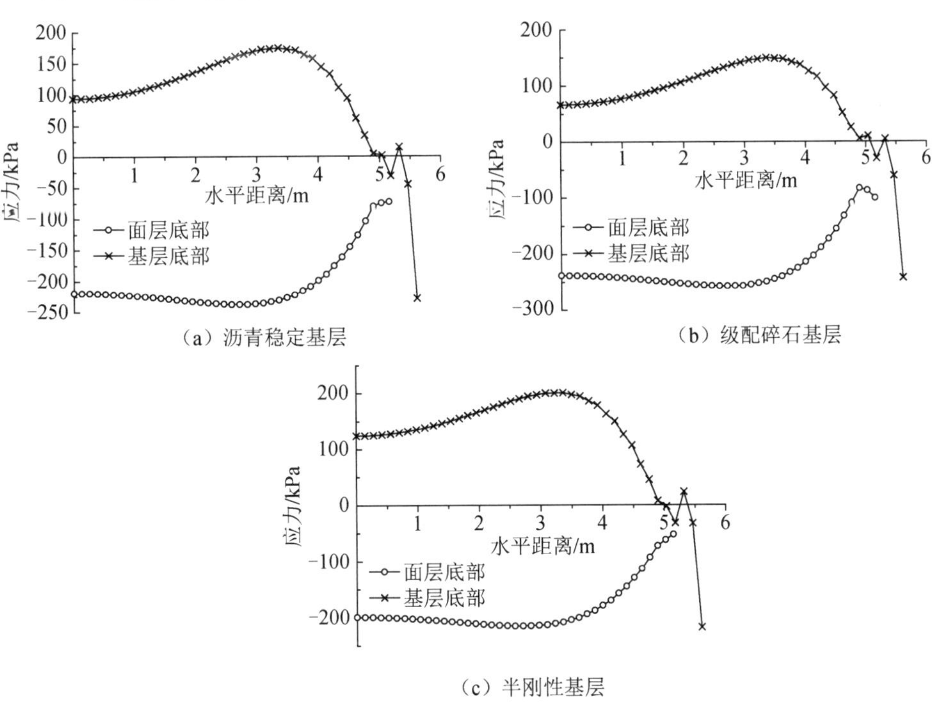

(a) 沥青稳定基层　(b) 级配碎石基层　(c) 半刚性基层

图 5-7　融化盘深度为 2m 时沥青稳定基层、级配碎石基层和半刚性基层的路面应力

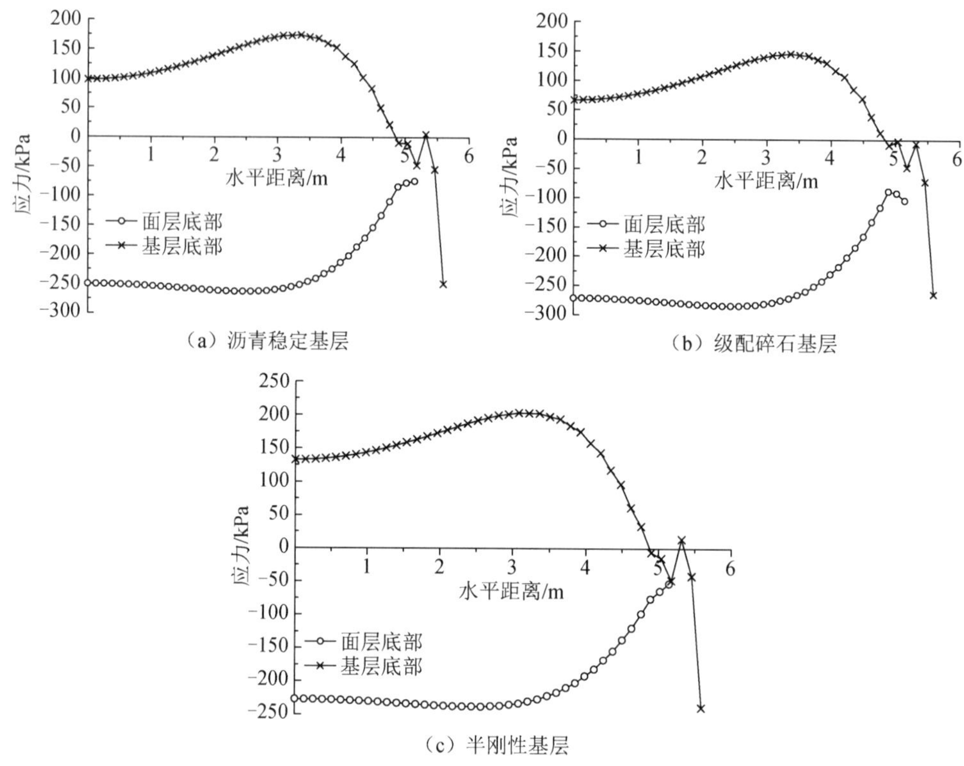

图 5-8　融化盘深度为 3m 时沥青稳定基层、级配碎石基层和半刚性基层的路面应力

从图 5-6～图 5-8 可以看出，对于表 5-8 中所列不同工况，沥青面层底部应力表现为压应力，且最大压应力远小于沥青混凝土极限抗压强度，而半刚性基层底部应力表现为拉应力，不同融化盘深度的半刚性基层底部最大拉应力见表 5-10。

表 5-10　不同融化盘深度的半刚性基层底部最大拉应力　　（单位：kPa）

融化盘深度	不同类型基层底部最大拉应力		
	沥青稳定基层沥青路面	级配碎石基层沥青路面	半刚性基层沥青路面
1m	173.87	152.5	196.02
2m	174.58	149.33	200.45
3m	174.12	146.42	203.57

从路面中心到路缘，应力表现为先增大后减小，变化幅度大小随路面结构不同而有差异。影响应力分布特征的因素主要有路面结构各层厚度、材料特性及融化盘大小和形状等，只有同时考虑各因素才能对高寒高海拔地区路面应力进行全面分析。

（3）不同工况下半刚性基层底部拉应力对比分析

为了比较分析高寒高海拔地区不同路面结构形式对冻土路基融沉的适应性，分别对各种路面形式的半刚性基层底部拉应力分布进行计算。融化盘深度为 1m、2m 和 3m 时各结构的基层底部应力分布如图 5-9 所示；不同融化盘深度时各路面结构基层底部应力分布如图 5-10 所示。

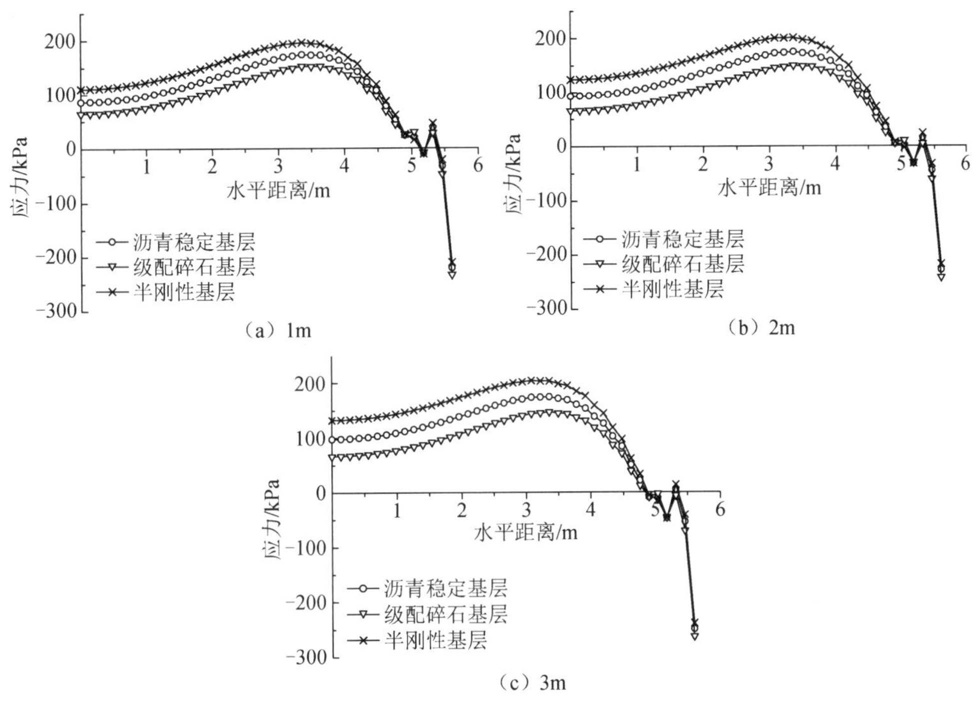

图 5-9　融化盘深度为 1m、2m 和 3m 时各结构的基层底部应力

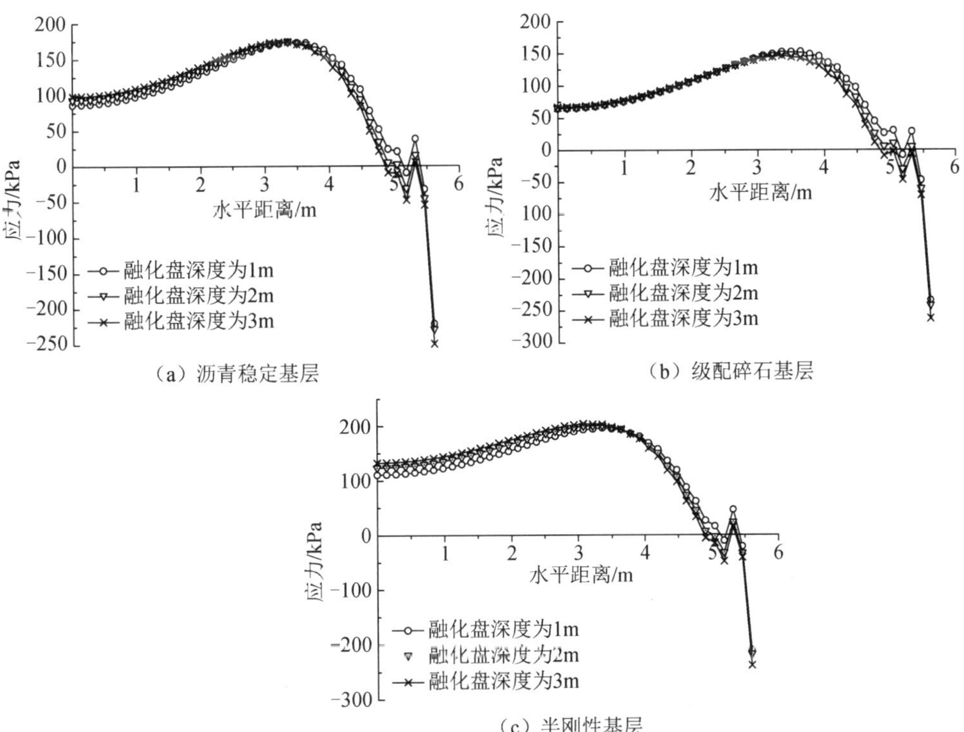

图 5-10　不同融化盘深度时沥青稳定基层、级配碎石基层和半刚性基层路面结构基层底部应力

综合分析位移及应力计算结果，在不同工况下，三种路面结构表现出不同的位移及应力响应。在同一融化盘深度下三种路面结构顶部位移相差较小，而对于同一种路面结构，融化盘深度对路面位移影响较大，因此，可通过采取工程措施减缓融化盘向深处发展，从而减小路面顶部位移。但对于基层层底拉应力而言，结构与融化盘深度对其影响不同，在同一融化盘深度下，各路面结构基层底部应力差异较大，其中半刚性基层沥青路面基层底部拉应力最大，级配碎石基层沥青路面基层底部拉应力最小；融化盘深度不同，各路面结构基层底部应力变化都较小。这说明基层底部拉应力对路面结构形式更为敏感，因此需要通过设计合理的路面结构来减小路面基层底部拉应力。

如果仅从力学计算和理论分析，级配碎石基层沥青路面更适合于高寒高海拔地区，但结合高寒高海拔地区气候、地理及交通条件综合考虑，与级配碎石基层沥青路面顶部位移和层底拉应力相近的沥青稳定基层相比，路表水和地下水容易进入级配碎石基层内，到达半刚性基层顶面，将造成冻胀、水损等病害。

因此，从理论分析和实际施工应用综合考虑，沥青稳定基层沥青路面结构更适合高寒高海拔地区。

（三）路面结构试算参数及结构厚度试算、拉应力计算

进行路面结构初拟时，必须根据经验及相关规范的要求假定厚度比较稳定而安全系数又较大的结构层厚度，只能对其中一层较典型的结构层的厚度依据计算弯沉值小于设计弯沉值的原则进行试算。表 5-11 为结构厚度计算和拉应力验算参数，表 5-12～表 5-16 列出只有一层未知厚度的新增结构层参数及未知厚度层的计算。

表 5-11　结构厚度计算和拉应力验算参数

<table>
<tr><th colspan="3">参数</th><th>标准</th></tr>
<tr><td rowspan="2">设计年限内累计标准当量轴次换算值</td><td colspan="2">$N_{e设计}$（万次/一车道）</td><td>1450000</td></tr>
<tr><td colspan="2">$N_{e验算}$（万次/一车道）</td><td>341176</td></tr>
<tr><td>道路等级系数 A_c</td><td colspan="2">二级</td><td>1.1</td></tr>
<tr><td>面层类型系数 A_s</td><td colspan="2">沥青混凝土</td><td>1.0</td></tr>
<tr><td rowspan="3">基层类型系数 A_b</td><td colspan="2">半刚性基层+底基层厚度≥20cm</td><td>1.0</td></tr>
<tr><td colspan="2">面层、基层间级配碎石、沥青碎石厚度≤15cm</td><td>1.0</td></tr>
<tr><td colspan="2">柔性基层、底基层厚度>15cm</td><td>1.6</td></tr>
<tr><td>沥青混合料级配系数 A_a</td><td colspan="2">细中粒式沥青混凝土</td><td>1.0</td></tr>
<tr><td rowspan="2">抗拉强度结构系数 K_s</td><td>沥青混凝土面层</td><td>$0.09\ A_a N^{0.22}e_{验算}/\ A_c$</td><td>1.35</td></tr>
<tr><td>无机稳定集料</td><td>$0.35N^{0.11}e_{验算}/\ A_c$</td><td>1.29</td></tr>
</table>

注：结构层的极限抗拉强度（即劈裂强度）σ_{sp} 见表 5-3 和表 5-4。

表 5-12 新增结构 1 结构层参数及未知厚度层的计算

结构层参数	AC-13（改性）	AC-16	沥青碎石	水泥稳定砂砾	级配砂砾	土基
厚度/cm	4	5	待算	20	20	—
20℃弹性模量/MPa	1300	1100	700	1300	200	50
劈裂强度/MPa	1.3	1	—	0.6	—	—
设计弯沉值 L_d/（0.01mm）	38.7					
弯沉修正系数	$F=1.63\left[L_d/(2000\times\delta)\right]^{0.38}(E_0/P)^{0.36}$				0.69	
满足 $F\times L_s\leqslant L_d$ 的试算结构层厚度/cm	12.2					
沥青碎石层厚度为 15cm 时结构层底拉应力计算结果						
层底容许拉应力 σ_R/MPa	0.9625	0.7407	—	0.4651	—	—
以试算厚度 h 计算的层底拉应力 σ/MPa	−0.2989	−0.2759	—	0.0280	—	—
是否满足 $\sigma\leqslant\sigma_R$?	满足	满足	—	满足	—	—

表 5-13 新增结构 2 结构层参数及未知厚度层的计算

结构层参数	AC-13（改性）	AC-16	级配碎石	水泥稳定砂砾	级配砂砾	土基
厚度/cm	4	5	待算	20	20	—
20℃弹性模量/MPa	1300	1100	300	1300	200	50
劈裂强度/MPa	1.3	1	—	0.6	—	—
设计弯沉值 L_d/（0.01mm）	38.7					
弯沉修正系数	$F=1.63(L_d/2000\delta)^{0.38}(E_0/P)^{0.36}$				0.69	
满足 $F\times L_s\leqslant L_d$ 的试算结构层厚度/cm	14.1					
级配碎石层厚度为 15cm 时各结构层层底拉应力计算结果						
层底容许拉应力 σ_R/MPa	0.9625	0.7407	—	0.4651	—	—
以试算厚度 h 计算的层底拉应力 σ/MPa	−0.3099	−0.2713	—	0.0196	—	—
是否满足 $\sigma\leqslant\sigma_R$?	满足	满足	—	满足	—	—

表 5-14 新增结构 3 结构层参数及未知厚度结构层的计算

结构层参数	AC-13（改性）	沥青稳定碎石	水泥稳定砂砾	级配砂砾	土基
厚度/cm	4	8	待算	20	—
20℃弹性模量/MPa	1300	700	1300	200	50
劈裂强度/MPa	1.3	—	0.6	—	—
设计弯沉值 L_d/（0.01mm）	38.7				
满足 $F\times L_s\leqslant L_d$ 的试算结构层厚度/cm	18.7				

续表

结构层参数	AC-13（改性）	沥青稳定碎石	水泥稳定砂砾	级配砂砾	土基
弯沉修正系数	F=1.63（L_d/2000δ）$^{0.38}$（$E_{0/P}$）$^{0.36}$				0.69
水泥稳定砂砾为 20cm 时的层底拉应力计算结果					
层底容许拉应力 σ_R/MPa	0.9625	—	0.4651	—	—
以试算厚度 h 计算的层底拉应力 σ/MPa	−0.4192	—	0.2562	—	—
是否满足 $\sigma\leqslant\sigma_R$？	满足	—	满足	—	—

表 5-15　新增结构 4 结构层参数及未知厚度结构层的计算

结构层参数	AC-13（改性）	AC-16	水泥稳定砂砾	级配砂砾	土基
厚度/cm	4	5	待算	20	—
20℃弹性模量/MPa	1300	1100	1300	170	50
劈裂强度/MPa	1.3	1.0	0.6	—	—
设计弯沉值 L_d/（0.01mm）	38.7				
弯沉修正系数	F=1.63（L_d/2000δ）$^{0.38}$（E_0/P）$^{0.36}$				0.69
满足 $F\times L_s\leqslant L_d$ 的试算结构层厚度/cm	水泥稳定砂砾 22.5				
水泥稳定砂砾层厚为 25cm 时结构层底拉应力计算结果					
层底容许拉应力 σ_R/MPa	0.9625	0.7407	0.4651	—	—
以试算厚度 h 计算的层底拉应力 σ/MPa	−0.3139	−0.2163	0.0169	—	—
是否满足 $\sigma\leqslant\sigma_R$？	满足	满足	满足	—	—

表 5-16　新增结构 5 结构层参数及未知厚度结构层的计算

结构层参数	AC-13（改性）	AC-16	沥青碎石	级配碎石	级配砂砾	土基
厚度/cm	4	5	10	待算	15	—
20℃弹性模量/MPa	1300	1100	700	250	200	50
劈裂强度/MPa	1.3	1.0	—	—	—	—
设计弯沉值 L_d/（0.01mm）	61.857					
弯沉修正系数	F=1.63（L_d/2000δ）$^{0.38}$（E_0/P）$^{0.36}$				0.82	
满足 $F\times L_s\leqslant L_d$ 的试算结构层厚度/cm	13.52					
级配碎石厚度为 15cm 时的层底拉应力计算结果						
层底容许拉应力 σ_R/MPa	0.9625	0.7407	—	—	—	—
以试算厚度 h 计算的层底拉应力 σ/MPa	−0.6763	−0.3327	—	—	—	—
是否满足 $\sigma\leqslant\sigma_R$？	满足	满足	—	—	—	—

注：对该结构进行计算时，如果假定沥青碎石厚度为 10cm、级配砂砾厚度为 20cm 或者级配碎石厚度为 30cm，而计算其他任意一层厚度时，都能满足设计弯沉值，因此，上述假定厚度变为沥青碎石厚度为 10cm、级配砂砾厚度为 15cm，然后试算级配碎石的厚度。

（四）拟定试验路路面结构

通过上述计算和拉应力的验算，综合考虑既能承受交通荷载的作用，又能克服该地区的低温收缩及水泥稳定类基层的反射裂缝等多方面的因素，初拟了 5 种新增的结构（表 5-17），拟定试验路新增路面结构布置图如图 5-11 所示。

表 5-17　拟定试验路路面结构一览表

结构名称	结构组合
原结构	4cm AC-13（改性沥青）+5cm AC-16+20cm 水泥稳定砂砾+20cm 级配砂砾
新增结构 1	4cm AC-13（改性沥青）+5cm AC-16+10cm 沥青碎石+20cm 水泥稳定砂砾+20cm 级配砂砾
新增结构 2	4cm AC-13（改性沥青）+5cm AC-16+15m 级配碎石+20cm 水泥稳定砂砾+20cm 级配砂砾
新增结构 3	4cm AC-13（改性沥青）+8cm 沥青碎石+20cm 水泥稳定砂砾+20cm 级配砂砾
新增结构 4	4cm AC-13（掺纤维）+5cm AC-16+25cm 水泥稳定砂砾+20cm 级配砂砾
新增结构 5	4cm AC-13（改性沥青）+5cm AC-16+10cm 沥青碎石+15cm 级配碎石+15cm 级配砂砾

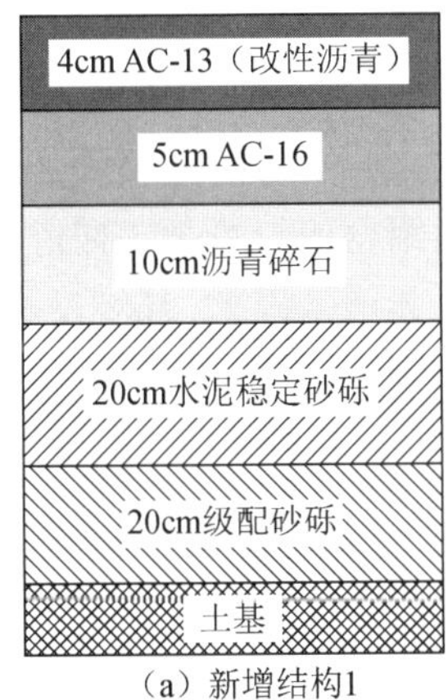

（a）新增结构1

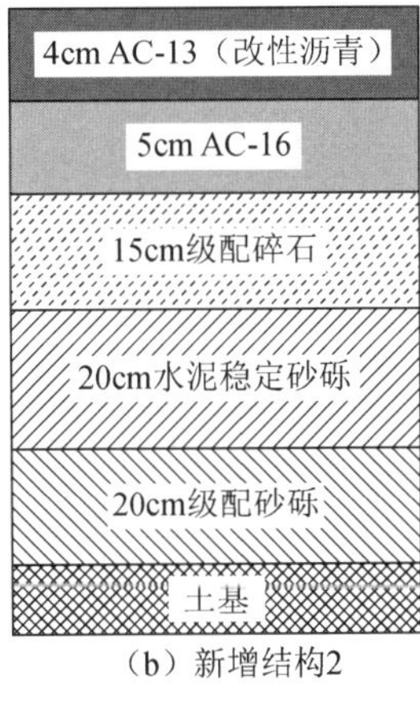

（b）新增结构2

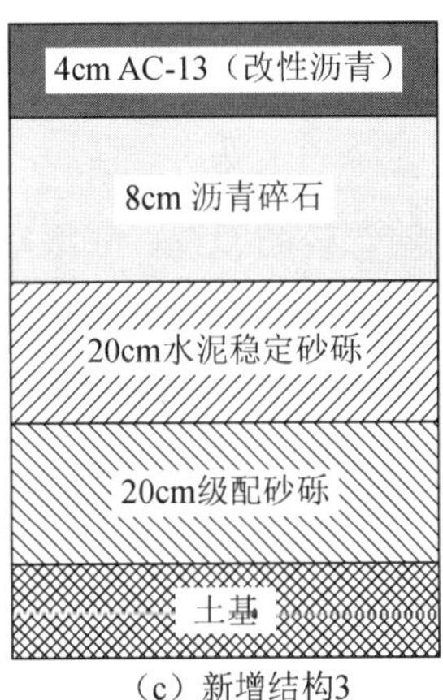

（c）新增结构3

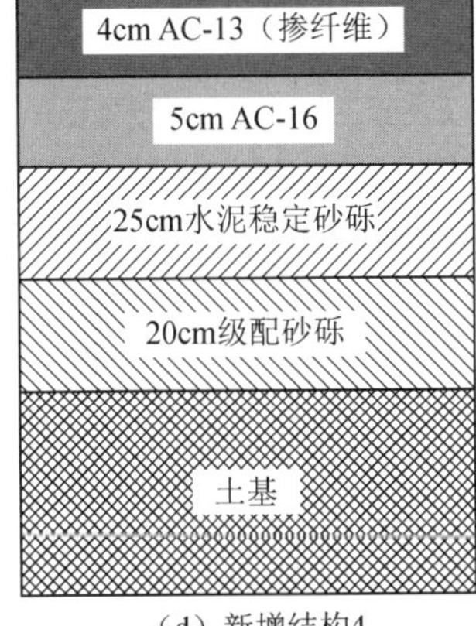

（d）新增结构4

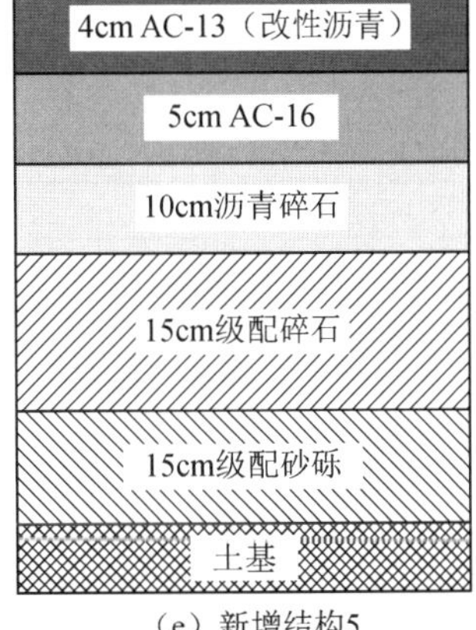

（e）新增结构5

图 5-11　拟定试验路新增路面结构组合示意图

（五）试验路路面破损调查结果分析

通过对试验路段调查（表 5-18）发现，主要病害为路面低温开裂、水损坏及其他功能性破坏等，其总体原因是路基承载力、路面结构强度与交通荷载作用之间失去平衡，或交通量迅速增加，或者路面结构、路面材料不合理及施工难以满足要求。

表 5-18 试验路裂缝状况调查

<table>
<tr><th>位置</th><th>结构</th><th>裂缝位置、状态</th><th>位置</th><th>结构</th><th>裂缝位置、状态</th></tr>
<tr><td>K2897+910</td><td>新增结构 1</td><td>左半幅</td><td>K2899+000</td><td>新增结构 4</td><td>中线，轻微</td></tr>
<tr><td>K2898+045</td><td rowspan="2">新增结构 2</td><td>左半幅</td><td>K2899+015</td><td rowspan="5">新增结构 5</td><td>左侧</td></tr>
<tr><td>K2898+440</td><td>左路肩</td><td>K2899+230</td><td>裂缝贯通</td></tr>
<tr><td>K2898+685</td><td rowspan="3">新增结构 3</td><td>裂缝贯通</td><td>K2899+270</td><td>中线</td></tr>
<tr><td>K2898+890</td><td>裂缝贯通</td><td>K2899+410</td><td>裂缝贯通</td></tr>
<tr><td>K2898+945</td><td>裂缝贯通</td><td>K2899+455</td><td>右侧</td></tr>
</table>

五、推荐沥青路面典型结构组合

新增结构 1、新增结构 2 路段的开裂均在左半幅或左路肩处，分析原因可能是该路段的左侧为高填方路基，开裂可能由路基或边坡的沉降造成的。而新增结构 4 只有中线的位置有轻微裂缝；新增结构 5 开裂相对严重些，加之其结构组合比较复杂，对施工组织不利；新增结构 3 的裂缝比较严重，基本贯通。综合考虑，新增结构 1、新增结构 2、新增结构 4 更加适合高寒高海拔地区，见表 5-19。

表 5-19 青藏线推荐典型结构组合 （单位：cm）

<table>
<tr><th>结构编号</th><th>组合类型</th><th>土基模量
35～45MPa</th><th>土基模量
45～55MPa</th><th>土基模量
55～65MPa</th><th>最小防冻厚度/cm</th></tr>
<tr><td rowspan="5">新增结构 1</td><td>AC-13（改性沥青）</td><td>4</td><td>4</td><td>4</td><td rowspan="14">$h_d=abcf^{0.5}$=24.8cm
（f 取 2600℃ · d）</td></tr>
<tr><td>AC-16</td><td>5</td><td>5</td><td>5</td></tr>
<tr><td>沥青碎石</td><td>10</td><td>5</td><td>5</td></tr>
<tr><td>水泥稳定砂砾</td><td>25～17</td><td>25～18</td><td>18～15</td></tr>
<tr><td>级配砂砾</td><td>20</td><td>10</td><td>10</td></tr>
<tr><td rowspan="5">新增结构 2</td><td>AC-13（改性沥青）</td><td>4</td><td>4</td><td>4</td></tr>
<tr><td>AC-16</td><td>5</td><td>5</td><td>5</td></tr>
<tr><td>级配碎石</td><td>10</td><td>10</td><td>10</td></tr>
<tr><td>水泥稳定砂砾</td><td>34～25</td><td>25～17</td><td>17～15</td></tr>
<tr><td>级配砂砾</td><td>20</td><td>20</td><td>20</td></tr>
<tr><td rowspan="4">新增结构 4</td><td>AC-13（掺纤维）</td><td>4</td><td>4</td><td>4</td></tr>
<tr><td>AC-16</td><td>5</td><td>5</td><td>5</td></tr>
<tr><td>水泥稳定砂砾</td><td>35～26</td><td>26～21</td><td>21～16</td></tr>
<tr><td>级配砂砾</td><td>20</td><td>20</td><td>20</td></tr>
</table>

注：h_d 表示从路表至道路冻结层深度（cm）；a 表示路面结构层的材料热物性系数；b 表示路面横断面（填、挖）系数；c 表示路基潮湿类型系数；f 表示路面 10 年冻结指数平均值，即冬季负温度的累积平均值（℃ · d）。

第二节　混凝土桥沥青铺装层的设计及施工控制

本节首先针对混凝土桥受力特殊性，对其沥青铺装层结构设计采用拉应力、剪应力双指标控制，且在抗剪指标中考虑混合料及其界面浸水 72h 最不利状态；其次，在沥青铺装层黏结层及防水黏结层混合料设计中引入了麦克劳德法（McLeod）与中心旋转试验法（the central composite rotatable design techniques，CCRDT）；最后，对混凝土桥沥青铺装层施工及其质量控制推荐技术要求。

一、混凝土桥沥青铺装层结构设计

（一）设计控制指标及准则

1）沥青铺装层表面抗拉控制：目前混凝土桥沥青铺装层裂缝类病害占 82%，因此为了克服荷载裂缝与温度裂缝的产生，应该确保沥青铺装层内最大拉应力 σ_{max} 不超过沥青混凝土的容许拉应力$[\sigma_R]$，即

$$\sigma_{max} \leqslant [\sigma_R], \quad [\sigma_R] = \frac{\sigma_{sp}}{K_s}, \quad K_s = \frac{0.09N_e^{0.22}}{A_c} \tag{5-5}$$

式中：σ_{max} 为力学分析计算的沥青铺装层表面最大拉应力（MPa）；$[\sigma_R]$为沥青混凝土的容许拉应力（MPa）；σ_{sp} 为沥青混凝土劈裂强度（MPa）；K_s 为沥青混凝土抗拉强度系数；A_c 为公路等级系数，高速、一级公路为 1.0，二级公路为 1.1，三、四级公路为 1.2；N_e 为设计年限内一个车道累计标准当量轴次（次）。

2）层间抗剪控制：沥青铺装层另一主导型病害为层间剪切破坏，在进行沥青铺装层剪应力计算时，要求铺装层在车轮法向荷载、纵向及径向切向荷载共同作用下，其可能产生的最大剪应力 τ_{max} 不超过铺装层材料的容许剪应力$[\tau_R]$，即

$$\tau_{max} \leqslant [\tau_R], \quad [\tau_R] = \frac{c_{72} + \sigma_\alpha^{tg}\varphi_{72}}{K_f}, \quad K_{f=0.2} = \frac{0.39N_e^{0.15}}{A_c}, \quad K_{f=0.5} = \frac{1.2}{A_c} \tag{5-6}$$

式中：τ_{max} 为沥青铺装层层间最大剪应力，采用有限元计算时应输入铺装层材料 60℃水浴 72h 后再在 25℃空气浴中 2h 的黏聚力 c_{72} 和内摩阻角 φ_{72}，c_{72} 和 φ_{72} 由界面分析试验确定；σ_α 为剪切破坏时的正应力；K_f 为沥青混凝土抗剪强度系数，f=0.2 是轮胎慢速制动，f=0.5 是急制动。

（二）设计控制指标计算

在设计中可以采用不同方法来计算混凝土弯坡桥沥青铺装层的最大拉应力 σ_{max} 及最大剪应力 τ_{max}。尽管 MIDAS、桥梁博士等一些专门用于桥梁力学计算的软件在计算精度、便捷程度和成熟度方面比较好，但是其大多适用于直线桥，而不适合于弯坡桥这种特殊线形，因此 ABAQUS、ANSYSE 等有限元软件更适合异型桥的建模与计算，其基本计算步骤如下。

1. 建立混凝土桥整桥（或 2 跨以上）及局部梁段有限元 3D 模型

混凝土桥完全可通过 ABAQUS/CAE 来实现。以每跨长 20m，跨中有 0.3m 宽的横隔板，跨间有 2m 横隔板，且其底部有直径为 1.5m 的支座，圆曲线半径为 200m 为例（本例为混凝土弯坡桥），建立的两跨 3D 弯桥模型如图 5-12 所示。考虑到不同纵坡、横坡弯坡桥模型的难度，先建立平弯桥模型，然后通过施加水平纵向、水平横向荷载来考虑纵坡和横坡的影响。两跨模型由半径均为 200m 的 4 个半跨（4×8.85m）、3 个 2m 跨间横隔板及 2 个跨中横隔板组成。建模过程中注意：生成部件的坐标系与轮胎建模的坐标系不同，桥面坐标系中 x 为横向（垂直行车方向），y 为竖向，z 为纵向（行车方向）；采用 Revolution 将横断面 Sketch 沿水平方向分别旋转 2.5366°、0.5732°、0.086° 形成半跨、跨间横隔板、跨中横隔板模型。

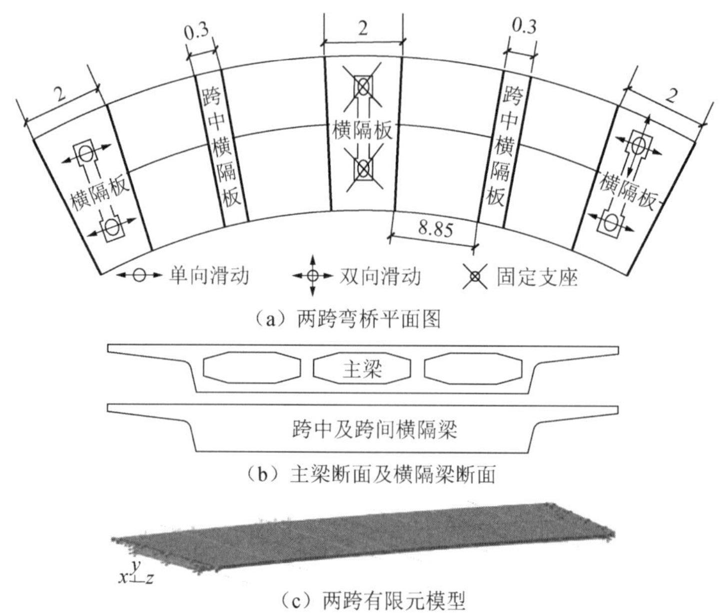

图 5-12 混凝土单箱三室箱梁断面及连续两跨有限元模型（单位：m）

2. 铺装层当量模量

通过设计期内累计标准当量轴次 N_e 计算弯坡桥沥青铺装层长期加载时间 t 来计算当量模量。

沥青铺装层材料是一种黏弹性材料，其力学特性不但与荷载大小、特性有关，而且受加载时间、加载温度等显著影响，而加载温度又直接影响着材料的特性，因此需要对铺装层材料的平道、坡道加载效应进行分析。由如图 5-13 所示牵引车发动机功率特性曲线可知，发动机有效功率 P_e、驱动力 F_t 及车速 V 存在如下关系：

$$P_e = \frac{T \cdot n}{9550}, \quad F_t = \frac{T \cdot i_0 i_1 \cdot \eta}{r}, \quad V = 0.377\frac{n \cdot r}{i_0 i_1} \Rightarrow P_e = F_t \cdot V \tag{5-7}$$

式中：P_e 为发动机有效功率（kW）；F_t 为驱动轮驱动力（N）；T 为发动机转矩（N·m）；

n 为转速（r/min）；i_0、i_1 为第一、第二变速比；η 为机械效率（%）；r 为轮胎转动半径（m）；V 为车速（km/h）。

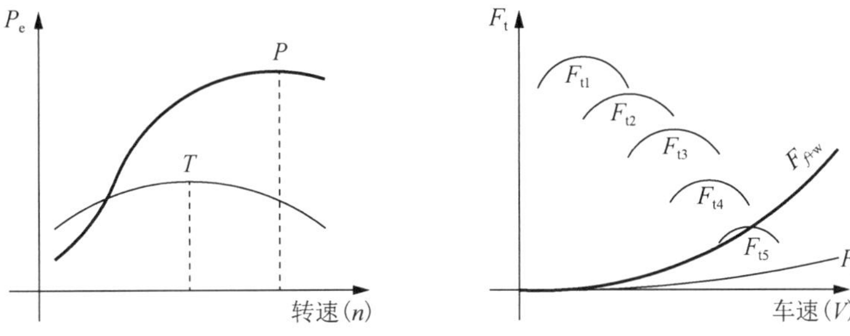

图 5-13　牵引车发动机功率特性曲线

1）汽车匀速爬坡极限车速计算：根据对目前市场上 6 轴汽车列车的牵引车调查发现，发动机功率普遍为 290～420 匹（1 匹≈735W），即 213.15～308.7kW，本节选择的动力为 260kW。对于一辆给定汽车，其发动机最大输出有效功率 P_e 一定，但不同纵坡时汽车需要克服的所有阻力的最大驱动力是不同的，那么由式（5-7）可计算不同纵坡上匀速爬坡的极限车速 V。

2）汽车瞬态加载时间 Δt 计算：对于铺装层上轮胎前缘某一点来说，汽车的瞬态加载时间 Δt 依据胎/面接触区纵向距离 L 与车速 V 之比计算，即 $\Delta t=3.6L/V$。

3）汽车长期加载时间 t 计算：车辆荷载作用于铺装层是通过轮胎的多次累积作用实现的，这与设计期内累计标准当量轴次 N_e 有关，采用吴昊的计算公式 $t=3.6L\times N_e/V$。

4）等效温度 T 换算：1955 年，由化学家 Williams、Landel 和 Ferry 共同提出，且以他们名字首字母组合命名的 WLF 公式，即

$$\lg\alpha_T=\frac{-C_1(T-T_g)}{C_2+T-T_g} \tag{5-8}$$

式中：T_g 为基准温度，本章取夏季 7～8 月最不利气温 42℃；$\alpha_T=t_2/t_1$，t_1 为瞬态加载时间，t_2 为标准加载时间；对于沥青黏弹性材料 C_1=8.86，C_2=101.6。

5）铺装层当量模量 E 换算：沥青材料模量与其加载时间、温度密切相关，长时间、低温加载相当于短时间、高温加载效果，据郑元勋 2008 年提出的 10cm 沥青路面模量与气温回归模型 $E=8823e^{-0.0287T}$ 计算了不同等效温度 T 下当量模量 E，不同纵坡下匀速爬坡铺装层材料加载效应参数见表 5-20。

表 5-20　不同纵坡下匀速爬坡铺装层材料加载效应参数

项目	纵坡 i /%										
	0	1	2	3	4	5	6	7	8	9	10
最大驱动力/kN	9.44	12.13	15.15	18.32	21.59	24.89	28.22	31.54	34.89	38.21	41.54
极限车速 V/（km/h）	99.16	77.14	61.78	51.09	43.36	37.61	33.17	29.68	26.83	24.50	22.53

续表

项目	纵坡 i /%										
	0	1	2	3	4	5	6	7	8	9	10
瞬态加载时间 Δt/s	0.0073	0.0093	0.0117	0.0141	0.0166	0.0191	0.0217	0.0243	0.0268	0.0294	0.0320
长期加载时间 t/s	7261	9333	11654	14092	16607	19143	21706	24262	26835	29393	31957
等效温度 T/℃	42.0	43.3	44.4	45.4	46.3	47.1	47.8	48.4	49.0	49.5	50.0
当量模量 E/MPa	2649	2555	2472	2403	2343	2291	2246	2206	2171	2139	2109

3. 采用界面分析试验法检测材料内聚力 c 与内摩擦角 φ

有限元分析沥青混合料等黏塑性、弹塑性材料时一般采用莫尔-库仑弹塑性本构模型（简称 M-C 模型），其中 M-C 模型参数 c、φ 可由三轴试验、单轴贯入与单轴抗压强度试验组合或界面分析试验来确定，但三轴试验对于沥青混合料或土工材料较适合，而对于沥青铺装层则主要采用后两种。

（1）单轴贯入与单轴抗压强度试验组合

《城镇道路路面设计规范》（CJJ 169—2012）要求采用旋转压实或静压法成型直径为（100±2）mm、高为（100±2）mm 圆柱体试件，由 MTS 试验机通过贯入杆（d=28.5mm，l=50mm）对试件施加法向荷载，测定 60℃单轴贯入抗剪强度，如下式：

$$\tau_s = \gamma_1 \gamma_2 \frac{P}{A} \tag{5-9}$$

式中：τ_s 为试件单轴贯入抗剪强度（MPa）；P 为试件破坏时的最大荷载（N）；A 为贯入杆截面面积（mm^2）；γ_1 为抗剪强度参数，取 0.327；γ_2 为最大贯入压强折减率，取 0.8。

由试件数值模型计算 E 为 100～2000MPa、泊松比μ为 0.35 时黏结层处的主应力σ_1、σ_3，且得到最大剪应力为 0.327MPa，可认为与 E、μ无关，从而确定$\gamma_1 = 0.327$；再由贯入试验强度曲线拐点得到最大贯入压强（P/A），且取 0.8 倍折减率，即γ_2=0.8。

将贯入强度 P/A 与数值计算得到的主应力σ_1、σ_3相乘得到试件内部主应力σ_1'、σ_3'，再进行单轴抗压强度试验，并将抗压强度作为第一主应力$\sigma_c = \sigma_1$，且$\sigma_3 = 0$。由如图 5-14（a）所示单轴抗压摩尔圆中直角三角形 ABo_2 可得黏聚力系数 c 和内摩擦角 φ：

$$c = \frac{\sigma_c}{2}\left(\frac{1-\sin\varphi}{\cos\varphi}\right), \quad \varphi = \arcsin\frac{\sigma_1 - \sigma_3 - \sigma_c}{\sigma_1 + \sigma_3 - \sigma_c} \tag{5-10}$$

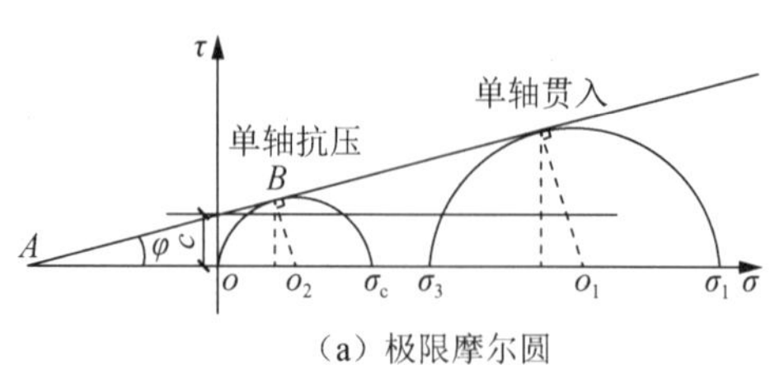

（a）极限摩尔圆

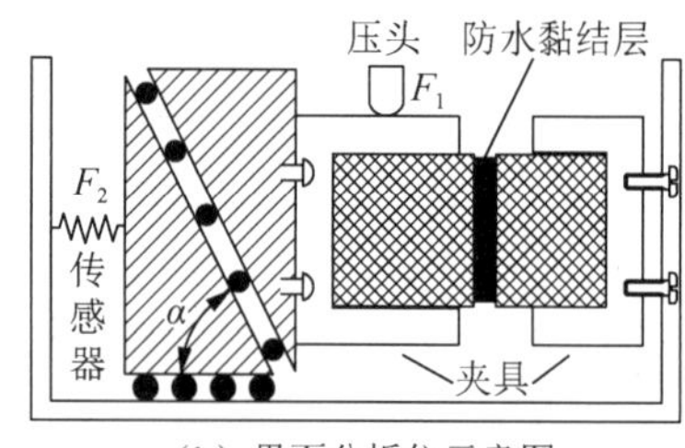

（b）界面分析仪示意图

图 5-14　单轴贯入与单轴抗压强度试验极限摩尔圆及界面分析仪示意图

（2）界面分析试验

对图 5-14（b）所示试件夹具以 4～4.5mm/min 的速率施加竖向荷载 F_1，右楔形支座沿着角 α 向下滑动的同时，左楔形支座则向左平移，此时传感器测得水平荷载 F_2。可由力学平衡原理及摩尔库仑定律得

$$\begin{cases} F_1 = \tau + F_2 \tan\alpha \\ \tau = c + F_2 \tan\varphi \end{cases} \tag{5-11}$$

整理式（5-11）可得

$$F_1 = c + F_2(\tan\alpha + \tan\varphi) \tag{5-12}$$

式中：F_1 为剪切破坏时的竖向荷载（N）；F_2 为剪切破坏时的水平荷载（N）；τ 为防水黏结层抗剪强度（MPa）；α 为楔形倾角，5°～30°；c 为防水黏结层黏聚力；φ 为防水黏结层内摩擦角。

这样，可由仪器测得 F_1 为横坐标、F_2 为纵坐标的 F_2-F_1 曲线，且由式（5-12）计算可得

$$F_2 = \frac{1}{\tan\alpha + \tan\varphi} \cdot F_1 - \frac{1}{\tan\alpha + \tan\varphi} \tag{5-13}$$

考虑到便利、准确性，本节采用界面分析试验检测沥青铺装层黏聚力 c 和内摩擦角 φ。

（1）基于浸水强度保有系数改进 M-C 模型

防水黏结层顾名思义应兼备防水、黏结功能，而目前设计、施工、试验检测、质量评定更注重黏结性，而忽视防水性。其实水分对防水黏结层黏结、抗剪、抗拉、抗压强度及抗压回弹模量等均有影响。Lieberman 和 Raab 等就水对抗剪强度影响进行了如图 5-15 所示的试验与研究。Scholz 于 1995 年开发了集长期老化与水损害于一体的 LINK 试验，并将其纳入英国 SG3/05/234 标准。Choi 开发了将试件在真空水浴饱和后，入 85℃水浴，在 2.1MPa 下保持 65h 的饱和老化拉伸劲度试验。我国魏翰超发现老化、浸水双重作用可使沥青混合料 c 值减小 20%，而 φ 值却增加 10%。也有学者认为水浴温度升高、浸水时间加长可使沥青混凝土试件劈裂强度及抗压回弹模量分别降低 22%～40%。这说明：①水对防水黏结层强度参数有着显著影响，在室内、现场检测中增加浸水条件是必要的，通过试验浸水条件模拟，证明初期水损害是可能的；②通过在有限元数值模拟中改变材料抗剪强度参数 c、φ 来模拟实际浸水条件的变化是可行的；③可推测水对铺装层材料强度也有影响。

（a）黏结

（b）扭转剪切

（c）直接剪切

图 5-15　试件浸水加压设备与水损害试验

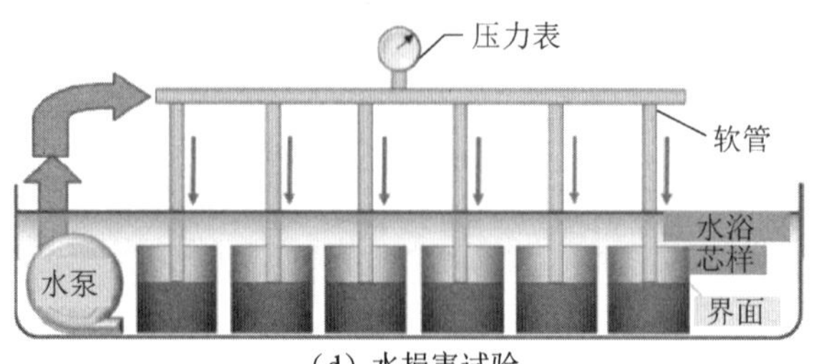

（d）水损害试验

图 5-15（续）

对于沥青混凝土铺装层及碎石封层类防水黏结层，其耐久性及强度受 c 和 φ 的影响，c 与 φ 在铺装层寿命期内并非不变，而与车辆、环境荷载密切相关。尽管在寿命期内材料整体性能呈衰减趋势，但外因、内因对材料模量 E、泊松比 μ、c 和 φ 等的影响程度和规律却是不同的，只有获得了铺装层材料的 c、φ 值，才能采用 M-C 模型进行模拟，也才能通过改变关键参数 c、φ 来实现在有限元中对降雨条件的数值模拟。当然，为在有限元中通过改变 M-C 参数 c、φ 来模拟水对铺装层的影响，或真正对沥青铺装层的防水性能实现数值模拟，很有必要通过浸水强度折减试验建立抗剪、黏结强度与不同浸水条件的关系。

浸水强度折减试验条件分别为：①标准条件，即试件在 25℃空气浴中养生 6h；②试件在 60℃水浴养生 12h 后，再 25℃水浴养生 2h；③试件在 60℃水浴养生生 24h 后，再 25℃水浴养生 2h；④试件在 60℃水浴养生 48h 后，再 25℃水浴养生 2h；⑤试件在 60℃水浴养生 72h 后，再 25℃水浴养生 2h。图 5-16 所示为浸水强度折减试验试件养护，考虑到当由 25℃升高为 60℃时抗剪强度迅速减小且数据比较离散，所有浸水强度试件首先在 60℃水浴中养生 12～72h，然后在 25℃水浴中养生 2h，最后进行拉拔、直剪及界面分析试验。

（a）60℃水浴（12～72h）

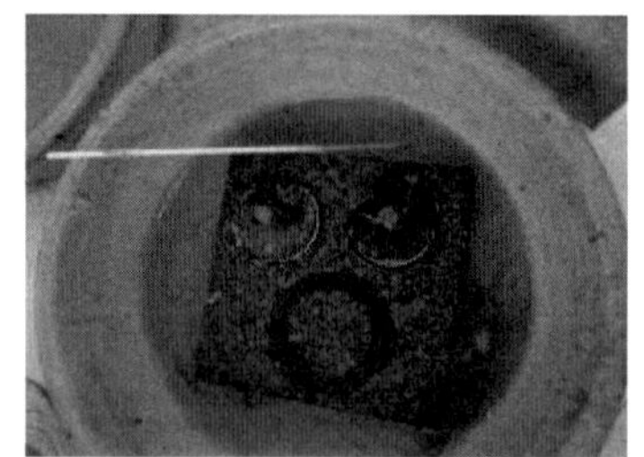
（b）25℃水浴（2h）

图 5-16　浸水强度折减试验试件养护

本节采用 SBS 改性沥青（SBS+A）、SBS 改性沥青碎石封层（SBS+A+集料）、橡胶沥青碎石封层（AR+集料）、SBR 改性乳化沥青碎石封层（SBR+A+集料）等防水黏结层，按照图 5-16 所示浸水条件进行养生，然后进行黏结强度、直剪强度及界面分析试验，试验结果如图 5-17 和图 5-18 所示，试验后试件界面破坏状态如图 5-19 所示。

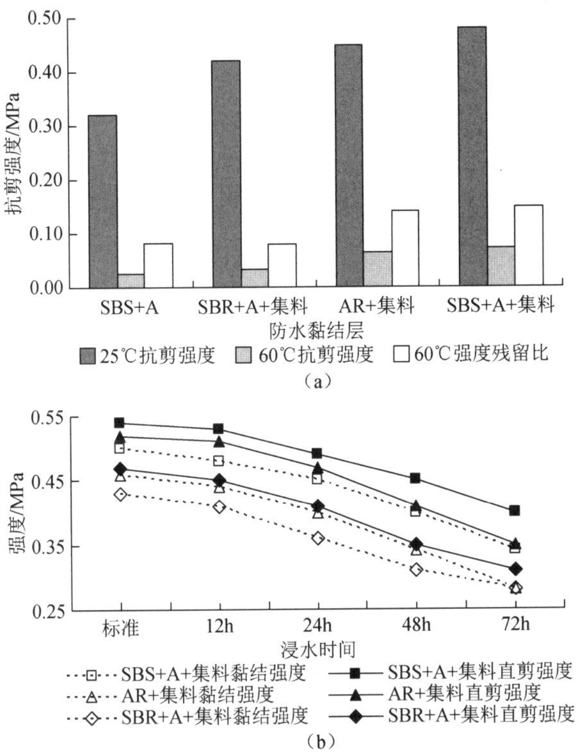

图 5-17　不同防水黏结层强度对温度和浸水时间的敏感性

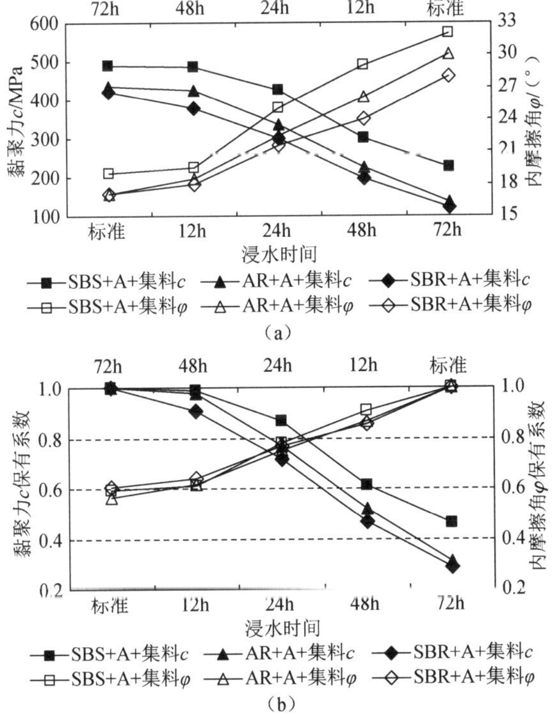

图 5-18　不同浸水时间下不同防水黏结层强度衰减规律

（a）不浸水

（b）浸水

图 5-19　不同典型界面破坏状态

由图 5-18 可知：三种防水黏结层的铺装层的直剪、黏结强度在标准养生条件下有差异，SBS 改性沥青碎石封层、SBR 改性乳化沥青碎石封层要比 AR 碎石封层的强度高出 15%，且三类防水层强度均随着浸水时间的增加而不同程度地衰减。SBS 改性沥青类强度在 60℃水浴中养生 12h 后衰减速率要小于其他防水层，说明其抗水损性能最为优异；SBR 改性乳化沥青类强度最小，从 412kPa 降低到 105kPa，究其原因主要是 SBR 改性乳化沥青类封层强度增长需要较长时间，试件成型前防水层尽管破乳，但是强度没有完全形成，另外破乳时沥青在集料表面留下微孔隙，也为后期的浸水留下了隐患，这与实际施工中出现的现象比较吻合。由图 5-18 可知，c 与 φ 随着浸水时间的增加而衰减，φ 普遍由 32° 降低到 16°，而 φ 值对浸水时间的敏感性较 c 值小，但三种防水层 c 与 φ 的衰减幅度相差较小。以上现象说明水损害通过水分浸透、动水压力等作用致使材料黏聚力 c 及内摩擦角 φ 产生不同程度衰减，最终导致防水层强度下降，同时也说明在有限元模型中通过改变 c 与 φ 来模拟防水层的抗水损性能是可行的。

另外，如图 5-19（a）所示，不浸水时界面破坏一般出现在防水层内部，而图 5-19（b）表明浸水后界面破坏通常发生在防水层与桥面板接合部。

根据边坡稳定性数值分析中由 Griffiths 等提出的强度折减弹塑性有限元法思想，沥青铺装层材料浸水强度衰减规律的计算公式如下：

$$c'' = \frac{c'}{F_t},\quad \varphi'' = \arctan\left|\frac{1}{F_t}\tan\varphi'\right| \tag{5-14}$$

式中：c'、φ' 分别为土体实际黏聚力和内摩阻角；c''、φ'' 分别为以折减系数折减后的黏聚力和内摩阻角；F_t 为强度折减系数。

沥青铺装层及碎石封层防水黏结层浸水抗剪强度折减规律与土体有所区别，高温条件下浸水将引起 c 的大幅度折减，但 φ 折减幅度较小，因此，抗剪强度与 c、φ 的折减率不是同步的。为了更好地表征材料浸水不同时间后残留强度的特征，本书提出了浸水黏聚力保有系数与浸水内摩阻角保有系数的概念，即浸水黏聚力保有系数（F_c^t）是指防水黏结层浸水 t 小时后黏聚力 c_t 值与 25℃时黏聚力 c 值之比；浸水内摩擦角保有系数（F_φ^t）是指防水黏结层浸水 t 小时后内摩擦角 φ_t 值与 25℃时内摩擦角 φ 值之比，如式(5-15)所示。

$$F_c^t = \frac{c_t}{c},\quad F_\varphi^t = \frac{\varphi_t}{\varphi} \tag{5-15}$$

式中：F_c^t 为浸水 t 小时黏聚力保有系数；F_φ^t 为浸水 t 小时内摩阻角保有系数；c 为标准条件下（25℃）黏聚力（MPa）；φ 为标准条件（25℃）下内摩阻角（°）；c_t 为 60℃水浴浸水 t 小时再在 25℃水浴 2h 的黏聚力（MPa）；φ_t 为 60℃水浴浸水 t 小时再在 25℃水浴 2h 的内摩阻角（°）。

（2）沥青铺装层与防水黏结层的 M-C 模型参数

基于沥青铺装层及防水黏结层浸水界面分析试验，结合不同铺装层的强度衰减规律得到保有系数，参数详见表 5-21。

表 5-21　沥青铺装层 M-C 模型参数

项目		浸水时间/h			
		0	24	48	72
黏聚力 c/kPa	铺装层	500	325	200	125
	防水黏结层	300	210	150	90
内摩擦角 φ/（°）	铺装层	40	34	30	26
	防水黏结层	20	16	14	12

1）对整桥施加如图 5-20 所示的汽车列车荷载模型，对于半径 R 的弯桥来说，还要根据式（5-16）计算弧型汽车和在模型中的旋转角 θ，从而确定最不利荷位。

$$\sin\theta \approx \frac{L}{R}$$

$$\theta \approx \arcsin\frac{L}{R} \tag{5-16}$$

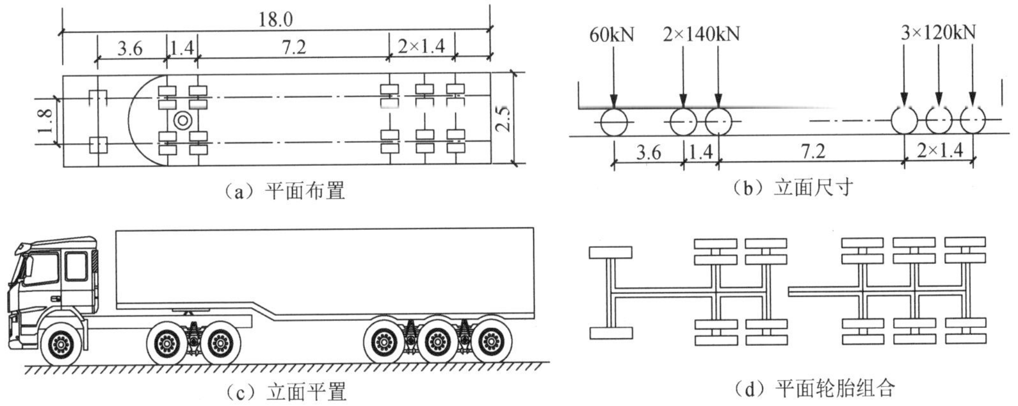

（a）平面布置

（b）立面尺寸

（c）立面平置

（d）平面轮胎组合

图 5-20　混凝土弯坡桥车辆荷载车-轴-轮-胎组模型及单轴轴载分布（单位：m）

假定牵引车主插销到后轴主插销距离为 L，而弯道半径或汽车转弯半径为 R，那么汽车要想实现中心转弯，则转向轮需要转过的转向角 θ 为

2）对于纵坡为 0～10%、横坡为 1%～10%、半径为 20m、50m、100m、200m、650m 的弯坡桥，需要计算法向荷载一次超载系数、纵向切向荷载系数、法向荷载二次超载系数、径向切向荷载系数及径向切向荷载分布系数，然后对局部梁段上的驱动轮胎/面接触区施加由法向、纵向切向及径向切向荷载组成的铺装层设计简化 3D 荷载，并采用相应

软件计算表面最大拉应力及层间最大剪应力。另外，如果计算站的配置能够解决计算成本问题，也可采用全耦合响应级荷载模型进行加载。

3）基于劈裂试验检测铺装层材料劈裂强度，且应用界面分析试验检测铺装层材料60℃水浴 72h 后再在 25℃空气浴中 2h 的黏聚力 c_{72} 及内摩擦角 φ_{72}，且根据 A_c、N_e、f 等计算容许拉应力$[\sigma_R]$和容许剪应力$[\tau_R]$；同时，通过调整铺装层厚度直至计算的铺装层最大剪应力等于容许剪应力，这样就可以在抗剪控制中通过提高计算剪应力、降低容许剪应力对铺装层材料的抗剪能力提出更高要求。

二、基于 CCRDT-McLeod 法设计防水黏结层

我国对混凝土桥面防水黏结层缺乏专门的设计，尤其是碎石封层类防水黏结层，普遍借鉴沥青路面层铺法技术要求直接施工，这是不合理的。本节将麦克劳德法（McLeod）法与中心混合旋转试验（CCRDT）法相结合，提出更加科学的、适用于混凝土桥面碎石封层类防水黏结层的设计法。

（一）基于 McLeod 法初拟集料撒布量与沥青洒布量

自从 20 世纪 20 年代以来，碎石封层设计经历了由经验法向理论法的发展，而理论设计主要有 Hanson 法、Kearby 法、McLeod 法、英国 Road Note39 法、澳大利亚 Austroads 法、新西兰 P17 法及南非 TRH3 法等。1930 年为了适应当时的液体沥青发展，新西兰 Hanson 认为 50%集料空隙碾压后减为 30%，开放交通后变为 20%，而 20%空隙中仅 70%被沥青填充，因此基于集料最小尺寸提出了沥青洒布量 R（L/m^2）与最小集料尺寸 ALD 的关系 R=ALD×0.2×0.7=0.14ALD，后来又基于构造深度因子 e（L/m^2）和交通量修正因子 T_f进行了修正，即 R=（0.138ALD+e）T_f，$e=0.21T_d-0.05$。经过 20 多年的发展，1953 年 Kearby 基于集料毛体积密度 W、集料 100%覆盖后集料质量 Q 确定集料参考撒布量 $S=27W/Q$，S 为每立方码集料可撒布的平方码数量（1 码=0.9144m）；同时，基于集料平均撒布厚度 d（in，1in≈0.025m）、集料嵌入比例 h 等确定沥青参考洒布量 A；1981 年基于交通修正因子 T 及表面构造修正因子 V 进行了相应的改进，如式（5-17）所示。

$$A = 5.61E\left(1 - W / 62.4G\right)T + V,\quad E = h \times d,\quad d = 1.33Q / W \qquad (5\text{-}17)$$

式中：A 为 60 华氏温度下沥青参考洒布量（gal/yd^2，$1gal/yd^2=4.52L/m^2$）。

本节引入 20 世纪 60 年代由 Norman McLeod 提出且被美国 SHRP 所采用的 McLeod 设计法。本节设计采用石灰岩集料，参数见表 5-22。在集料覆盖率为 60%和 80%时的计算如式（5-18）～式（5-21）所示。

表 5-22　McLeod 法初拟集料撒布量与沥青洒布量参数

粒径/mm	覆盖率 K/%	50%通过率粒径 M/mm	毛体积密度/（t/m^3）	松散密度 W/（kg/m^3）	集料吸收率 O/（kg/m^2）	桥面构造修正因子 S/（kg/m^2）	集料损失系数 E	集料针片状指数 FI/%	改性乳化沥青固含量 R/%
9.5～13.2	60	2.34	2.625	1600	0.03	0.05	1.00	10	100
	80	9.57							

集料松散空隙率为

$$\begin{cases} V_{60\%} = 1 - \dfrac{W \times 0.6}{1000G} = 63.4\% \\ V_{80\%} = 1 - \dfrac{W \times 0.8}{1000G} = 51.2\% \end{cases} \tag{5-18}$$

集料平均最小尺寸为

$$\begin{cases} H_{60\%} = \dfrac{M_{60\%}}{1.139258 + 0.011506\mathrm{FI}} = 2.05(\mathrm{mm}) \\ H_{80\%} = \dfrac{M_{80\%}}{1.139258 + 0.011506\mathrm{FI}} = 8.39(\mathrm{mm}) \end{cases} \tag{5-19}$$

集料撒布量为

$$\begin{cases} c_{60\%} = (1 - 0.8V_{60\%})EH_{60\%}GK = 6(\mathrm{kg/m^2}) \\ c_{80\%} = (1 - 0.8V_{80\%})EH_{80\%}GK = 10(\mathrm{kg/m^2}) \end{cases} \tag{5-20}$$

沥青洒布量为

$$\begin{cases} A_{60\%} = \dfrac{0.4H_{60\%}V_{60\%} + S + O}{R} = 0.6(\mathrm{kg/m^2}) \\ A_{80\%} = \dfrac{0.4H_{80\%}V_{80\%} + S + O}{R} = 1.8(\mathrm{kg/m^2}) \end{cases} \tag{5-21}$$

（二）基于 CCRDT 法初拟沥青洒布量及碎石撒布量组合

对于 AR 和 SBS 改性沥青同步碎石防水黏结层，在进行不同温度、浸水条件下抗剪/黏结强度、c 和 φ 检测，后进行配合比设计，即确定最佳沥青洒布量、最佳集料撒布量。由于设计中只涉及一个强度（抗剪/黏结）因变量，以及沥青洒布量、集料撒布量两个在施工容许范围内相互独立的自变量，设计时引入最早由 Robinson 于 2000 年基于统计法提出且普遍应用于农业、化工行业的 CCRDT 法。人们在安排大量试验方案时习惯采用正交试验设计法，主要是因为它对多因素、多水平试验设计比较科学和适用，但在确定两因素、多水平方案时，计算复杂的正交表就远比不上 CCRDT 法简单、快捷。下面结合设计过程对 CCRDT 法原理及详细过程进行阐述。

1）确定自变量及其影响域：选择沥青洒布量 A 和碎石撒布量 C 作为两个互相独立的自变量，由 McLeod 设计法确定沥青、集料初拟洒布量分别为：$A \in [0.6\mathrm{L/m^2}, 1.8\mathrm{L/m^2}]$，$C \in [6\mathrm{kg/m^2}, 10\mathrm{kg/m^2}]$；同时，确定黏结强度、直剪强度、斜剪强度及扭剪强度为因变量。

2）中心混合旋转试验法试验编码规则见表 5-23，CCRDT 设计的编码及两因素多水平之间派对规则如图 5-21 所示。

表 5-23　中心混合旋转试验法试验编码规则

项目	试验数								
	1	2	3	4	5	6	7	8	9～13
A_c^n	−1	+1	−1	+1	$-\psi$	$+\psi$	0	0	0
C_c^n	−1	−1	+1	+1	0	0	$-\psi$	$+\psi$	0

注：ψ 为设计水平值。

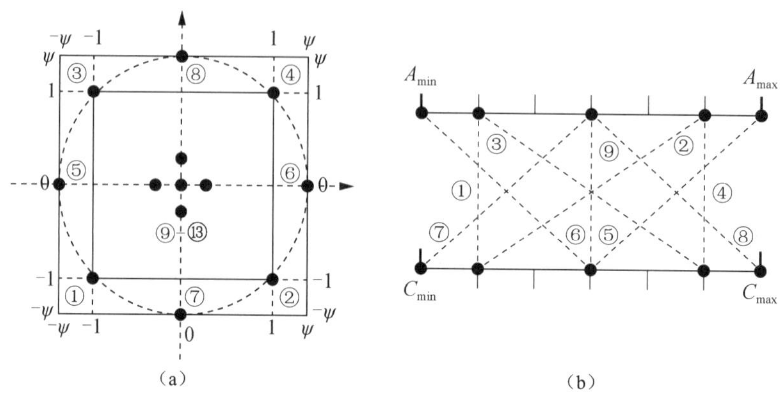

图 5-21　CCRDT 设计的编码及两因素多水平之间派对规则

3）计算试验实际洒（撒）布量：该试验方案共设计 13 组试验，1～4 组包括自变量中心值（+1 和−1）；5～8 组为设计开始点，其他开始点的所有因素都在设计中用作中点水平值，该因素有一个可任意选择的 ψ 水平；9～13 组为中心点，在中心可能有任何数量重复点，参考 Diamond 于 2001 年的研究结论对两个自变量取 5 个中心点。当 $\psi=2^{1/2}$ 时，该设计称为可旋转，说明在某一点的预测响应变异只依赖于该点距设计中心点的距离。为了将图 5-21 中编码条件量化为影响范围之内的数值，将 $\psi=2^{1/2}$ 设置为变量变化幅度的一半，且定义换算系数为

$$\begin{cases}\sqrt{2}A_s=\dfrac{1}{2}(A_{\max}-A_{\min}), & A_n=A_c^nA_s+\dfrac{1}{2}(A_{\max}+A_{\min})\\ \sqrt{2}C_s=\dfrac{1}{2}(C_{\max}-C_{\min}), & C_n=C_c^nC_s+\dfrac{1}{2}(C_{\max}+C_{\min})\end{cases} \tag{5-22}$$

式中：A_n 为第 n 组沥青洒布量；C_n 为第 n 组碎石撒布量；A_s 为沥青洒布量换算系数；C_s 为碎石撒布量换算系数；A_c^n 为第 n 组沥青洒布量编码值；C_c^n 为第 n 组碎石撒布量编码值；$A_{\min}$、$A_{\max}$ 为初拟沥青最小及最大洒布量（L/m^2）；$C_{\min}$、$C_{\max}$ 为初拟碎石最小及最大撒布量（kg/m^2）。

4）确定初拟沥青洒布量与碎石撒布量最佳组合（表 5-24），即 $A_{\min}$=0.6L/m^2、$A_{\max}$=1.8 L/m^2，$C_{\min}$=6 kg/m^2、$C_{\max}$=10 kg/m^2。

表 5-24　初拟沥青洒布量与碎石撒布量最佳组合

项目	试验数								
	1	2	3	4	5	6	7	8	9～13
试验编号	A0.8/C6.5	A1.6/C6.5	A0.8/C9.5	A1.6/C9.5	A0.6/C8	A1.8/C8	A1.2/C6	A1.2/C10	A1.2/C8
沥青洒布量 A_n/（L/m^2）	0.8	1.6	0.8	1.6	0.6	1.8	1.2	1.2	1.2
碎石撒布量 C_n/（kg/m^2）	6.6	6.6	9.4	9.4	8.0	8.0	6.0	10.0	8.0

5）强度衰减试验试件成型过程如图 5-22 所示。

（a）碎石撒布表现

（b）拉拔试件取芯

图 5-22　强度衰减试验试件成型过程

成型过程如下：①选择普通硅酸盐水泥制备强度为 C40、100mm×300mm×300mm 水泥混凝土试件，标准条件养护 21d，粗糙度（0.5±0.1）mm；②表面洒布 0.2kg/m^2 透层油（煤油∶沥青=6∶4），室温养护 48h；③分别选择 SBS 改性沥青（70 号基质沥青+3% SBS）、橡胶沥青（90 号基质沥青+外掺 25% 40 目胶粉）、改性乳化沥青（蒸发残留物 60%+3.5% SBR 胶乳）三种黏结料洒布于透层表面，再撒布 9.5～13.2mm 粒径集料，常温养护 24h；④加铺 50mm SMA-13。

6）进行如图 5-23 所示拉拔试验和直接剪切试验，界面分析试验、直剪试验、拉拔试验的加载速率分别为 6mm/min、8mm/min、10mm/min，如图 5-24 所示。

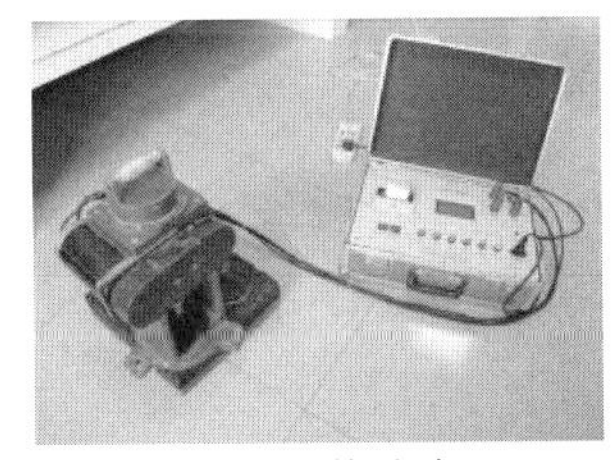

（a）拉拔试验

（b）直剪试验

图 5-23　拉拔试验和直剪剪切试验

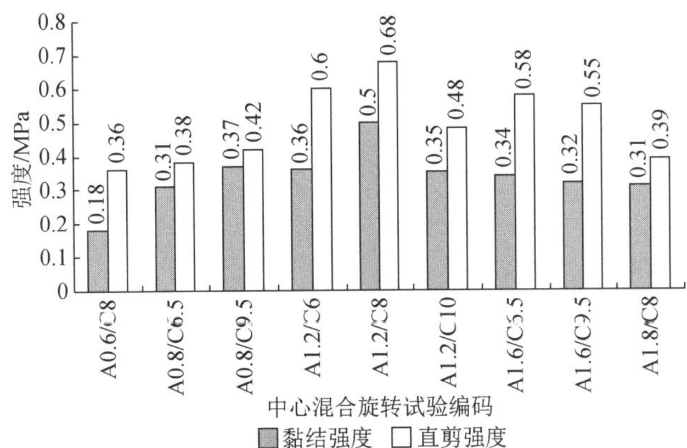

图 5-24　不同配比防水黏结层黏结及直剪强度

如采用传统完全交叉试验方法，需进行 25 组；如采用正交法，也需 25 组，但图 5-24 表明：①采用 CCRDT 法只需 9 组即可，且与全面试验法确定的最佳配比非常一致（篇幅所限，全面试验结果未列）；②对同一沥青洒布量，随着碎石撒布量增加，黏结、抗剪强度呈先增后减趋势，但均在 $8kg/m^2$ 附近出现峰值，这是因为碎石较少时，沥青膜厚度较大，强度较高，当增加到最佳撒布量时强度达到峰值，随后碎石增加将导致沥青膜迅速变薄，强度下降；③对同一碎石撒布量，强度随沥青洒布量变化规律基本与②一致，当沥青较少时，沥青膜厚度较小，强度较低，当沥青增加到最佳量 $1.2kg/m^2$ 时，强度达到峰值，而当沥青洒布量继续增加时，自由沥青增多，润滑作用将使强度下降。假设平均粒径为 8mm，碎石 100%覆盖时的碎石撒布量为 $12.8kg/m^2$，那么撒布量为 $8.0kg/m^2$ 时的碎石覆盖率为 62.5%（8/12.8），这与施工要求的 60%～70%非常吻合，因此确定碎石的最佳撒布量应为 $8.0kg/m^2$。

第六章　高寒高海拔地区沥青路面施工及质量控制

不论沥青路面设计理念与方法多么先进、材料参数选择多么接近实际值、交通量预测多么准确，如果最后的施工质量不能严格控制，那么，一切设计理念都将付之东流。尤其，对于具有特殊自然、地理、交通、施工条件的高寒高海拔地区来说，很有必要从高寒高海拔地区沥青路面材料选型、施工工艺、施工装备、施工质量控制体系等方面进行深入调查和研究，建立适合于高寒高海拔地区的沥青路面施工与质量控制体系。

第一节　G214 线共和—玉树高速公路基本概况

本章以 G214 线共和—玉树高速公路为依托，对高寒高海拔地区公路沥青路面面层和基层材料选取、配合比设计与验证、施工组织与质量控制等进行深入研究。

G214 共和—玉树高速公路位于高寒高海拔的青藏高原地区，起点位于青海省西宁市，经共和、玉树、多普玛（省界）进入西藏境内，再经昌都至终点云南景洪市。青海省内长 1084km，其中共和至玉树段长 675km。共和—玉树（结古）公路是 G214 线在青海境内的重要段落，路线穿越海南、果洛、玉树三个藏族自治州，是青海省规划的“三纵、四横、十联线”（简称“3410”）高速公路网中的南北纵二线（共和至多普玛）的重要组成部分，同时也是玉树地震灾后恢复重建总体规划中提出构建“一纵、一横、两联”生命线公路通道中“一纵”（G214 线共和至多普玛段）的重要组成部分。

G214 沿线地区冬长夏短，年平均最高气温为 0℃，6～9 月为沥青面层的最佳施工期，降水期也多集中在 6～9 月，雨热同期，为沥青路面的施工带来一定的影响。该地区虽是夏季施工，但地表温度偏低，加之刮风较为频繁，且风速较大，沥青混合料在摊铺碾压过程中温度散失较快，在较低温度下碾压效果不佳，最终易导致压实度不足。例如，根据该地区以往沥青路面施工经验来看，该地区拌和楼距施工作业段距离相对较远，施工单位经常采取较高的出料温度来保证现场的碾压情况，这将可能导致沥青混合料的过度短期老化。

共和—玉树公路鄂拉山至清水河段分布多年冻土，属青藏高原多年冻土区，处于青藏高原多年冻土带边缘，是中、低纬度地带高海拔高温不稳定退化性多年冻土区，冻土年平均地温基本在-1.8～-0.1℃。共和—玉树公路多年冻土分布见表 6-1。

表 6-1　共和—玉树公路多年冻土分布　（单位：km）

分布段落	少冰、多冰冻土区	富冰、饱冰冻土区	含土冰层冻土区	合计
鄂拉山至玛多段	65.222	57.615	0.990	123.827
玛多至清水河段	67.163	36.910	5.418	109.491
合计	132.385	94.525	6.408	233.318

第二节　原材料加工、堆放与装运

一、高寒高海拔地区碎石加工

1）在碎石加工前期，加强对表层碎石的开采、清理力度，保证进入破碎生产线的块石洁净。

2）合理配置破碎机组合。

二、高寒高海拔地区原材料储存与装运现状

通过对 G214 沿线施工环境的实地调研发现，施工单位对场地建设均没有给予充分的重视，存在不同程度的场地硬化不足、料场排水系统设置不完备、成品分档集料料仓之间缺乏有效的隔离措施、缺少对细集料的有效覆盖等问题。施工中，成品集料场的场地建设不完善易导致各种质量隐患，具体如下：

1）冷料堆之间由于隔离不充分，存在不同程度的串料现象，对拌和楼的稳定生产有一定的影响。

2）场地硬化不足、沥青随意堆放、前后场之间的主要道路硬化不足，都会对集料及新摊铺路面造成不同程度的污染。场地硬化不足，集料很容易被泥土污染，导致工程最后收尾时底脚集料含泥量偏高、含水率偏大，影响施工质量。沥青露天随意堆放，由于没有遮盖，沥青暴露在外，受太阳辐射影响，易老化。

3）青海省部分地区一年降雨集中的 7、8 月正好是该地区施工的黄金季节，但降雨过度集中，施工单位后场料堆没有覆盖，导致细集料无法及时晾干，含水率过高，不但造成拌和楼烘干时消耗大量燃油，增大了施工单位的经济成本，同时高含水率的细集料将严重影响集料与沥青的黏附性能，容易导致沥青膜的剥落，最终影响沥青混合料的耐久性。

4）青海地区普遍采用克拉玛依 110 号沥青等高标号沥青，施工单位大多没有采用先进的沥青脱桶技术进行处治，而是采用煤窑直接加热等原始的方式，这样易导致加热不均匀、温度不易控制及沥青提前老化等问题。

三、高寒高海拔地区沥青路面原材料存放与准备

1．集料的存放与装运

需要正确地储存原材料，既要确保原材料加工的均匀性，避免材料污染，又要保证不同规格成品集料单独隔离堆放，并尽量避免和减少集料的离析。装载机的装卸方式对料堆的离析和料堆级配的变化很关键，集料应垂直地在料流下移走，其中操作员应当对整个料堆面进行相关工作，不能污染料堆。

当料堆取样确定冷料仓的比例时，尽量取多点平均值，否则筛分结果难以代表料堆

整体矿料级配。尤其对于大粒径的 1 号料，可以用两个冷料仓同时提供 1 号料，这样可以减少堆料的离析。为防止集料污染及串料，拌和厂通常会清洁硬化集料堆放场地，保证排水设施通畅，防止泥土污染集料。堆放场地应制定有效的措施防止集料混掺，场地应有足够空间分开堆放不同规格的集料，不同料堆之间必须分隔储存，防止集料交叉污染。通过设防雨顶棚，确保细集料的质量。

2. 沥青胶结料的存放与准备

拌和厂中储存的沥青胶结料数量既要满足拌和厂均衡生产的需要，又要考虑到由于运输拖期和试验所占用的时间。拌和厂应设置多个沥青胶结料罐，一个作为工作罐，其余的作为储存罐。若该工程所需的沥青胶结料不止一个等级，则每个等级的沥青胶结料应分别储存，至少要分别配一个储存罐，确保沥青胶结料不会混掺。对于改性沥青胶结料，为避免长期储存而发生不同程度的离析，改性沥青储存期不要超过 1 个月。

当有多个不同等级的沥青胶结料储存罐时，必须要有分别的管道装置。有时为了使用合适的改性胶结料，也需要能改变沥青管道，每一个储存罐都要求有一个取样阀门。沥青胶结料在储存过程中可能会要求有不同的储存温度，有些胶结料要求储存温度较高，而有些胶结料要求储存温度较低，因此，不同储存罐应具有独立的温度控制系统，沥青胶结料的储存温度可根据供应商提供的数据来设定。

第三节　沥青混合料设计与沥青面层施工及质量控制

一、关键筛孔对沥青混合料性能的影响分析

G214 线部分标段 AC-13 沥青混合料目标配合比设计见表 6-2，其所用沥青均为克拉玛依 110 号，级配如图 6-1 所示。

表 6-2　青海省 G214 线部分标段 AC-13 沥青混合料目标配合比设计　（单位：%）

标段	通过方孔筛的百分率									
	16.0mm	13.2mm	9.5mm	4.75mm	2.36mm	1.18mm	0.6mm	0.3mm	0.15mm	0.075mm
A3 标	100	97	78.6	54.1	34.2	25.7	19.2	12.1	8.7	5.9
A8 标	100	96.3	77.8	49.6	35.4	19.7	12.3	9.2	8.1	5.8
A9 标	100	96	77.9	49.1	26.7	17.6	12.7	9.1	7.3	5.5
B1 标	100	96.5	74.8	44.4	32.7	20.7	15.5	11.3	8.8	6.1
B2 标	100	92.7	75.2	46.8	36.3	27	18	12.3	9.3	6.3
B4 标	100	93.8	77.8	45.5	33.2	24.3	17.4	12.4	8.9	5.4
级配上限	100	100	85	68	50	38	28	20	15	8
级配下限	100	90	68	38	24	15	10	7	5	4

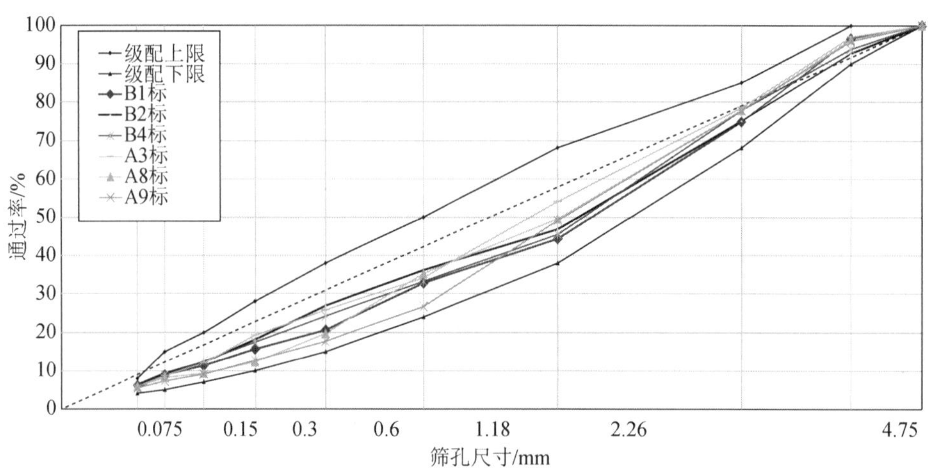

图 6-1　青海省 G214 线部分标段目标配合比级配图

由图 6-1 可知：G214 线沥青混合料的级配范围控制基本呈 S 形分布，其关键筛孔 4.75mm 通过率基本在中值以下，均靠近级配下限，0.075mm 筛孔的通过率稳定在 6%左右，对其混合料性能指标进行检测，结果见表 6-3。

表 6-3　G214 线部分标段 AC-13 目标配合比检测结果

标段	低温小梁破坏应变/με	动稳定度/（次/mm）	浸水-残留稳定度/%	劈裂冻融 TSR/%	混合料空隙率/%	油石比/%
A3 标	2727.3	1359	89.8	81.0	3.9	5.3
A8 标	2433.3	1489	83.7	78.1	4.0	5.2
A9 标	2334.8	1320	87.4	72.7	3.9	5.2
B1 标	2656.5	1336	87.8	75.1	4.1	5.3
B2 标	2568.3	1732	84.8	76.6	3.9	5.4
B4 标	2527.8	1493	86.4	78.7	3.9	5.4
要求	≥2300	≥1000	≥80	≥70	4%±1%	—

由表 6-3 可知，除个别标段混合料性能因原材料的差异性而略有差异外，混合料的各项性能基本满足现行规范要求。但考虑到级配对混合料性能影响的重要性，对各性能指标结果及关键筛孔通过率进行数据化处理，将各单元数据分别除以各组数据的平均值，转化为比值形式（即相关性）并进行同向趋势比较分析，即各标段级配的关键筛孔 9.5mm、4.75mm、2.36mm、1.18mm、0.075mm 通过率分别除以各标段对应关键筛孔的平均值，将对比结果转化为比值形式。如 A3 标段 4.75mm 筛孔通过率比值计算为 A3 标段 4.75mm 筛孔通过率值/平均 4.75mm 筛孔通过率值，其他 5 个标段的关键筛孔比值计算与 A3 标段相同。混合料高温、低温、抗水损性能与关键筛孔趋势对比结果如图 6-2～图 6-5 所示。

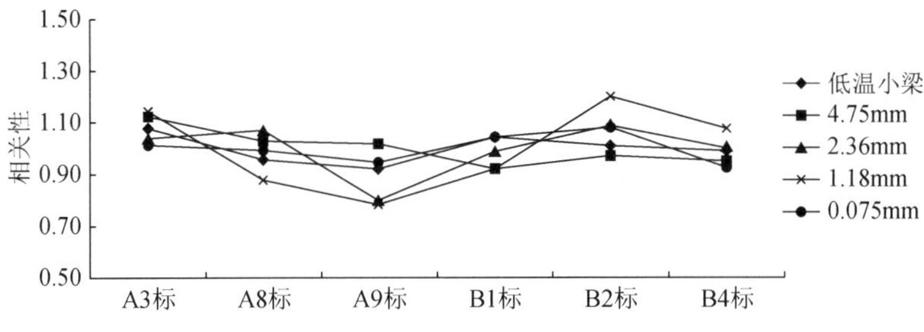

图 6-2　低温小梁与各关键筛孔通过率的相关性

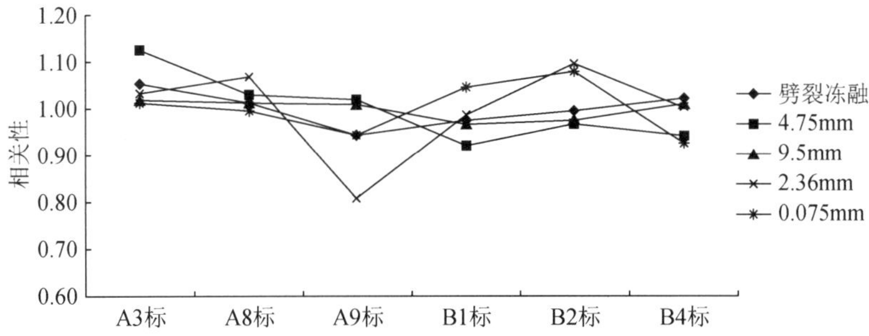

图 6-3　劈裂冻融与各关键筛孔通过率的相关性

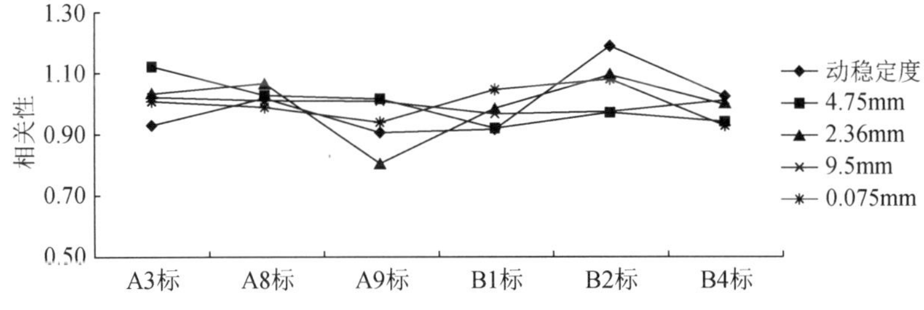

图 6-4　动稳定度与各关键筛孔通过率的相关性

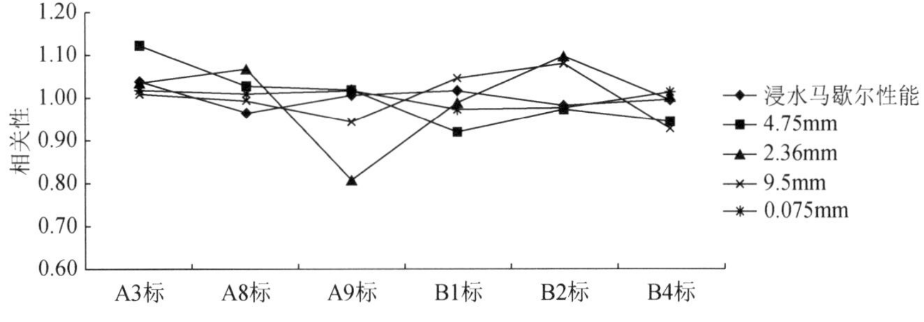

图 6-5　浸水-残留稳定度与各关键筛孔通过率的相关性

由图 6-2～图 6-5 所示的混合料主要性能和其关键筛孔趋势对比分析可知：0.075mm 和 4.75mm 筛孔通过率与低温小梁数值变化趋势较为接近，说明这两个筛孔控制对其影响较大；9.5mm 和 4.75mm 筛孔对浸水-残留稳定度和冻融劈裂结果影响较大，2.36mm

和 0.075mm 筛孔对动稳定度结果影响较大。因此，在混合料目标配合比设计与施工质量控制过程中，应严格控制各关键筛孔的通过率，特别对于高寒高海拔地区更应该关注混合料的低温性能，设计与施工中应严格控制 0.075mm、4.75mm 和 9.5mm 筛孔的通过率。

二、沥青混合料拌和生产与质量控制

该地区大部分施工单位在集料堆放中缺少必要的防潮、防雨措施，导致细集料受潮严重，并且未经加热干燥直接被装入冷料仓。拌和生产过程中，冷料仓出口不能自由卸料，需人工干预，易导致不均匀进料，如图 6-6 所示，从而加剧集料离析。此外，拌和楼没有做到实时打印生产记录，没有配备打印设备，很难保证各冷料仓的进料比例，从而增加了级配变异的可能性。

图 6-6　人工干预冷料仓卸料

青海省普遍采用克拉玛依 110 号道路石油沥青，用该沥青拌制沥青混合料，其拌和温度应由沥青胶结料的黏度-温度曲线确定，但在实际生产中，部分施工单位通常根据经验选定拌和温度。拌和生产过程中，由于拌和楼机械方面的原因，常导致沥青加热温度出现较大波动。

为保证工期，提高拌和楼产量，可配置型号较高的拌和楼，一般配置 3000 型以上间歇式沥青混合料拌和楼即可。为保证各档料都能稳定添加，至少应配有 5 个冷料斗、2 个粉仓（1 个用于正常生产，1 个备用或用于添加抗剥落剂），成品沥青混合料储料仓的容量一般不宜低于 100t。为保证沥青混合料的稳定，可通过拌和楼打印记录分析沥青混合料级配和油石比的波动情况，因此要求拌和楼全部生产过程由计算机自动控制，配有良好的打印装置。为减少粉尘对沥青混合料性能的影响，拌和楼应配备良好的二级除尘装置。高寒高海拔地区比较寒冷，其环境条件对各种机械使用功率有极大的影响，导致各种机械的效率较低海拔地区大大降低，因此在计算冷料仓各档料的流量时不能按照低海拔地区拌和楼的生产能力进行计算。

通过在拌和楼冷料仓之间增设隔离挡板，可防止不同规格集料的串料现象，如图 6-7 所示。

图 6-7　拌和楼冷料斗之间设有隔离挡板

回收粉尘吸水率较高、塑性指数偏大，加入沥青混合料中将影响其高温和低温性能。因此拌和楼二级除尘的回收粉尘在排放过程中须注意减少扬尘，为防止扬尘回落至冷料堆中，可将其集中排放至粉罐后再排放，或直接通过螺旋输送器排出，直接排出需要加湿处理，如图 6-8 所示。

图 6-8　回收粉加湿处理

为减少离析现象，拌和楼成品料卸料口高度不宜过高，应在不影响料车正常作业的前提下尽量降低高度。当高度过高时，可通过垫高地基来改善。

通过控制各档集料设定值与实际值的偏差，可对沥青混合料生产配合比级配进行控制。图 6-9 所示为某标段施工拌和楼级配控制。

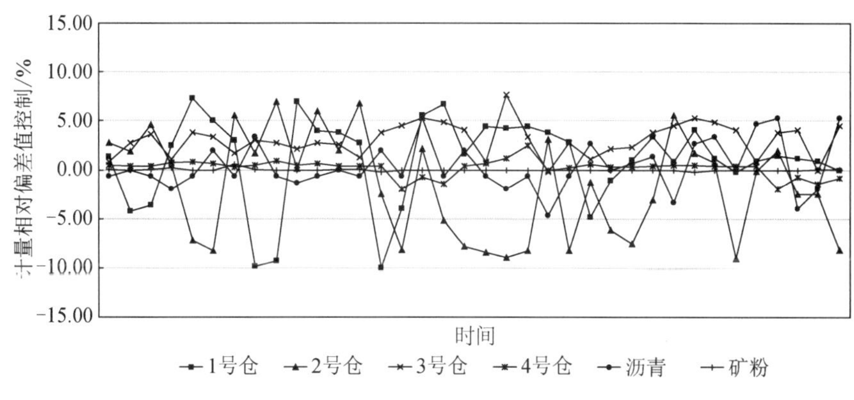

图 6-9　拌和楼级配控制

由图 6-9 可知，该拌和楼 1 号仓和 2 号仓热仓料计量波动较大，其余各仓料计量相对较稳定。同时，对以上拌和楼级配控制偏差下的沥青混合料进行现场抽提和筛分试验，某标段上面层抽提油石比与设计油石比比较如图 6-10 所示，其关键筛孔 0.075mm、2.36mm 和 4.75mm 通过率如图 6-11 所示。

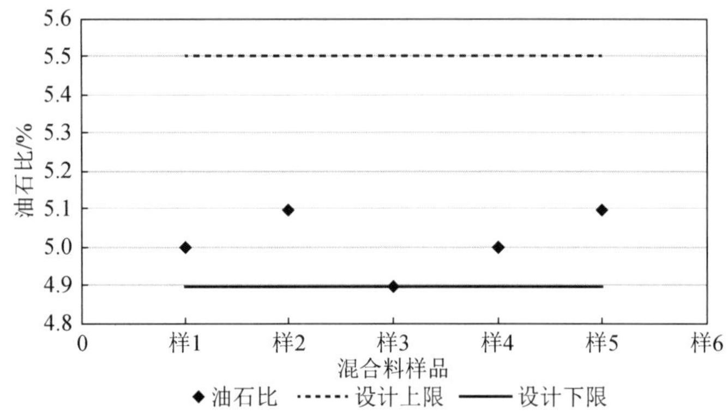

图 6-10　某标段上面层抽提油石比与设计油石比比较

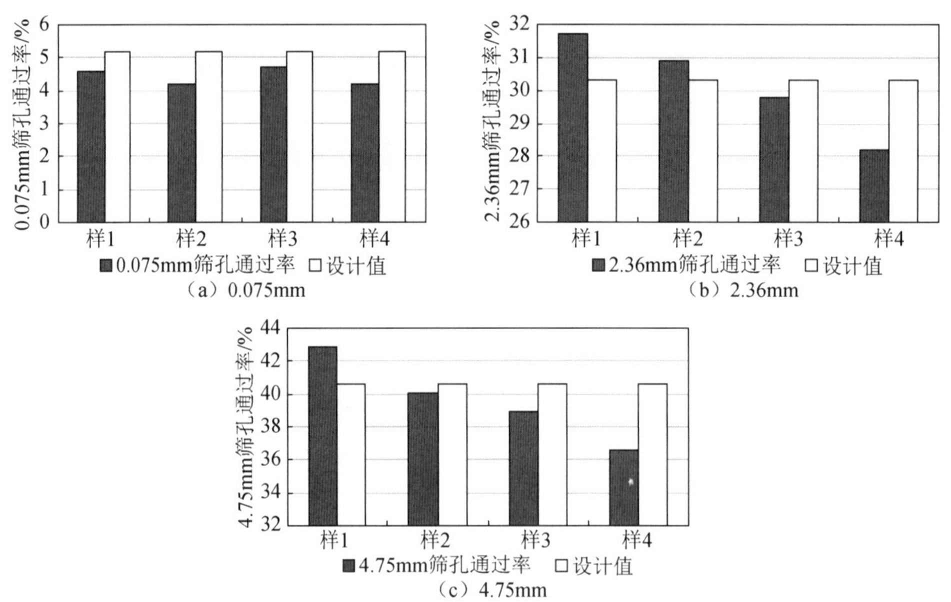

图 6-11　某标段上面层关键筛孔 0.075mm、2.36mm 和 4.75mm 通过率

由图 6-11 可知，拌和楼动态控制与现场抽提结果基本匹配，对混合料级配控制相对稳定，基本实现了配合比事前控制、拌和混合料事中控制、抽提筛分级配事后控制，从而确保沥青混合料的基本力学与路用性能。

三、热老化时间和老化温度对沥青混合料性能的影响分析

G214 沿线地区施工周期较短，经常面临低温天气和运距较远的施工现状，施工单

位往往通过采取提高混合料出场温度的措施来保证沥青混合料的到场温度。沥青混合料对温度的敏感度很大，温度越高，混合料的流动性越好，越容易压实；但是，过高的温度会导致沥青混合料的过度短期老化，影响沥青混合料的路用性能和使用寿命。

下面将选取温度和老化时间两个指标来模拟沥青混合料的出场温度和运输时间对热老化的影响。以110号沥青黏结料拌和的沥青混合料为例，正常出料温度为135～155℃，废弃温度为185℃。试验选择相同级配下的AC-13沥青混合料进行室内马歇尔试验（AC-13沥青混合料级配见表6-4），研究混合料的常规性能，同时对两种提高温度老化2h后的混合料进行回收沥青针入度试验，并与正常未老化前的沥青进行对比，研究沥青混合料的老化衰减性能。

表6-4　AC-13沥青混合料级配　（单位：%）

项目	通过方孔筛的百分率									
	16.0mm	13.2mm	9.5mm	4.75mm	2.36mm	1.18mm	0.6mm	0.3mm	0.15mm	0.075mm
试验级配	100	97.2	73.9	46.7	31.5	22.9	17	11.7	9	6.4
级配上限	100	100	85	68	50	38	28	20	15	8
级配下限	100	90	68	38	24	15	10	7	5	4

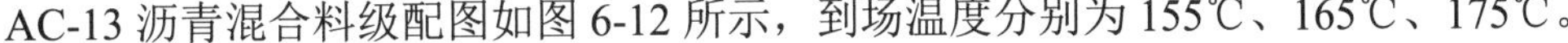

AC-13沥青混合料级配图如图6-12所示，到场温度分别为155℃、165℃、175℃。

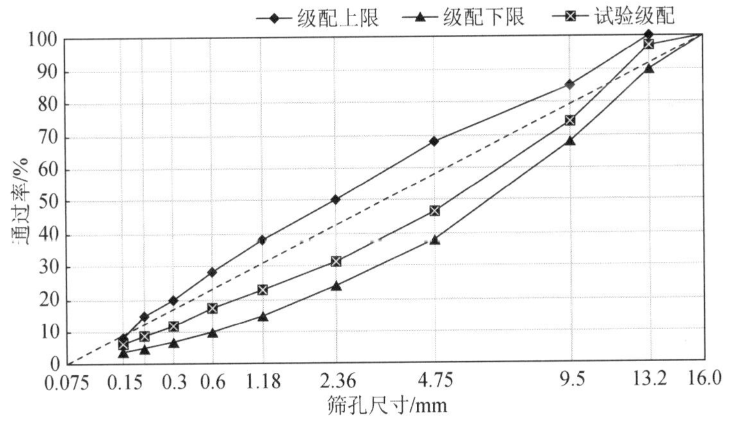

图6-12　AC-13沥青混合料级配图

140℃、160℃、180℃条件下混合料随老化时间延长（2h、3h和4h）的马歇尔性能指标见表6-5～表6-7。

表6-5　140℃下混合料随老化时间延长的马歇尔性能指标

项目	延长时间/h		
	2	3	4
稳定度/kN	13.14	12.27	16.45
流值/0.1mm	41.3	40.6	51.9
空隙率/%	4.2	3.3	2.2

表 6-6　160℃下混合料随老化时间延长的马歇尔性能指标

项目	时间/h		
	2	3	4
稳定度/kN	15.38	16.23	17.68
流值/0.1mm	47.6	53.8	57.3
空隙率/%	3.2	2.2	2.45

表 6-7　180℃下混合料随老化时间延长的马歇尔性能指标

项目	时间/h		
	2	3	4
稳定度/kN	16.87	17.82	16.33
流值/0.1mm	63.2	39.9	49
空隙率/%	2.63	2.53	2.96

考虑到青海省 110 号沥青混合料正常出料温度为 135～155℃，取出料温度为 140℃，沥青混合料随老化时间延长的马歇尔性能指标变化趋势如图 6-13 所示。

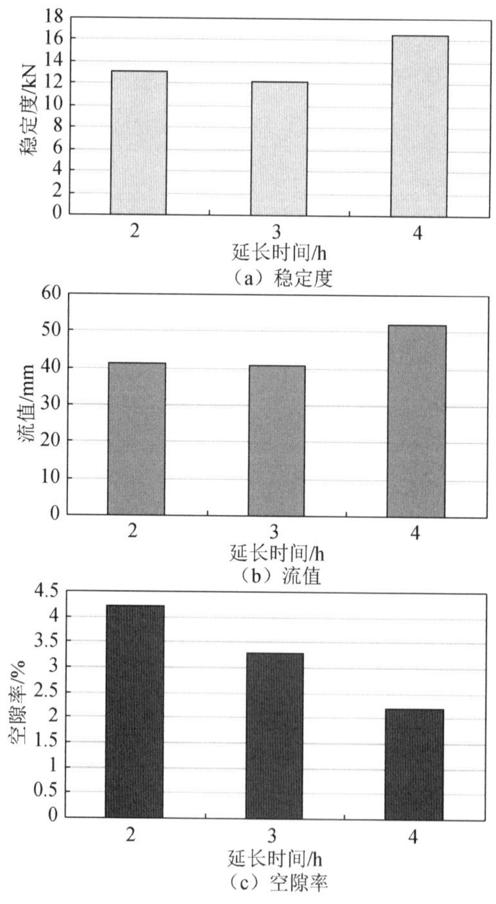

图 6-13　140℃下混合料随老化时间延长的马歇尔性能指标变化趋势

由表 6-5～表 6-7 和图 6-13 可知，随着老化时间的延长，140℃下沥青混合料的稳定度先降低后升高，空隙率逐步下降，流值在 2h 和 3h 的变化不大，4h 后增大约 25%，表明随老化时间的延长，沥青混合料的整体性能出现突变。稳定度和流值的增大说明混合料的刚性变强而柔性变差，不利于混合料的低温性能发展。流值增大间接表明沥青胶结料的黏性下降，变形性增大，实际路面施工时较容易出现松散现象；而空隙率变小会导致超密现象。

另外，马歇尔试件稳定度、空隙率、流值在不同温度下随老化时间延长的变化趋势如图 6-14 所示。

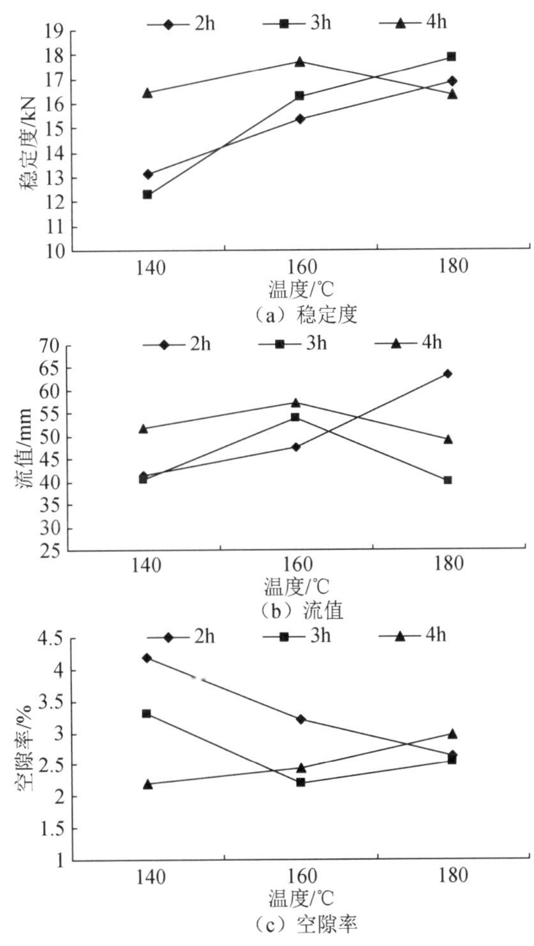

图 6-14　马歇尔性能指标随老化时间延长的变化趋势图

由图 6-14 可知，随着温度升高和老化时间的延长，沥青混合料马歇尔指标整体表现为空隙率降低，稳定度升高，但流值出现较大偏差。在老化 4h 后，各温度下沥青混合料的空隙率和稳定度变化基本趋于一致，而流值在老化 2h 时随温度升高而升高，老化 3h 和 4h 的流值曲线表现出明显的拐点，即在 160℃出现峰值后再降低，3 个温度下流值 3h 老化曲线的变化幅度最剧烈，说明老化 3h 对沥青混合料的变形性影响最大。因此，实际施工过程中混合料的老化时间应控制在 3h 以内。结合稳定度和空隙率控制指标来看，温度为 140～160℃时混合料的指标变化幅度较大，说明这个区间混合料对老化的敏感性较强。随着温度升高到 180℃，混合料基本指标均不满足规范要求，建议混合料的老化温度不超过 160℃。

对各温度下的马歇尔老化试件进行抽提试验，并与原样沥青进行针入度值比较，分析各温度不同老化时间下沥青的残留针入度比值（25℃），试验结果见表 6-8，变化趋势如图 6-15 所示。

表 6-8　各温度下不同老化时间抽提沥青残留针入度比值

项目	延长时间/h		
	2	3	4
140℃	72.7	70.3	68.3
160℃	68.4	66.0	64.4
180℃	64.1	62.1	60.6

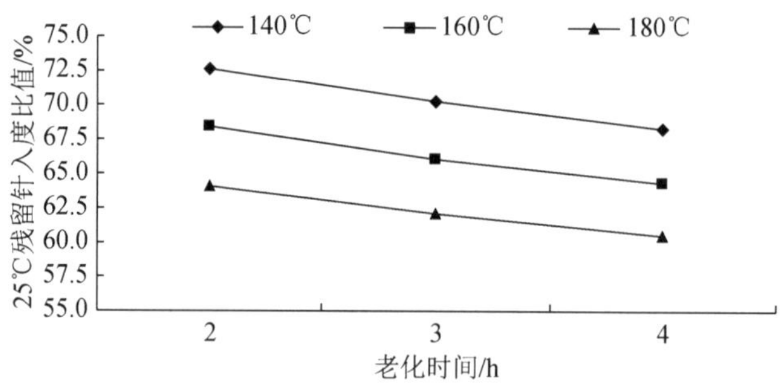

图 6-15　各温度不同老化时间下抽提沥青残留针入度比值变化趋势图

由图 6-15 可知，不同温度时，随着时间的延长，残留针入度比值不断减小，同时随温度的升高，残留针入度比值也逐渐减小，但温度的影响因素明显大于时间延长的影响，这说明温度引起的老化比时间延长引起的老化对沥青混合料性能的影响更大。

四、高寒高海拔地区沥青混合料的运输、摊铺及碾压

（一）施工过程中易出现的问题

（1）沥青混合料运输问题

部分标段在施工组织设计阶段对总运输能力考虑不够全面，车辆总数和总运输能力小于拌和楼生产能力和摊铺速度，导致铺筑现场时常出现等料现象。运料车装料次序不当，没有采取“前-后-中”的方式，而是由前往后依次推进，容易导致放料时混合料离析，如图 6-16 所示。

（a）由前往后依次装料

（b）摊铺机等料

图 6-16　沥青混合料运输能力不足

（2）沥青混合料摊铺问题

摊铺开始前黏结层破坏严重，并且没有得到及时修补。摊铺机单幅摊铺富裕宽度不足，为后期两幅路面拼接处纵向裂缝的产生埋下隐患。摊铺料温度偏低，有时甚至需要人工强制铲料。摊铺厚度控制不准，摊铺机经常抖料，引发中缝离析。两幅路面拼接时，拼接处处理不良，污染、松散等；经常人工补料，且补料随意性较大，铺面表面处理不良，具体如图 6-17 所示。

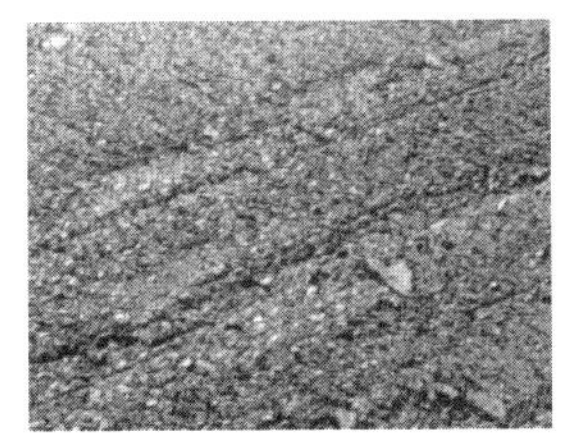

（a）熨平板温度太低

（b）收斗拢料过于频繁

（c）混合料底部离析

图 6-17　沥青混合料摊铺不当

（3）沥青混合料碾压问题

碾压过程中压路机操作存在较大随意性，尤其是碾压工序和碾压次数。压路机碾压遍数不是按照由试验段确定的碾压遍数控制，而是现场负责人员根据摊铺温度、碾压效果进行“实时调整”，主观性、随意性较大。由于施工组织不够完善，有时会出现压路机驾驶员任务不明确的现象，局部路段漏压或过压。此外，压路机水量的控制也是值得注意的问题，摊铺温度本身较低，若压路机行进过程中水量过大，容易导致碾压温度不足，影响压实效果，如图 6-18 所示。

图 6-18　混合料碾压不足

（二）施工要点

沥青混合料施工过程中，应尽量避免各环节的粗放式施工，规避运输和摊铺时的陋习，并加强施工控制的规范性。路面压实是沥青路面质量的关键，青海省气候环境相对较差，沥青混合料的碾压控制主要在于沥青混合料的碾压温度控制并受外界的气候环境影响。混合料温度是影响压实的重要因素，表 6-9 列出了推荐的最低压实温度，其建立在层厚度及下承层温度的基础上。

表 6-9　推荐的最低压实温度（对不同的层厚度）　（单位：℃）

下承层温度/℃	层厚度					
	13mm	19mm	25mm	38mm	50mm	75mm
−7～0	—	—	—	—	—	141
1～4	—	—	—	152	146	138
5～10	—	—	154	149	141	135
11～16	—	154	149	146	138	132
17～21	154	149	143	141	135	129
22～27	149	143	141	138	132	129
28～32	143	138	135	132	129	127
>32	138	135	132	129	127	124

注：铺筑后开始碾压的时间依次是 4min、6min、8min、12min、15min。

如上所述，只有当沥青胶结料作为润滑剂可以流动时，才可以压实。当沥青胶结料冷到黏性过大时，再多的压实也不会有作用。最佳压实时间为混合料抵抗压实的阻力最小，同时又具有足够的强度支持压路机而不产生过多的推移。

热拌沥青混合料施工中最关键的温度是压实温度，压实时混合料温度应足够高以允许集料颗粒移动。最佳压实温度取决于集料间的摩阻力、混合料级配、混合料体积性质及沥青黏度，只要其中任一个因素变化，最佳压实温度就会发生变化。对于难压实的混合料，可以在高温下，用重一些的压路机压实。对于大多数混合料，只要铺层表面以下 6～12mm 的温度不低于 85℃，均可以通过压实来提高路面密实度。要达到规定的密实度，不同混合料所需的压实温度不同。

因此，应尽可能在沥青混合料温度比较高时碾压，只要摊铺料能承受压路机的质量，粒料不被钢轮黏起，或有过大的压痕，或推移物料，就应当开始碾压。初压所达到的密实度越高，最终密实度也越高。通常在 130～160℃时，集料颗粒上的沥青膜黏度最低，颗粒之间容易互相滑动，实现重新排列，使之更密实，在这个温度范围能达到最高的初始密实度。初压温度低则易导致较低的初压密实度和较低的最终密实度。

初压采用钢轮压路机，其碾压温度散失比较明显，受高寒地区下承层温度和风的影响比较明显，压实度很难保证。因此应该合理组织碾压顺序，初压采用胶轮压路机快速碾压一遍，然后采用钢轮压路机进行振动碾压，复压继续采用胶轮碾压，最后终压采用钢轮压路机进行收光。此顺序能够极好地弥补钢轮洒水初压造成的表面温度过快散失，从而提高压实度。

碾压机械的合理配置是进行碾压工序的前提条件，各标段普遍采用的组合方式为：两台 12t 双钢轮压路机静压 1 遍后振压 1 遍的初压、两台 26t 胶轮压路机碾压 4、5 遍的复压，一台 12t 双钢轮压路机静压 1、2 遍的终压。

为了分析混合料在碾压过程中的降温趋势，选择了 35m 的碾压段落对上述初压、复压、终压工艺流程的时间进行计算，相关参数建议值见表 6-10。

表 6-10　压路机相关参数建议值

碾压方式	压路机类型	压路机碾压速度/（km/h）	段落长度/m	路面宽度/m	压路机轮宽/m	整个断面碾压 1 遍所需时间/min	碾压遍数	碾压所需时间/min
初压	双钢轮	3	35	9	2.10	4.2	1	4.2
复压	胶轮	5	35	9	2.75	1.68	5	8.4
终压	双钢轮	5	35	9	2.10	1.68	1	1.68
合计（一个碾压段落碾压完成所需时间）								14.28

沥青混合料是一种热敏感性材料，对施工温度的要求较高；低温环境下，沥青混合料温度下降过快将不利于其碾压成型。对 G214 线不同气温条件下摊铺的沥青混合料的温度下降趋势进行研究，结果见表 6-11。可见气温越高温度下降越慢，当气温为 5～10℃时，开始的初压温度只有 115℃左右，而《公路沥青路面施工技术规范》（JTG F40—2004）对道路石油沥青初压温度的要求为不低于 130℃，这说明在高寒地区温度在 0～10℃范围内的沥青路面施工有很大的风险。

表 6-11　高寒地区沥青混合料摊铺至初压温度下降趋势

气温/℃	摊铺温度/℃	间隔 10m 后的温度/℃	间隔 20m 后的温度/℃	间隔 30m 后的温度/℃	初压温度/℃
10～15	145	138	128	120	120
5～10	145	135	125	115	115
0～5	145	129	118	110	110

综上所述，应合理匹配拌和产量、运输能力、摊铺速度、碾压速度，保证不出现停机等料、摊铺及碾压速度或快或慢等现象，同时做到较高温度下紧跟慢压，薄弱环节适当增加遍数，以碾压铺面均匀、平整和密实为度。

鉴于 G214 线沿线地区运距较长和施工温度相对较低的状况，应保证混合料的出场温度不超过 160℃，老化时间控制在 3h 之内。根据摊铺速度（宜为 2.5～3m/min），对碾压段落长度进行理论计算。当碾压段落为 35m 时，整个碾压段落碾压完成需要 14min 左右，而摊铺完 35m 也需要 14min 左右，这说明在不同环境温度下碾压时，压路机紧跟慢压能够满足施工要求。

五、最佳施工季节和时段的确定

在高寒高海拔地区沥青路面施工之前，为了确定最佳施工季节与最佳施工时段，必须对施工地区全年每个月的极端低温、极端高温、<0℃和<5℃的天数进行统计，然后根据《公路沥青路面施工技术规范》（JTG F40—2004）中对沥青路面施工气候的要求，确定一年中的最佳施工季节。对于青海、西藏等高寒高海拔地区，通常每年 11 月到次年 4 月均不符合沥青路面施工要求；对于普通沥青路面 5～10 月为施工黄金季节，而对于改性沥青路面 6～9 月为施工黄金季节，个别地区 10 月上旬也可施工。另外，一天当中也只有白天的 10h 左右满足施工条件，夜间温度下降较快，很难满足要求。

对于高寒高海拔地区，一天见四季的现象很普遍，确定一天内最佳施工时段也非常重要，因此在施工之前需要对施工地区有无太阳辐射下的气温变化、沥青路面下承层温度变化、空气流动温度变化等进行记录、统计，并分析其变化规律。研究发现：一天内的最佳施工时段很难有固定的规律可循，必须根据当地、当时的气候条件确定当天的可摊铺时间，一般建议上午 8～9 时以后开始摊铺比较合适。

第四节　水泥稳定基层施工技术与质量控制

依托工程在 GYⅠ-SGA1 标段（K240+350～K241+350，长度为 1km）、GYⅡ-SGC5 标段（K360+000～K369+700，长度为 9.7km）、GYⅠ-SGB4 标段（K738+000～K739+000，长度为 1km）三个标段上实施水泥稳定基层的施工与质量控制。其中，GYⅠ-SGA1 标段 K240+350～K241+350 的沥青路面结构见表 6-12。

表 6-12　依托工程 GYⅠ-SGA1 标段 K240+350～K241+350 的沥青路面结构

面层	上面层	4cm AC-13C 沥青混合料	
	下面层	5cm AC-16C	
下封层		1cm SBR 改性热沥青同步碎石	
基层		18cm 水稳碎石（生产段）	18cm 早强型水稳碎石（试验段）
底基层		18cm 水泥稳定砂砾	
垫层		25cm 级配砂砾	

一、原材料及目标配合比设计

（一）原材料

水泥采用 PC-32.5 复合硅酸盐水泥（性能指标见表 6-13），砂砾分为 1 号料（0～31.5mm 砂砾）、2 号料（4.75～9.5mm 碎石）、3 号料（9.5～16mm 碎石）3 档，其中 1 号∶2 号∶3 号=70∶10∶20，级配组成设计见表 6-14 和表 6-15。

表 6-13　水泥性能指标

项目	水泥胶砂强度/MPa				凝结时间/h		细度/%	稳定性
	抗折强度		抗压强度					
	3d	28d	3d	28d	初凝	终凝		
技术要求	≥3.5	≥5.5	≥16.0	≥32.5	≥1.5	≤10	80μm 方孔筛筛余≤10	沸煮法检验合格
实测值	4.64	8.15	21.13	42.0	3.25	4.22	3.9	合格

表 6-14　砂砾级配组成设计

筛孔尺寸/mm	规范要求级配通过率范围/%	通过方筛孔的百分率/%		
		1 号料（砂砾）	2 号料（碎石）	3 号料（碎石）
		70mm	10mm	20mm
31.5	90～100	94.5	100	100
19	54～100	82.7	100	85.5
4.75	28～84	61.6	95.4	14.2
2.36	20～70	44.6	5.5	0.2
1.18	14～57	32.1	0.4	0.2
0.6	8～47	17.3	0.2	0.2
0.075	0～30	3.6	0.1	0.1

表 6-15　矿料的合成级配通过率　（单位：%）

级配类型	通过方孔筛的百分率							
	31.5mm	26.5mm	19.0mm	9.5mm	4.75mm	2.36mm	0.6mm	0.075mm
验证级配	100	96.2	85.0	55.4	31.8	22.4	12.1	2.5
目标级配	100	96.9	80.2	54.7	29.7	20.5	12.5	3.8

（二）目标配合比设计

7d 无侧限抗压强度（水泥∶砂砾料=5∶95）≥3.0MPa，最大干密度为 2.35g/cm^3，最佳含水率为 4.5%，早强水泥稳定碎石混合料试验结果见表 6-16。

表 6-16　水泥稳定碎石基层无侧限抗压强度试验结果

3d 设计强度/MPa	外加剂掺量	最大值/MPa	最小值/MPa	平均值 $\overline{R}_c$ /MPa	标准差 S	偏差系数 C_v	技术要求 $R_c \geq R_d/(1-Z_aC_v)$	是否满足要求
4	16%	5.9	5.2	5.6	0.17	5.0%	5.6>4.0/（1−1.645×5.0%）=4.36	是

二、水泥稳定碎石基层施工组织

（一）施工准备

水泥稳定碎石基层施工组织的施工准备包括以下内容。

1）工艺流程：水泥稳定碎石基层按照施工准备→测量放样→拌料→运输→摊铺→碾压→养生→交通管制的工艺流程进行施工。另外，该试验路段水泥稳定碎石路面基层为早强型，早强剂掺量为水泥剂量的 16%，其他材料组成均与生产路段的水泥稳定碎石生产配合比保持一致。早强剂的加入工艺如下：采用铲车搬运并采用人工卸料的方式将早强剂加入集料仓内（图 6-19），通过调整集料仓门出口大小及皮带转速控制早强剂加入级配碎石中的质量，通过传送带送至拌和机中，与水泥、水混合搅拌，出料（图 6-20）。

通过人工取样的方式对早强剂的掺量进行监测（图 6-21）。该试验路段早强型水泥稳定碎石基层与生产路段的水泥稳定碎石基层施工及养生工艺保持一致。

（a）铲车搬运

（b）人工卸料

图 6-19　铲车搬运及人工卸料

（a）传送

（b）集料仓出料

图 6-20　传送及集料仓出料

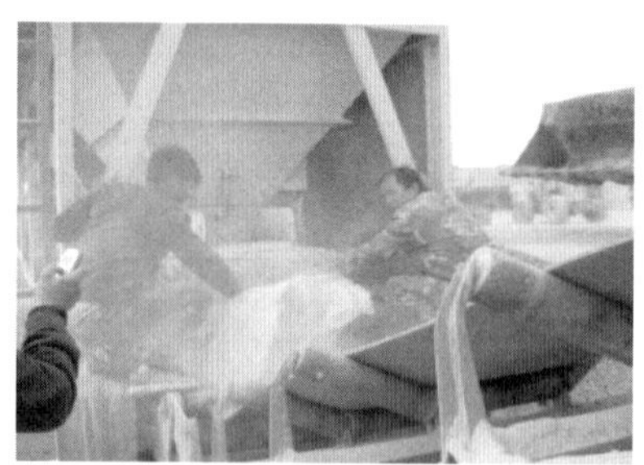

（a）监测（一）

（b）监测（二）

图 6-21　早强剂的掺量监测

2）原材料准备：拌和站已经储备足够数量的各种原材料。水泥、砂砾和砾石等原材料均经检验合格，各种指标均符合《公路路面基层施工技术规范》（JTJ 034—2000）及施工要求。

3）机械设备配置调试：施工所需的各种机械已经完成全面的检修保养工作，拌和站调试完毕，满足施工的需要。

4）下承层准备：铺筑基层之前，将底基层表面浮土、杂物全部清除。在底基层表面洒水后再进行摊铺，并对下承层进行全面检测，保证各项指标满足要求。

5）测量控制：技术人员每 10m 设中心控制桩，并相应在下承层铺筑边缘内外侧适当距离每 10m 各设标高控制桩，根据试验段测量松铺系数，决定导向控制线的高度，并用足够的拉力挂好钢绞线。

（二）基层混合料拌和

1）施工前由实验室对拌和站各料仓及配合比进行校核，确保混合料拌和中严格按照施工配合比施工，保证混合料的质量。

2）拌和时混合料的水泥用量比实验室配合比提高 0.5%，以保证现场摊铺混合料的水泥含量。由试验人员随时取料检测，水泥用量不得过高，以减少水稳干缩开裂的可能性。

3）青海省格尔木市地区日照时间长、蒸发量较大，在储存、运输、摊铺、碾压过程中必然会有少量水分损耗，因此采用的含水率比最佳含水率高 0.5%～1%，以补偿这些损失。拌和过程中，试验人员应及时取混合料检测含水率，不合适时及时调整，含水率不得过高，以防止碾压过程中出现弹簧现象。

4）拌和站设专人登记每辆施工车辆的出厂时间，由现场施工队长接收签认卸料时间，用于记录混合料出厂至碾压结束总的用时。

（三）基层混合料运输

混合料运输采用 15 辆 20t 以上载重的自卸车运输。拌和站根据当天计划施工里程及运输车辆情况合理安排，应做到车距均匀、不间断、不挤车，并保证摊铺机前有 2、3 车待卸。运输车辆在受料过程中应前后移动，避免离析；混合料在运输过程中用彩条布覆盖，以防水分过度蒸发。

（四）基层混合料摊铺

基层混合料摊铺应注意以下几个问题。

1）摊铺时为避免纵向接缝和离析，采用双机联铺的作业形式（图 6-22），前、后机保持 5～8m 的间距。为了防止出现离析和压实度不均匀等现象，摊铺时摊铺机的行进速度应均匀，速度控制在 1～3m/min，同时夯锤的振动频率应保持一致。根据设计，本段基层设计宽度为 12.43m，摊铺机拼装宽度为 7m 和 6m，考虑到纵向接缝与基层错开，前摊铺机行走在路肩侧，选用宽度为 7m；靠中央分隔带侧摊铺机选用宽度为 6m，随后行走。

2）摊铺时，前、后摊铺机宽度中间位置重叠 20～40cm。摊铺时导向线高度高出松铺面 20cm，摊铺机用传感器搭在钢绞线上由计算机自动控制进行摊铺，摊铺过程中技术人员及时拉线绳检测悬空高度，保证摊铺厚度。前摊铺机一侧传感器搭在路肩侧钢丝线上，另 侧传感器搭在中间位置设置的移动铝合金高程控制带上；后摊铺机一侧传感器搭在已铺筑完的基层顶面的滑靴上，另一侧传感器搭在中央分隔带侧钢绞线上。中线位置设置的移动铝合金高程控制带的高程由测量人员在两道高程导向线上拉线进行测定并调整。

图 6-22　双机联铺

3）施工时由专人指挥运输车辆停在摊铺机前 10～30cm，挂空挡升起料斗，由摊铺机推动缓缓行进。严禁料车直接撞击摊铺机。

4）摊铺过程中由技术人员随时检查混合料的松铺厚度、高程及横坡，根据测量数据最终确定所有技术性指标。

5）试验检测人员随时检查现场混合料的配合比和含水率等指标，并及时与拌和站取得联系，及时调整，保证工程质量。

6）在摊铺过程中设专人消除粗细集料的离析现象，对于局部粗集料聚集应马上铲除，并用新拌混合料换填。

（五）碾压

1）摊铺机摊铺完成 10m 后，由试验人员现场测定含水率，合适时即可准备碾压工序，含水率可略低于最佳含水率 0.5%以内。摊铺完成 20m 后即开始进行碾压。碾压过程中，应始终保持表面湿润，及时检测含水率，不得出现弹簧、松散等现象。

2）试验段碾压由 3 台徐工 220 压路机完成。碾压过程对机械的要求见表 6-17。

表 6-17　碾压要求

序号	压路机型号	碾压方式及遍数/遍	碾压速度/（km/h）
1	徐工 220	1（静压）	2.0
2	徐工 220	2（重压）	1.5～1.7
3	徐工 220	1（静压）	2.0～2.5

3）碾压完成及时检测压实度是否合格，如不合格，需要增加一遍振压并再检测一次，直到符合规范要求为止，并记录碾压遍数及相应的压实度。碾压结束既要保证有足够压实度，又要保证表面足够粗糙但不得出现轮迹，以满足层间结合的要求。

4）压路机碾压采用先慢后快、先轻振后重振的原则；碾压直线段从路肩往路面中心线进行碾压，超高段由低侧向高侧碾压；碾压时，后轮应重叠 1/2 轮宽，并超过两段接缝处；相邻两个碾压段落的接头应错成横向 45°的阶梯状；碾压过程中不得在新铺的基层上紧急制动或调头，以保证基层压实后不受破坏。

由现场技术人员记录碾压时间，从拌和厂出料到碾压结束时间不超过试验配合比的延迟时间；由专人携带 3m 直尺指挥终压机械进行碾压工作，全断面测量平整度，对平整度不合格路段及时进行处理，坑洼的地方由上层补齐（坚决杜绝贴皮现象），鼓包的地方挖除，保证压实后的平整度。图 6-23 为基层碾压后的效果。

图 6-23　基层碾压后的效果

（六）接缝和调头处的处理

进行接缝和调头处的处理时应注意以下问题。

1）同日施工的两个工作段的衔接处，采用搭接处理。前段整形后留 5～8m 不进行碾压，后段施工时，和前段一起碾压。

2）当每日施工的最后一段及铺筑中断时间超过 3h 时，现场及时设横向接缝。在新混合料碾压过程中，要将接缝修整平顺。

3）当机械必须在已压成的水泥稳定砂砾基层上调头时，一般在用于调头的稳定层上覆盖一张塑料布，然后铺上厚度约为 10cm 的土、砂或砂砾。待邻接作业水泥稳定层整平后，除去布上的土，收起布。

（七）养护措施

碾压完成经检测合格后，进行洒水养护（图 6-24）。在 7d 养护期内始终保持基层表面湿润，如不进行连续施工，7d 后基本保证湿润，每日洒水 2～4 次。

图 6-24　洒水养护

（八）交通管制

养生期内施工段封闭交通，施工中将派专人负责各施工地段的交通疏导。

三、水泥稳定碎石基层施工质量控制

按上述施工质量控制方法进行大面积摊铺、碾压、养生等步骤后，对试验路段的压实度、平整度、厚度等进行检测（图 6-25），检测结果均合格，见表 6-18。

（a）基层钻芯

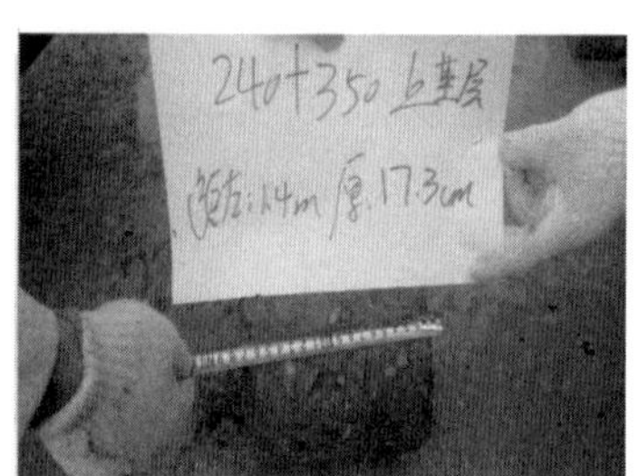

（b）芯样

图 6-25　钻芯取样

表 6-18　质量控制要求及测试结果

项次	检查项目		规定值或允许偏差	检验结果
1	平整度/mm		≤8	2.5、2.8、3.2、2.4、2.7
2	厚度/mm	代表值	-8	-8.5
3		合格值	-15	-15.4、-15.7
4	压实度/%	代表值	98	98.4
5		极值	94	97

第五节　高寒高海拔地区混凝土桥面沥青铺装层施工及质量控制

一、高寒高海拔地区混凝土桥面表面准备

（一）桥面平整度要求

表面不平整度由 2m 直尺检查，最大空隙不大于 5mm，且每米不大于 1 处。SBS 改性沥青防水层对桥面平整度要求不高，但为保证其上铺筑面层平整度，桥面表面处理应遵循以下原则：①局部凸起，即高度大于 5mm、面积小于 1.5m^2 视为局部凸起，须剁除后打磨平整；②局部凹陷，即深度大于 5mm、面积小于 0.75m^2 视为局部凹陷，采用细粒沥青混凝土或环氧树脂砂浆修复。

（二）表面质量检验

路桥防水系统应与水泥混凝土具有很高的黏结强度，以满足路面面层对抗剪强度的要求。桥梁表面的强度不足、起砂、浮浆将引起黏结强度的不足，造成质量隐患。因此表面质量检验与处理遵循以下原则：①混凝土表面浮浆判定。现场黏结剥离试验，剥离面粘有20%以上浮浆面即为严重浮浆。混凝土表面浮浆现象为混凝土浇筑过程中产生的质量问题，水灰比过大、混凝土坍落度过大、施工过程中未对混凝土表面进行压实压光处理均会造成表面浮浆，可采用表面机械打磨清理。②混凝土表面起砂判定。现场搓擦观察、黏结剥离试验，搓擦起砂或剥离面带砂均为混凝土桥表面严重起砂。混凝土表面起砂现象多由养护不当造成，混凝土浇筑后遇雨或养护洒水过早均可造成表面起砂。③混凝土表面强度不足判定。可依据相关规范进行。

（三）桥面混凝土含水率要求

混凝土层须洁净、干燥，含水率须在 9%以下才能施工。含水率不易现场检测，一般采用皮肤接触判断或简易检测方法，即在混凝土层表面平铺 $1m^2$ 卷材，静置3～4h后掀起检查，混凝土层覆盖部位与卷材处未见水印即可进行施工。如遇到下雨，混凝土层须经太阳曝晒，且在混凝土完全干燥后才能进行防水施工。

（四）混凝土桥面表面处理

我国《城市桥梁桥面防水工程技术规程》（CJJ 139—2010）规定，采用防水涂料和卷材类防水材料时混凝土基层粗糙度分别为0.5～1mm和1.5～2.0mm。《公路桥涵施工技术规范》（JTG/T F50—2011）规定拉毛或压槽深度为1～2mm。丹麦则要求喷洒透层后桥面板构造深度为0.4～1.3mm。根据研究可知，建议构造深度为0.3～0.9mm时，黏结强度、抗剪强度及 c、φ 均较大。为达到上述要求，国内外目前多采用露石、凿毛、拉毛、压纹、刻槽、抛丸、嵌石等工艺，其中如图6-26所示的抛丸、精铣刨、拉毛技术目前最为高效，至于刚兴起的高压水冲毛技术则有待于在施工中进一步发展。

(a) 表面处理（一）

(b) 表面处理（二）

图6-26　混凝土桥面表面处理

二、混凝土桥面下承层表面黏层油洒布

国内工程界普遍认为，混凝土桥面上迟早需要洒布防水黏结层，因此可由此代替黏层油，这是极其错误的。丹麦要求混凝土桥面在铺筑沥青铺装层之前必须洒布黏层油，

如图 6-27（a）所示满足技术要求的桥面板表面，在清理完拉毛、抛丸残渣之后，应及时洒布黏层油[图 6-27（b）]。因为煤油稀释沥青的污染性较大，所以目前普遍洒布更为环保、便捷的（改性）乳化沥青。

（a）混凝土表面抛丸

（b）洒布黏层油

图 6-27　混凝土桥面板黏层油洒布

一般黏层油施工步骤如下。

1）沥青洒布车喷洒沥青时应保持稳定速度和喷洒量，并保持整个洒布宽度喷洒均匀。

2）乳化沥青在常温下洒布，加温洒布乳液温度超过 60℃。前后两车喷洒的接茬处用铁板或建筑纸铺设搭接，宽度为 1～1.5mm。分几幅洒布时，纵向搭接宽度宜为 100～150mm。

3）喷洒沥青材料时应对道路人工构造物、路缘石等外露部分做防污染遮盖。

4）透层洒布完须待破乳完成、养护结束后方可进行下一步施工，实际养生时间根据所采用乳化沥青品种及气候条件确定。

5）喷洒黏层的目的是提高防水层与桥面的黏结强度，洒布量一般为 0.2～0.4kg/m^2。

三、同步碎石封层类防水黏结层施工及质量控制方法

（一）同步碎石封层类防水黏结层施工

如果采用改性乳化沥青或 SBS 改性热熔沥青作为防水黏结层，那么采用专用沥青洒布车直接洒布即可。对于碎石封层类防水黏结层来说，传统上受到施工设备等限制，多采用分布式施工，但根据多年施工经验发现弯坡桥纵坡、横坡的存在将造成沥青黏结料的流淌，施工质量难以保证，因此尽量采用同步碎石封层车施工，施工步骤如下。

1）施工前对同步碎石封层车精确标定，确保计量精准，并按照沥青和碎石设计用量设定好各项参数。

2）为保证喷洒均匀，形成等厚沥青层，须保证沥青洒布温度为 160～180℃。

3）搭接处碎石撒布应有专人检查处理，根据气候条件决定是否进行预处理。

4）如图 6-28 所示用 6～8t 轮胎压路机从路边向路中心碾压 3、4 遍，每次轮迹重叠约 300mm，碾压速度不宜超过 2km/h。

（a）洒布 SBS 改性沥青碎石防水黏结层

（b）轮胎压路机碾黏结压

图 6-28　洒布 SBS 改性沥青碎石防水黏结层及轮胎压路机碾压

5）防水层施工完毕，待沥青冷却即可实施下一道工序。

6）铺装层施工应在防水层养护结束后尽快进行，如遇其他因素不能施工应封闭交通或加盖覆盖物，防止污染。

最终，才能真正实现如图 6-29 所示的表观性状。

（a）防水黏结层施工控制

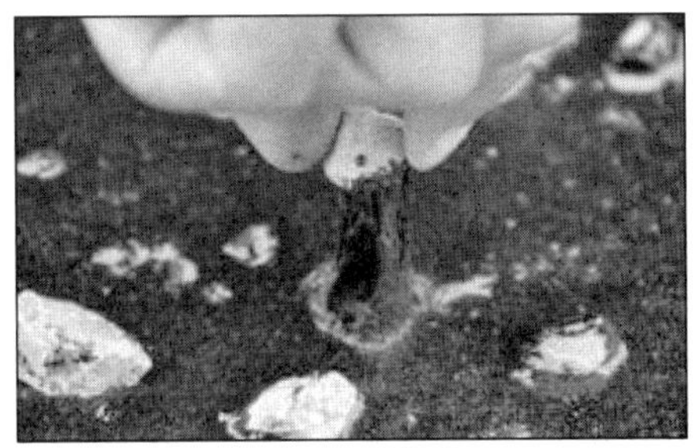

（b）表观性状

图 6-29　防水黏结层施工控制及表观性状

（二）防水黏结层施工常见问题处理

防水黏结层施工常见问题处理方法具体如下。

1）当碎石嵌入沥青深度达粒径的 80%以上时，应降低沥青用量。

2）当碎石嵌入沥青深度小于粒径的 50%时，应提高沥青用量。

3）当碎石上裹覆的沥青量偏少时，应降低碎石的撒布量。

4）当沥青洒布成泼溅状时，应调小沥青洒布压力。

5）当沥青出现条纹状洒布时：①沥青温度太低时开始加温；②沥青黏度太大时适当稀释；③所有喷嘴不在同一角度时应及时调整喷嘴角度；④喷洒棒太高时应调低；⑤喷洒棒太低时应调高；⑥喷嘴堵塞时应及时疏通。

6）当碎石撒完仍有碎石未被撒出时，应检查撒料口是否被堵塞或出现故障。

7）当碎石撒布过多时，应检查撒料口是否出现故障或者料仓堆料过多。

8）当碎石撒布不均匀时，应重新标定碎石撒布器，并设置不同撒料出口。

9）当沥青在碎石上表面时：①碎石撒布车开得太快，应降低速度；②运料卡车、压路机或者开道车操作错误，应及时检查、纠正。

10）当碎石剥落时：①沥青用量太小，应适当调大；②碎石的洁净程度不足，应水洗；③行车速度或者施工车辆速度太快，应降低速度。

11）当出现泛油时，可能是由于沥青使用量太大，应适当调低。

四、沥青铺装层弯道施工控制

匝道桥、立交桥等具有曲线半径小、超高较大、纵坡较大等特点，对弯坡桥沥青铺装层的施工工艺、设备要求方面，除了保留水平直线型桥面施工通用要求外，设计人员及施工单位还应该对沥青铺装层、防水黏结层的施工做专门性的要求。

1）铺装层施工及其控制：摊铺时采用基准钢丝法走滑靴，碾压时由下坡向上坡、由低处至高处。受到超高影响，摊铺机存在内外轮差，横向布料不均匀，容易造成厚度不等，压实度也就难以保证。为了保证摊铺的均匀性，可采用摊铺机自动控制系统实时微调内外布料速度。

2）封层类防水黏结层施工及其控制：采用同步碎石封层车施工时，碎石与黏结料同步施工，内外侧轮差将同样导致相同时间内横向内外侧分布面积的不同，而碎石布料器出料速度与沥青洒布杆喷洒速度在内外侧却是一样的，这样将造成内外侧碎石撒布量、沥青洒布量的差异。

假定弯桥半径 R=50m，沥青洒布杆长度为 3.75m，分别在贴近内侧车道线、外侧车道线位置洒布。如果按照内侧 1.2kg/m^2 洒布沥青，则在外侧覆盖的面积上洒布量减小为 1.1kg/m^2，减小了 8.3%；而对于内侧 60%集料覆盖率，在外侧就减小为 55%。当然，沥青洒布量减小对层间质量的影响要比碎石的大得多，因此，如图 6-30 所示，可采用两种措施来克服：①外侧采用喷洒速度递增的沥青喷嘴，碎石布料器开度也由小变大；②降低内侧洒布杆高度，具体高度 h 需要通过计算确定。

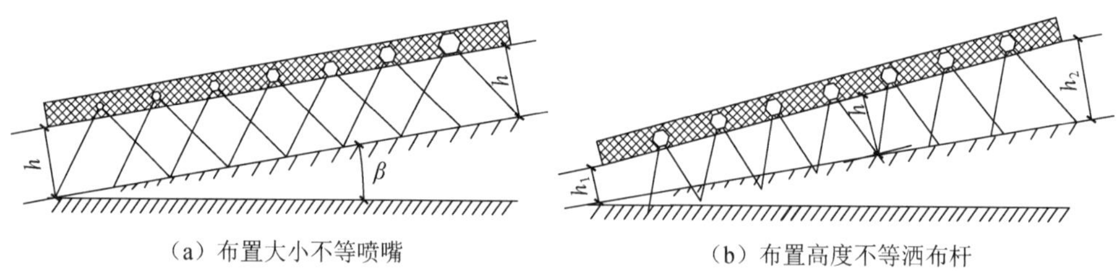

（a）布置大小不等喷嘴　（b）布置高度不等洒布杆

图 6-30　横坡内外侧布置大小不等喷嘴及布置高度不等洒布杆

五、混凝土桥面沥青铺装层施工质量控制要求

为了满足现场检测评价的便利要求及国内目前检测仪器的现状，建议采用拉拔试验、直接剪切试验、扭转剪切试验对界面黏结强度、剪切强度进行检测，并提出合理的指标要求，其中引入扭转剪切试验是因为考虑了弯坡桥上纵向、径向剪切合成后的扭转剪切效应。另外，现场检测气温容易受到风等影响，因此建议采用层间界面实测温度。

（一）现场实时温度下强度标准化评价推荐要求

1）优配比成型试件，进行 20℃、25℃、30℃、40℃、50℃及 60℃的强度试验，结果见表 6-19。

表 6-19　不同温度下桥面防水黏结层的强度

项目	界面温度/℃					
	20	25	30	40	50	60
黏结强度/MPa	0.45	0.39	0.34	0.24	0.09	0.05
剪切强度/MPa	0.7	0.58	0.5	0.35	0.24	0.17
扭转剪切强度/（100N·m）	1.25	0.95	0.77	0.55	0.39	0.24

由表 6-19 可知，在常温 25℃情况下剪切、黏结强度分别为 0.58MPa、0.39MPa，但随着温度升高，强度急剧下降，而 60℃时黏结强度不到 0.1MPa。因此，防水黏结层的温度敏感性很强，随着温度的升高，抗剪、黏结能力均显著降低，充分证明《公路工程质量检测评定标准　第一册　土建工程》（JTG F80/1—2004）要求不太现实。

2）对表 6-19 中间隔 10℃的实测数据进行回归，得到如式（6-1）所示不同试件层间界面温度 x（℃）下的黏结强度 y_1（MPa）、直剪强度 y_2（MPa）、扭转剪切强度 y_3（N·m）计算模型。

$$\begin{cases} y_1 = -0.0105x + 0.6532, & r^2 = 0.9829 \\ y_2 = 1.4262\mathrm{e}^{-0.0354x}, & r^2 = 0.9995 \\ y_3 = 2.624\mathrm{e}^{-0.0393x}, & r^2 = 0.9946 \end{cases} \tag{6-1}$$

3）验证回归模型的合理性，在室内又进行了 15℃、35℃、45℃、55℃层间强度试验，强度实测值与回归模型计算结果见表 6-20。

表 6-20　不同温度下强度实测值与回归模型计算结果

项目		界面温度/℃				
		15	25	35	45	55
黏结强度/MPa	实测	0.51	0.41	0.28	0.15	0.04
	计算	0.50	0.39	0.29	0.18	0.08
直剪强度/MPa	实测	0.86	0.60	0.40	0.25	0.16
	计算	0.84	0.59	0.41	0.29	0.20
扭转剪切强度/（100N·m）	实测	1.44	0.94	0.60	0.42	0.26
	计算	1.45	0.98	0.66	0.44	0.30

由表 6-20 可知，除 55℃时计算值与实测值之间相差较大之外，其余各项强度值的偏差均小于 5%，因此可知该回归模型是合理的。当气温为 35℃时，桥面温度近 55℃，防水黏结层处温度为 45℃。可见桥面黏结层界面处在 45℃、55℃下的黏结强度比 25℃时分别下降了 54%、80%；界面处在 45℃、55℃下的直剪强度比 25℃时分别下降了 51%、

66%；界面处在 45℃、55℃下的扭转剪切强度比 25℃时分别下降了 55%、69%。结合表 6-19 的数据，实时层间界面温度下强度推荐值见表 6-21。

表 6-21　实时层间界面温度下强度推荐值

项目	界面温度/℃									
	15	20	25	30	35	40	45	50	55	60
黏结强度/MPa	0.50	0.45	0.40	0.35	0.30	0.25	0.18	0.10	0.08	0.05
剪切强度/MPa	0.85	0.70	0.60	0.50	0.40	0.35	0.30	0.25	0.20	0.15
扭转剪切强度/（100N · m）	1.45	1.25	0.95	0.75	0.65	0.55	0.45	0.40	0.30	0.25

（二）现场实时温度下强度修正系数推荐要求

尽管推荐了不同温度时的强度值，但不适合不同温度时强度的对比。为了使任何温度时的强度值都能在同一个标准下进行比较，下面将其换算为常温 25℃下的标准强度值。

1）以试件表面 25℃时层间强度作为标准强度，通过强度修正系数，其他任意现场温度下的强度值均可修正为标准强度值，修正系数计算如式（6-2）所示，不同实时界面温度时强度修正系数推荐值见表 6-22。

$$K_1=\frac{\sigma_{B-C}^{T}}{\sigma_B^{25}},\quad K_2=\frac{\tau_{D-C}^{T}}{\tau_D^{25}},\quad K_3=\frac{\tau_{R-C}^{T}}{\tau_R^{25}} \tag{6-2}$$

式中：K_i 为强度修正系数，i=1、2、3 时分别为黏结强度、剪切强度、扭转剪切强度系数。各式分母为 25℃下的强度标准值（MPa），分子为界面温度 T 时的强度计算值（MPa）。

表 6-22　不同实时界面温度时强度修正系数推荐值

项目	界面温度/℃									
	15	20	25	30	35	40	45	50	55	60
K_1	1.24	1.13	1.00	0.88	0.75	0.63	0.45	0.25	0.19	0.13
K_2	1.42	1.17	1.00	0.83	0.67	0.58	0.50	0.42	0.34	0.25
K_3	1.53	1.32	1.00	0.79	0.68	0.58	0.47	0.42	0.31	0.26

2）如式（6-3）所示，模型可将任意防水黏结层温度下的层间强度修正为 25℃下的标准强度值，使设计、施工的检测有真正的可比性。

$$P_{25}=K_i\times P_T \tag{6-3}$$

式中：P_{25} 为换算成常温 25℃条件下的标准强度值（MPa）；P_T 为防水黏结层温度为 T（℃）时实测的层间强度（MPa）；K_i 为强度修正系数，当 T（℃）在表 6-22 任意相邻两个温度之间时，修正系数采用内插法确定。

第六节　透层、封层与黏层施工及质量控制

一、透层施工及质量控制

1）低温低于 10℃、大风天气或即将降雨时不得进行喷洒透层油施工。

2）施工前基层表面应清扫干净、无杂质。

3）应在碾压成型的基层施工结束、表面稍变干燥但尚未硬化时喷洒透层油。

4）低温施工时可在透层油上加盖透水土工布，白天通行工程车辆时，揭开行车道部分土工布。

5）每车透层油均应取样对黏度，蒸发残留物含量，蒸发残留物的针入度、延伸度、软化点进行检验。每日上午、下午对洒布量分别检测一次，随时对洒布的均匀性进行外观检查。

6）施工过程中应做好交通管制，禁止任何车辆行驶。

二、封层施工及质量控制

封层施工及质量控制应注意以下问题。

1）在施工前应特别注意检查基层表面的完整性，基层在养护过程中，可能会存在表面强度不足，或者在养护过程中，由于交通控制不当出现松散、剥落、坑塘现象，必须提前处理。

2）为保证雾状喷洒而形成均匀、等厚度的沥青膜，必须保证沥青洒布温度高于 170℃。

3）洒布沥青封层的施工气温不低于 10℃，大风、浓雾或下雨天不得进行施工。

4）不同的喷嘴高度将导致不同厚度的沥青膜，通过调整喷嘴的高度确保沥青膜厚度适宜均匀。

5）碎石封层车应以适宜速度匀速行驶，在此前提下碎石和沥青两者的洒布量必须匹配。

6）沥青与碎石撒布后，应立即进行人工修补或补洒，修补的重点是起点、终点、纵向接缝、过厚、过薄或不平整处。

7）派专人手持扫帚紧跟同步碎石封层车，及时把弹出摊铺宽度（沥青洒布宽度）外的碎石扫到摊铺宽度内，或加工挡板防止碎石弹出摊铺宽度外。

8）当同步碎石封层车上任何一种料用完时，应立即关闭所有材料输送的控制开关，检查材料剩余量，校核沥青洒布量与碎石撒布量的精准性。

三、黏层施工及质量控制

黏层施工及质量控制应注意以下问题。

1）气温低于 10℃、大风天气或即将降雨时，不得喷洒黏层油。寒冷季节施工不得

不喷洒时，可以分两次喷洒。路面潮湿时不得喷洒黏层油，用水洗刷后需待表面干燥后再喷洒。

2）喷洒黏层油之前需对沥青下承层表面进行清扫，需注意泥土污染和油污处理。

3）喷洒的黏层油必须呈均匀雾状，使其在路面全宽度范围内均匀分布呈一薄层，不得有洒花漏空或呈条状，也不得堆积。喷洒不足时要补洒，喷洒过量处应予以刮除。

4）黏层油宜在当天洒布，待乳化沥青破乳、水分蒸发完成后，紧跟着铺装沥青层，确保黏结层不受污染。

5）施工单位应记录每车乳化沥青的黏度，蒸发残留物含量，蒸发残留物的针入度、延度、软化点等，并在上、下午施工中对洒布量各检测一次，观察碎石洒布的均匀性。

6）施工中应做好交通管制，禁止任何车辆行驶。

第七章　高寒高海拔地区沥青路面养护模式及其关键技术

第一节　国内外沥青路面养护发展现状

一、国外沥青路面管理与养护模式

（一）公路管养体制与模式

美国、英国、法国、德国、日本、西班牙等发达国家的高速公路建设在养护理念、养护技术等方面都走在世界前列。当然，国外公路的养护也经历了“差路优先”到“好路优先”的发展过程。“差路优先”理念是指只有当路面结构损坏到较差水平时才采取必要的养护措施，其目的是维修车辙、裂缝、坑槽等结构的显性病害，养护成本高、效率低，并且极大地影响着路面的行驶状况。随着公路通车里程的增加，养护期间碰到的问题也更加复杂，国外越来越多的公路部门逐渐推行“好路优先”的养护理念，采用一系列低成本的预防性养护方法即可延长路面的使用寿命，并且得到了公路用户的支持，提高了用户的满意度。

法国、瑞典、南非、澳大利亚等国家在公路养护方面采用的模式各自具有显著的特点。

法国高速公路和国道、省道纵横交错，形成了贯穿全国、连接欧洲的立体高速公路网，从设计、施工、养护、管理形成一套完备的管理体系。1995～2005 年，法国进行了资本改革，全部私有化且有 10 多家特许经营公司成为高速公路投资、建设、运营、维护、收益的主要力量。特许经营公司经营了约 9000km 高速公路，约占高速公路总里程的 80%。高速公路特许企业协会是特许经营企业与政府和公众沟通的主要渠道。企业将收费价格、工程施工状况、道路状况、限速提醒、天气情况等所有信息通过网站向外界公开。法国高速公路养护中大部分作业以合同方式管理，运输部门每年在高速公路系统调查 10000 名用户，在国家道路系统调查另外 20000 名用户，通过询问同样的问题以便确定发展趋势，检查服务质量，考核承包商；而承包商则需依据调查结果对养护优先项目序列和预算进行实时修正，为业主提供满足服务水平的养护产品。法国将所有税收（包括燃油税）均纳入包括道路预算在内的总基金中，其中预防性养护基金主要以道路使用需求为基础而不是以路况为基础，而大修或结构维修基金则以路况为基础。虽然预防性养护资金从总基金中支出，资金规模通过政府评审确定，但是国家公路网的预防性养护仍然有可能得不到足够的资金保证。总之，法国通过新的养护模式使政府与企业共担风险，共同开发、推广、应用新产品和新技术。

瑞典公路运输量极大，其公路发展早、发展快，如何保持公路处于良好的状态，如何更好地为社会服务，是瑞典公路管理部门的主要责任。1992 年，瑞典国家公路由瑞典国家公路局按照 North 区、Central 区、Malardalen 区、Stockholm 区、Southeast 区、West 区和 Skane 区共 7 个分区进行建设和养护，明确总部与分区公路局的责任、权力、范围，制订计划（长期计划、短期计划），分配资源（人力、财力、物力），监督组织实施，并对计划进行检查、评估，以做进一步改进。同时，瑞典国家公路局分为负责公路建养宏观管理的业主管理和负责公路养护运营的承包商（即 Produktion 国有公司）管理，真正实现了管养分离，养护基地和职工分别较改革前减少了 25%、41%，养护费用减少了10%～15%。瑞典国家公路局在市场化运作方面也进行了改革，经历了没有竞争的阶段、设备租赁阶段、部分招投标阶段、全面招投标阶段的发展过程，并且养护业务也向 Produktion 以外的 NCC、NAA、PEAB 公司开放。瑞典国家公路养护工作不实行监理工程师制度，养护工程质量保证主要依靠承包人的质量保证体系和社会举报制度。另外，瑞典的常规养护、阶段性养护招投标工作在总部指导下由各分区公路局实施，一般实行“3+2”或“4+1”的 5 年合同制，即业主先与承包人签订 3 年或 4 年合同，然后根据承包人的情况、条件变化、工作业绩进行综合评定，以决定是否续签合同或更换承包人。

南非运输部和各省政府将公路养护分为两个部分：首先，将道路设计、分析和现场施工管理交由专业顾问负责；其次，将公路建设、运营、转让工作交由特许经营公司实施，双方签订以路用性能保证为考核标准、最长合同期限可达 30 年的承包合同。南非没有专门用于道路建设和维修的资金来源，主要通过三年有条件转让权获得资金、中央预算资金、各省政府投入三个渠道获得资金。

澳大利亚的道路设计、施工和养护日趋私有化，但其程度随各州情况不同而有所区别。西澳大利亚州 90%以上的公路养护业务采用合同化管理，雇员较改革前减少 70%以上，养护成本也大大降低。各州政府是澳大利亚国家道路网的养护责任主体，管理资金来源于联邦政府，各州的养护资金主要来源于联邦政府预算划拨，即从燃油、汽车销售、特许经营权发放中获取并纳入政府总财政收入。但政府划拨资金是不够的，要求有能力的州自行补助。在养护资金有限的前提下，各州需要根据资金限额制定最优养护规划与方案，而不能完全按照路面管理系统分析的结果进行资金分配，因此，各州将把大部分资金投入预防养护，而并非用于中、大修工程。

由此可见，在路面设计与建设中实施合同化管理，不但保证了承包商可将精力、物力、财力投入路面面层的养护中，也保证了基层、路基养护的巨额投资，促进了经济、快捷的小修保养与预防性养护技术发展，而且还可取代投资较大的路面大修改造工程。同时，在保证路面结构高强度条件下，大量使用更为经济、适用的预防性养护技术将使路面大修改造仅占养护计划的一小部分。

（二）路面养护方案配置策略

法国在道路结构设计时加强了基层的设计，保证 10 或 15 年后才对路面磨损进行维修，而每 20 年才进行一次结构性重铺罩面，并根据不同道路设计厚度决定采用不同类型的薄层或超薄层罩面养护，主要目的是通过提高摩擦阻力、降低噪声、提高承载能力等实现提高安全性、保护环境、提高公共服务效率的国家公路养护目标。法国通常不进行路面重建改造，国家公路网系统内的大修工程由国家公路管理部门选择确定，其他道路的维护方法由地方管理部门决定。

澳大利亚修筑道路坚持土基厚实、高强度基层和薄沥青磨耗层的理念。如新南威尔士道路交通部门通过对道路系统性能要求、道路特点和路况的评价及社会公共利益的影响进行评估后确定各种道路的养护需求，然后制定涵盖路基养护5年在内的战略规划，并且每一个养护项目都需要在设计规范、决策树方法基础上决策和实施。在西澳大利亚州常用铣刨面层，然后撒布应力吸收层后加铺3cm薄层罩面，而对于低交通量路段，则采用双层碎石封层并获得了良好效果，能够达到12～15年的预期使用寿命。

二、国内沥青路面管养现状

截至2009年底，我国公路总里程484.65万km。公路养护里程475.78万km，占公路总里程的98.2%。其中，高速公路里程达14.26万km。全国公路桥梁达85.15万座、5568.59万m。全国公路隧道17738处、1723.61万m。

1）多年来，我国道路养护管理部门以及养护承包商都将“畅、洁、绿、美、安”五位一体作为道路管养的最高行为准则，而没有进入向道路要效益的轨道上来。对于我国不同类型的道路应该采用不同的管养模式和管养理念。比如对于路网的养护，应以社会公益产品的形式向纳税人提供服务；而大多数依靠国家贷款修建的高速公路则在追求社会效益的同时，也要追求经济效益，即要在道路运营中寻求经济效益与社会效益的平衡。

2）路、桥、隧养护规范、标准体系比较完备，但偏重路桥隧的检测、评定，而在养护决策、技术、定额、设计、道路绩效考评等方面缺少可操作性，导致养护市场的粗放、混乱经营。

3）目前的养护行为大多发生在裂缝、坑槽、车辙等显性病害出现后，并且主要以“计量支付”的形式进行专项维修。尽管在各种设计、施工、养护技术规范中近300次提到预养护的理念，但实际上目前仍停留在预养护理念的认识阶段，而缺乏真正可实施的预防性养护技术措施。

4）我国多数地区道路养护均采用管理公司一把抓的形式，即日常养护、中修专项工程、大修工程的设计、施工、评定都是由管理公司一手操作，既当运动员，又当裁判员，这将导致对养护的积极性、创造性不足。另外，对于一条高速公路的管理公司来说，为一条高速公路而配备足额的养护设备、人员，难以保证其利用率，会造成极大的浪费。

5）对于广东、上海等东南沿海经济发达地区以及江苏、山东、河南、安徽等高速公路建设水平较高的地区，目前开始采用“日常养护总承包＋专项工程计量支付”相结合的管养模式，从形式上来看已经前进了一大步。但是，从养护模式本质上来看，没有发生质的变化。因为，在道路养护的整个链条上，日常承包养护不论从资金投入、技术投入，还是对日常养护的重视程度都占较小的比例，而更多的资金仍然投入到专项工程。

6）在目前的管养体系中，业主仍然更多扮演的是指挥者、管理者、设计师的角色，而承包商只将某一专项工程作为交付业主的养护“作业”，缺乏对道路的长期管养规划。

三、国内外养护工程合同模式

（一）传统合同模式

1. 单价合同

单价合同（unit price contract/unit rate contract，UPC/URC）是指承包商以投标时或合同谈判时确定的单价为基础，按照实际完成的工程量定期进行结算，完成工程量越多、投入越多、利润越高的承包方式。UPC 模式也称为以投入为基础的合同（input based contract，IBC）承包方式，业主通过计量承包商的投入作为支付依据，容易导致承包商没有减少工程量的积极性。

2. 总价包干合同

总价包干合同（lump sum contract，LSC）是指在投标或合同谈判时确定承包总价，合同完成后一次支付，或按照事先确定的比例分几次支付，无论承包商完成的工程量如何变化，事先确定的包干总价不再调整的承包方式，其又可以称为以产出为基础的合同（output based contract，OBC）。LSC 模式下承包商有控制投入的积极性，而业主主要依据承包商完成的工程是否满意或是否达到要求来付款，从而减少了业主在合同管理中的投入。不过，LSC 更适合于能够准确估算工程量、工期短、金额小、外部条件明确且在合同期不会改变的工程项目。

3. 基于性能的合同

基于性能的合同（performance based contract，PBC）是指一种以产出采购（output based procurement，OBP）为基础且控制产出的承包方式。该模式要求事先在合同中明确履约标准及计量的方法，在达到履约标准以后按事先确定的金额定期支付，否则扣减事先确定的金额。通过 PBC 模式，承包商在实现履约标准时对养护时间、方法、位置、内容的确定有极大的自主权。该模式在阿根廷、乌拉圭、智利、哥伦比亚、加拿大、美国、丹麦、西班牙、澳大利亚、新西兰、印度、柬埔寨、乍得、乌干达等国家的公路养护、供水、通信工程承包中广泛使用。

PBC 中承包商为了实现合同中要求的服务水平而有责任去设计、实施他们认为有必要的一切养护行为活动，如果某个月的平均交通速度、行驶舒适性、安全特征等的服务质量水平（service quality levels，SQL）没有达到要求，本月的支付则会被扣减或延期。这就促使承包商为了利润最大化必须通过智能设计合理的养护行为以达到规定的 SQL 值，承包商有权自主决定干什么、何地干、何时干、如何干；道路管理部门或业主只需依据所有条款、法规，检查、督促养护，从而满足 SQL 要求。对于承包商来说将有更大的动力去提高养护效率，并刺激技术的创新。

（二）世界银行基于性能的 PMMR 公路管理和维护合同

1. PMMR 合同内涵与特点

世界银行 2002 年提出了基于绩效的路网管养（performance-based management and maintenance of road networks，PMMR）合同模式，其更适合特定或长期的公路管理和维护项目，如设计-建造-运营-养护（design-build-operate-maintain，DBOM）模式。

2. PMMR 合同维护

与传统的基于土木工程投入单价的计量合同相比，PMMR 合同基于产出，大多数计量基于合同中约定的表征服务质量水平，即养护承包商通过物理性养护工作，以及与路网管理、评估相关的活动所提供的养护服务水平。承包商为了获得满足养护服务的月支付，必须确保道路服务水平处于投标文件规定的养护服务水平之上。很有可能在某几个月为了达到所要求的服务水平必须完成相当大量的养护工作，而在其他几个月则很少，但只要满足了服务水平要求，每个月的支付都是一样的。PMMR 合同不适合承包初期亟须实施大量维修工作的较差路况条件的路网。根据世界银行的经验，PMMR 合同涉及维修工作的部分应不超过总合同的 40%，否则对于业主和承包商均存在较大风险。

传统的单价计量养护合同中，承包商对道路管理部门或业主正常规定的工作只有执行责任，且基于不同工作项目以单价的形式进行计量、支付，合同完全基于工程的投入。这易导致承包商产生不良动机，即通过工程量扩大化来获得更高的营业额与利润；而 PMMR 合同可将养护承包商从传统的简单养护施工角色向道路资产管理与保护角色转变。

（三）基于产出与性能的 OPRC 道路采购合同模式

1. OPRC 合同模式概念

基于产出和绩效的公路合同（output and performance based road project contract，OPRC）是一种创新的工程承包、维护、资产管理方式，其不按照实物工程量计量支付，而按照公路合同条款规定的产出和服务等级计算支付。承包商需要合理设计、优化，新建或升级整体方案，保证施工质量，控制成本，不仅关注公路施工管理，还须注重公路资产整体经营过程，与业主建立较长期的合作伙伴关系。

在 OPRC 架构下，承包商的收益是依据合同中规定的养护产出服务水平，而不取决于实际“投入”的工程量，承包商在实施养护行为之后很长时间内要对道路耐久性与性能负有义务和责任。

2. OPRC 中承包商与业主关系

OPRC 承包商要保持数年对设施的管理与维护，支付的工程款与项目完工后的服务等级挂钩，承包商负责勘察设计、建造、维护及路况检测等，在 OPRC 有效期内承包商有权确定做什么、哪里做、如何做、何时做。业主只需观测路况是否正常，一旦出现缺陷未得到正常维护，即对承包商进行相应扣款，其角色就是监督承包商是否按照签订的合同、有关法规和条款履约，加强合同管理。

3. OPRC 中工程款支付特点

承包商按照强制的自检系统向业主提交评价和执行情况报告，同时提交月工程量清单，业主代表负责核准。如果项目服务等级不满足合同要求，业主按约定扣款。如果承包商不能在延长期内达到最低服务等级标准，业主可停止支付工程款。

（四）OPRC 与其他合同的区别

PMMR 主要集中于在役道路的管养上，而 OPRC 扩展到设计-建设-经营-维护（design-build-operate-maintain，DBOM）合同方面，由道路专家与采购专家共同参与，更适合道路领域 3P（public private partnerships，PPP）模式，能够更好地解决业主面临的设计、施工质量、招投标竞争、建设后养护等问题。

（五）OPRC 采购流程

OPRC 采购流程如下：①公告（advertisement），即发布资格预审或投标的信息，实时大范围地确保有资格的投标人获得投标文件，并且能够递交申请或标书；②资格预审（prequalification）；③投标文件发布（issuance）；④投标（bidding）；⑤投标评估（evaluation）；⑥授权合同（award）。

第二节　高寒高海拔地区沥青路面养护现状与发展需求

从目前国内外的养护投入及关注的重点来看，沥青路面的养护是重中之重，不论从养护的理念、性能发展模型、技术、材料、设备等方面，还是从养护资金的投入方面，沥青路面都在公路养护中占有绝对重要的位置。表 7-1 所示为 2014～2016 年高速公路支出明细，2014 年和 2015 年的养护费用分别占到所有支出费用的 8%和 6.9%，广东、江苏、山东、河南、湖北、陕西、浙江等公路发达地区，养护费用占支出费用之比可达到 9%～12%，部分公路通车里程较少或经济欠发达地区的养护费用占比低于 5%左右。

表 7-1　2014～2016 年高速公路支出明细

年度	收入/亿元	支出/亿元					
		还本	付息	养护	税费	运管	其他
2014 年	3916	2106	2100	469	249	534	26.7
		总支出 5487 亿元（养护占比 8.5%）					
2015 年	4097	3497	2252	504	296	528	20
		总支出 7285 亿元（养护占比 6.9%）					
2016 年	4549	4751	2313	476+229（改扩建）	309	597	17
		总支出 8692 亿元（养护占比 3.6%）					

首先，从我国近些年的公路养护资金投入的对比发现，路基、路面、桥梁、隧道、绿化、交通安全、机电等所有设施养护中的资金投入比例有很大差异，其中路面养护费用占公路养护费用的 80%～90%。其次，从路面的发展趋势来看，目前在高速公路、一级公路、二级国省干道的路面中，沥青路面仍然是主流。最后，从养护新技术的发展来看，世界各国都在沥青路面方面投入了较大的人力、物力、财力，并且取得了斐然的成就，不论是小修保养、中修罩面，还是功能性养护、结构性养护技术，沥青路面技术的发展都最为显著。

但是，对于高寒高海拔地区沥青路面的养护来说，经过对现有的青藏线、川藏线、新藏线、G214 线等公路的养护模式与技术的调研发现，这些地区的养护理念、养护技术、技术人员配备、施工队伍配置等都相对落后，尤其在一些低海拔地区被普遍应用的预防性养护技术，在此类地区则成为奢求，因此很有必要针对此类地区的特殊自然地理条件、技术发展现状、材料供应状况，建立一整套适合此类地区沥青路面的养护模式和养护技术。

第三节 高寒高海拔地区公路养护模式

一、我国公路养护模式的发展

随着我国高速公路通车里程的迅速增加，养护任务将愈加艰巨，预防性养护理念及 PMMR、OPRC 等先进合同形式在公路管养中得到了进一步推广和发展，最终将推动公路管养模式的发展和变革。从目前国内各省份的国省干道管养，尤其是高速公路的管养现状调研发现，我国目前公路管养模式的发展如图 7-1 所示。

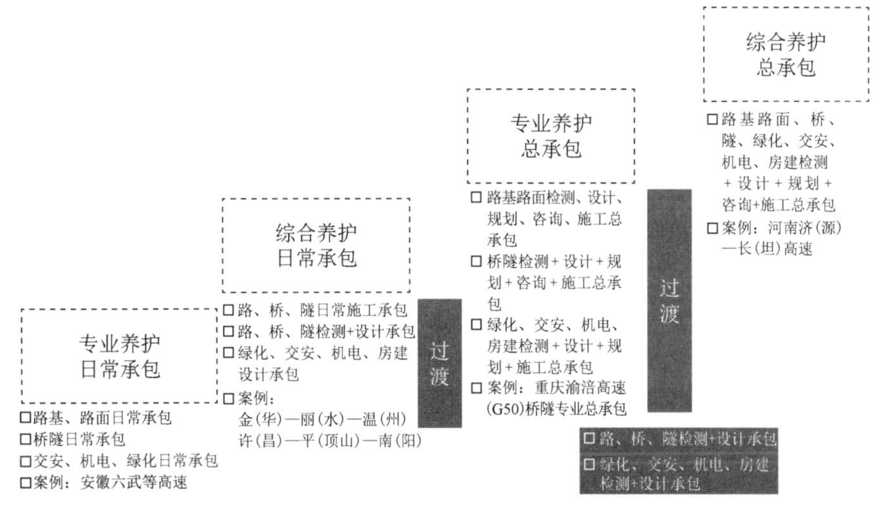

图 7-1 我国公路管养模式的发展

由图 7-1 可知，我国公路的管养模式主要分为 4 种模式，相应经历了 4 个阶段，即专业养护日常承包、综合养护日常承包、专业养护总承包、综合养护总承包等阶段。对于专业养护日常承包，目前国内已经基本实现，如辽宁、陕西、四川、重庆等省（直辖市）；上海、安徽、浙江、江苏、广东、广西、河南、湖北、山东等省（自治区、直辖市）均将路、桥、隧、交安、绿化等所有资产的向外综合养护日常承包。贵州、重庆、海南、广西、安徽等省（自治区、直辖市）尝试推行专业养护总承包模式，同时也在综合养护总承包模式方面进行了大胆的探索。

对于全国不同地区或不同高速公路来说，需根据自身的实际地域情况、经济实力、技术能力、路况水平等条件来选择如图 7-1 所示的 4 种模式之一。对于某一条高速公路来说，则可以根据目前所采取的管养模式，依据图 7-1 所示的发展顺序将其循序渐进地推进为更高级的模式。

二、公路综合养护总承包模式

（一）综合养护总承包模式架构组成

综合养护总承包模式是指公路专业养护承包商与业主以签订中、长期总承包管养合同为养护行为合作基础，业主在合理的养护资金范围内委托专业养护承包商对公路、桥涵、隧道、绿化、交安、机电等综合路产（简称“公路”）进行检测评价、养护设计、养护施工等项目的科学、全面、经济、全程的总承包养护，而养护承包商始终为业主及公路用户提供满足高速公路综合养护合同（highway comprehensive maitenance contacts，HCMC）中公路绩效考核标准的服务。尽管该模式也是以公路绩效考核为主，但是不完全等同于世界银行组织提出且在 20 世纪 90 年代的南美洲、北美洲、大洋洲等国家和地区广泛采用的基于路况绩效的管理模式，即 PMMR 或 OPRC 模式。

HCMC 模式主要基于公路舒适性、安全性、耐久性、可持续性的不同管养需求进行功能性、结构性、环境友好性设计。因此，为了满足这些需求，HCMC 模式主要以防水抗滑、补强、再生为养护技术主线。

如图 7-2 所示为 HCMC 模式架构组成，即 HCMC 模式由养护评价决策子系统与养护工程技术子系统组成。前者主要以沥青路面透水性红外检测、混凝土路面结构连续性检测、无人直升机桥梁检测、桥隧可视化检测等有效检测数据与建设、养护、环境、交通等传统数据组成的公路大数据为基础，确保 HCMC 模式言之有据；而后者则由公路、桥梁、隧道预防性养护技术、抢救性养护技术为基础，从而为 HCMC 模式提供行之有效的技术措施。

（二）HCMC 模式实施流程及其特点

1. HCMC 模式实施流程

图 7-3 所示的 HCMC 模式实施流程如下。

1）在对全国大区域道路大数据调研基础上，确定公路养护的敏感性因素，并建立公路性能衰变及养护费用需求模型。

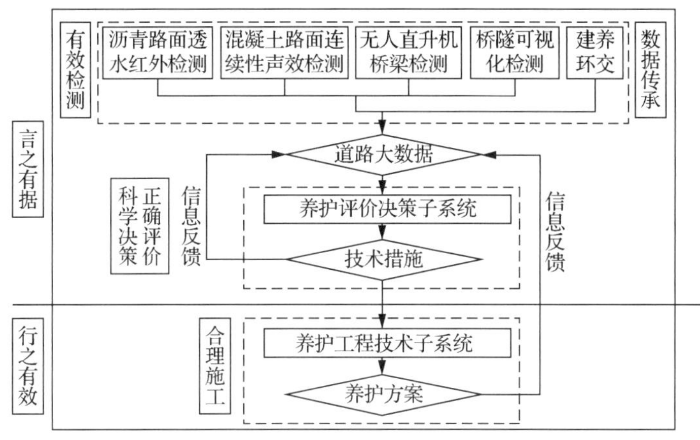

图 7-2　HCMC 模式架构组成

2）对养护路段性能进行承包前的综合风险评估，并对现有病害、潜在病害深度了解、科学分析，以便对总承包标底进行科学的测算。

3）养护总承包商与业主签订并履行综合养护总承包合同，其中涵盖承包年限、标底、公路养护绩效考核标准、养护费用支付方式等关键条款。

4）总承包商在承包路段上实施能够满足公路绩效考核标准的养护措施，以便达到合同要求的养护绩效标准。

5）最终实现总承包商与业主的“双赢”目标。

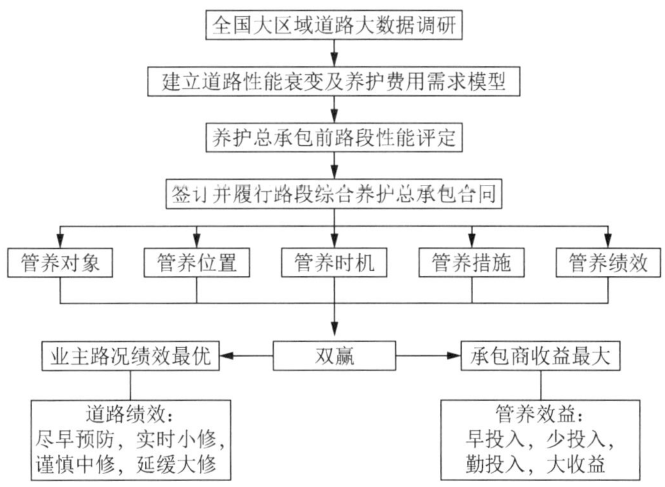

图 7-3　HCMC 模式实施流程

由图 7-3 可知，HCMC 模式是一种对业主、承包商双赢的模式，既可保证业主道路绩效最优化，又可保证承包商收益的合理化。

2. HCMC 模式技术特点

（1）以道路大数据为基础

道路大数据是指在道路立体网络（图 7-4）中形成，能够反映道路影响因素与道路管养绩效之间相互联系、相互影响、相互促进且富有生命力的海量数据库。其中，一条道路的立体网络包括道路（含桥涵、隧道）技术、经济、管理横向 3 部分，规划、设计、建设、运营、养护纵向 5 阶段，天、人、车、路竖向 4 层次。

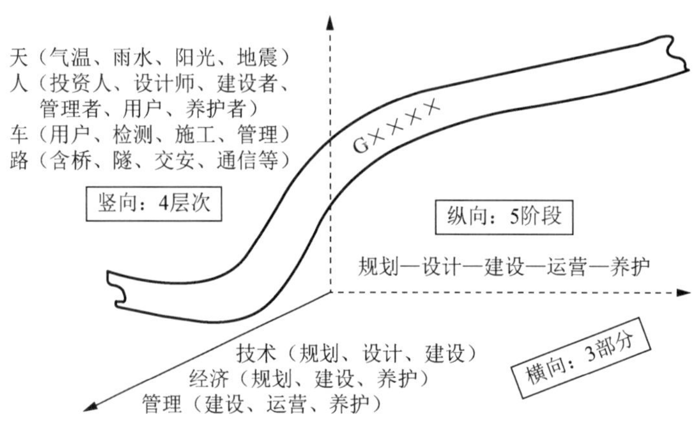

图 7-4　道路立体网络组成图

另外，道路大数据具有体量大、类型多、处理速度快、价值密度低等特点，大数据的调研和分析将对 HCMC 模式的推广、实施起到决定的作用。

（2）以道路材料性能衰变为规律

随着道路路龄的增长，在环境、交通荷载共同作用下道路材料性能将发生不同程度的衰变，材料的储备系数（即在役性能与原有性能之比）也随之减小，最终导致道路可靠性水平下降。

（3）以科学检测为依据

科学检测是 HCMC 模式有效实施的基础，如沥青路面透水性 HDS 检测技术、水泥混凝土路面结构连续性 CSE（声效-GBR）检测技术、GPR 隧道衬砌检测技术、路面 FWD 检测技术、快速可视化桥梁检测技术，以及高边坡、高路堤、高挡墙可视化监控技术等都将确保 HCMC 养护方案有理有据。

（4）以合理的道路管养绩效为目标

路、桥、隧一般的管养绩效考核内容既包括路面宽度、坑槽、修补、裂缝、清洁度、粗糙度、弯沉、车辙、磨损、啃边、路堤坡度、绿化、桥面铺装、隧道道面铺装、排水设施、道路安全信号，也包括路面、桥面、道面的粗糙度，还包括道路、桥梁结构的承载力；另外，还应该包含道路用户对道路的需求。

当然，对于综合养护总承包来说，业主、承包商、第三方联合制定科学的道路管养绩效考核标准至关重要。

（5）以实时预防性养护为保证

目前的养护模式更多的是在发生显性病害之后才进行的抢救性养护，而预防性养护的实施仅仅停留在理念研讨阶段。尽管在各种设计、施工、养护及技术评定规范中“预防性养护”的概念频繁出现 300 多次，但在实际中很少真正实施。

HCMC 模式的总承包内涵不但体现在养护项目涵盖道、桥、隧各方面，更重要的是将预防性养护真正落到实处，坚持养护时间前置、预养护措施为主、隐性病害处治优先的原则。

（6）由计量支付收入向养护产品输出转变

传统的养护模式以计量支付收入为主，在专项工程前工程量及利润空间已定，承包商只要完成中标工程量，就可以通过计量支付来获得利润。承包商可通过优化工序，节约工、料、机及变更工程量来使利益最大化。

HCMC 模式则有着本质的变化，承包商将道路养护视为养护产品的输出，也就是在总承包前标的已知，但工程量及利润空间均未知，承包商只有达到合同中要求的道路管养绩效考核标准，才能获得应得的利润。承包商通过先进、前置的检测、养护技术来使利益最大化。

由此可见，HCMC 模式是养护理念革命性的改变，承包商的养护利润真正由市场来决定。

（三）HCMC 模式与传统管养模式比较

1. 传统管养模式优缺点

传统养护模式下道路绩效及承包商效益如图 7-5 所示，随着道路运营时间的增加，业主道路管养绩效下降的同时，其公路经济效益也在下降。通过对国内多条高速公路调研发现，各省（自治区、直辖市）高速公路管理模式大同小异，基本上有 1～3 个高速公路管理机构（交通投资集团、高速公路管理公司、公路局），每个机构分别管辖本地区内若干条（段）高速公路。

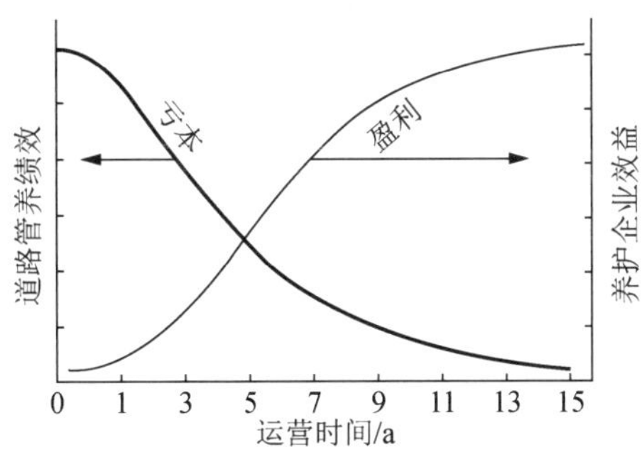

图 7-5　传统养护模式下道路绩效与承包商效益

传统养护模式下，道路管养亏损的主要原因如下。

1）目前高速公路运营除极少数采用 BOT（build-operate-transfer，建设-经营-转让）模式（包括国有控股 BOT、经营性公路内资 BOT、外资 BOT）、转让公路经营权模式外，大多数由政府主导企业进行管理，更多地强调政治效益、社会效益，而没有把经济效益作为业主的主要绩效考核。

2）目前业主主要采用“隐性病害不养、显性病害小养、大中修至上”的养护策略，这与管理领导、技术人员的频繁更换有关，导致养护行为短期化、领导化、政绩化。另外，大量的养护资金投入专项工程中，而每年专项工程的中标单位有很大的不确定性，也导致养护没有计划性、传承性、延续性。而且目前各地区普遍采用低价中标的方法，这将使承包商利润空间少之又少，养护质量也就难以保证。

3）多数地区养护市场准入区域化，从养护资质等招投标要求方面没有体现真正的市场化，这对一些在全国具有显著影响力、专业化程度高的养护企业很不公平，这种地方保护最终将导致本地区养护企业不求发展、不思进取，也打乱了整个养护市场的良性竞争，使养护企业良莠不齐、鱼目混珠。

2. HCMC 模式优缺点

与传统管养模式相比，HCMC 模式具有如下几方面优势。

1）业主管理省时：在 HCMC 模式中，业主委托一家总承包商对道路进行全方位养护（自然灾害等不可预见性病害可能要在合同中另外约束），业主对养护路段的管理将更加高效。

2）业主管理省事：业主只需在道路管养绩效考核评价、养护工程管理等方面依据总承包合同对总承包商进行管理即可，不需要面对诸多专项工程承包商。

3）业主管理省钱：HCMC 模式重在预防性养护，总承包商在确保优质道路管养绩效的前提下，坚持早投入、勤投入、少投入的原则，尽量减少中修罩面工程，延缓大修期。

4）承包商管养计划系统化：HCMC 模式中只有一个总承包商，养护周期较长，这就使承包商有条件对养护路段进行全面、长期、综合的养护规划，更有利于养护新技术、新材料、新工艺、新装备的使用。

但是，我国不同地区的新建道路质量差别较大，在 HCMC 模式下较长的养护周期内，难以准确预测道路发生的病害类型和程度，因此养护总承包合同标的具有不确定性。

3. 不同管养模式实体工程效益评价

为了对比不同管养模式下的经济效益，在某省的相邻地区选择了建设质量、路面结构、通车时间、地域气候环境、交通量基本相近的 3 条高速公路进行比较，其中在 G-B、G-C 高速公路采用了传统养护模式，而 G-A 高速公路则采用 HCMC 养护模式，不同管养模式效益对比如图 7-6 所示。

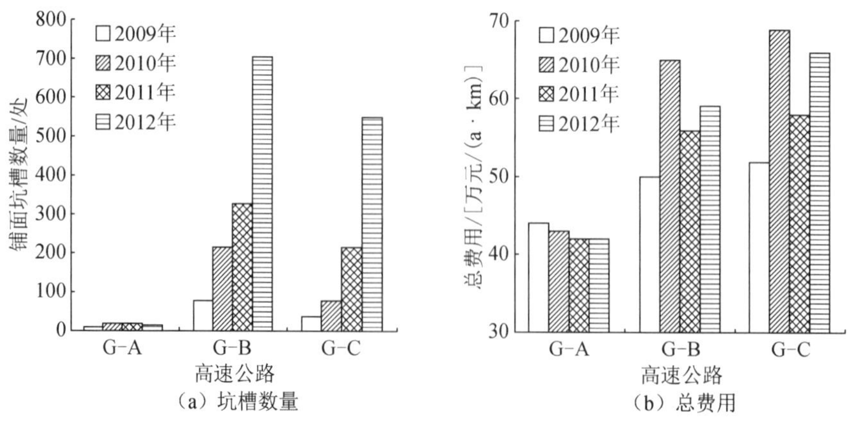

（a）坑槽数量　（b）总费用

图 7-6　不同管养模式效益对比

上述 3 条高速公路均经过 4 年的运行，传统养护模式下坑槽数量较 HCMC 模式下的高出 2～10 倍，而养护总费用则高出 10%～90%。

由图 7-6 可见，目前传统的养护模式已经不适应快速增长的高速公路养护需求，HCMC 模式是我国高速公路未来管养的必然选择，可实现业主和承包商的双赢。首先，基于云计算的大数据采集、分析、应用是 HCMC 模式的科学基础；其次，HCMC 模式中由计量支付向养护产品输出的转变将是养护理念的革命性变革；最后，先进的病害识别、检测技术是 HCMC 模式的保障。

第四节　高寒高海拔地区沥青路面检测评价技术

高寒高海拔地区沥青路面的检测条件更为苛刻、自然环境更加恶劣，需确定哪种评价指标与高寒高海拔地区沥青路面典型病害更为相关，进而才能确定采用哪种检测方法和设备对其进行检测、评价，这样才能做到有的放矢。

一、沥青路面透水性检测

高寒高海拔地区虽然降雨不太多，但是降雪后的融化雪水也将对沥青路面造成水损坏，因此应该重视其透水性检测。

沥青路面是一种横向延伸的具有一定空隙的平面板体结构，在运营中地表水分将通过路面空隙或裂缝自然渗入、在动车荷载作用下压入或通过毛细作用进入路面结构，水分在动载作用下将对集料表面沥青产生乳化、剥离作用，导致混合料松散，同时渗入或压入结构层间的水分在动水压力反复泵吸作用下将产生更为严重的唧浆、坑槽病害，从而加快功能性病害发生及其向结构性病害的发展。

因此，如何在早期实现对沥青路面透水性快速、有效检测和评价显得尤为重要。目前国内外仍采用定点渗水检测，如日本借用土壤渗透试验方法，美国以单位面积内水头降低至某一高度所通过的水量（mL）来测定，比利时采用一种以渗透一定数量水分所需时间表示的流量计，我国则采用沥青路面渗水仪来评价。不同类型仪器如图 7-7 所示。

（a）比利时的流量计

（b）我国的渗水仪

图 7-7　不同类型仪器

对呈平面分布的道路表面来说，上述方法尽管经济、易操作，但在数据代表性与准确性、检测速度、数据采集及处理自动化等方面都无法满足目前高速公路的运营要求。因此，为了减少沥青路面水损害，延缓结构性病害的发生，急需研发一种连续、快速、准确、及时的沥青路面透水性检测仪器，并制定相关检测标准。

因此，要从沥青路面透水性与路表温度相关性、红外差热机理及其与沥青路面透水性相关性分析、沥青路面透水性红外差热检测仪及其评价标准等方面进行深入探讨，从而为沥青路面“行之有效”的预防性养护技术措施的实施提供“言之有据”的信息和数据。

（一）红外差热机理及其与沥青路面透水性相关性分析

1. 红外技术在道路检测中的应用

1800 年，英国天文学家赫歇尔做光谱与温度关系试验时发现了红外线。红外线是电磁波谱的一部分，据普朗克辐射定律，热力学温度大于 0K 的物体由于其自身分子运动，不停向外辐射红外热能，从而在物体表面形成一定温度场，俗称热像。辐射的光谱分布与物体温度相关，因此可以通过专用设备接收物体表面辐射的红外线电磁波，从而获得物体热状态特征，并将其热像显示在荧光屏上，由此热状态特征及相应判据便可判断出物体表面温度分布状况及物体状态。红外技术具有准确、实时、快速等优点，将开辟测温技术新领域。

沥青路面同样具有向外辐射红外热能的特点，美国亚拉巴马州、华盛顿州、明尼苏达州、佐治亚州、得克萨斯州、康涅狄格州研究者利用红外热成像技术判别热拌沥青混合料在施工中的离析状况，通过红外摄像仪绘制整个路面区域的热量图谱，由此分析并评价沥青路面离析等施工质量及沥青路面的材料性能，预测将来可能出现的病害、沥青路面的使用寿命。

因此，通过红外测温技术检测沥青路面表面温度差异是可行的。

2. 沥青路面表面温度与其透水性相关性

研究表明，沥青混凝土空隙率 VV 为 4%～6%时水不易渗入，VV 为 6%～15%时水进入混合料内部不易排出，而 VV 大于 15%时水易进易出。这说明沥青路面的透水性与其空隙率有良好的相关性。首先设计 4%、6%、8%、10%、12%、14%空隙率且成型 300mm×300mm×50mm 的车辙板试件；然后在常温水箱内饱水 6h 后，5min 内在试件表面按照“梅花桩”形式标记以试件中心点为圆心且 r=30mm 的圆为测温点 1，距边缘均为 30mm 的点为圆心且 r=30mm 的圆为测温点 2、3、4、5；最后，将饱水后标记好的试件放入自制保温箱内，采用聚能灯照射，测试不同照射时间试件表面温度，并采用《公路沥青路面施工技术规范》（JTG F40—2004）中的渗水系数表征混合料透水性，试验如图 7-8 所示，回归曲线如图 7-9 所示。

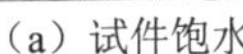

（a）试件饱水

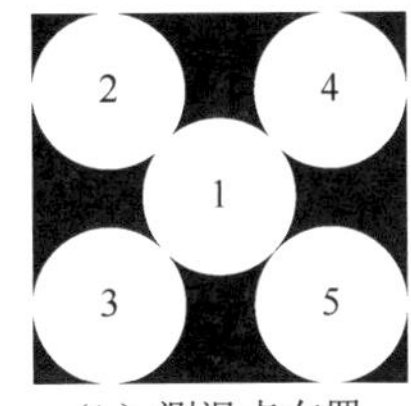

（b）测温点布置

（c）照射测温

图 7-8　试件饱水、测温点布置和照射测温图

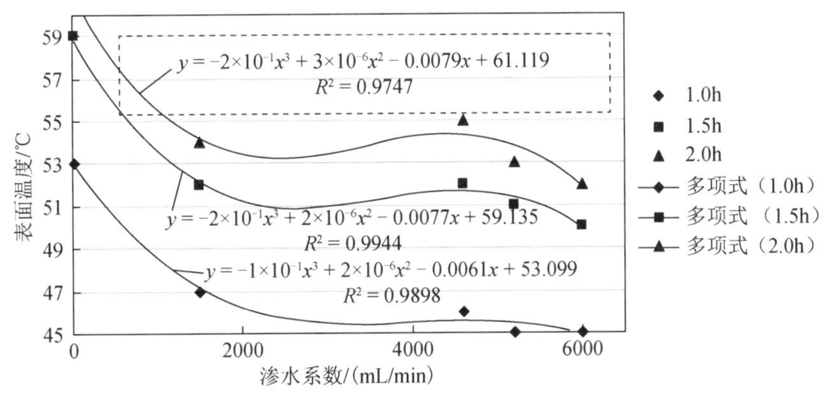

图 7-9　1.0h、1.5h、2.0h 照射后不同渗水系数试件表面温度与渗水系数的回归曲线

对不同空隙率、不同照射时间的渗水系数和表面温度进行回归，同一时段渗水系数与试件的表面温度具有良好相关性，相关系数达 0.95 以上。

1.0h、1.5h、2.0h 照射后对于不同渗水系数的试件，渗水系数越大，水分蒸发量也越大，试件表面温度越低。对于同一试件，随着照射时间增加，表面温度升高。因此，沥青路面透水性与表面温度有较强的相关性。

3. 路表温度场数值模拟计算及分析

采用 ABAQUS 有限元软件对空隙率为 4%、6%、8%、10%、12%、14%的沥青混合料路面温度场进行数值计算，其中 8%空隙率沥青混合料试件在不同照射时间后的温度状况如图 7-10 所示。

计算可知，不同气象环境及空隙率条件下，路面不同结构层最高温度、出现时间及温度骤变范围的规律是不同的；不同空隙率路面饱水后经过不同时间照射，其温度也是不同的，这为红外测温技术评价透水性提供了理论依据。

4. 红外差热机理分析

如前所述，红外测温技术完全可以用来识别和检测到沥青路面表面的温度状况，但是如果检测时间、检测路段、雨量、太阳照射、结构物等环境条件不同，采用热力学温度表征沥青路面的透水性就不可行了，并难以形成统一的标准和指标。

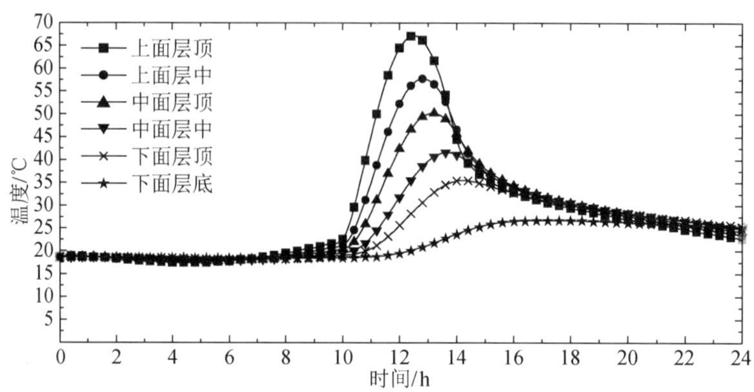

图 7-10　8%空隙率沥青混合料试件在不同照射时间后的温度状况

实际中，当沥青路面渗水时，渗水严重的路面内部将有较多的水分，在太阳的照射下，整个路面结构内的水分部分蒸发，带走部分热量，致使透水性不同的沥青路面表面形成温度差异，因此可以利用表面温度差异表征沥青路面透水性。

综上所述，沥青混合料试件表面温度与其透水性有良好的相关性，同时同一沥青混合料试件不同空隙率区域的温度存在差异度，因此可以利用红外差热技术评价该沥青路面的透水性状况。

（二）研发沥青路面透水性红外差热检测仪

1. 红外差热检测仪整机结构设计

沥青路面透水性红外差热检测仪是一个通过红外测温技术检测沥青路面温度差异度对其透水性进行评价的系统。其通过红外测温系统检测沥青路表温度，由此形成红外差热图谱和温度曲线，从而实现对沥青路面透水性的评价。其车载设备具有高速采集功能，路面温度采集结果以图谱、曲线方式显示。图谱以温差/距离的形式显示，表示检测温度与最低温之差，温度越低，图谱颜色越蓝；温度越高，图谱颜色越黄。曲线方式以热力学温度/距离的形式显示，且每一点均可显示。8 个红外探头通道可覆盖所检测的单车道。

透水性红外差热检测仪的基本工作原理如下：首先，将接收的路表红外辐射信号进行预处理后送调控处理器进行解调和信号放大，并转换为电压信号；然后，将电压信号转化为温度示值，系统采集到的温度和距离信号通过录波器传到采集器；最后，将数据存储到计算机中，由软件系统进行处理和分析。

2. 硬件系统组成

硬件系统包括红外温度信号采集系统和距离信号采集系统。红外温度信号采集系统包括 8 个红外探头、调控处理器、温度和背景温度信号滤波电路，利用快速的热敏电阻型红外调制探头和热敏电阻采集信号，通过红外调制探头将热信号变成电信号。

红外传感器为特殊高速传感器，其能够满足以下四个要求：首先，具有满足车载120km/h的检测速度的高响应速度；其次，测温误差≤±1℃；再次，能够适应公路现场环境高温、低温的要求；最后，具备一定的抗振动、抗冲击能力，适应车载颠簸振动。

红外调制探头应该选用具有代表性的测辐射热计，当然也可以通过改变热敏电阻的材料，以及根据对道路检测的需要采用不同的微机械加工技术对选用的元件进行改装，组装后的沥青路面透水性红外差热检测车如图7-11所示。

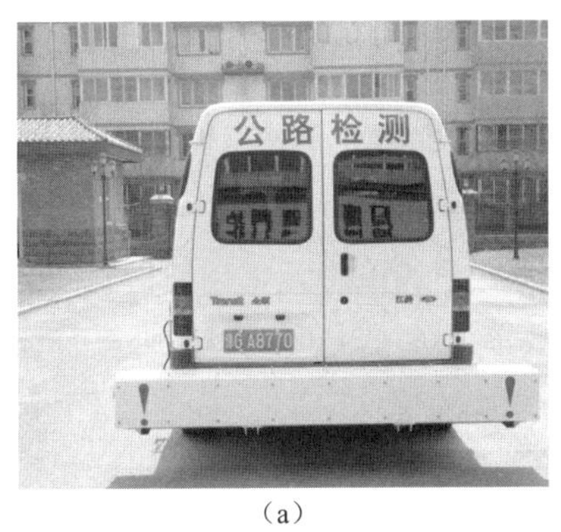

（a）

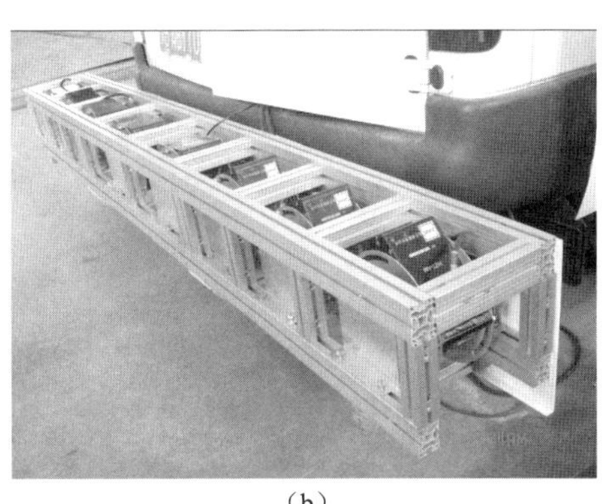

（b）

图7-11　沥青路面透水性红外差热检测车

3. 软件系统组成

软件系统开发包括如下内容：一是控制红外测温系统快速、连续测试沥青路面表面温度，同时记录测试过程中影响路面状态的表面因素，并将测得的温度数据存储到计算机内；二是将采集到的电压信号转换为温度信号，并形成距离-温度图谱。数据的导入导出只需要根据系统中的指标对应关系进行相应处理，并生成标准格式文件供数据转换，而数据转换则需要对数据进行处理，程序主要采用Visual Basic 6.0开发。

（1）显示温度数据

显示温度数据的步骤具体如下。

1）筛选低温点数据。

2）显示数据表：软件可以实现对原始数据分段计算，得出分段温度数据文件。显示数据表既可以以Excel表格显示一个完整温度文件的全部数据，也可以显示分段温度数据，以对温度数据进行详细分析和研究。

3）显示事件数据：事件数据以Excel形式显示，事件和当时发生的距离有一一对应关系。事件数据主要用于对温度曲线和图谱进行分析判断时剔除影响因素。

4）显示最大距离，对距离进行标定。

（2）温度传感器标定

温度传感器标定如图7-12所示。

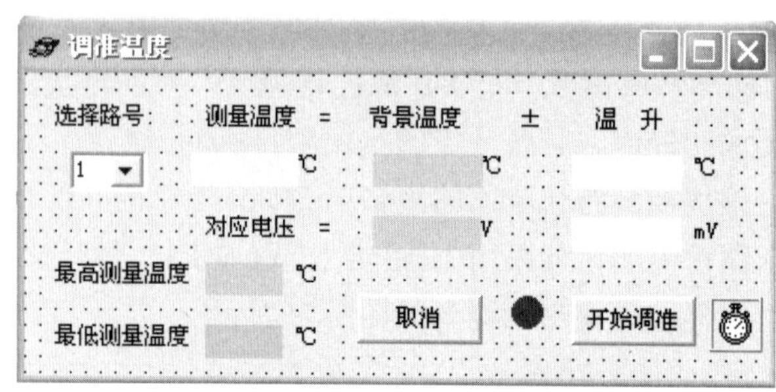

图 7-12　温度传感器标定

4. 整车调试

调制探头安装后要分别对 8 个红外探头通道测定的温度和曲线采用黑体源分别进行标定。距离标定系统由 leine&linde-RSI505 型旋转编码器和信号调理器构成。

（1）红外探头视场面积调试

红外探头视距增加将引起视场面积扩大，光线衰减由红外调制探头的内部光学系统决定。

图 7-13 中被测物体在有效视场面积上将红外辐射通过窗口平面镜，投射到红外调制探头内部的凹面镜上，由凹面镜将平行红外光线聚焦后反射至红外热敏元件。窗口平面镜是锗透镜，只通过红外线，对其他光线具有阻挡作用，即平行透过红外光，但不起聚焦作用；凹面镜设计为只接收平行光线并聚焦、反射。

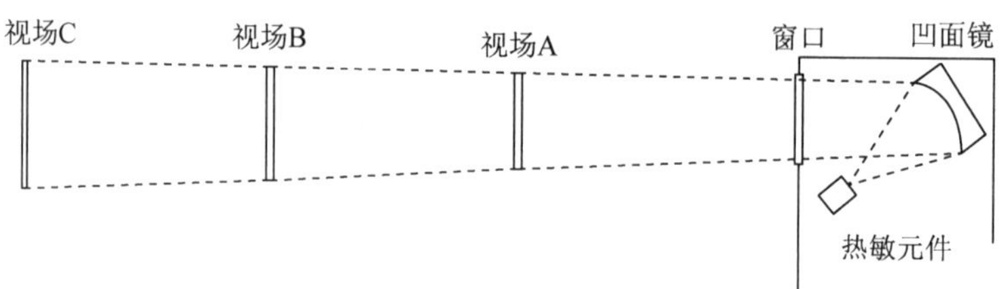

图 7-13　红外探头探测图

（2）探头角度调试

首先，做好探头各个位置标记。其次，将探头充分预热，减少内部温度升高对输出的影响，保证信号输出端并接 0.1μF 电容消除高频干扰。最后，将黑体源加温至 50℃、60℃、70℃并显示稳定。

如图 7-14 所示，试验中垂直距离不变，角度增大实际上增加了探头与黑体源的距离，造成了衰减。

在路面测温过程时，路面在微观下粗糙不平，不具有规律性，会出现漫反射的情况。在正常使用距离（1m）内，视场角度的改变引起的误差可忽略不计。

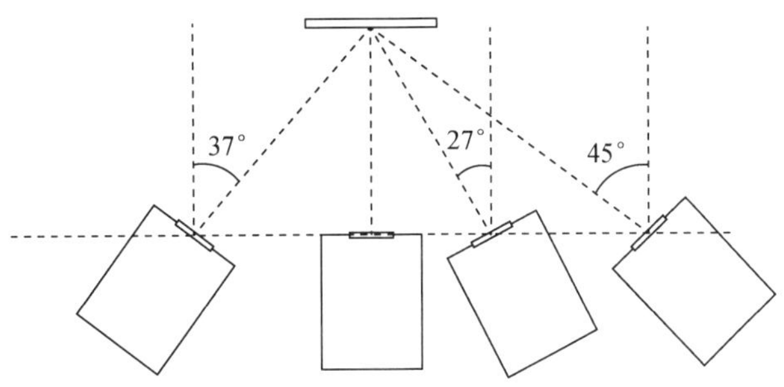

图 7-14　试验模拟图

（3）探测距离调试

探头输出与被测物体距离存在着衰减关系，探测距离越大，衰减越大。被测距离相同条件下，1000mm 以上的探测距离，探头输出与被测物体温度存在着衰减关系，即温度越高，衰减越大。

根据试验结果，应用于路面测温时，在不采取确实可行的技术手段时，单一增加探测距离（超过 1000mm）会导致系统测量误差。由于输出随着距离、温度的不同衰减不同，且存在个体差异，可采用单独标定的办法解决问题。

（4）视场面积与距离的关系调试

视场面积与距离的关系调试如图 7-15 和图 7-16 所示。

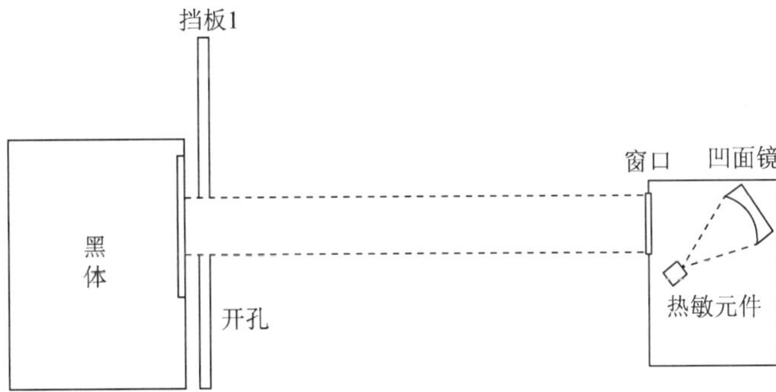

图 7-15　视场面积与距离的关系调试（一）

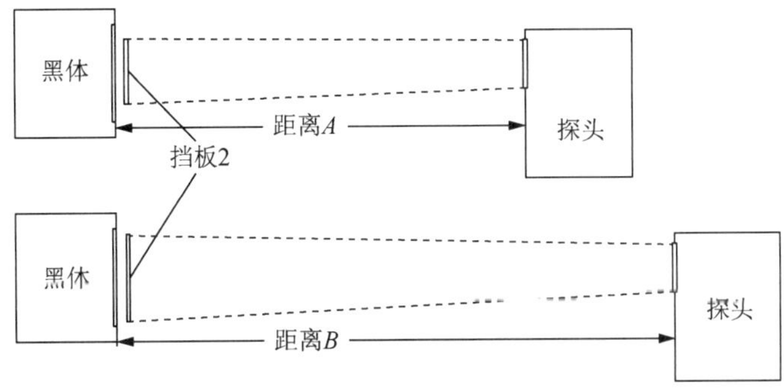

图 7-16　视场面积与距离的关系调试（二）

通过比较数据发现，探头在 1000mm 探测距离内光斑变化不大，在 600mm 探测距离内光斑无变化，仍为窗口直径 55mm。当探头作为路面测温系统应用（探测距离 600mm）时，可不考光斑变化的影响。

（三）建立沥青路面透水性红外差热评价标准

选择河南省信南高速公路、广州机场高速公路、陕西西汉高速公路作为试验检测路段。首先采用沥青路面透水性红外差热检测仪测试，然后选取其测得的有代表性温度特征点，依照《公路路基路面现场测试规程》（JTG E60—2008）中的“T 0971－2008　沥青路面渗水系数测试方法”测定特征点渗水系数，并对温度差值、温度差异度与渗水系数分别进行相关性分析。

温度差值 ΔT 是指低温区段出现的最低温度值与邻近正常区段温度值的差值。温度差异度 U 是指温度差值与正常区段温度值之比的百分数，即

$$U=\frac{\Delta T}{T}\times 100\% \tag{7-1}$$

式中：U 为温度差异度（%）；ΔT 为温度差值（℃）；T 为正常区段温度（℃）。

通过对 3 条高速公路全程数据进行分析可知，在不同检测条件下，相同温度差值对应的渗水系数比较离散，因此用红外差热的温差值表征沥青路面透水性的大小是不合理的。图 7-17 为信南高速公路红外差热图谱，其中①、②、③、④为渗水试验测试点。

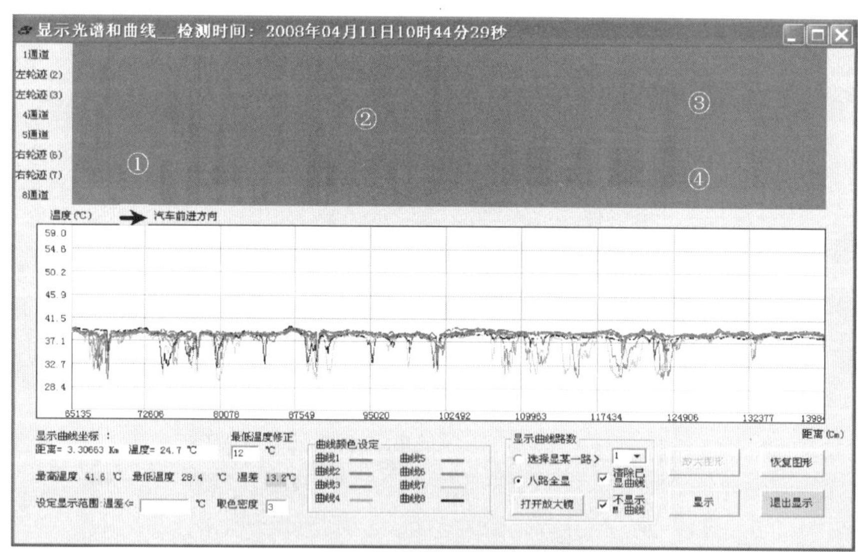

图 7-17　信南高速公路红外差热图谱

对 3 条高速公路的温度差异度和渗水系数进行回归分析，其相关关系如图 7-18 所示。由图 7-18 可知，不同检测条件下的路面温度差异度与渗水系数之间存在良好的相关性（R^2=0.8985），即温度差异度的绝对值越大，渗水系数越大，也即透水性越大。

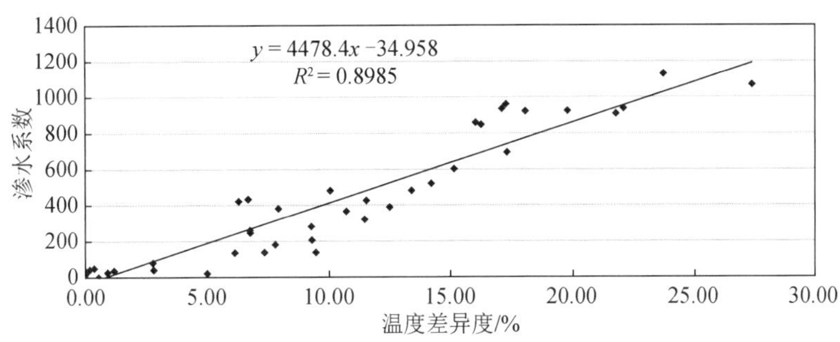

图 7-18　温度差异度与渗水系数相关关系

采用红外差热仪检测的温度差异度进行透水性评价，根据温度差异度将不同渗水区域划分为 5 个等级（表 7-2）。

表 7-2　温度差异度评价沥青路面透水性分级标准

项目	$U<5\%$	$5\%\leqslant U<10\%$	$10\%\leqslant U<15\%$	$15\%\leqslant U<20\%$	$U\geqslant 20\%$
等级	1 级	2 级	3 级	4 级	5 级

二、半刚性基层沥青路面层底不连续检测

随着我国经济快速发展，公路超载、超限现象严重，加上公路设计、施工、运营管理、养护等综合因素影响，沥青路面出现了裂缝、唧浆、坑槽、车辙、泛油、拥包等功能性病害和结构性病害。在高寒高海拔地区，沥青路面结构中的路基与基层之间、上下基层之间、基层与面层之间形成的空洞缺陷，即结构层不连续状态的出现，导致沥青路面在交通荷载和地表水、地下水的综合作用下易产生裂缝、唧浆、坑槽等严重病害。因此，有必要准确、快速、适时地对沥青路面结构的连续性进行检测、识别，从而确保沥青路面的评价、决策有理有据，使预防性养护更加行之有效。

（一）沥青路面结构不连续机理分析

1. 沥青路面层间基本假设

图 7-19 所示为沥青路面结构层组合图，其路面结构是由路基、垫层、基层和面层组成的工程结构物，路面构筑在路基顶面且由各种混合料铺筑而成。严格意义上讲，沥青路面在荷载作用下其应力-应变呈非线性关系，属于非线性的弹-黏-塑性体，但考虑到行驶车轮作用的瞬时性（百分之几秒），在路面结构中产生的黏-塑性变形量很小，因此对于厚度较大、强度较高的高等级沥青路面，将其视为线形弹性体，并应用弹性层状体系理论分析计算比较合理。

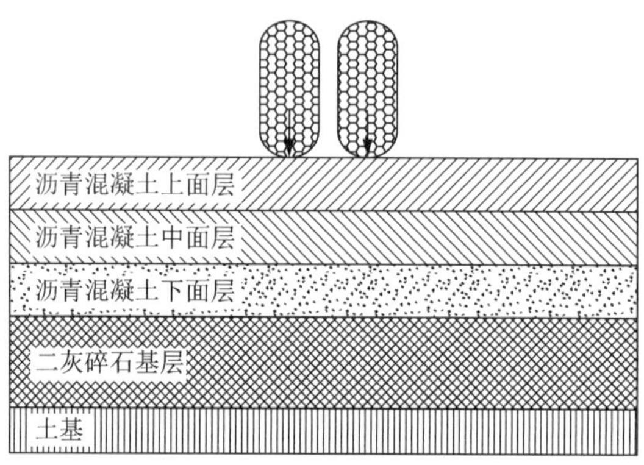

图 7-19　沥青路面结构层组合图

在应用弹性力学方法求解层状体系应力、应变、位移分量时，其中两条关于连续性的假设如下：①各层连续、完全弹性、均质、各向同性；②层间接触面完全连续。

2. 沥青路面结构层产生不连续机理分析

目前，高等级公路沥青路面以“强基薄面”为主要设计理念。基层基本上是水泥稳定碎（砾）石等半刚性材料，刚度大、强度高，随着水泥水化发生，后期强度可以达到水泥混凝土强度；但其同时也具有干缩、温缩等缺点，容易出现反射裂缝。

道路使用一段时间后，由于动水冲刷、温度、湿度、荷载、材料、路基固结及不均匀沉降等因素，易产生结构层层间脱空或疏松等结构不连续现象，将改变设计时完全连续的理想状态。有研究表明，从层间连续到出现局部滑动的变化可以导致其能够承受的极限轴载降低 40%。尤其，高寒高海拔地区沥青路面在低温条件下表现出刚性特征，沥青结构层与半刚性基层之间、沥青结构层之间均易因荷载的重复加载、卸载作用出现层间不连续。导致层间不连续问题主要有如下几种原因。

（1）路基不均匀沉降及路基土的固结

路基受不同地质、地貌条件影响会产生不均匀沉降。当路基为深挖路堑或高填方路堤时，路基土失水固结会导致一定收缩，在沉降与固结共同作用下，将引起半刚性基层沥青路面结构不连续的产生，即使采用水泥注浆处治不连续，但注入的浆体也会因其本身的固结、收缩，导致结构二次不连续，如图 7-20 所示。

图 7-20　水泥注浆后固结

（2）路基的压实度不足

由于施工受实际条件限制、赶工期、不满足最佳含水率、路基边缘碾压不到位等，路基压实度未能满足设计要求。

（3）温度应力引起的半刚性基层拱起

在秋末冬初低温季节进行水稳基层施工时，材料均处于冷缩状态。成型后遇夏季高温时，基层受热膨胀，若结构内产生并蓄积的温度应力超过临界值，会引起面层顶部拱胀及基层底部脱空，如图 7-21 所示。

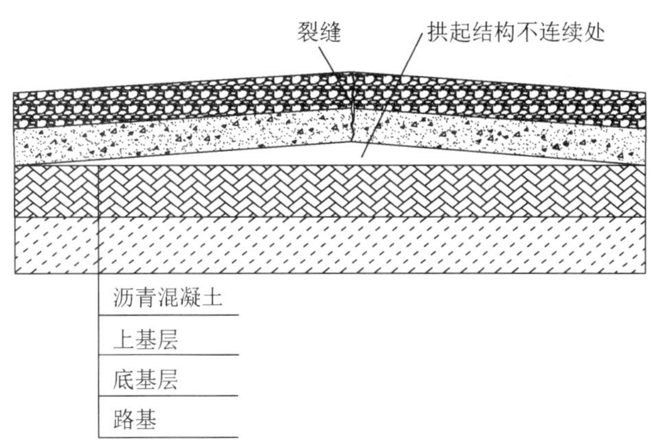

图 7-21 温度作用引起面层顶部拱胀及基层底部脱空

（4）土基的塑性变形累积

当车辆加载时，面层、基层、路基同时产生竖向变形 h，车辆通过后，由于半刚性基层刚性较大，其产生变形 h 完全回弹，而土基不能完全回弹，在基层与土基间形成一个 Δh 的结构不连续区，在重复荷载作用下 Δh 不断累积，最终在基层与土基间形成结构不连续。100kN 轴载作用时塑性应变累积（放大 500 倍）的有限元数值模拟如图 7-22 所示，沥青路面加载沉降、卸载回弹如图 7-23 所示。

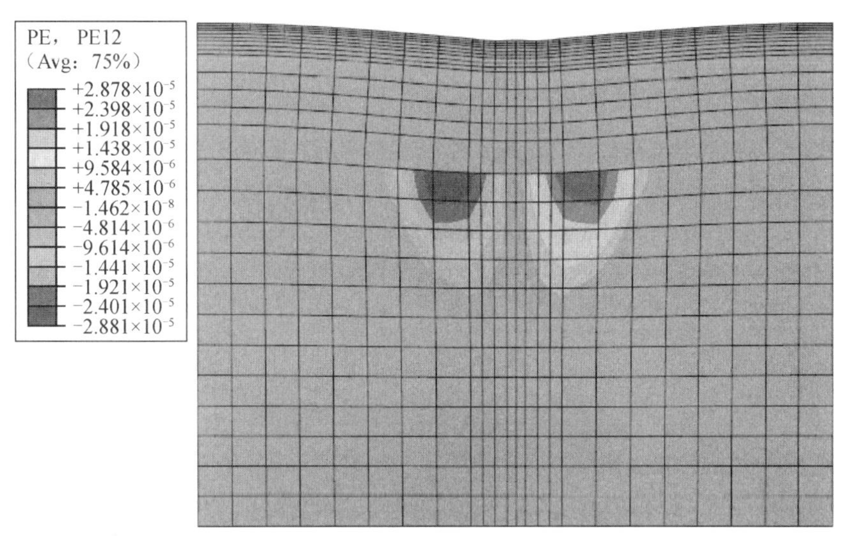

图 7-22 100kN 轴载时塑性应变累积（放大 500 倍）的有限元数值模拟

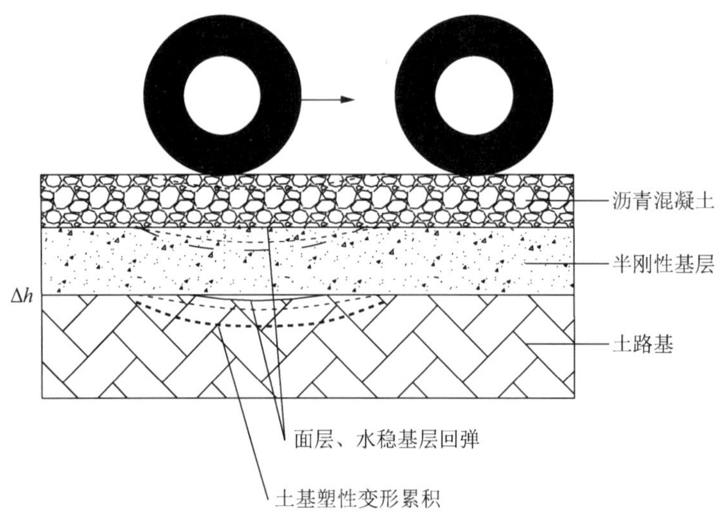

图 7-23 沥青路面加载沉降、卸载回弹

（二）沥青路面连续性声效检测仪开发

研究表明，沥青路面结构层连续性不同时，冲击荷载作用下产生的声效特征也不同，即激励振动声效在路面连续区与不连续区将产生仪器甚至人耳能够识别的变化，与啄木鸟啄击树木及农民手拍西瓜识生熟等原理相似。基于此开发了沥青路面连续性声效检测仪。

1. 硬件开发

硬件开发包括以下内容。

1）激励轮：采用多齿状激励轮实现对路面连续激励发声，激励轮侧视图如图 7-24 所示。

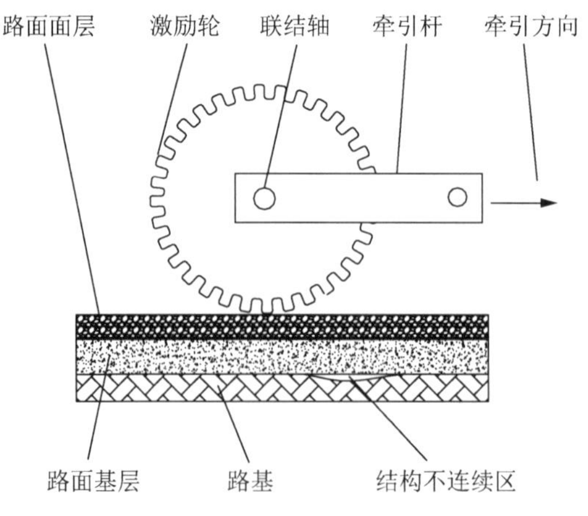

图 7-24 激励轮侧视图

2）声波接收器：其技术指标（部分）见表 7-3。

表 7-3　声波接收器技术指标（部分）

额定电压（DC）/V	额定电流/mA	工作温度/℃	外固定孔间距/mm	固定孔直径/mm
9～15	1.5	−20～70	95	4

3）隔音罩：为减少或避免检测仪检测时受行车机械、轮胎与地面摩擦、高速行驶产生气流等的噪声影响，需设计隔音罩，确保路面振动声音与外界声音隔开，达到放大声音信号的同时屏蔽外界声音的目的。

4）滤波器：实际上振动声音信号频率集中分布在低频段（前 500Hz），出现的高频信号可以去除，因此，考虑到频谱特征值的连续及衰减，采用 50～500Hz 滤波器。

5）旋转编码器：其是测量转速的装置，通过光电转换，可将输出轴的角位移、角速度等机械量转换成相应的电脉冲以数字量输出。本项研究采用的仪器是 leine&linde-RSI505 型。

6）信号调理电路：旋转编码器输出的距离信号传输中有时有干扰现象，造成波形失真，需加入信号调理电路。

2. 软件开发

软件开发包括的内容具体如下。

1）数据采集：包含距离信号采集及其相应位置的声音信号采集。

2）距离信号采集：数据采集器的高速计数器采集车轮轴上旋转编码器发出的距离脉冲信号，对脉冲信号进行处理后得到检测距离，部分源程序：

```
mmperpuls = 3.14159 * Val(Txtdiam.Text) / 4000
'脉冲当量(mm/p),Txtdiam.Text 为轮胎直径,4000 为旋转编码器每转脉冲数
If vlt16.puls1 >= 0 Then
puls1 = vlt16.puls1
Else
⋮
```

3）声音信号采集。

4）数据可视化处理：选取部分声效特征值实施计算，部分源程序如下：

```
Select Case j
Case 1
vlt16.puls1 = inbuf   'inbuf 数据缓冲区,vlt16.puls1 为 1 通道脉冲值
⋮
```

3. 整机安装调试

安装与调试主要包括硬件、软件安装和调试，检测仪行进、工作状态如图 7-25 所示。

图 7-25　检测仪行进、工作状态

4. 试验检测实体工程

选择半刚性基层沥青路面试验段 A 和试验段 B。

1）试验段 A 结构组合设计及试验验证。层间不连续区与声效特征曲线对应图如图 7-26 所示。采用激励轮移动加载，并由 E-TestLab 软件采集板体振动声效特征曲线。

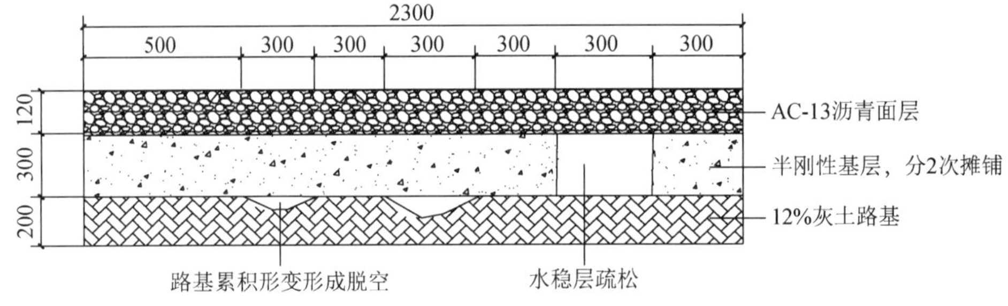

图 7-26　层间不连续区分布图示

2）试验段 B 检测。采用检测仪对试验段 B 进行检测，之后采用直径 100mm 钻头在声效特征曲线异常的位置钻取芯样，最大深度达 740mm。采用内窥镜对取芯洞壁上表现出来的不连续情况进行拍摄，并通过外置显示器直接监控和判读。

试验表明，该试验段试验的声效特征曲线异常情况和钻取的芯样、内窥拍摄照片反映的连续状态非常吻合。

第五节　高寒高海拔地区沥青路面养护的关键技术

一、高寒高海拔地区沥青路面日常养护技术

（一）温拌久储温补料设计及生产

目前，沥青路面坑槽修补主要采用热料热补、冷料冷补等技术。但是，这两类技术均存在较大的缺陷。热料热补技术主要采用后场现拌的热沥青混合料或者已经固结的冷沥青混合料加热后进行填补坑槽，尽管采用热料修补后的路用性能基本能够得到保障，但是因为每个坑槽的热料用量较小，热料供应、修补施工的及时性都难以保证。冷料冷补技术主要采用稀释沥青混合料、乳化沥青混合料进行修补，前者开放交通较快，后者

强度形成时间较长导致开放交通较慢，但是二者的长期路用性能都难以保证，通常只用于应急修补。对于承包商来说，往往只能等坑槽数量积累较多时，用一车热沥青混合料进行集中开槽、修补。

因此，为了既能够达到热沥青混合料的长期路用性能要求，又能够满足平时存储方便、取料及时、施工便捷的要求，开发了一种温拌久储温补料。不改变拌和工艺，而仅通过热沥青混合料拌和站的拌缸观察孔加入离散剂来实现温拌，即在90℃条件下拌和，出锅的混合料可直接装袋、储存，在正常温度条件下不结块，离散存放，当修补坑槽时根据坑槽大小随时取料，通过二次加热使离散剂失效、结构沥青与自由沥青释放，即可满足热混合料的性能要求。

1. 原材料及物理性能

该快速修补材料所采用的原材料主要有SPR-A添加剂、SPR-B添加剂、沥青、集料。

1）SPR-A 添加剂：是一种表面活性剂，与水稀释后，可以实现热拌沥青混合料的降黏、降温，并不影响其施工和易性，其物理化学性能见表7-4。

表7-4　SPR-A添加剂物理化学性能

物理化学性能	指标值
固含量/%	80
pH（1%水溶液）	5.5～7
密度/（g/cm^3）	0.96
颜色	黑色

2）SPR-B 添加剂：是一种粉状添加剂，可实现热拌沥青混合料的离散，并在二次加热后失效，其物理化学性能见表7-5。

表7-5　SPR-B添加剂物理化学性能

物理化学性能	指标值
平均粒径/nm	7±3
碳含量/%	99.9
黑度（反射率）/%	17
pH（1%水溶液）	2.7
挥发分（950℃）/%	138
流动度/mm	19.5
外观形态	粉状
毒性	无
溶解性	不溶于水

3）沥青：采用SK90基质沥青，其性能指标见表7-6。

表 7-6　SK90 基质沥青性能指标

试验项目	试验结果	规范要求值
针入度（25℃，100g，5s）/0.1mm	89.5	80～100
延度（15℃，5cm/min）/cm	＞100	≥100
软化点/℃	45.5	≥44
黏附性等级（13.2～19，水煮法）	4	—

4）集料：采用陕西秦岭太乙宫石灰岩，填料为磨细的石灰岩矿粉，其性能指标见表 7-7。

表 7-7　生产用集料性能指标

项目		测试值	规范要求值
粗集料	压碎值/%	19.9	≤30
	洛杉矶磨耗损失/%	25.0	≤40
	针片状颗粒含量/%	6.47	≤20
	含泥量/%	0.69	≤1
	吸水率/%	0.84	≤3
细集料	含泥量/%	0.72	≤3
	吸水率/%	1.51	≤3
矿粉	视密度/（g/cm^3）	2.697	≥2.50
	亲水系数	0.88	＜1

5）粗集料级配：采用 AC-13 沥青混凝土级配，其级配见表 7-8。

表 7-8　AC-13 沥青混凝土粗集料级配　（单位：%）

项目	通过下列方孔筛的质量分数									
	16mm	13.2mm	9.5mm	4.75mm	2.36mm	1.18mm	0.6mm	0.3mm	0.15mm	0.075mm
规范级配	100	100～90	85～68	68～38	50～24	38～15	28～10	20～7	15～5	8～4
采用级配	100	95.7	68.3	47.2	33.5	23.3	15.3	8.6	7.4	5.2

2. 温拌久储温补料室内试验研究

在设定的混合料类型和原材料基础上，对温拌久储温补料的不同影响因素进行分析研究。初步选定油石比为 4.7%、5.0%、5.3%，按标准马歇尔试验方法确定沥青混合料的最佳油石比，得到的最佳油石比为 4.91%。

（1）不同加料工艺对混合料的影响

为研究不同加料工艺对温拌久储温补料的性能影响，重点研究了空隙率、稳定度和流值的变化规律，设计了不同加料工艺试验。不同加料工艺混合料性能试验数据见表 7-9，其中原样是指普通沥青混合料。

表 7-9　不同加料工艺混合料性能试验数据

加料工艺	油石比/%	毛体积密度/（g/cm^3）	空隙率 VV/%	间隙率 VMA/%	饱和度 VFA/%	稳定度/kN	流值/mm
原样	4.9	2.474	3.54	13.61	71.33	11.28	3.14
原样二次加热	4.9	2.443	4.81	14.67	65.47	11.57	3.68
原料+5% SPR-A	4.9	2.456	4.78	14.16	68.20	12.68	3.60
原料+5% SPR-A+0.4% SPR-B	4.9	2.404	5.64	15.95	64.66	12.33	2.30
原料+5% SPR-A+0.4% SPR-B+1.5%矿粉	4.9	2.382	5.83	16.00	63.54	9.27	3.50

通过表 7-9 可以看出，二次加热再击实工艺相对于原样工艺，其空隙率明显增大但对稳定度影响不大，而流值略有增大；与原样混合料相比，二次加热和加入添加剂对混合料的性能影响较小，其各项指标变化不大。

（2）后加不同矿粉量对混合料的影响

研究后加不同矿粉量对温拌久储温补料的性能影响情况，后加不同矿粉量下混合料性能试验结果见表 7-10。

表 7-10　后加不同矿粉量下混合料性能试验结果

加料工艺	油石比/%	毛体积密度/（g/cm^3）	空隙率 VV/%	间隙率 VMA/%	饱和度 VFA/%	稳定度/kN	流值/mm
原样二次加热	4.9	2.443	4.81	14.67	65.47	11.57	3.68
原料+5% SPR-A	4.9	2.456	4.78	14.16	68.20	12.68	3.60
原料+5% SPR-A+0.4% SPR-B	4.9	2.404	5.64	15.95	64.66	12.33	2.30
原料+5% SPR-A+0.4% SPR-B+1.5%矿粉	4.9	2.382	5.83	16.00	63.54	9.27	3.50
原料+5% SPR-A+0.4% SPR-B+3%矿粉	4.9	2.386	6.22	16.59	60.09	10.20	3.22
原料+5% SPR-A+0.4% SPR-B+4.5%矿粉	4.9	2.409	6.28	15.77	60.23	10.27	2.87
原料+5% SPR-A+0.4% SPR-B+6%矿粉	4.9	2.385	7.22	16.64	56.67	9.95	2.39

随着后加矿粉量的增大，混合料的空隙率逐渐增大，稳定度变化较小，流值逐渐变小。这主要是因为矿粉裹覆在了石料表面沥青膜上，沥青膜的黏结力下降，从而使试件无法击实。

（3）SPR-A 离散剂对沥青与集料黏附性的影响

温拌久储温补料常温下处于松散状态，再次加热后会重新具有黏结性，满足施工要求，其再次加热后的黏结性能直接决定着其使用性能。为了研究温拌久储温补料中 SPR-A 添加剂对沥青与集料黏附性的影响，分别进行了如下试验。

1）沸煮法。按照《公路工程沥青及沥青混合料试验规程》（JTG E20—2011）中“T 0616—1993　沥青与粗集料的黏附性试验”的方法，分别进行水煮试验与乳液沸煮试验，即分别使用清水和 2%浓度的 SPR-A 乳液测定沥青的黏附性，如图 7-27 和图 7-28 所示。

图 7-27　水煮试验

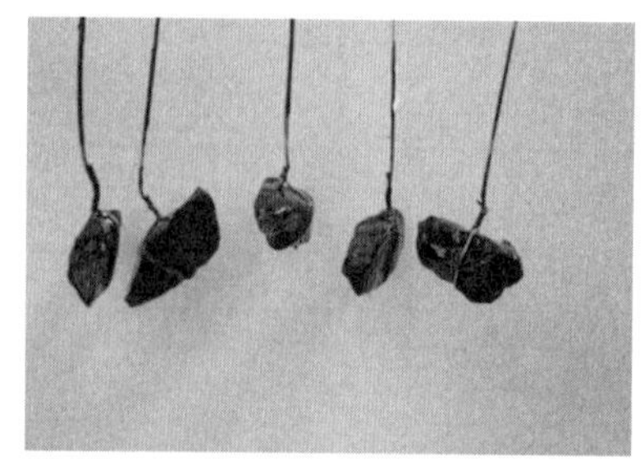

图 7-28　乳液沸煮试验

从试验结果来看，清水沸煮和 SPR-A 乳液沸煮后沥青对集料的黏附性都较好，达到了 5 级的标准。

2）表面活性剂对拌和时沥青与集料黏附性的影响。使用拌和锅模拟拌和站制备温拌久储料，将石料与沥青正常混合后分别加入等质量的清水和 SPR-A 乳液，拌和一定时间后加入 SPR-B 粉末拌和，观察粗集料表面沥青黏附情况。SPR-A 乳液添加量为沥青混合料质量的 4%，其中水与表面活性剂比例为 1∶20；SPR-B 粉末添加量为沥青混合料质量的 7%。拌和工艺：加入石料拌和均匀→加入沥青拌和 90s→加入矿粉拌和 90s→加入 SPR-A 乳液或水拌和 360s→加入 SPR-B 粉末拌和 360s→出料。

由试验结果可知，加入 SPR-A 乳液的混合料粗集料表面沥青剥落情况比加入清水的严重一点，这说明表面活性剂对温拌久储温补料粗集料表面沥青剥落存在一定的影响。

3）SPR-A 乳液添加量对拌和时沥青与集料黏附性的影响。按照 2%、4%、6%、8% 的 SPR-A 乳液添加量，试验 SPR-A 乳液添加量对拌和时沥青与集料黏附性的影响。拌和工艺：加入石料拌和均匀→加入沥青拌和 90s→加入矿粉拌和 90s→加入 SPR-A 乳液拌和 360s→加入 SPR-B 拌和 360s→出料；SPR-B 粉末添加量为沥青混合料质量的 7%。图 7-29 所示为 2%与 6% SPR-A 乳液拌和后混合料状态。

如图 7-29 所示，SPR-A 乳液添加量对拌和时沥青与集料黏附性没有明显的影响，但 SPR-A 乳液添加量过大（超过 8%），混合料中的水分将无法完全蒸干。

（a）2% SPR-A 乳液掺量

（b）6% SPR-A 乳液掺量

图 7-29　不同掺量 SPR-A 乳液拌和后混合料状态

4）拌和时间对拌和时沥青与集料黏附性的影响。为了明确拌和时间对拌和时沥青与集料黏附性的影响，在添加完 SPR-B 粉末后对混合料分别拌和了 90s、180s、270s、360s、450s、540s，观察粗集料表面沥青的黏附情况。其中，SPR-A 乳液添加量为沥青混合料质量的4%，其SPR-A乳液中水与表面活性剂比例为1∶4。SPR-B粉末添加量为沥青混合料质量的7%。拌和工艺：加入石料拌和均匀→加入沥青拌和90s→加入矿粉拌和90s→加入SPR-A乳液拌和360s→加入SPR-B粉末分别拌和90s、180s、270s、360s、540s→出料。加入SPR-A乳液拌和后混合料温度67℃，出料时混合料温度68℃。

根据试验结果，在加入SPR-B粉末后对混合料搅拌不同时间，混合料中未出现花白料，说明拌和时间对粗集料表面沥青黏附性没有影响。由于拌和锅的搅拌功率较小，无法完全模拟拌和楼的作业条件，因此中试（中间性试验）时仍需对拌和时间对沥青黏附性的影响进行分析。

（4）温拌久储温补料性能评价

对温拌久储温补料的高温性能、低温性能及水稳定性能进行评价，见表7-11。

表7-11　温拌久储温补料性能评价

试验项目	试验结果	技术要求	试验方法
稳定度/kN	11.8	≥8.0	T0709
残留稳定度/%	89.2	≥80	T0709
冻融劈裂强度比/%	82.6	≥75	T0729
动稳定度/（次/mm）	1260	≥1000	T0719
低温弯曲试验破坏应变/με	2430	≥2000	T0715

根据试验结果可以看出，温拌久储温补料具有优良的高温性能、低温性能及水稳定性能。

3. 温拌久储温补料中试研究

温拌久储温补料中试以室内试验技术参数和工艺为基础，通过适当调整，可适应500型小型拌和楼工艺生产，并验证该工艺在大拌和楼中是否可以生产，确定材料相应的生产工艺参数，选择合适的生产配方。

（1）生产准备

1）拌和设备。拌和采用如图7-30所示的500型沥青混合料拌和楼进行混合料生产，拌和楼采用明火在滚筒内烘干石料，无温度控制系统，石料烘干时间较难控制，混合料拌和时间根据试验预定的方案设定。

图7-30　500型沥青混合料拌和楼

2）添加剂准备。图 7-31 所示为 SPR-A 乳液制备，需要现场稀释，按水∶SPR-A 浓缩液=40∶1 的质量比进行稀释、搅拌均匀。混合料生产中，采用离心水泵将所需质量的乳液送到 4.5m 高的拌和楼拌锅内。

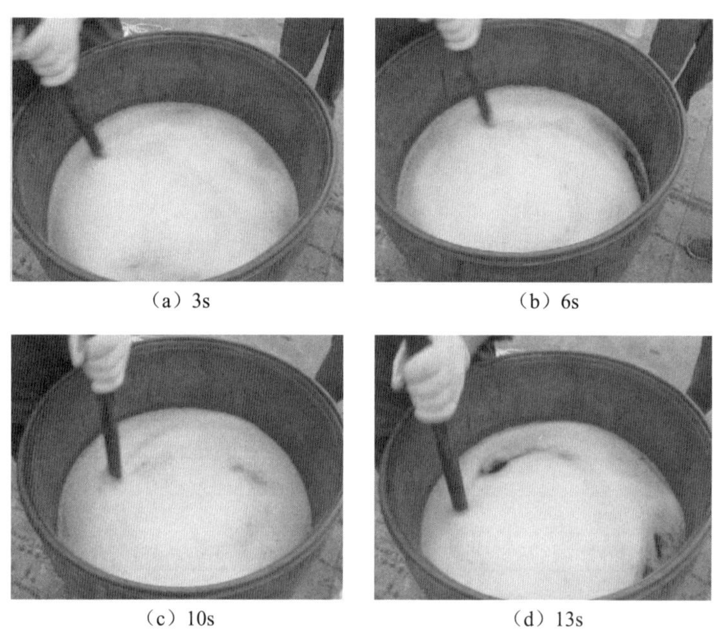

（a）3s （b）6s （c）10s （d）13s

图 7-31 SPR-A 乳液制备

3）中试配比。中试按照不同的配比共设计了 6 种方案，即 PT-M 型温拌久储温补混合料（简称 PT-M 型混合料）方案，具体配方见表 7-12，生产顺序严格按照序号进行。

表 7-12 温拌久储温补混合料生产配方

序号	SPR-A 乳液用量（按混合料用量）	SPR-B 粉末用量（按混合料用量）	装袋量	备注
1	25kg（5%）	2.5kg（0.5%）	不装袋	堆砌存放
2	35kg（7%）	2.5kg（0.5%）	无法装袋	堆砌存放
3	25kg（5%）	2.5kg（0.5%）	无法装袋	堆砌存放
4	15kg（3%）	2.5kg（0.5%）	无法装袋	结块
5	30kg（5%）	1.5kg（0.3%）	无法装袋	堆砌存放
6	30kg（5%）	4kg（0.8%）	全部装袋	堆砌存放

由于天气情况，出锅混合料堆砌在空间有限的石料棚中，测试相应的数据指标，生产的 6 批 PT-M 型混合料如图 7-32 所示。

图 7-32　生产的 6 批 PT-M 型混合料

（2）生产工艺流程及工艺参数

1）具体拌和工艺流程如下：首先，将集料加热 7～8min 后倒入拌锅，加入热沥青拌和 2～3min；然后，按配比泵送 SPR-A 乳液后拌和 2min 左右；最后，投送袋装 SPR-B 粉料后拌和 2min，出锅装车堆砌存放。

2）现场沥青混合料基本参数见表 7-13。

表 7-13　沥青混合料基本参数

项目	参数
级配类型	AC-13
油石比	4.7
集料温度	烘石料时间 7～8min，控制材料加热温度为 185～190℃
沥青温度	145～150℃

本章试验在现有拌和工艺基础上分别加入了 SPR-A 液体和 SPR-B 粉体，加入时间与拌和时间变化导致出料温度也会有一定差异，具体见表 7-14。其中，SPR-A 采用离心泵进行泵送，流量为 1m^3/h；SPR-B 直接通过观测口投入。

表 7-14　SPR-A 和 SPR-B 加入时间与拌和时间及出料温度情况

序号	加入 SPR-A 液体所用时间/s	加入 SPR-A 后拌和时间/s	加入 SPR-B 后拌和时间/s	出料温度/℃（测温枪）
1	310	90	120	92～94
2	160	90	120	65～70
3	100	120	120	89～94
4	80	120	120	145～150
5	110	120	120	95～98
6	110	120	120	70～73

（3）成料情况

由于每锅的配方有所不同，出料情况也有不同。不同配方混合料性状见表 7-15。

表 7-15　不同配方混合料性状

序号	出料温度/℃	PT-M 混合料性状
1	102	堆积成堆，温度降低后黏结成块不易分离（过程中水泵喷洒头被粉尘堵塞，乳液不能流畅喷出，因此泵送时间长达 6min 左右）
2	78	乳液加入量大，出料温度较低，但是粉料未起到明显的作用，温度降低后黏结成块不易分离（上一锅出现状况，因此中途停止拌和，修理水管喷头，造成工人更加难以控制拌和温度）
3	115	正常加乳液和粉料，但出锅温度较高，混合料温度降低后结块不易分离
4	180	外加水量较少，集料温度高，出料温度异常高，因此最终黏结成块，难以分离
5	116	为了适当降低温度，乳液料量适当加大，但是出料温度还是较高，最终黏结成块，难以分离（本工艺中增加两个环节，整体拌和时间延长，导致集料加热时间延长，因此温度增高）
6	86	要求工人中途停止加热保证集料温度不至于过高，同时适当加大乳液的量，并提高粉料的加入量，最终成功制备出目标 PT-M 混合料，其在温度降低后不黏结成块

通过 500 型拌和机生产了 6 组不同配方下的 PT-M 混合料，每组生产中都存在不同的因素，表现出了不同的板结情况，下面进行详细分析。

第一次试验温拌久储离散混合料最终黏结成块。原因是加入液体时泵出口喷头被粉尘堵塞，流入过慢（约 6min）导致无法迅速将混合料表面温度降低，粉料无法顺利裹覆于沥青表面达到高温下的物理隔离，出料温度 102℃堆积后最高回升到了 108℃，这也导致 SPR-A 隔离剂高温下失活，SPR-B 被液体沥青裹覆，最终隔离失效无法形成散料。

第二次试验温拌久储离散混合料最终黏结成块，无法装袋。原因在于第一锅喷头堵塞需暂停修理，此刻拌和楼停止运转，这就导致工人对于集料加热温度无法掌控，使集料温度过高或者过低（因无法检测而无具体数据）。同时本组加入的溶液量增大（35kg），出料温度降到了 76℃，但是大量液体的加入导致混合料中残留液体变多，从而对干燥 SPR-B 粉料造成了影响。含有隔离剂的水能够充分地分散、浸润 SPR-B 干粉料，导致物理隔离失效，也无法形成散料，因此 SPR-A 用量不能过大。

第三次试验结块的原因主要在于集料温度控制过高，出料温度达到了 112℃，堆砌后温度最高达 121℃，这种情况下 SPR-A 和 SPR-B 都无法发挥其作用。

第四次试验按配方降低 SPR-A 溶液到 15kg，出料温度达到了 180℃，说明少量的 SPR-A 溶液无法有效地对混合料进行降温。

第五次试验适当提高了 SPR-A 组分的用量（30kg），但是出料温度 115℃，最高温度达到了 123℃，只能说明集料温度过高（人工经验对料温控制偏差较大）。

第六次试验在之前的试验基础上，SPR-A 溶液的用量提高为 30kg，中途让工人适当停止集料加热（本组为最后一锅，可以中途停火加热），避免集料温度过高而降温不够明显，同时提高 SPR-B 的用量增大物理隔离效果。此组出料温度为 85℃，堆砌回升最高温度为 92℃，在预设温度范围内。因此本组 PT-M 混合料生产基本成功，但是中间出现了混合料反包 SPR-B 粉料的现象，并且黏结牢固不易分离，说明采用袋装投加小密度的粉体，在拌锅中不易搅拌分散均匀，会团聚，并被沥青混合料包裹成块。

（4）中试试验数据及分析

1）将出锅后的混合料堆砌，将预埋式温度传感器和水银温度计置于堆积中央部位，测定其温度随时间的变化情况，观测大规模生产后出锅混合料是否有温度回升现象及回升程度大小。不同配比温拌久储离散混合料出锅后堆砌内部温度变化情况见表 7-16。

表 7-16　不同配比温拌久储离散混合料出锅后堆砌内部温度变化情况　（单位：℃）

时间	1 号	2 号	3 号	4 号	5 号	6 号
0min	102	76	112	176	115	85
10min	106	81	119	180	121	91
20min	108	82	121	183	123	92
30min	104	78	118	183	118	89
60min	103	77	116	181	118	86
90min	102	74	112	178	113	83
120min	96	70	108	172	107	77
180min	88	65	100	158	98	68

可以看出混合料出锅堆砌存放后，料温确实有一定的回升，回升温度在 20min 左右的时候达到最大，回升温度为 5～10℃；之后温度慢慢降低，降低速率非常缓慢。

2）目前松散程度无法用数据进行分析，但是可以采用人工耙松、工具（镐头、铁锹等）翻动，进行主观判断。

不装袋堆砌温拌久储混合料不同时间松散程度见表 7-17。从表中可以看出，在时间较短的情况下料的温度较高，均为松散状态；等时间延长温度降低后，隔离性不好的混合料出现了黏结现象；等到完全冷却，则基本结块难以分离。6 号混合料松散程度较好，在冷却后还可以轻松用铁锹装袋。

表 7-17　不装袋堆砌温拌久储混合料不同时间松散程度

时间	1h	2h	4h	6h	12h	24h
1 号	松散	较松散	出现黏结	冷却后结块		
2 号	松散	较松散	出现黏结	冷却后结块		
3 号	松散	较松散	出现黏结	冷却后结块		
4 号	松散	较松散	出现黏结	冷却后结块		
5 号	松散	较松散	出现黏结	冷却后结块		
6 号	松散	松散	较松散	松散装袋		

将 6 号混合料进行装袋堆砌 24h 后，观测不同层高松散情况，见表 7-18。图 7-33 为最上层袋装 PT-M 混合料松散情况，图 7-34 为最下层袋装 PT-M 混合料松散情况，图 7-35 为未掺加添加剂的袋装混合料松散情况。

表 7-18　6 号混合料装袋后堆砌 24h 观测不同层高松散情况

0cm	20cm	40cm	60cm	80cm	100cm	120cm
++++	+++	+++	++	++	+	+

注：++++指完全松散，最大粒径 2cm；+++指略有结块，结块直径<4cm；++指略有结块，结块直径<6cm，易碎；+指目测结块但轻松用力后松散。

图 7-33　最上层袋装 PT-M 混合料松散情况

图 7-34　最下层袋装 PT-M 混合料松散情况

图 7-35　未掺加添加剂的袋装混合料松散情况

（5）温拌久储离散混合料性能测试

在微波辅助作用下对中试制备出的温拌久储温补料进行了热料状态还原，按照规范要求成型试件后其路用性能测试结果见表 7-19。

表 7-19　路用性能指标

试验项目	试验结果	技术要求
稳定度 M_S/kN	12.13	≥8.0
流值 F_L/mm	2.85	2～4
残留稳定度/%	85.9	≥80
冻融劈裂抗拉强度比 TSR/%	77.91	≥75
动稳定度/（次/mm）	1651.7	≥1000
破坏应变/με	2898.4	≥2000

表 7-19 试验结果表明其路用性能完全满足热拌沥青混合料规范指标要求。

（二）高速公路沥青路面冷料冷补坑槽修补技术

沥青路面坑槽不仅影响道路的整体美观，而且影响行车速度和行车舒适性，还容易使车辆出现机械故障和损坏，甚至引发交通事故。因此，对于路面上出现的坑槽应及时加以修补。冷料冷补坑槽修补技术属冷拌材料常温施工，人力与机械装备配置简捷，施工速度快，安全无污染，突破了热修补材料施工的多重技术局限。由于节约、节能、环保等方面的优势突出，冷料冷补坑槽修补技术成为应急修复坑槽的首选工艺。

1. 修补技术

高速公路沥青路面冷料冷补坑槽修补技术具有以下特点：能用于各种应急性修复，使小面积、小范围的路面坑槽能够得到及时修补，防止水对路面的进一步损害；适合于春季、冬季（雨后）等施工不利季节抢救性修复，应急处理突发性坑槽破坏；维修时间短，对坑槽处理填满后直接压实，可在常温、低温、潮湿条件下施工；受气候影响小，可延长施工季节；施工快速，设备简单，维修人员少，施工完成后即可开放交通，保证通车顺畅；无须加热，能显著降低施工成本，改善施工人员的劳动条件，节能、环保。

2. 适用范围

高速公路沥青路面冷料冷补坑槽修补技术适用于高速公路沥青路面坑槽修补，适合于对雨后、冬季等施工不利季节和突发性破坏的应急修复。

3. 工艺原理

冷料冷补坑槽是将级配集料、填料、水、添加剂与乳化沥青或稀释沥青拌和成冷沥青混合料，填充到坑槽内并碾压成型的道路养护技术。当坑槽挖补深度超过 3cm 时，先采用大粒径骨料填实，再灌注乳化沥青。填补料的级配见表 7-20。

表 7-20　填补料的级配

集料粒径/mm	级配/%	集料粒径/mm	级配/%
10～20	50	3～6	12.5
5～10	25	0～3	12.5

4. 施工工艺流程及操作要点

（1）工艺流程

工艺流程如图 7-36 所示。

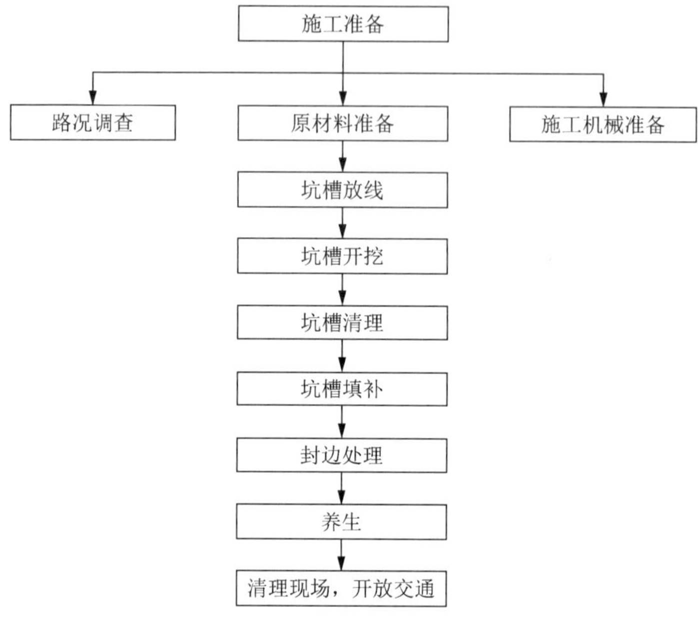

图 7-36　工艺流程

（2）操作要点

1）路况调查。施工前对路况进行调查，调查方法根据《公路技术状况评定标准》（JTG H20—2007）的要求进行。

2）人员组织、原材料及机械的准备。

组织施工人员如图 7-37 所示。

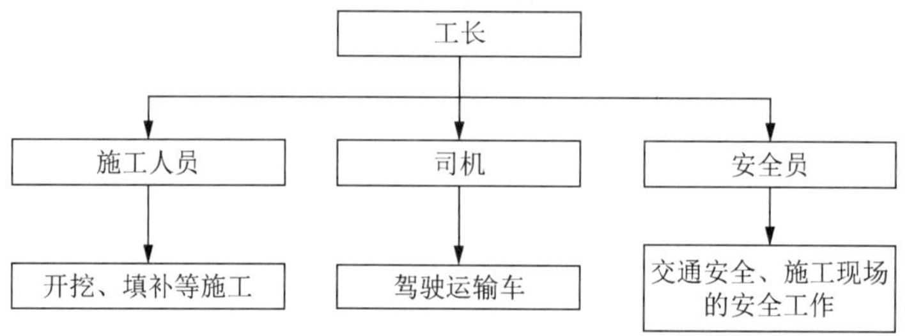

图 7-37　人员组织定位

根据工程所在地交通、周边建筑及用地等情况确定项目部及料场位置：①料场的大小应根据设备、材料的多少而定，应当从材料的存放、生产，设备的摆放，车辆的进出、调头、装料、停放等方面考虑。②在可选择的情况下，应考虑料场距石料场及施工现场的距离。③考虑施工、生产、生活用水用电的方便性，施工车辆、材料运输车辆进出道路的承载能力，以及场地排水、设备停放安全等。④尽可能选择平坦的、硬化的、租赁价格合理的场地。

根据如下要求进行备料：①根据要求确定料源，初步确定料源后，在石料场料堆上取样送交实验室进行检测，将满足要求的集料作为施工原材料的来源。②乳化沥青的选用，根据地理、气候等因素选用符合本地区施工用的乳化沥青，应取具有代表性的样品送交具有相应资质的实验室进行性能检测，检测合格后购买并妥善储存；若采用的是自产的（改性）乳化沥青，也应取代表性样品送交检测，若不合格，则须调整配方直至符合技术要求。③不同深度备料不同，应根据坑槽的深度考虑集料的最大公称粒径，从而选择合适的集料（集料最大公称粒径约等于坑槽深度）。

3）坑槽开挖。按照“圆洞方补，斜洞正补”原则，划定坑槽维修面，并沿此轮廓线开挖坑槽，要求坑槽壁面尽可能保持与路平面垂直，坑槽底部平整、坚实。开挖时从中间向四边开挖，以免损坏切边，要求开挖到完好、稳定的底面。当处理深度过深需分层碾压时，各层的凿除面要形成台阶，台阶宽度不小于 3cm，防止形成垂直通缝，避免雨水直接快速渗入维修底面。利用扫帚、吹风机将坑槽内残留的杂物、松散料清理出坑槽。如果坑槽内积水，可用拖把、吸水布等工具吸干。处理后的坑槽周边要坚硬结实，不得有松动部分，以防修补的部分从松动的原路面处开始破坏。

4）坑槽清理。首先，用钢丝刷将坑槽底部、四壁松散的粒料清除干净，用森林灭火器或吹风机烘干坑槽内的积水或水印，用吹风机将修补范围内（包括坑槽内及相邻路表面）的浮灰、散落小颗粒等吹净。然后，用喷灯将坑底及四壁潮湿部位烤干。最后，用批刀把界面处理剂均匀涂抹在坑槽四壁上，厚度约 2mm，涂抹时勿污染路面。

5）填放新料。首先，用铁铲等工具将沥青混合料填入坑槽内。填料时先填坑槽四边，再逐步向坑槽中央移动，防止坑槽四壁拐角处形成空洞。然后，用推平板将填料推匀、调平，当四边填料偏少时，直接进行加料，不宜将中间料向四周推填，同时要及时剔除坑槽四边大粒径的石料。根据材料类型（如集料最大粒径等）和压实设备的功率确定填料的厚度，一般每层厚度不宜超过 12cm。另外，残留在坑槽外旧沥青混凝土路面上的填补料要及时清理干净，避免碾压后在路面上形成薄层。

6）封边处理。为了提高坑槽边缘新旧料接缝的耐水性和黏结强度，可对其进行封边处理。用沥青类黏结剂均匀涂抹在修补面四周新旧沥青混凝土接缝上，一方面起到防水作用，另一方面防止接缝处沥青混合料松散、啃边。坑槽修补的封边材料可以是热沥青或热改性沥青，并需要一种专用的 U 形或 V 形橡胶辊使其成型为一种贴封式的结构形式，即紧贴在坑槽新旧料接缝的上方摊成厚度约为 2mm 的带形。为了防止封边材料出现轮印或引起溜滑问题，可以在其上均匀地、薄薄地覆盖一层干净的细砂或石屑加以保护。通过撒砂处理，可加快封边材料的凝固，提早开放交通时间，并增加路表面的抗滑能力。

7）清理现场，开放交通。坑槽碾压结束后，对施工现场进行清扫，废料及时装车，未用完的冷补沥青混合料可回收再利用。清理完现场后即可开放交通。

5. 材料与设备

修补坑槽时采用的乳化沥青及改性乳化沥青为填补料中的黏结材料，其各项技术指标应满足《公路沥青路面施工技术规范》（JTG F40—2004）中“表 4.3.2　道路用乳化沥青技术要求”“表 4.6.2　聚合物改性沥青技术要求”的规定。冷料冷补所用矿料可以采用不同规格的粗细集料、矿粉等掺配而成，也可以用大粒径的块石、卵石等经多级破碎而成。矿料表面必须干净、粗糙、无风化、无杂质。所用细集料必须符合《公路沥青路面施工技术规范》（JTG F40—2004）中“4.9　细集料”规定的技术要求，粗集料必须满足“4.8　粗集料”规定的技术要求。而矿料中常用的填料有矿粉、水泥、消石灰等填料。填料应干燥、疏松、无结团、洁净、能自由地流出，并应符合《公路沥青路面施工技术规范》（JTG F40—2004）中“4.10　填料”规定的技术要求。当然，必须通过混合料设计试验确定填料的掺加量。冷料冷补用水不得含有有害的可溶性盐类、能引起化学反应物质和其他污染物，一般采用饮用水。

修补坑槽时采用的机械设备配置数量与型号见表 7-21。

表 7-21　施工机械设备配置数量与型号

序号	设备名称	型号或规格	数量
1	拌和设备	SLHB-Ⅱ	1 台
2	平板夯或手推式小型压路机	HZR80-B 或 10T	2、3 台
3	液压镐或切缝机	YG 或 LB-400	1、2 台
4	吹风机	EB7000	2、3 台

6. 质量控制

施工前必须提供原材料的检测报告、坑槽修补混合料配合比设计报告和复核报告，并确认符合要求。在确认材料、设备等没有发生变化和符合要求后方可施工。

修补材料应具有足够的强度、良好的稳定性、足够的耐老化性能和较强的抗疲劳性能。另外，如有条件可选择试验段进行修补。修补施工的具体要求如下：施工前应对拌和机、液压镐或切缝机、平板夯或压路机、吹风机等施工设备的性能，以及辅助施工车辆配套情况、性能等进行检查，确保施工前各设备正常工作；机械、人员到位后，各维修人员应根据实际情况明确分工、岗位、职责，使修补有条不紊、紧张有序地进行。

为使修补材料与坑槽壁面和底面具有良好的黏附性，必须彻底清理坑槽壁面和底面的水分、灰尘、松散颗粒和其他残余物，使坑槽清洁并完全干燥。未清洁和干燥的坑槽壁面及底面会导致其与修补材料的黏附性下降，易造成坑槽壁面接缝破损或修补材料整块脱落，而使坑槽修补失效。清理坑槽一般采用压缩空气或热空气吹、手动工具清扫等方法，其中压缩空气可以很有效地吹走坑槽中的灰尘、碎屑、杂物和少量水分，热空气吹还能将一些潮气、水分蒸发掉，使坑槽干燥。而人工清扫作为一种辅助手段，可将较大块的破碎料及其他不易吹出的残余物清理出坑槽。

接缝的控制主要是使修补过的坑槽与原路面较为完好地连接，避免由于接缝处不密实导致路表水下渗，使修补过的坑槽再次破坏。接缝处理的操作步骤及注意事项：划出开槽修补的轮廓线，其纵横边线应与路中线基本平行或垂直；开槽时槽壁要垂直整齐，目前普遍采用机械切割，其优点是方便省时，缺点是切割后的垂直槽壁面特别光洁，不利于新老沥青混合料的结合，易发生渗水现象，从而引起多种病害。比较理想的处理方法是采用人工凿毛槽壁，这样能使原沥青混合料的垂直面有一定的粗糙毛面，对新老混合料的相互结合有一定的嵌挤作用，经压路机碾压和行车作用后，接缝面逐步挤压密实，可以减少水的渗入。

坑槽修补不同于整路段施工，基本是在通车过程中进行，仅局部限制交通，因此当天开挖的坑槽当天必须施工完毕，不能过夜；根据坑槽大小配备施工机械，如坑槽面积均较小，可不配压路机，只需用动力钻加综合养护车；根据所用沥青混合料数量、使用时间、供应距离，选用相应的运输机械。

坑槽修补验收时后应严格按照《公路沥青路面施工技术规范》(JTG F40—2004)、《公路工程质量检验评定标准》（JTG F80/1—2004）进行施工验收，加强现场工艺控制，并进行密实度、渗水系数检验（试验段：压实度、渗水系数检查频率为100%；现场施工：严格控制施工工艺和外观质量）。现场检测质量要求见表7-22。

表7-22　现场检测质量要求

检测项目	技术标准
渗水系数	≤120mL/min
外观	平整、密实、接缝完好

7. 安全措施

该技术严格遵守《中华人民共和国安全生产法》、《公路养护安全作业规程》(JTG H30—2015）及现行高速公路养护施工安全的有关规定。在施工前与交警、路政等相关部门办理《施工许可证》及《施工车辆通行证》，配备相应的安全装置，并采取有效措施保障安全无事故施工。

严格按照《公路养护安全作业规程》(JTG H30—2015）要求的规格及尺寸，制作醒目的交通路标、标牌、施工标志等，用于夜间作业的应有反光功能并配有施工警告灯号。在设置标志牌时严格按照《公路养护安全作业规程》(JTG H30—2015）的要求，在适当的距离及位置上顺着交通流的方向布置，并有专人负责检查交通标志牌的设置，发现缺少、缺损或倒地的应及时增添、更换及扶正。按照《公路养护安全作业规程》(JTG H30—2015）的要求布置维修作业控制区，布置适当的施工标志牌和警示牌后，维修人员必须穿橘红色的反光背心进入作业区。

坑槽修补时，必须派专职的安全人员手持红旗在封闭路段两端现场警戒并指挥交通，以提醒驾驶员行车安全，确保现场施工及操作人员处于安全状态。碾压时，由专业操作人员操作，并配有醒目的施工作业标志，摊铺、碾压结束后，各类人员和机械按照调度统一离开现场，消除安全隐患。

施工结束后，施工车辆和非安全人员先行撤出施工区域；然后施工路障车（开启应急灯和车顶警报灯）按照从后到前的逆行方向，按顺序回收施工标牌和锥形交通路标，并安排旗手在车后对正常行驶的过往车辆进行动态提醒。

在夜间、雨天、大雾天和视线不良时不进行施工，应适当延长施工及开放交通时间。对于不能放行的路段及需进行夜间封闭行车道施工的区段，应立即汇报高速公路路政管理和交警部门，做好相关的信息通报；安排24h的人员值班，负责施工路段标牌和锥形交通路标的检查，并对由外因而造成移位的安全标牌和锥形交通路标及时恢复。

对于在施工区段超车道发生轻微抛锚的车辆，由安全人员引导其开出施工区域，进行施救；对于发生严重抛锚的车辆，由施工车辆将其拖拽出施工区域后，进行施救；对于抛锚特别严重的车辆，由施工车辆将其拖拽进入施工区域，让出超车道后，进行施救。

8. 环境保护措施

规划临时工程占用地时，应精打细算，合理安排，所有生活、生产占地均安排好复耕计划。

根据场地实际情况合理地进行布置，设施设备按现场布置图规定堆放，并随施工不同阶段进行场地布置和调整。各施工作业班组必须做好操作后场地清理，随做随清，物尽其用。在施工作业中，应设有防止尘土飞扬、沥青混合料及废料洒漏、车辆沾带泥土运行的措施。各类材料堆放整齐并设有标志。施工机具、器材等集中堆放整齐。

工程竣工后，所有设施迅速拆除，机械设备退场复耕。生产生活区修建洁水处理池，所排污水均要达到国家排放标准。施工废水、生活污水源要采取妥善措施处理。工地垃圾及时运往指定地点深埋，对于清洗用或含有沉淀油污的操作水，采用过滤的方法或沉淀池处理，使生态环境受损降到最低程度。将施工过程中产生的废弃物，按监理工程师要求并结合当地情况堆放至指定地点，不随意丢弃，避免污染，使施工环境更加美好。

在编写施工组织设计时，要把环境保护作为施工组织设计的重要组成部分，在整个施工过程中认真贯彻实施。同时要组织全体施工人员学习环保知识，加强环保意识，认识环境保护的必要性和重要性。认真贯彻落实有关环境保护的法律、法规及方针、政策，根据施工现场具体情况制定详细的环境保护措施，并且定期进行环境检查，发现问题及时解决并主动联系环保部门，做到文明施工。

9. 效益分析

传统的热料热补坑槽修补方法烦琐，限制条件多，而且使用寿命短。冷补沥青混合料的产生，打破了诸多条件的限制，适用条件广，生产及施工简便，使用期限长，具有较好的社会效益、经济效益和环保效益。

冷料冷补坑槽修补能够随时修补，保持路面常新，保障通行质量，提高服务水平。运用冷料冷补坑槽修补工艺在不适宜施工季节及应急性情况下进行坑槽修补，可以消除各种病害，并可立即开放交通，提高了行车的舒适性、安全性，降低了交通事故率，减少了行车时间的延误，并且提高了养护人员的工作效率。

冷补沥青混合料的拌和温度低，加热时间短，常温施工，节省了燃料；使破损路面能及时得到修复，减少了路面维修次数及交通延误时间，提高了路面使用质量，可以有效减少维修次数，和热沥青相比具有显著的经济效益。同时减少货物途中停留时间，降低了货运成本，与传统热料热补方法效益对比见表 7-23。

表 7-23　冷料冷补方法与传统热料热补方法效益对比

项目	冷料冷补方法	传统热料热补方法
维修设备	设备简单、便捷	设备复杂
维修人员	2～4 人	4～8 人
维修效率	高（4～8min）	低（30～45min）
温度要求	无特殊要求	不适宜低温
天气要求	无特殊要求	不适宜下雨天
交通管制	简单	复杂

采用热料热补时，一般需要消耗大量的能源为沥青材料和矿料加热。公路部门调查资料表明，加热 1t 沥青实际消耗的燃料远远超过理论计算值，而且在运输和使用过程中需要持续不断地保温。这样就需消耗大量的燃料，并且也容易引起沥青材料的老化。

采用冷料冷补工艺修补坑槽时拌料温度低，施工温度是常温，耗能低，对环境影响小，用不完的修补材料可以回收再利用，避免了修补材料的浪费。此外，采用冷料冷补工艺还改善了施工条件，避免了因灼热沥青而引起的烧伤、烫伤，也避免了高温混合料的沥青蒸气的熏烤。

（三）高速公路沥青路面开槽灌缝施工技术

1. 技术介绍

裂缝是沥青路面的常见病害，它伴随着沥青路面的整个使用期，并随着使用年限的增长而加重。由于交通荷载、环境因素和路面基层材料的影响，裂缝随着时间的推移而逐渐形成并扩展。裂缝形成后，雨水通过裂缝进入基层，在行车荷载的作用下形成动力水，对其结构进行冲刷，产生唧浆或基层脱空，造成水损害，导致路面产生网裂、龟裂、坑槽等病害，影响结构层的承载力。路面出现裂缝不但影响路容的美观和行车的舒适性，而且缩短了路面的使用寿命。

开槽灌缝是根据路面状况和裂缝的特点确定开槽的大小和形状，利用专门的灌缝设备将专用的沥青路面灌缝材料灌入槽中，达到要求后开放交通的道路养护工艺。开槽灌缝提高了沥青路面的平整度和行车舒适性，有效延长了道路的使用寿命。

2. 技术特点

开槽灌缝时需要专用的灌缝材料，其具有很好的黏附性和变形能力，在裂缝变化过程中不脱落、不损坏，能防止水浸入裂缝，并具有一定的耐久性，能够有效地处治较大水平或垂直位移的裂缝。

该工艺施工难度较小、成本不高，但能有效延缓路面进一步损坏，延长路面使用性能，经济效益和社会效益很高。

3. 适用范围

开槽灌缝目前可适用于满足结构强度的、表面状况良好的各等级公路沥青路面的裂缝处治，处治的裂缝宽度为 3~25mm。

4. 工艺原理

开槽灌缝本质上是根据路面状况和裂缝的特点确定开槽的大小和形状，利用专门的灌缝设备将专用的沥青路面灌缝材料灌入槽中，达到要求后，方可开放交通，通过行车碾压使灌缝材料与原路面融为一体，达到封闭裂缝的目的。

5. 施工工艺流程及操作要点

开槽灌缝的施工工艺流程如图 7-38 所示。

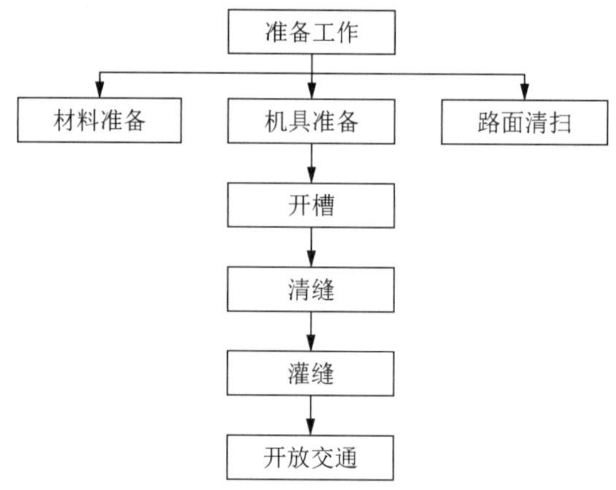

图 7-38　开槽灌缝的施工工艺流程

1）准备工作：检查开槽机与灌缝机，确保其工作状态良好；根据路面裂缝的具体情况，确定补缝施工方案；启动灌缝机，将密封胶加热、搅拌至 190～210℃；加热期间，封闭交通，并根据工程进度随时移动标志牌。

2）开槽：启动开槽机，将裂缝跟踪指示装置对准裂缝，向后拉动开槽机对裂缝进行开槽。对于细裂缝可画线作为标记。按照设计的开槽尺寸，预先调节好开槽机深度，然后进行开槽作业；作业时，根据裂缝宽度，及时调节开槽尺寸，满足最低设计要求。

3）清缝：使用空气压缩机或风力灭火机对准开槽后的裂缝，将切割后的碎屑和裂缝中的泥土清理干净，使槽口干净干燥。对缝壁进行加热，保证在灌缝前缝壁的温度达到 80～100℃，以便于黏结牢固。

4）灌缝：持喷枪对准裂缝，将事先预热好的灌缝胶饱满、均匀地灌注到裂缝中。最好进行贴封式处理，即将密封胶在槽口的左右两侧各贴封出 3cm 左右，贴封高出路面厚度不超过 3mm。灌缝要求分两次灌满，第一次灌入槽的 4/5，第二次灌满。

若在气温低于 6℃时灌缝，灌缝机须配有预热设备对开槽部位进行预热，若在此温度下不预热进行灌缝，会降低密封胶的黏结力；如果在气温高于 6℃时灌缝，可不进行预热，但预热后的灌缝效果更好。

当灌缝胶加热温度达到 193℃左右时，用灌缝机上带有刮平器的压力喷头将密封胶均匀地灌入槽内，并在裂缝两侧拖成宽度为 8～10mm、厚度为 0.1cm 的封层。

不同裂缝的处治方式：

① 标准槽直接灌缝，即开槽深度为1.5～2.5cm、宽度为1.5cm，用尖嘴灌缝枪直接在槽中沿槽底拖动，将槽灌满，并稍高出路面。冷却12min后，材料稍微收缩，形成与路面高度齐平的一条缝。

② 标准槽刮板刮涂灌缝，即开出①中要求尺寸的槽后，把灌缝枪尖卸下，换上矩形或圆形刮板，将料喷入板盒中，沿裂缝方向拖动。这种方法可以在槽上面形成一个5cm宽的料膜，可以封堵一些支缝。

③ 对一些细缝、密集的裂缝，可不开槽，直接用配有矩形或圆形刮板的灌缝枪，将料喷入刮板盒中，沿裂缝方向拖动，形成料膜覆盖在裂缝上。

5）开放交通：在刚灌满的密封胶表面撒布石粉或细沙，待裂缝处的密封胶自然冷却，将路面的碎渣清扫干净。裂缝密封施工大约20min后即可通车。

6. 材料与设备

1）灌缝胶：灌缝胶用于沥青路面裂缝修补，以橡胶粉和沥青为主要原材料。灌缝胶应具备黏结能力强，不渗水，弹性好，高温时不流淌、不粘轮，低温时不脆裂，耐久性好等性能。技术要求见表7-24。

表7-24　灌缝胶技术要求

评价指标	高温型	普通型	低温型	严寒型
低温拉伸	通过	通过	通过	通过
针入度（150g，5s）/0.1mm	<50	30～70	50～90	70～150
软化点/℃	≥90	≥80	≥80	≥80
流动值/mm	≤3	≤5	≤5	≤5
弹性恢复率/%	30～70	30～70	30～70	30～70

注：低温拉伸试验中，高温型、普通型、低温型和严寒型的试验温度分别为0℃、−10℃、−20℃和−30℃。

2）施工机械主要为灌缝机，用于路面裂缝的密封，防止路面积水沿裂缝渗入基层，加速裂缝的扩展，致使裂缝演变为坑槽。开槽机与灌缝机配合使用，负责拓宽及清理沥青路面的裂缝，使之满足道路裂缝、修补的要求。主要施工机械配置型号及数量见表7-25。

表7-25　主要施工机械配置型号及数量

序号	设备名称	型号或规格	数量/台
1	灌缝机	SLHB-Ⅱ	1
2	开槽机	HZR80-B或10T	2～3
3	吹风机	EB7000	2～3

7. 质量控制

修补后灌缝胶表面要高于路表面2～3mm；边缘整齐，灌缝充分饱满，表面平整；

无颗粒状胶粒；灌缝胶经行车碾压后不得发生脱落变形，保持足够的弹性。

8. 经济效益分析

采用密封胶开槽灌缝处治沥青混凝土路面裂缝既是一种小修保养技术，同时也是一种有效的路面预防性养护技术，它不仅能够有效地延长路面的使用寿命，而且具备施工简单、效率高、不完全封闭交通等优点。

（1）传统修补法成本分析

根据目前国内采用传统修补法多年的施工费用统计，其平均工程造价为 2.5～4 元/m，工程造价主要受灌缝材料价格变动的影响，且灌缝材料 1 年内失效率在 86%以上，因此 5 年的工程总造价达到 10.25～20 元/m，平均工程总造价在 15 元/m 左右。

（2）开槽修补法成本分析

假设选用传统灌缝机和开槽机，灌缝材料选用黑蚂蝗 100 型，常温下该材料密度为 1.2 kg/L。下面以开槽后平均宽度为 2cm、深度为 2.5 cm 的中小裂缝为例分析开槽灌缝的经济效益。

1）每米密封胶消耗费用：填槽灌缝胶用量：（2cm×2.5cm×100cm−0.5L）×1.2kg/L=0.6kg；灌缝胶 1kg 价格：1t 报价 13000 元，则 1kg 即为 13 元。因此，每延米灌缝胶价格：0.6kg ×13 元/kg=7.8 元。

2）设备折旧费用：该设备通常以 10 年为使用期限，每年折旧购价的 10%，SS125DC 灌缝机和开槽机总价 550000 元，则设备每年折旧费为 550000 元×10%=55000 元。每年工作日以 300d 计算，每日折旧费为 55000 元÷300≈183 元。每日正常工作 6h 可灌缝 600m，则每米折旧 183÷600=0.305 元。

3）燃料费用：每日正常工作需消耗柴油 45L，汽油 18L，以平均每升 3.2 元计，则每米费用为（45+18）×3.2÷600=0.336（元）。

4）正常耗损件费用：开槽机刀片每套报价 6000 元，可开槽 6000～28000m，以 15000m 计算，每米刀具损耗费为 6000÷15000=0.4 元，加上其他维修、配件损耗，每米损耗费用以 0.6 元计。

5）卡车费用：每台班 300 元，则每米费用为 300÷600=0.5 元。

6）人工费用：正常施工需 6 人，平均每人每日 50 元，则每米人工费 6×50÷600=0.5 元。

7）综合施工单价：每米造价为 10.041 元，加上 5 年内失效返工费用，每米工程总造价为 11 元左右。

（3）灌缝效果分析

灌缝效果分析见表 7-26。综合评价各种中等裂缝处治工艺，开槽灌缝工艺比较经济、有效。

表 7-26　灌缝效果分析

参数指标	裂缝维修方法		
	SBS 改性乳化沥青灌缝	专用灌缝胶灌缝	压浆维修灌缝
材料	SBS 改性乳化沥青	高分子聚合物	水泥
	便宜	价格较高	价格高
设备	比较简单	合理	普通
人员	7	10	20
操作	易操作	易操作	较复杂
工程造价/（元/m）	6	18～22	80～120
寿命/年	1～2	5	长期
适用范围	高等级公路	高等级公路	高等级公路

（四）高速公路沥青路面抗裂贴封缝技术

1. 技术简介

抗裂贴是由厚度为 2mm 的聚合物防水膜涂在厚度为 0.3mm 的抗皱抗重载型聚丙烯材料上，经严格工艺碾压复合在一起，可与加热型灌缝材料配合处治路面裂缝（即先灌后封）。采用抗裂贴封缝提高了沥青路面的平整度和行车舒适性，有效延长了道路的使用寿命。

2. 技术原理及特点

抗裂贴处治裂缝充分体现了其力学效应，即高分子聚合物材料作为一个应力吸收膜，首先可减小基层内应力沿界面向水平方向扩散的可能性，从而延缓裂缝反射到路表的时间；其次，其桥联作用，即土工合成材料与耐高温织物双层桥联作用使开裂断面具有一定的抗拉能力，减少裂缝张开变形，降低裂缝尖端的拉应力集中；最后，其嵌锁咬合作用可提高开裂断面的抗剪切传荷能力。沥青基的高分子材料具有一定的低温性，可使材料在低温时保持形状不发生变化，并且具有良好的防水效果，能够防止路表开裂后水的下渗。

采用抗裂贴主要处理宽度不大于 5mm 的裂缝。由于裂缝存在较大的水平或垂直位移，要求材料具有很好的黏附性和变形能力，在裂缝变化过程中不脱落、不损坏，能防止水浸入裂缝，并具有一定的耐久性。该技术施工难度较小、成本不高，能延缓路面进一步损坏和延长路面使用性能，经济效益和社会效益很高。

3. 适用范围

该技术目前可适用于结构强度满足要求的高速公路、一级和二级公路、城市公路、乡村和市郊公路的裂缝处治，处治的裂缝宽度不大于 5mm。

4. 抗裂贴处治裂缝施工工艺

抗裂贴处治裂缝施工工艺流程如图 7-39 所示。

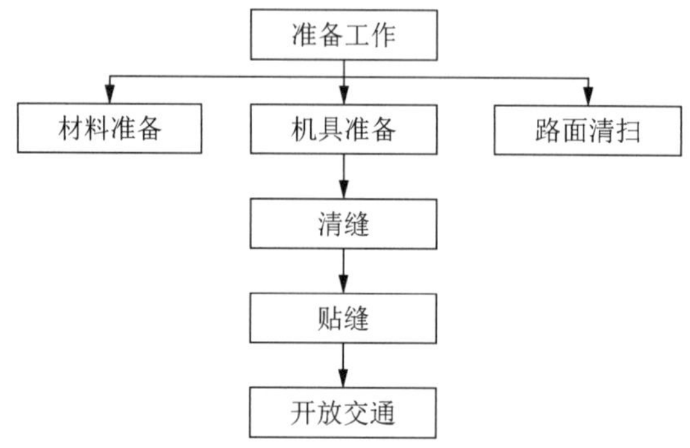

图 7-39　抗裂贴处治裂施工工艺流程

1）准备工作：检查施工设备，确保其技术状况良好；根据路面裂缝的具体情况，确定补缝设计方案；加热期间，封闭交通，并根据工程进度随时移动标志牌。

2）清缝：使用空气压缩机或风力灭火机对准开槽后的裂缝，清理裂缝内的杂物，将切割后的碎屑和裂缝中的泥土清理干净，并保证槽口干净和干燥。通过加热的方式保证在灌缝前缝壁的温度达到 80～100℃，以便于黏结牢固。

3）贴缝：用液化气喷枪烘烤缝带，利用余热烘烤压缝带粘贴面。在处置沥青路面过程中，当裂缝出现有油点且抗裂贴黏结面变油滑时，抗裂贴即可黏结在缝面上。如果缝带沿着裂缝转变向右，只需将抗裂贴左侧稍稍烘烤；反之亦然。对于缝带收尾部分，缝带烘烤时间应稍长一些，在缝带贴压在缝面上后，再烘烤缝带的两侧至油滑。

4）开放交通：在抗裂贴上撒布石粉或细沙，待抗裂贴自然冷却后即可通车。

5. 材料与设备

抗裂贴技术要求见表 7-27。

表 7-27　抗裂贴技术要求

评价指标	试验条件	技术指标	依据标准
高温流淌性/mm	60℃在烘箱中恒温 2h	流淌≤2	GB/T 16777—1997
耐轮碾性/mm	25℃时胶轮碾压 500 次	厚度≥1	JTG E20—2011
厚度/mm	（20±3）℃量测	≥1.5	GB 18242—2000
黏结强度/kN	（20±3）℃量测	下垂≤30	GB/T 18242—2000
抗拉强度/kN	50mm 宽样品、（20±3）℃量测	≥0.6	GB 18242—2000
拉伸应变/%	（20±3）℃量测	≥4	GB 18242—2000
低温柔性	−20℃做弯曲试验	无裂痕	GB 18242—2000

抗裂贴施工机械配置较为简单，主要为如图 7-40 和图 7-41 所示的吹风机与汽油喷

灯。高压空气吹风机或压缩机用于清扫裂缝及路面，液化气喷枪或汽油喷灯用于加热抗裂贴。

应具备的要求：
① 良好的工作性能
② 运转正常

图 7-40　吹风机

应具备的要求：
① 良好的工作性能
② 运转正常

图 7-41　汽油喷灯

6. 质量控制

对原材料需每批检验。外观检查时保证抗裂贴边缘整齐，表面平整，无颗粒状胶粒。抗裂贴粘贴后确保抗裂贴经行车碾压后不发生脱落变形；同时，进行渗水试验（试验段：检查频度为100%；交工验收：检查频度为不低于5%）。

7. 常见问题及解决办法

1）裂缝没有彻底清净：重新清理。

2）裂缝处潮湿：待其干燥或采用液化气喷枪吹干。

3）抗裂贴加热温度低：加热到正确的温度。

4）环境温度低：待气温升高或采用液化气喷枪加热。尤其，当冬季抗裂贴开裂或黏性不足时，应采用较软等级。当路面裂缝太多时，应提高清洁质量。

5）当开放交通后密封材料被车轮带出，有以下五种情况：①封缝后开放交通太早，应延迟开放交通；②裂缝没有清洁或干燥，应重新清洁或干燥；③环境温度太高，应在低温时施工；④相对当地气候而言，抗裂贴太软，应使用硬度较高的抗裂贴；⑤抗裂贴过热或欠软，应在正确温度密封，并检查温度表。

8. 经济效益分析

采用抗裂贴灌缝处治沥青混凝土路面裂缝是一种有效的路面预防性养护技术，它不仅能够有效地延长路面的使用寿命，而且具备施工简单、效率高、不间断交通等优点，效益分析对比见表 7-28。

表 7-28 裂缝处治工艺效益分析对比

参数指标	裂缝维修方法			
	SBS 改性乳化沥青灌缝	灌缝胶灌缝	压浆维修灌缝	抗裂贴封缝
材料	SBS 改性乳化沥青	高分子聚合物	水泥	抗裂贴
	较贵	价格高	价格低	价格低
设备	比较简单	合理	合理	简单
人员	7	10	20	5
操作	易操作	易操作	较复杂	易操作
综合单价/（元/m）	6	18～22	80～120	8～12
寿命/年	1～2	5	长期	2～3
适用范围	高等级公路	高等级公路	高等级公路	高等级公路

二、高寒高海拔地区沥青路面功能性养护技术

（一）高速公路沥青路面微表处罩面技术

1. 技术简介

微表处罩面是采用专用机械设备将聚合物改性乳化沥青、级配集料、填料、水、添加剂等按照设计配合比拌和成稀浆混合料并摊铺到原路面上，在 1～2h 内开放交通且具有防水、抗滑、耐磨耗等特性的一种高级表面功能层。作为养护罩面技术，微表处罩面可以提高原路面的抗滑和耐磨耗性能，保障行车安全；可以有效避免路表水渗入路面结构层，避免造成层内水浸、动水冲刷、冻融等破坏，达到保护路面结构、延长路面使用寿命的目的。

微表处罩面的厚度一般在 1cm 左右，在建立道路表面功能的同时，可以降低价格昂贵的上面层材料用量。微表处属冷拌材料常温施工，人力与机械装备配置简捷，施工速度快，安全无污染，突破了热拌沥青混合料薄层罩面施工的多重技术局限。由于性能及节约、节能、环保等方面的优势突出，微表处罩面作为公路养护技术具有十分重要的意义。

2. 技术特点

微表处罩面比热沥青薄层罩面具有更好的封水效果，能有效防止路表水的下渗，从而更好地保护路面结构，增加路面的使用寿命。微表处罩面可以处治原路面的磨损、老化、光滑等病害，提高路面宏观构造深度和摩擦系数。其养生成型后形成的复合有机水硬性材料具有良好的高温稳定性，且采用的聚合物改性乳化沥青增强了结合料与集料间的黏附力。同时，微表处罩面采用的硬质石料增强了抗磨耗性能。

微表处罩面属于冷铺技术，施工速度快，成型快，缩短了开放交通时间，由于采用了改性乳化沥青，施工受气温的影响较小。微表处罩面可以常温施工，降低能耗，不释

放有害气体，符合环保要求，使用寿命可以长达 3 年以上。

3. 适用范围

微表处罩面技术用于结构强度满足要求的高速公路沥青路面养护罩面及新建、改建高速公路的表面磨耗层。

4. 工艺原理

稀浆混合料摊铺后，水泥凝结固化、改性乳化沥青破乳互成条件产生强度，形成了立体网状结构的复合有机水硬性材料，可有效提高其路用性能。

改性乳化沥青采用阳离子慢裂快凝型乳化剂，可缩短施工时间，快速开放交通。

5. 微表处罩面施工工艺

微表处罩面施工工艺流程如图 7-42 所示。

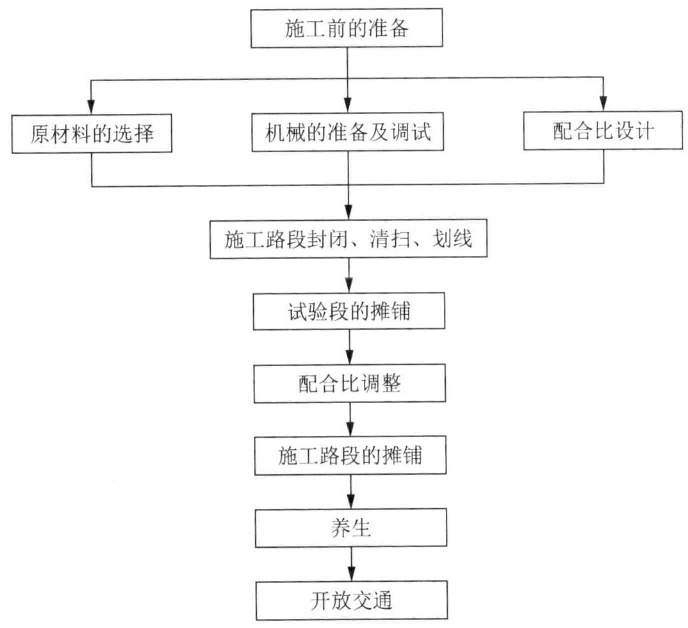

图 7-42　微表处罩面施工工艺流程

（1）施工前的准备

施工前的准备具体如下。

1）原路面的处理：施工前对路况进行调查，调查方法根据《公路技术状况评定标准》（JTG H20—2007）的要求进行。根据原路面的情况，有针对性地采取相应的措施进行处理。进行微表处罩面施工的原路面必须具有足够的结构强度。微表处罩面施工中会处治原路面出现的裂缝、坑槽等病害。

2）施工后场的准备：根据工程所在地交通、周边建筑及用地等情况确定施工后场的位置。料场的大小应根据工程规模而定，应考虑乳化沥青生产及储存、集料的筛分掺配、集料规格的多少等因素。总之，应当从材料的存放、生产，设备的摆放，车辆的进出、调头、装料、停放等方面考虑。在可选择的情况下，应考虑料场距石料场及距施工现场的距离。应考虑施工、生产、生活用水用电的方便性，施工车辆、材料运输车辆进出道路的承载能力，并考虑场地排水、设备停放安全等。尽可能选择平坦的、硬化的、租赁价格合理的场地。

3）材料准备：根据对材料的技术要求确定料源。初步确定料源后，在石料场料堆上取样送交实验室进行配合比设计。取样应参考《公路工程集料试验规程》（JTG E42—2005）中“T 0301—2005　粗集料取样法”，将满足配合比设计要求的集料作为施工原材料的来源。

改性乳化沥青的选用：采用成品改性乳化沥青时，应取代表性的样品送交实验室进行性能检测，检测合格后购买并妥善储存；当采用自产改性乳化沥青时，若经检测不合格，需调整配方后重新生产，直至符合技术指标要求。

填料应干燥、疏松、无结团、洁净。应根据工程量的大小，储备适量的填料。填料应储存在干燥的环境内，避免与潮湿的空气相接触。

考察当地水源，根据就近原则选用符合工程用水要求的水，并将其储存在洁净的储水罐中备用。

为保证混合料的拌和质量，对购进的集料采取搭棚遮盖堆放。改性乳化沥青的储存时间不宜过长，在不耽误工程进度的情况下可以现产（购）现用。

集料掺配宜采用具有储料、计量和掺配功能的配料设备完成。

4）施工路段的封闭、清扫、画线：微表处罩面施工前应进行交通管制。为保证安全、顺利施工，首先要和当地的交警及路政等交通执法部门协商，确定交通管制方案、交通封闭形式、封闭时间等。

对于整幅摊铺，需要对热塑性路面标线、标志等进行铣刨；对于分车道摊铺，应注意保护标线。清理所有工作面上的泥浆、油污等杂物，必要时使用高压水或风机进行清理。

根据路幅宽度调整摊铺槽宽度，沿摊铺方向划出控制线。也可以直接以车道线、路缘石等为参照，保证走线顺直、美观。纵向接缝尽量设计在标线或者靠近标线的地方。

5）施工设备的调试和标定：施工机械和辅助工具均应备齐，对重要的施工设备应配备配件。对各种施工设备进行检修，确保工作状态良好。根据确定的配合比对摊铺机进行标定，为施工提供参数，并根据试铺结果进行相应的调整，以确保施工质量。

摊铺车在以下情况下必须进行计量标定：新工程开工时、原材料改变或配比发生较大变化时、施工设备发生变化时。当改性乳化沥青蒸发残留物含量和集料含水率发生变化时，必须调整摊铺机的设定，确认材料配比符合设计配比后才可继续施工。微表处摊铺机依照如下程序进行标定。

根据室内试验得出的混合料配比，在标定曲线图上找出其相应的料门开度，然后将各料门开度调整好固定，以保证施工中能按此配比供料。①进行集料标定，即提前备好磅秤、称重用容器、接料用布及铁锹等，并将料仓装满料（石料采用施工设计用料）；

②按程序启动发动机，同时将料门开度调整好固定（一般情况下，建议开至 130～140mm)；③发动机转速保持在 2000r/min，将填料调速阀旋至最小，将集料调速阀锁定在刻度 4，打开拌和器；④打开集料开关，待出料正常时稍做停顿，在拌和器出料口下方放置一块较大的施工用布或一较大容器；⑤再次打开集料开关，同时用秒表开始计时；⑥当时间达 30s 时（结合实际，根据经验，该时间也可定为 20s 或 10s)，关闭集料开关；⑦称量输出集料质量，并记录数据；重复⑤～⑦步骤 3 次，计算平均值并记录；⑧调节集料调速阀重复上述操作，分别得出对应 5、6…13、14 刻度时的平均出料量（结合实际，根据经验，也可选择部分刻度值）。

填料与乳化沥青的标定参照集料的标定程序执行。应妥善保存，并认真分析标定资料，找出规律，不断积累经验。标定并非一标而定，为确保施工质量，应重视标定工作。标定分为机械标定和体积标定，标定程序应根据机械型号而定。

（2）配合比设计

配合比设计流程如图 7-43 所示。

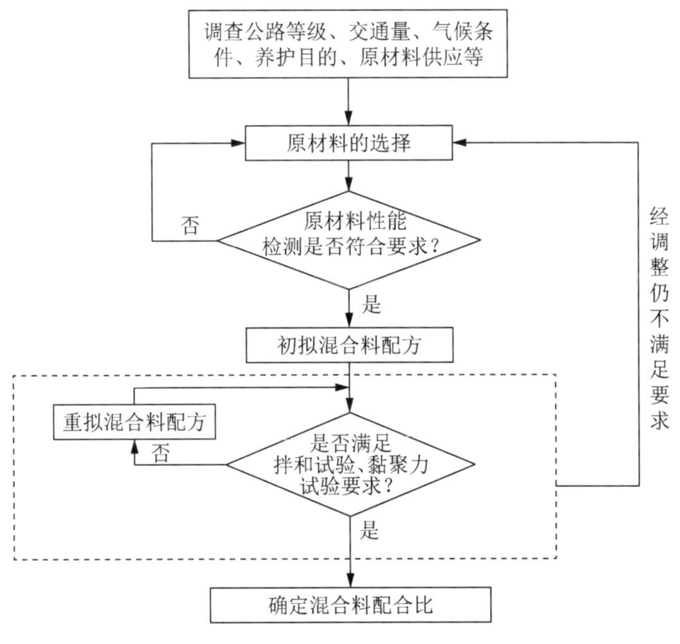

图 7-43　配合比设计流程

1）应选择工程拟采用的各材料进行混合料的配合比设计：根据选择的级配类型，确定矿料的级配范围。计算各种集料的配合比，使合成级配在要求的级配范围内。

2）根据以往的经验初选改性乳化沥青、填料、水和添加剂的用量，进行拌和试验与黏聚力试验。可拌和时间试验的试验温度应考虑最高施工温度，黏聚力试验的试验温度应考虑施工中可能遇到的最低温度。

3）根据上述试验结果和稀浆混合料的外观状态，选择 3 个左右认为合理的混合料配方，按表 7-29 规定的试验稀浆混合料的性能选择材料，如不符合要求，应适当调整各种材料的配合比再试验，直至符合要求为止。

表 7-29　稀浆混合料技术指标

试验项目		技术指标
可拌和时间（25℃）		≥120s
黏聚力试验	30min（初凝时间）	≥1.2N · m
	60min（开放交通时间）	≥2.0N · m
负荷车轮黏附砂量		≤450g/m²
湿轮磨耗损失	浸水 1h	≤540g/m²
	浸水 6d	≤800g/m²
乳化沥青与集料配伍性试验等级值		≥11

注：技术指标依据《微表处和稀浆封层技术指南》（交通部公路科学研究院，2006）。

当设计人员经验不足时，可将初选的3个左右的混合料配方分别变化不同的油石比，按照表 7-29 的要求重复试验，并分别将不同沥青用量的 1h 湿轮磨耗损失及负荷车轮黏附砂量绘制成图 7-44 的关系曲线，以 1h 湿轮磨耗损失接近表 7-29 中要求的沥青用量作为最小油石比 P_{bmin}，负荷车轮黏附砂量接近图 7-44 中要求的油石比为最大油石比 P_{bmax}，得出油石比的可选择范围 P_{bmin}～P_{bmax}。

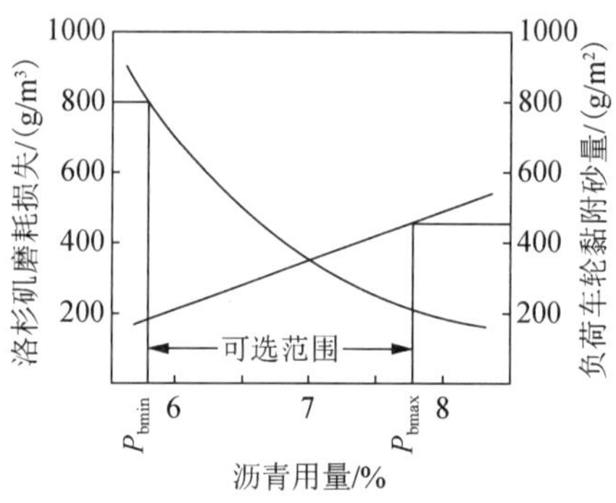

图 7-44　确定稀浆混合料最佳沥青用量曲线

在油石比的可选范围内选择适宜的油石比，使在该油石比下混合料的各项技术指标均可以满足要求。对微表处罩面混合料，以所选择的油石比检验混合料的浸水 6d 湿轮磨耗损失指标，不符合要求时调整油石比重新试验，直至符合要求为止。

4）根据以往经验及配合比设计试验结果，在充分考虑原路面状况、气候及交通因素等的基础上综合确定混合料配方。

5）提出混合料设计报告。报告的内容应包括改性乳化沥青技术指标、集料技术指标、矿料配合比和矿料设计级配，以及稀浆混合料配合比和技术指标。

6）微表处罩面混合料按集料公称最大粒径的不同，可分为 MS-2 型和 MS-3 型。MS-3 型微表处罩面，公称最大粒径为 9.5mm。微表处罩面配合比设计，应充分考虑路面要求、原路面状况、交通量、气候条件等因素。微表处罩面层既可以单层铺筑，也可以双层铺筑。单层铺筑通常的材料用量范围见表 7-30。

表 7-30　单层微表处罩面通常的材料用量范围

项目	MS-2 型	MS-3 型
养生后的厚度/mm	4～7	8～10
集料用量/（kg/m^2）	6.0～15.0	15.0～22.0
油石比（沥青占集料的质量分数）/%	7.0～10.5	5.5（6.0）～8.5
水泥、消石灰用量（占集料的质量分数）/%	0～3	
外加水量（占干集料的质量分数）/%	根据混合料的稠度确定	

稀浆混合料的室内试验技术指标应满足表 7-29 的要求。

（3）配合比调整

尽管在配合比设计的过程中已经综合考虑了路面的使用状况、气候状况、交通量等条件，尽可能设计出满足施工现场需求的配合比，但施工条件在不断变化，当设计配合比不能很好地满足施工条件时，允许在设计配合比的基础上做动态调整，使稀浆混合料具有更好的施工性能和路用性能。

（4）配合比与油石比调整原则

配合比与油石比调整原则如下。

1）根据微表处罩面的使用功能调整其摊铺厚度。在交通量较大的路段应采用偏粗的级配，在交通量较小的路段选择的级配可适当偏细。

2）对于路面有微裂缝需要填封的路段应选择级配较细的稀浆填充缝隙。

3）对于路面出现的麻面，由粗集料散失造成的选择较粗的级配，由粉性集料散失造成的选择较细的级配。

4）在炎热地区，选择级配偏粗的，在多雨地区选择级配偏细的。

5）生产配合比的集料级配不应超出表 7-31 规定的相应级配类型的各筛孔通过率上下限，且以集料设计级配为基准。集料级配的调整幅度超出上述规定时，必须重新进行混合料设计。

表 7-31　微表处罩面集料级配　（单位：%）

级配类型	通过下列筛孔的质量分数							
	9.5mm	4.75mm	2.36mm	1.18mm	0.6mm	0.3mm	0.15mm	0.075mm
MS-2 型	100	90～100	65～90	45～70	30～50	18～30	10～21	5～15
MS-3 型	100	70～90	45～70	28～50	19～34	12～25	7～18	5～15
允许波动范围	—	±3%	±3%	±5%	±5%	±4%	±3%	±2%

6）原路面状况：原路面贫油则加大沥青用量，原路面泛油则减小沥青用量，沥青用量的变化范围根据实际情况而定。

7）交通量：交通量较大的路段应该适当减小沥青用量，重载车辆较多的路段沥青用量则应相应减小。

8）气候条件：施工地区炎热则减小沥青用量，施工地区寒冷则增大沥青用量。

9）施工季节：炎热季节施工沥青用量应适当减小，低温季节施工沥青用量应适当增大。

10）超车道和行车道的区别：超车道摊铺时沥青用量应比行车道增加 0.2%～0.3%。

11）根据试验段的摊铺情况，在设计配合比的基础上做小范围调整，调整生产配合比，生产配合比的沥青用量不应超出设计沥青用量-0.3%～+0.2%的范围，否则建议重新进行混合料的配合比设计。

（5）施工路段的摊铺

施工准备工作完成后，便可以进行微表处罩面混合料的试验段摊铺，即将符合各项要求的各种材料装入标定好的摊铺车内。将摊铺车开至施工起点处，根据施工路段的路幅宽度，调整摊铺槽宽度，应尽量减少纵向接缝数量，在可能的情况下，宜使纵向接缝位于车道线附近。对准控制线，放下摊铺槽，在起点处的摊铺槽下铺垫一块铁皮，当摊铺机前进后，将铁皮连同上面的混合料一道拿走，这样可以保证一个非常整齐平顺的起点和良好的外观。打开摊铺车各传动离合器，开动发动机，使各部位准备进入工作状态。按设计的生产配合比和现场集料含水率，依次或同时输出集料、填料、水和乳液，进行拌和。初始未拌和均匀的混合料应由跟机工人用铁锹接走后，倒入废料车内。

当混合料注满摊铺槽容积的 1/2 以上时，开动摊铺车匀速前进，摊铺车应以 1.5～3km/h（0.42～0.83m/s）的速度行驶，其摊铺速度根据拌和能力、摊铺厚度、宽度及连续摊铺的长度而定。需要时可打开喷水管，喷水湿润路面。

摊铺速度以保持混合料摊铺量与拌和量基本一致为宜，保持摊铺槽中混合料的体积为摊铺槽容积的 1/2～2/3。当摊铺车内任何一种材料快用完时，应立即关闭所有输送材料的阀门，让搅拌器中的混合料搅拌完，并送入摊铺槽继续施工。摊铺完后，使摊铺车停止前进，提起摊铺槽。施工人员应立即将施工末段撒漏的材料清除，装入废料车中；卸下摊铺箱，并及时对摊铺箱和刮板进行清理，将摊铺车开至料场装料。

（6）养生

稀浆混合料在铺筑后，在开放交通前禁止一切车辆和行人通行。混合料能够满足开放交通的要求后应尽快开放交通。

6. 微表处罩面材料

微表处罩面稀浆混合料所用的原材料主要有改性乳化沥青、级配集料、填料、水及添加剂。微表处罩面所用集料可以采用不同规格的粗细集料、矿粉等掺配而成，也可以用大粒径的块石、卵石等经多级破碎而成，其质量要求见表 7-32。对受热易变质的集料，宜采用经拌和烘干后的集料进行检验。

表 7-32　微表处罩面用粗细集料质量要求

检验项目	技术标准	备注	试验方法
石料压碎值/%	≤26		T 0316—2005*
洛杉矶磨耗损失/%	≤28		T 0317—2005*
磨光值（BPN）	≥42		T 0321—2005*
坚固性/%	≤12		T 0314—2000*
针片状含量/%	≤15		T 0312—2005*
坚固性/%	≤12	＞0.3mm 部分	T 0340—2005*
砂当量/%	≥65	合成集料中 小于 4.75mm 部分	T 0334—2005*
亚甲蓝含量/（g/kg）	≤25		T 0346—2000*

* 试验方法见《公路工程集料试验规程》（JTG E42—2005）。

集料磨光值的要求见表 7-33。

表 7-33　磨光值的要求

雨量气候区	年降雨量/mm	磨光值（BPN）
1（潮湿区）	>1000	≥42
2（湿润区）	1000～500	≥40
3（半干区）	500～250	≥38
4（干旱区）	<250	≥36

改性乳化沥青是微表处罩面施工中的结合料，其质量的好坏对罩面层质量的影响最直接、最明显。选用的改性乳化沥青应符合表 7-34 的规定。

表 7-34　微表处罩面用改性乳化沥青的技术要求

试验项目		技术要求
筛上剩余量（1.18mm 筛）/%		≤0.1
电荷性质		阳离子正电荷
恩格拉黏度 E（25℃）		3～30
沥青标准黏度 $C_{25,3}$/s		12～60
蒸发残留物含量/%		≥60
蒸发残留物性质	针入度（100g，25℃，5s）/0.1mm	40～100
	软化点/℃	≥53
	延度（5℃）/cm	≥20
	溶解度（三氯乙烯）/%	≥97.5
储存稳定性	1d/%	≤1
	5d/%	≤5

注：乳化沥青黏度以恩格拉黏度为准，条件不具备时也可采用沥青标准黏度；必须选用阳离子型聚合物改性的乳化沥青，改性剂的剂量（改性剂有效成分占纯沥青的质量分数）不宜小于 3%。

微表处罩面层集料中常用的填料有矿粉、水泥、消石灰等填料。填料应干燥、疏松、无结团、洁净，并应符合《公路沥青路面施工技术规范》（JTG F40—2004）中“表 4.10.1　沥青混合料用矿粉质量要求”的要求。

微表处罩面层用水不得含有有害的可溶性盐类、能引起化学反应的物质和其他污染物，一般采用饮用水。

添加剂的主要作用是调节稀浆混合料可拌和时间、破乳速度、开放交通时间等施工性能，并在一定程度上改善混合料的路用性能。

常用的添加剂包括无机盐类添加剂、有机类添加剂等。对于阳离子乳化沥青混合料，无机盐类添加剂一般会延长可拌和时间，延缓成型。添加剂种类和剂量、添加剂的掺加不应对混合料路用性能产生不利影响。同一种添加剂对不同混合料体系的作用可能完全不同，不同混合料体系对各种添加剂的敏感程度也各不相同，因此不能照搬照抄已有经验，而应针对工程实际通过试验确定某种添加剂的具体使用。未经试验验证的添加剂不得在施工中采用。

7. 设备的配置

微表处罩面必须采用专用机械施工。微表处摊铺机及拌和箱必须为大功率双轴强制搅拌式，摊铺槽必须带有两排布料器，摊铺机必须具有精确计量系统并可记录或显示集料、乳化沥青等的用量。具体的机械设备配备型号与数量见表 7-35，微表处摊铺机如图 7-45 所示，微表处摊铺槽如图 7-46 所示。

表 7-35　机械设备配备型号与数量

序号	名称	规格型号	数量	备注
1	强力清刷机	QS	1 台	
2	铣刨机	GYSX2380A	1 台	
3	乳化沥青生产车间	GYRY06E	1 台	需要时
4	集料级配筛分机	SDM1000-2	1 台	
5	微表处摊铺机	HGY5311TXJ	≥1 台	
6	微表处摊铺槽		1 套	
7	装载机		1 台	

具备以下要求：
① 精准的计量系统
② 摊铺符合规范要求

图 7-45　微表处摊铺机

具备以下要求：
① 摊铺厚度可以调整
② 具备二次搅拌的能力

图 7-46　微表处摊铺槽

8. 质量控制

1）施工前必须提供配合比设计报告，并确认符合要求，在确认材料、设备等没有发生变化后方可施工。施工前材料的质量检查要求同一料源、同一批并运至生产现场的相同规格品种的集料、改性乳化沥青等以批为单位进行。检查频率和要求见表 7-36。矿料级配和砂当量指标不能满足设计要求的，必须重新选择矿料。

表 7-36 微表处罩面层施工前的材料质量检查与要求

材料	检查项目	要求值	检验频率
改性乳化沥青	要求的检测项目	符合设计要求	每批来料 1 次
矿料	砂当量		
	级配*		
	含水率	实测	每日 1 次

* 矿料级配符合设计要求是指实际级配不超出相应级配类型要求的各筛孔通过率的上下限。

在使用时应先对沥青罐中的沥青进行循环之后再使用。长时间存放的乳化沥青循环时，若储存罐是双口罐，进出油管应分别放置在不同口。若是单口，进出油管应设置在不同的高度，且进油管在出油管上方。循环时间一般视储存罐内乳液的多少而定。对循环过的乳化沥青，应仔细观察是否有颗粒。可采用表面不太粗糙的棒在乳化沥青中蘸一下，然后观察棒的表面是否有许多超常颗粒，当然也可在现场观察稀浆混合料大粒径集料表面，尤其在低温季节更应该注意这种情况的发生。如果有，应在摊铺车上重新设定，将油石比上调 0.2%～0.3%。存放时间较长的乳化沥青循环后装车时，进出油管口处均应放置滤网，并注意对每车进行检查，看车上滤网是否被颗粒封堵。低温施工时，如果乳液泵难以启动，或工作时转速不稳定，将直接影响摊铺质量，这时可加热乳化沥青至50℃左右。若改性乳化沥青存放时间较长，或者即使存放时间不长但已经分层，则使用时必须进行循环，然后取样过 1.18mm 筛后进行蒸残试验，检测油水比。

施工前应对摊铺机的性能、标定和设定，以及辅助施工车辆配套情况、性能等进行检查。当改性乳化沥青蒸发残留物含量和矿料含水率发生变化时，必须调整摊铺机的设定，确认材料配比符合设计配比后才可施工。

2）施工中应对稀浆混合料进行抽样检测，抽检项目、频率、允许误差及方法见表 7-37。

表 7-37 微表处罩面层施工过程检验要求

项目	要求	检验频率	检验方法
稠度	适中	1 次/100m	经验法
油石比	施工配合比的油石比±0.2%	1 次/d	三控检验法
矿料级配	满足施工配合比的矿料级配要求	1 次/d	摊铺过程中从矿料输送带末端接出集料进行筛分
外观	表面平整、均匀，无离析，无划痕	全线连续	目测
摊铺厚度	−10%	5 个断面/km	钢尺测量或其他有效手段，每幅中间及两侧各 1 点，取平均值作为检测值
浸水 1h 湿轮磨耗损失	≤540g/m^2	1 次/7d	《微表处和稀浆封层技术指南》规定试验方法

在施工期间，需要根据施工经验对稀浆稠度进行适时调整。由于现场环境温度、湿度、集料的含水率、路面湿润状况等条件的影响，在现场往往需要根据实际情况对用水量进行微调，以保持稀浆混合料合适的稠度。必要时可采用如下的经验法进行现场的稠度试验来确认现场条件下的最佳用水量：在刚刚摊铺出的稀浆混合料上用直径 10mm 左右的细棍划出一道划痕，如果划痕马上就被两边的材料淹没，说明混合料的稠度偏稀，应适当降低用水量；如果划痕两边的材料呈松散状态，说明混合料过稠甚至已经破乳；如果划痕保持 3～5s 后才被周围材料覆盖，周围的材料仍然有一定的流淌性，说明混合料的稠度合适。迎着太阳照射方向观察刚刚摊铺出的材料层，如果表面有大面积亮光的反光带，说明混合料用水量偏大，稠度偏稀；如果刚刚摊铺出的材料层干涩，没有反光，说明混合料偏稠；如果刚刚摊铺出的材料层对日光呈现漫反射，说明稠度适宜。

3）摊铺时细节的控制如下：

① 不得在雨天进行微表处罩面施工，施工中遇雨或者施工后混合料尚未成型就遇雨时，应根据情况进行相应的处理。严禁在过湿或积水的路面上进行微表处罩面施工。施工期内的气温应高于 10℃。

② 在施工中要控制横接头衔接和平整度。横接头的衔接是影响微表处罩面外观质量的重要因素，因此横接缝的处理非常关键。横接缝过多过密会影响外观和平整度，要尽可能减少横接缝的数量。在桥面进行微表处罩面时要注意保护伸缩缝不被污染，可以在摊铺前在伸缩缝上贴一层塑料胶带，待摊铺后再撕掉。微表处罩面两幅纵横向接缝宜做成对接缝。

③ 用 3m 直尺测量接缝处的不平整度，不平整度不得大于 6mm，可使用橡胶耙等工具进行人工找平。微表处罩面不得有横向波浪和深度超过 6mm 的纵向条纹。横、纵向接缝处不得出现余料堆积和缺料现象。施工中，超大粒径集料产生的纵向刮痕应尽快清除，不能及时清除的，必须立即停止摊铺，直至问题解决后方可继续施工。稀浆混合料摊铺后的局部缺陷，应及时使用橡胶耙等工具进行人工找平，找平的重点为个别超大粒径集料产生的纵向刮痕。

④ 摊铺施工中，施工车走线要顺直，使外观线条整齐美观。施工过程中，操作手应灵活掌握各种情况并及时调整，以确保工程的质量。

⑤ 采用双层摊铺或者微表处车辙填充后再做微表处罩面时，首先摊铺的一层应至少在行车作用下成型 24h，确认已经成型后方可在上面再进行第二层摊铺。

⑥ 当改性乳化沥青蒸发残留物含量和集料含水率发生变化时，必须调整摊铺车的设定，确认材料配比符合设计配比后方可继续施工。

⑦ 控制开放交通的时间，养护期间严禁车辆驶入；混合料达到开放交通的条件后及时开放交通。

⑧ 采用以下“三控检验法”对混合料进行油石比检验：a．每日摊铺前检查摊铺车料门开度和各个泵的设定是否与设计配比相符，认真记录每车的集料、填料用量和改性乳化沥青用量，计算油石比，每日 1 次总量检验；b．摊铺过程中取样进行混合料抽提试验，检测油石比大小是否与设计油石比相符；c．每摊铺 50000m^2 左右，统计 1 次施工用集料、填料和改性乳化沥青的实际总用量，计算摊铺混合料的平均油石比。施工时，油石比检验以 a 项为准，b、c 项作为校核。

⑨ 摊铺厚度的控制。摊铺厚度对微表处罩面的外观效果影响很大，因此施工过程中要对摊铺厚度进行检测和控制，可使用钢板尺在刚摊铺出的微表处罩面铺层上直接量取；也可通过观察铺层状态控制，在路面状况相同、稀浆混合料浆状相同的情况下，如摊铺面出现稀浆较多、看上去粗集料较少则说明摊铺厚度偏厚，如某些部位明显粗集料较多、缺少稀浆、表面干涩则可能是摊铺厚度偏薄。若超过厚度允许偏差值，则应立即对摊铺箱进行调整，以保证罩面的厚度。另外应特别注意的是，当进行上坡路段施工时，摊铺槽中混合料在重力作用下会向槽下聚集，导致摊铺厚度变大；反之，沿下坡方向摊铺时的厚度会变小；坡度越大，这种现象也就越明显。因此，在大纵坡路段施工时应特别注意调节摊铺厚度。

⑩ 外观的控制。微表处罩面作为路面表面的一层，其外观质量直接关系到路面的美观与否，而且外观质量的好坏也直接反映了微表处罩面内在质量的好坏。外观主要包括：表面平整、密实、无松散、无划痕；纵、横接缝衔接平顺，外观色泽均匀一致；与其他构造物衔接平顺，无污染；摊铺范围以外无流出的稀浆混合料；表面粗糙，无光滑现象。

⑪ 摊铺箱的功能是把混合的稀浆以一致的形式分布在路面上。用哪种形式的摊铺箱常取决于封层的类型和摊铺速度。摊铺箱的清洁非常重要，每日工作结束后必须清洁摊铺箱。在每车摊完的间隙内，也应该清洁摊铺箱和后面的橡胶刮板。如果在橡胶刮板的边缘堆积过多凝固的颗粒，会在摊铺时形成划痕。摊铺箱不应有漏浆现象，其侧面应安装橡胶板以使侧面保持整洁。摊铺箱的橡胶板厚度应一致，这样摊铺的封层表面就不会留下纵向不均匀的划痕式凸起条纹，橡胶刮板的宽度、厚度和硬度应满足理想摊铺效果的需要。合适的橡胶刮板可以保证封层所需要的厚度。如果刮板材料太厚太硬，就会使混合料分离并挡住大颗粒，使其不能摊铺出去，形成划痕；如果刮板太软太薄，就会造成多层稀浆通过刮板。不同的橡胶和合成材料适合做成不同硬度的刮板，有的微表处罩面在摊铺时甚至需要钢刮板。也可使用第二道橡胶刮板，以减少或消除表面可能出现的横向波纹。

⑫ 天气的影响。在摊铺料尚未达到开放交通要求的黏聚力，突然发生降雨冲刷封层表面时，应在雨停后立即上路检查，如有局部轻度损坏，可等路面干硬后进行人工修补；如普遍有损坏，应在路面强度较低的情况下，将雨前摊铺的材料全部铲除，重新摊铺。

4）交工验收阶段的质量检查与验收。工程完工后 1～2 个月，将施工全线以 1～3km 作为一个评价路段进行质量检查和验收，检查项目、频率、要求及方法见表 7-38。

表 7-38　微表处罩面层交工验收检验要求

项目		质量要求	检验频率	方法
表观质量	外观	表面平整、密实、均匀，无松散、花白料、轮迹、划痕	全线连续	目测
	横向接缝	对接，平顺	每条	目测
	纵向接缝	宽度小于 80mm，不平整度小于 6mm	全线连续	目测或用尺量 3m 直尺
	边线	任一 30m 长度范围内的水平波动不得超过±50mm	全线连续	目测或用尺量

续表

项目		质量要求	检验频率	方法
抗滑性能	摆值 F_b(BPN)	不小于 45（高速公路、一级公路）	5 个点/km	T 0964—2008**
	横向力系数*	不小于 54（高速公路、一级公路）	全线连续	T 0965—2008**
	构造深度/mm	不小于 0.60（高速公路、一级公路）	5 个点/km	T 0961—1995**
渗水系数		不大于 10mL/min	3 个点/km	T 0971—2008**
厚度		-10%	3 个点/km	钻孔或其他有效方法

* 横向力系数和摆值任选其一作为检测要求。

**《公路路基路面现场测试规程》(JTG E60—2008)。

罩面层在开放交通后最初的 1 个月之内处于不稳定状态：此时固化成型不断进行，个别粗集料可能会飞散，石料表面的沥青膜也会磨损。如果此时进行竣工验收，测得的数据无法反映真正的工作状态，因此将竣工验收定为完工后 1～2 个月进行，此时材料层的状况已经基本稳定，测得的数据可靠、有代表性。高速公路匝道上交通量大，驾驶员注意力分散，因此施工人员必须高度重视交通安全，对交通量要进行控制。如果施工段形状、尺寸不规则，应做专门设计，避免过多的接缝。接缝应平直、对齐。对有锥度的短匝道，应使用变宽摊铺箱一次铺设完成，消除接缝。

9. 微表处罩面技术效益分析

受交通量日益增长、重载交通严重等的影响，沥青路面会出现不同程度的破坏。同传统热沥青混凝土加铺罩面相比，微表处罩面技术完全适用于高速公路沥青路面的养护罩面，具有施工快捷方便、大大缩短开放交通时间、节约能源、成本较低等优点，并且能很好地提高路面的抗水损能力，增加其抗滑和抗磨耗性能，可延长路面的使用寿命。微表处罩面技术具有优良的使用性能和显著的社会效益、经济效益和环保效益。

1）社会效益：微表处摊铺车同时完成混合料的拌和与摊铺作业，连续式的摊铺设备一天可以摊铺 500t 混合料，折合为在一个车道上摊铺近 10km。这要比普通热拌及就地热再生等施工技术的速度快得多。微表处摊铺沥青后，开放交通快，可在施工后 1～2h 开放交通，减少施工对交通的影响，还可以保障道路通行质量，提高服务社会的水平。

2）经济效益：微表处罩面相比于热沥青混凝土罩面来说，节省了大量沥青和石料的用量，造价要比一般的热沥青混凝土罩面低。改性乳化沥青在保持乳化沥青特点的基础上，与矿料表面具有更好的黏附性，提高了稳定性和低温抗裂性，可以有效节约沥青用量。各种热沥青混凝土罩面中沥青的用量与微表处罩面中改性乳化沥青用量的比较见表 7-39。可以看出，用改性乳化沥青一般可以节约沥青 10%～20%，在很大程度上降低了工程造价。

表 7-39　各种路面结构沥青用量比较

路面结构形式	热沥青用量/(kg/m^2)	乳化沥青/(kg/m^2)		节约沥青/%
		用量	折合沥青用量	
单层表面处治	3.0～4.5	4.0～7.0	2.4～4.2	12
多层表面处治（层铺 3cm）	4.0～4.6	4.8～5.4	2.88～3.24	28
贯入式（4cm）	4.4～5.1	6.0～6.8	2.4～4.08	11

续表

路面结构形式	热沥青用量/（kg/m^2）	乳化沥青/（kg/m^2）		节约沥青/%
		用量	折合沥青用量	
沥青碎石	2.5～4.5	3.5～6.0	2.1～3.6	20
中粒式混凝土	4.0～5.5	6.0～8.0	3.6～4.8	12
细粒式混凝土	4.5～6.5	6.5～9.5	3.9～5.7	13

表 7-40 为微表处罩面和热沥青混凝土罩面消耗汽油量对比。可以看出，采用微表处罩面比热沥青混合料节省汽油 194.63kg/台班，汽油单价约为 5 元/kg，则在燃油方面每台班可以节省造价 973.15 元。

表 7-40　微表处罩面和热沥青混凝土罩面消耗汽油量对比

施工工艺	机械名称	消耗汽油量/（kg/台班）
热沥青混凝土罩面	6～8t 压路机	19.33
	12～15t 光轮压路机	40.46
	12.5m 以内沥青混合料摊铺机	136.41
	9～16t 轮胎压路机	33.71
微表处罩面	微表处摊铺机	35.28

3）环保效益：采用热沥青铺筑时，一般需要消耗大量的能源为沥青材料和矿料加热。公路部门调查资料表明，加热 1t 沥青实际消耗的燃料远远超过理论计算值，而且在运输和使用过程中需要持续不断保温，这样就需消耗大量的燃料，并且也容易引起沥青材料的老化。如果采用微表处罩面铺筑，只需在生产改性乳化沥青时进行一次加热，不但能够减少环境污染，而且可以改善施工条件。现场施工时，改性乳化沥青不需要加热，施工人员避免了因灼热沥青引起的烧伤、烫伤，也避免了摊铺高温混合料时沥青蒸气的熏烤。

从表 7-40 中可以看出，同热沥青混凝土罩面相比，微表处罩面可以节省汽油 194.62kg/台班，相应地减少了 CO_2 的排放量，也起到一定程度的环保作用。

因此，微表处罩面技术具有优良的使用性能，以及显著的社会效益、经济效益和环境效益，具有广阔的应用前景。

（二）高速公路沥青路面改性乳剂型雾封层技术

1. 技术简介

随着我国高速公路的快速发展，在大量高速行驶车辆特别是大型重载车辆作用下，部分高速公路沥青路面出现了一些早期破坏，特别是水浸入沥青路面后，产生了水损害现象。这种现象往往集中在多雨季节，且主要表现在渗水严重和排水不畅的路段。由此可见，在众多破坏因素中，水对沥青路面的影响是不容忽视的。

雾封层是一种高速公路沥青路面预防性养护措施，是采用专用设备将具有良好渗透性的改性乳剂型材料以雾状洒布到沥青路面上，填封微小裂缝和表面空隙，起到防水和抑制松散的作用，可防止路面材料进一步老化，避免水浸、动水冲刷、冻融等造成的剥落、唧浆、坑槽等病害，达到保护路面结构、延长路面使用寿命的目的。它是一种有效和经济的预防性养护措施。

2. 技术特点

改性乳剂型雾封层材料能较好地渗透到路面空隙和微小裂缝中，并填封原路面的空隙，有效防止水的下渗；可以延缓路面材料老化，在一定程度上使路表沥青材料的性能得到恢复；能够保持和加强沥青路面骨料间的黏结力，补偿原路面的沥青损失；可以改善和恢复路面色泽；成本低、施工机具简单、施工速度快。

3. 适用范围

改性乳剂型雾封层技术适用于表面有渗水、贫油、微细裂缝等病害的高速公路沥青路面的养护施工。

4. 技术原理

改性乳剂型雾封层是用沥青洒布车在沥青面层上喷洒一层薄薄的、具有一定渗透性的雾封层改性乳剂型材料，形成一层密封层，起到隔水防渗的作用，同时材料渗入沥青路面微小裂缝、空隙，减少路面的水损害。改性乳剂型雾封层材料渗入沥青路面表层后，补偿原路面损失的沥青材料，增强集料间的黏结力，可以延长路面使用寿命。

5. 施工工艺流程及操作要点

(1) 施工工艺

改性乳剂型雾封层施工工艺流程如图 7-47 所示。

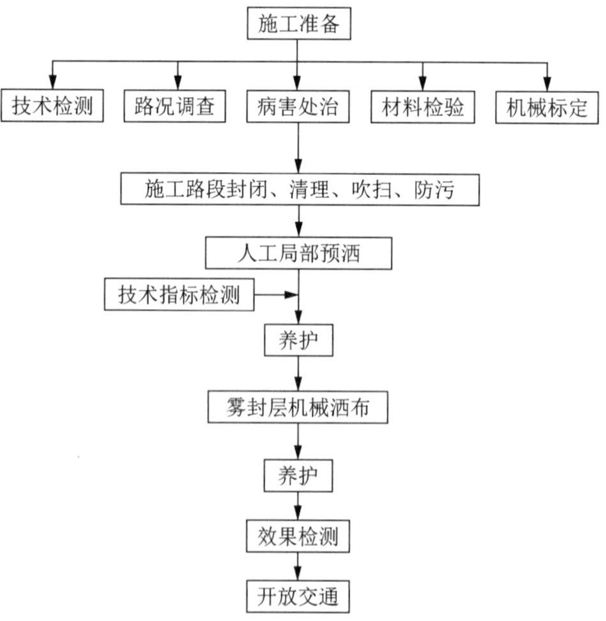

图 7-47　改性乳剂型雾封层施工工艺流程

（2）施工前的准备

人员配备见表 7-41。

表 7-41 人员配备

职务	数量/人	人员的分工及职责
项目经理	1	负责整个项目的管理与协调
技术负责人	1	负责施工现场的技术工作
质检工程师	1	负责工程质量的检查与验收
施工队长	1	现场施工的组织与管理
洒布人员	2	包括 1 名驾驶员和 1 名操作手，负责雾封层的喷洒
料场负责人	1	负责后场材料的采购与保管
安全员	1	负责交通安全
保通人员	4	负责施工区的布控和监控
现场施工人员	10	现场清理、标线覆盖、施工结束后的现场处理等工作

施工前对路况进行调查，调查方法根据《公路技术状况评定标准》（JTG H20—2007）的要求进行。根据原路面的情况，有针对性地采取措施进行处理。要求对路面的渗水系数、路面摩擦系数和构造深度进行检测，每隔 200m 取 1 点，特殊部位自行加密测点。渗水系数的检测也可采用沥青路面透水性红外检测仪测定，从而确定整个路面的渗水情况。

（3）初步确定洒布量

改性乳剂型雾封层材料洒布量（表 7-42）主要是根据原路面的渗水状况及其粗糙程度确定的，要做到无积油，不流淌。影响路面雾封层洒布量的因素包括通车年限、路面类型、构造深度、渗水系数。

表 7-42 改性乳剂型雾封层材料洒布量

蒸发残留物含量/%	洒布量/（kg/ m^2）
40～50	0.2～0.6

注：洒布量大小根据路面状况而定，渗水系数大、贫油严重的采用较大的洒布量。

（4）实际洒布量的确定

在原路面上选择具有代表性的 3 个点，每个点用粉笔或滑石笔划出一个 $1m^2$ 的区域。按照初步设计的洒布量，在这个区域内洒布雾封层材料，要求洒布均匀、无流淌、无漏洒或超出洒布区域。待养生完成后，测定洒布区域的渗水情况及抗滑系数，若满足要求则可以将此洒布量作为实际施工洒布量。

（5）施工前对原路面的要求

进行雾封层施工的路段其抗滑性能必须满足不小于 45BPN 的要求，且其裂缝和坑槽等病害应已完全处治。

（6）施工后场的准备及备料

1）根据工程所在地交通、周边建筑及用地等情况确定项目部及料场位置。

2）根据工程规模确定料场的大小，需考虑改性乳剂型雾封层材料的生产及储存、集料的筛分掺配、集料规格的多少等因素。

总之，应当从材料的存放、生产，设备的摆放，车辆的进出、调头、装料、停放等方面考虑。在可选择的情况下，应考虑料场距石料场及距施工现场的距离。

考虑施工、生产、生活用水用电的方便性，施工车辆、材料运输车辆进出道路的承载能力，并考虑场地排水、设备停放安全等。尽可能选择平坦的、硬化的、租赁价格合理的场地。雾封层乳剂型材料可根据工程进度现产（购），储存时间不宜过长。

（7）施工路段的封闭、清扫和画线

在雾封层施工前应进行交通管制。为保证安全、顺利施工，首先要和当地的交警及路政等交通执法部门协商，确定交通管制方案、交通封闭形式、封闭时间等，施工现场的安全标志设置应完全按照《公路养护安全作业规程》（JTG H30—2015）标准进行。

根据路面情况可采用的方法如下：①扫地机进行清扫，扫地机清扫完成后由人工采用强力鼓风机清除路面浮尘。②对于特殊路段应采用泵吸水冲刷清洗，洗掉灰尘、污垢等杂物。③一般路面可直接采用强力鼓风机清扫。在雾封层施工前，必须保证路表是干燥清洁的。假如需要冲刷，必须在喷洒雾封层前 24h 完成，以保证路表足够干燥。将路面清理、吹扫干净，做到及时、有效，没有杂物。

根据洒布宽度沿洒布方向划出控制线，也可以直接以路缘石、车道线等作为参照，在保证标线不被污染的情况下应使其尽量靠近标线，保证洒布的走线顺直、美观。

对于实标线可采用挡板的方式保护；虚标线可采用拖盖板（图 7-48）的方式保护；对于路面标志或导向标线应采用胶带粘贴保护，保证胶带不漏油（在大纵坡或者超高路段，胶带应在较高的一侧留出长度不小于 30cm，在较低的一侧留出长度不小于 10cm），在粘贴了胶带的标志标线上禁止施工人员踩踏或施工车辆碾压。

图 7-48　拖盖板

（8）施工设备的调试及标定

施工机械和辅助工具均应备齐，对重要的施工设备应配备配件。对各种施工设备进行检修，确保工作状态良好。其中，清刷机毛刷的长度适中；清扫装置上下可调节，从而避免过大的压力。根据确定的洒布量对洒布车进行调试和标定。

雾封层材料洒布车喷洒棒的高度适宜，所有的喷嘴与洒油管成 15°～30°夹角（图 7-49），喷嘴无堵塞。

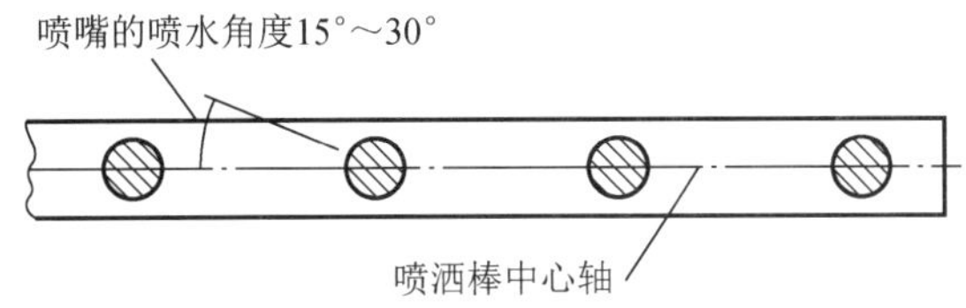

图 7-49　喷嘴与洒油管角度示意图

检查雾封层材料洒布车洒布压力，雾封层材料洒布车洒布时，同一点有 2 个或 3 个喷油嘴喷洒的雾封层材料。雾封层材料洒布车上应有正常工作并已标定过的温度计。应根据设计洒布量进行洒布车的标定，洒布车在以下情况下必须进行标定：①新工程开工时；②原材料改变或洒布量发生较大变化时；③施工设备变化时。

（9）施工及其注意事项

施工准备工作完成后即可进行雾封层的洒布，对于局部渗水系数较大的路段可以采用人工洒布的方法，先洒布一次，待养生成型后再进行全面施工。在施工前将改性乳剂型雾封层材料加热至 50～60℃。施工起始时应在起点处铺垫一层薄薄的塑料布，当洒布机前进后立即取走塑料布，以保证有一个非常整齐的起点和良好的外观。

洒布车走线要顺直，车速要稳定。拖动盖板的施工人员应保护好标线不受污染。施工车辆后方应有技术人员随车检查施工质量，保证不积油、不流淌，挡板无偏移，不污染路缘石或连续标线。施工中洒布车喷洒完一个车道停车后，应立即用油槽接住排油管滴下的雾封层材料，以防局部洒布过多。

洒布完成后应继续封闭交通养生，养生期内禁止任何车辆驶入施工路面。养生成型后检测施工质量、路面的渗水系数、构造深度、摩擦系数。

在气温低于 10℃和路面温度低于 15℃时，雾封层不适合施工。当气温高于 10℃且持续上升时允许施工，当温度降至 13℃但持续下降时不宜施工。大风天气不宜施工（采用防风罩也可进行施工），在施工期间或养生期内有雨也不宜施工。为减少交通影响，宜实行单侧车道全封闭施工。采用适当的措施保护标线。一般采用拖板将标线覆盖，拖板和车辆同步行进。当标线严重磨耗或横向坡度较大时，应采用透明胶带粘贴保护，对于行车道及超车道上的文字标识都采用胶带粘贴保护。在雾封层施工中，要控制好横向接头衔接。

6. *改性乳剂型雾封层材料*

改性乳剂型雾封层材料应满足表 7-43 所示技术要求。

表 7-43　改性乳剂型雾封层材料技术要求

试验项目	指标要求	试验方法
破乳速度级别	中裂	T 0658—1993*
筛上剩余量（1.18mm 筛）/%	≤0.1	T 0652—1993*
电荷性质	阳离子正电（+）	T 0653—1993*
恩格拉黏度 E（25℃）	1～10	T 0622—1993*
标准黏度 $C_{25,3}$/s	8～25	T 0621—1993*
蒸发残留物含量/%	40～50	T 0651—1993*

续表

试验项目		指标要求	试验方法
蒸发残留物性质	针入度（100g，25℃，5s）/0.1mm	40～120	T 0604—2011*
	软化点/℃	≥50	T 0606—2011*
	延度（5℃）/cm	≥20	T 0605—2011*
	溶解度（三氯乙烯）/%	≥97.5	T 0607—2011*
储存稳定性	1d/%	≤1	T 0655—1993*
	5d/%	≤5	

* 试验方法见《公路工程沥青及沥青混合料试验规程》（JTG E20—2011）。

7. 乳剂型雾封层施工机械

雾封层施工必须配备齐全的施工机械和配件，做好开工前的保养、试机工作，并保证在施工期间不发生有碍施工进度和质量的故障。配备机械及器具见表 7-44。

表 7-44　主要施工机械

序号	机械名称	规格	数量	要求
1	雾封层材料储存罐	大于 $20m^3$	1	带加热装置
2	清刷机		1	备用
3	风机		2	
4	雾封层材料洒布车		1	带加热系统
5	雾封层材料泵	$18m^3$	1	带进出管
6	盖板		4	22cm 一个，18cm 三个
7	交通封闭设施		2	

雾封层材料储存罐应具备以下要求：①容量满足现场施工需要；②带有加热及搅拌装置且工作正常；③输送泵计量准确，无阻塞。

清刷机应具备以下要求：①毛刷要有足够的长度；②毛刷可上下调节避免压力过大；③准备吹风装置，除去浮尘。

雾封层材料洒布车（图 7-50）应具备以下要求：①保证所有喷头畅通；②调整所有喷嘴与洒布杆成 15°～30°角，调节洒布杆至适当高度，检查喷洒压力，保证同一点达到三层重叠，保证洒布的均匀性；③施工前对洒布车计量设备进行标定，保证设定值与实际洒布值保持一致。

图 7-50　雾封层材料洒布车

8. 质量控制

施工前必须提供乳剂型雾封层专用材料的检测报告，并确认符合要求。检查时应对同一批进行检查，检查频率为每批次 1 次，见表 7-45。施工中的质量控制和检验频率见表 7-46，施工验收标准见表 7-47，渗水系数指标要求见表 7-48。

表 7-45　施工前质量检查

项目	要求或允许误差	检测频率	检验方法
雾封层材料	符合该技术要求	1 次/批次	《公路沥青路面施工技术规范》（JTG F40—2004）要求

表 7-46　施工中的质量控制和检验频率

项目	要求或允许误差	检测频率	检验方法
雾封层材料	符合该技术要求	每 2～3d 检测一次	《公路沥青路面施工技术规范》（JTG F40—2004）要求
外观	无漏洒、无流淌、色泽均匀	随时	目测
洒布量	符合设计要求	次/5000m^2	托盘法
洒布宽度	符合设计要求	5 个断面/200m	米尺测量

表 7-47　施工后验收标准

项目		质量要求	检测频率	试验方法
表观状况		无漏洒、无流淌、色泽均匀	全线连续	目测
洒布宽度		满足设计要求	5 个点/km	米尺测量
摆值 F_b（BPN）		≥45	5 个点/km	T 0964—2008*
横向摩擦力系数 SFC		≥54	全线连续	T 0965—2008*
构造深度（TD）	年平均降雨量＞1000mm	≥0.55	5 个点/km	T 0961—1995*
	500mm＜年平均降雨量≤1000mm	≥0.50		
	250mm≤年平均降雨量≤500mm	≥0.45		
渗水系数/（mL/min）		≤100	5 个点/km	T 0971—2008*

* 试验方法见《公路路基路面现场测试规程》（JTG E60—2008）。

表 7-48　渗水系数指标要求

级配类型	渗水系数要求/（mL/min）	试验方法
密级配沥青混凝土	≤120	T 0730*
SMA 混合料	≤80	
OGFC 混合料	规范要求	

* 试验方法见《公路路基路面现场测试规程》（JTG E60—2008）。

9. 效益分析

（1）社会效益

改性乳剂型雾封层可以封闭道路表面的孔隙及微裂缝，防止水分和空气进入路面结构中而引起路面结构的破坏；能稳住道路表面松散的骨料以防止其进一步松散；可以保护或修复路面因老化所损失的黏结料，减少路面的老化和风化作用；还能延迟路面其他病害的出现，维持路面的使用功能，延长道路的使用寿命。

雾封层一般用于轻度到中度细料损失或松散的道路，混合料出现松散时，雾封层可有效解决。无论是低交通量道路还是高交通量道路，均可使用雾封层。雾封层显著提高道路质量，是一种有效的道路预防性养护方法。

（2）经济效益

改性乳剂型雾封层只需在沥青面层上喷洒一层薄薄的、高渗透性改性乳剂型雾封材料，造价低廉，但是可以形成一层严密的防水层将路面封闭，起到隔水防渗、保护路面的作用，最大限度地减少路面的水损害，加大路面骨料间的黏结力，由此延长其使用寿命，从而节约养护资金。雾封层实际上可以用作任何路面的表面，尤其是对于热沥青或者乳化沥青路面处治，雾封层是最经济的预防性养护措施之一，其处治不同类型病害后路面使用寿命如图 7-51 和图 7-52 所示。

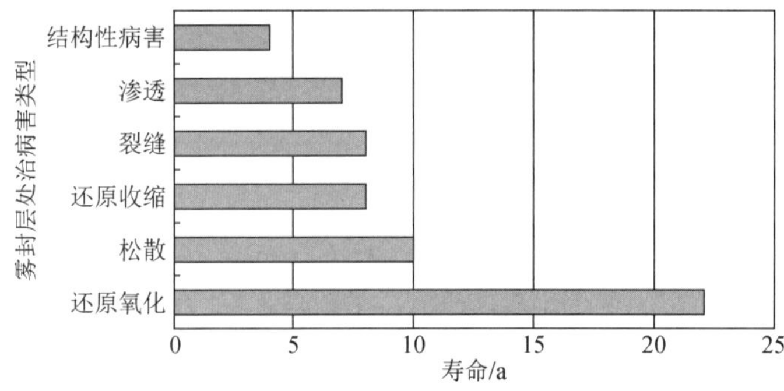

图 7-51　雾封层处治病害后路面的使用寿命

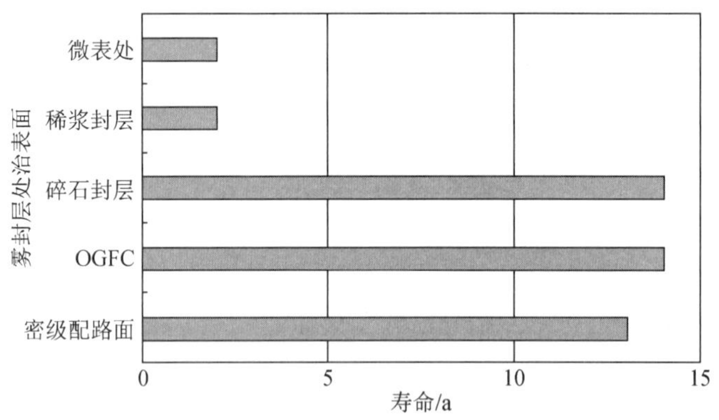

图 7-52　雾封层处治表面后路面的使用寿命

经雾封层施工后，所用材料流动性比较大，可渗入骨料缝中，也可流入裂缝中，对路面“输血”，因此可以恢复路表沥青黏附力，填补微小裂缝和空隙，防止路表水下渗，推迟造价更高的养护工程，从而提高道路的经济效益。

（3）环保效益

改性乳剂型雾封层可以在常温甚至冬季较低气温下施工，其采用的是改性乳化沥青，无须加热，减少了烟气等有害气体的排放，节约了大量能源和燃料，对环境保护、节能减排具有重要的意义。

10. 应用实例

广州机场高速公路是广州市标志性道路，全长 50.47km，南起广州三元里，北至花都北兴，与京珠高速公路相连。该高速公路的通车缓解了广州市交通运输的紧张局面，形成了一条珠江三角洲地区和内陆之间快捷的通道，因而对促进广东省特别是广州市经济的高速发展具有重要的意义。广州机场高速公路第一期工程广州至新机场 24km 于 2002 年 1 月正式通车，北延线一期机场至花山（K31）2004 年 8 月正式开通；北延线二期花山至机场北 2007 年 2 月正式开通。开通以来交通量逐年增加，2007 年日均车流量达 118015 辆/次，部分沥青路面先后出现裂缝、坑槽、剥落、麻面、车辙等病害，桥面（如大沙河高架桥、高溪河大桥）出现了大面积的坑槽，尤其是在 2008 年上半年连续降雨的影响下，路面病害的发展呈加速度增长。为了延长道路使用寿命，需要采取及时、有效的养护措施。由于机场高速公路在抗水损害方面存在缺陷且病害处于不断发展中，及时地采用一些预防性养护措施，可以有效地阻止病害恶化。对于存在渗水性缺陷的路段，采用改性乳剂型雾封层施工工艺进行养护。

根据 2008 年 5 月原路面病害检测及渗水检测结果，多路段有透水表现且呈不连续分布，对于原路面渗水严重的路段主要存在着剥落、麻面等病害（图 7-53）。根据检测结果可知，其病害主要由沥青路面受长期水损害造成的，因此提出了采用改性乳剂型雾封层养护方案。

（a）剥落

（b）麻面

图 7-53　原路面病害检测

广州机场高速公路表面层为沥青玛蹄脂碎石混合料（SMA），其通车年限为 4 年，路面构造深度为 0.9～1.1mm。2008 年 9 月河南省高远公路养护技术有限公司根据路面状况和渗水状况，采用了固含量为 50%、洒布量为 0.35kg/m^2 的改性乳剂型雾封层材料对该路段进行了雾封层施工作业，施工作业现场如图 7-54 所示。

图 7-54　雾封层施工作业现场

通过改性乳剂型雾封层施工后，路面抗滑性能虽然有所下降，但是完全能满足行车安全的需要。在经过 1 年的行车后，雾封层有效抑制了病害的进一步恶化，也为改性乳剂型雾封层施工技术在广州的推广积累了施工经验。

（三）高速公路沥青路面溶剂型雾封层技术

1. 技术特点

溶剂型雾封层采用有机高分子材料作为雾封层材料，其中有机高分子渗透成分能较好地渗透到路面微小裂缝及集料微观孔隙中，并填封原路面的空隙，有效防止水的下渗，能够保持和加强沥青路面骨料间的黏结力，补偿原路面的沥青损失。另外，还可以使原路面老化沥青得到再生，恢复路面结构功能。该技术成本低、施工机具简单、施工速度快。

2. 适用范围

溶剂型雾封层技术适用于表面有渗水、贫油、微细裂缝等病害的高速公路沥青路面的养护施工。

3. 技术原理

溶剂型雾封层是用沥青洒布车在沥青面层上喷洒一层薄薄的、具有一定渗透性的溶剂型雾封层专用材料，材料通过分子级的吸附渗入沥青路面表面空隙，形成一层防水层将路面封闭，起到隔水防渗的作用，可以最大限度地减少路面的水损害。高分子材料通过表面孔隙进入沥青路面表层后，补偿原路面损失的沥青材料，增强集料间的黏结力。溶剂型雾封层材料可以使原路面老化沥青得到再生，恢复路面结构功能，延长路面使用寿命。

4. 施工工艺流程

溶剂型雾封层施工工艺流程如图 7-55 所示。

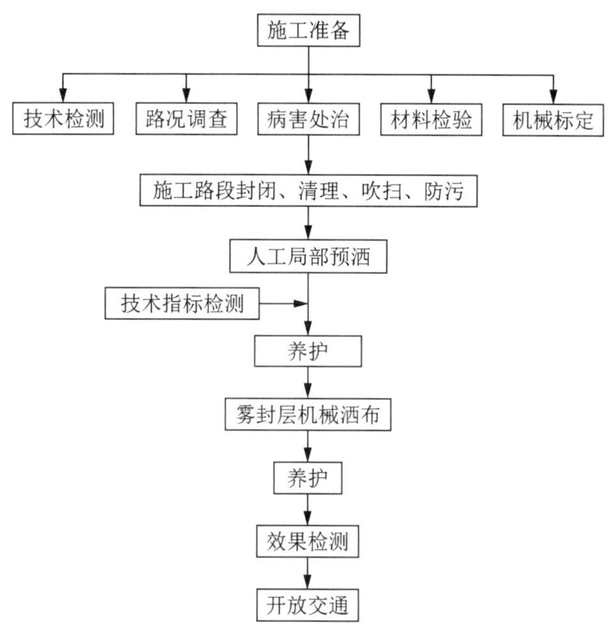

图 7-55　溶剂型雾封层施工工艺流程

5. 材料

溶剂型雾封层原材料技术要求见表 7-49。

表 7-49　溶剂型雾封层原材料技术要求

试验项目		指标要求	试验方法
筛上剩余量（1.18mm）/%		≤0.1	T 0652—1993*
赛波特黏度/s		15～40	T 0623　1993*
标准黏度 $C_{25,3}$/s		8～25	T 0621—1993*
蒸发残留物含量/%		≥35	T 0651—1993*
闪点/℃		≥230	T 0611—2011*
蒸发残留物性质	针入度（100g，25℃，5s）/0.1mm	40～120	T 0604—2011*
	软化点/℃	≥40	T 0606—2011*
	延度（5℃）/cm	≥20	T 0605—2011*
	溶解度（三氯乙烯）/%	≥97.5	T 0607—2011*
储存稳定性	1d/%	≤1	T 0655—1993*
	5d/%	≤5	

* 试验方法见《公路工程沥青及沥青混合料试验规程》（JTG E20—2011）。

6. 施工机械

溶剂型雾封层施工必须配备齐全的施工机械和配件，做好开工前的保养、试机工作，并保证在施工期间不发生有碍施工进度和质量的故障。配备的主要施工机械要求见表 7-50。

表 7-50　主要施工机械及要求

序号	机械名称	规格、型号	数量	要求
1	雾封层材料储存罐	大于 $20m^3$	1	带加热装置
2	清刷机		1	备用
3	风机		2	
4	雾封层材料洒布车		1	带加热系统
5	雾封层材料泵	$18m^3$	1	带进出管
6	盖板		4	22cm 一个，18cm 三个
7	交通封闭设施		2	

7. 质量控制

施工前雾封层材料质量检查应满足表 7-45～表 7-48 的要求。

8. 应用实例

沪蓉高速公路湖北段是上海至成都在湖北境内共的 30km 高速公路。原路面的设计为上面层 4cm AK16+中面层 6cm AC20+下面层 6cm Super19，基层采用水泥稳定碎石。自 2001 年通车以来，在自然因素和行车荷载的共同作用下，原沥青路面出现了综合性病害，因此于 2007 年 8 月对沪蓉高速公路的病害情况进行了调查。

沪蓉高速公路湖北段局部有微小裂缝，在抗水损害方面存在缺陷，水从裂缝中渗入，使面层出现了松散，并且病害处于不断发展的过程中，及时采取预防性养护措施，可以有效地抑制病害的进一步发展。采用溶剂型雾封层施工工艺对沪蓉高速公路湖北段进行养护。施工前后路面的效果图如图 7-56 所示，处治前后的构造深度、渗水系数、抗滑值检测指标见表 7-51。

（a）施工前

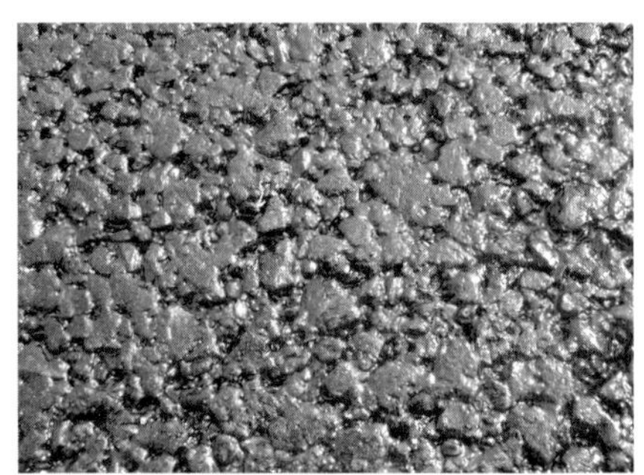

（b）施工后

图 7-56　施工前后路面的效果图

表 7-51　进行溶剂型雾封层施工前后的效果对比

桩号	车道	项目	左轮迹带			右轮迹带		
			雾封前	雾封后 5d	雾封后 25d	雾封前	雾封后 5d	雾封后 25d
K269+500	下超	构造深度/mm	0.46	0.38	0.45	0.46	0.38	0.45
K269+742	下超		0.53	0.48	0.52	0.5	0.47	0.52
K269+605	下超	渗水系数/（mL/min）	8.3	0	0	27	0	0
K269+207	下超		24	0	0	25	0	0
K269+742	下超	抗滑值/（BPN）	53	37	41	55	34	39
K269+500	下超		52	36	40	55	34	40

由表 7-51 中数据可知，溶剂型雾封层起到了很好的封水效果。施工后的路面比施工前的路面在性能上得到了明显的提高，特别是水对路面的侵害得到了较明显的控制，各种病害也相应地减少，延长了道路的使用寿命，同时也相应减少了对路面的养护频率。这说明溶剂型雾封层施工技术应用于高速公路养护是行之有效的，在今后的高速公路预防性养护中是必不可少的一项施工工艺。

（四）改性乳化沥青单层同步碎石封层罩面技术

1. 技术简介

随着我国高速公路的快速发展，在大量重载车辆作用下，部分高速公路沥青路面出现了一些早期破坏，部分路面的表面功能有所损失，影响了车辆的行车舒适性和安全性。通常采用的铣刨罩面和直接加铺罩面的处治措施，工艺复杂，成本较高，且会造成环境污染。与普通的热摊铺工艺相比，同步碎石封层技术节省材料，降低造价，并且在路面上起到了防水和提高路面抗滑性能的作用；另外，其在沥青混凝土面层之上形成了一个厚度均匀的磨耗层，可以抑制或延缓裂缝的进一步发展。

2. 技术特点

改性乳化沥青单层同步碎石封层比热沥青薄层罩面具有更好的封水效果，能有效防止路表水的下渗，从而更好地保护路面结构，延长路面的使用寿命。改性乳化沥青单层同步碎石封层可处治路面的磨损、老化、光滑等病害，提高路面的抗滑能力，还可以在一定程度上恢复路面的平整度。同时，封层可以增加路面的抗裂性能，处治路面轻微龟裂和块裂，抑制和延缓裂缝的进一步发展。

改性乳化沥青单层同步碎石封层由于采用了改性乳化沥青，可以在较长时间内保证一定的流动性，提高了沥青与集料的接触面积和爬升高度，保证了沥青与集料的黏结。该封层属薄层结构，节约了沥青和集料，降低了施工成本；施工速度快，封闭交通时间短，施工受气温的影响较小；采用改性乳化沥青无须加热，可降低能耗、保护环境。

3. 适用范围

改性乳化沥青单层同步碎石封层罩面技术适用于高速公路、一级公路的下封层，也适用于三级及三级以下公路的面层，同样适用于二级及二级以下公路的表面磨耗层。

4. 技术原理

改性乳化沥青单层同步碎石封层技术是采用同步碎石封层车将改性乳化沥青及单一粒径的石料同时洒布在路面上后，采用胶轮压路机碾压，使结合料与石料之间充分接触，最大限度地黏结，从而形成保护原有路面的磨耗层。同步碎石封层车使改性乳化沥青洒布与碎石撒布达到同步。由于改性乳化沥青具有很好的渗透性，其可以很好地渗透到原路面中，很好地与原路面黏结。

5. 施工工艺流程及操作要点

（1）施工工艺

同步碎石封层施工工艺流程如图 7-57 所示。

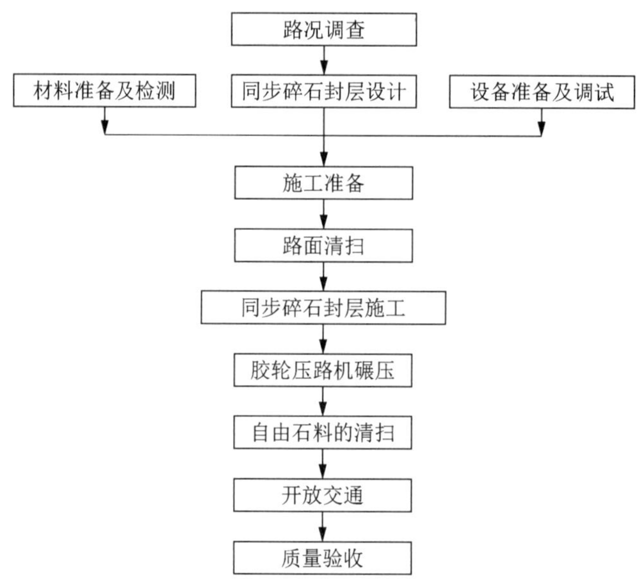

图 7-57　同步碎石封层施工工艺流程

（2）路况调查及处理

施工前根据《公路技术状况评定标准》（JTG H20—2007）对路况进行调查，根据原路面调查状况，有针对性地采取相应的措施进行处理，对裂缝和坑槽等病害进行修补。

（3）沥青洒布量的确定

首先，沥青洒布量的确定一般要考虑交通特性、表面构造、集料吸附性、表面刚度、气候、同步碎石封层的类型、集料选择等情况后，在基本沥青洒布量的条件下调整进行。例如，为了适应大交通量及碾压结束后集料继续嵌入的要求，沥青洒布量要适当减少；而在麻面、多孔、老化的路面，需要适当增加沥青用量；在有泛油迹象的路面上要适当降低沥青用量。同步碎石封层的沥青用量可参照《公路沥青路面施工技术规范》（JTG F40—2004）中的“表 6.2.1　沥青表面处治材料规格和用量”的有关规定执行。

其次，需依据集料形状调整沥青用量。例如，对于属于同一档的扁平集料和多棱角集料而言，由于集料总是以最扁平的面着地，扁平集料之间填充沥青层的厚度如果需满足 70%间隙的要求，则所需沥青量更少一些，但在施工过程中很难控制沥青的洒布量。而对于多棱角集料，洒布的沥青（破乳后的残余沥青）满足 70%的间隙被填充所需的沥青更多一些。

最后，依据不同表面构造深度调整沥青洒布量。可以借鉴美国、澳大利亚、加拿大等国家的经验，针对我国沥青路面泛油、光滑、透水、老化等病害的不同发展程度，提出的修正因子见表 7-52。

表 7-52　沥青洒布量修正因子

表观构造	沥青洒布量修正因子/（L/m^2）
泛油	−0.27～−0.04
光滑	−0.14～0
轻微透水、老化	0～0.14
普通麻面、透水、老化	0.14～0.27
严重麻面、透水、老化	0.27～0.40

（4）碎石选择及撒布量的确定

集料的尺寸取决于同步碎石封层的厚度，大多数为 9.5～13.2mm，随着公称粒径的增加，表面构造逐渐变粗，噪声也在增加。另外，根据集料粒径和覆盖率的不同，其撒布量也不相同，随着粒径的变化，其体积撒布量按以下公式计算。

1）9.5～13.2mm：

$$撒布量（L/m^2）= 0.1 \times 覆盖率（\%）+1$$

2）13.2～16mm：

$$撒布量（L/m^2）= 0.135 \times 覆盖率（\%）-0.05$$

3）16～19mm：

$$撒布量（L/m^2）= 0.155 \times 覆盖率（\%）+0.017$$

4）19～26.5mm：

$$撒布量（L/m^2）= 0.175 \times 覆盖率（\%）$$

（5）材料准备

根据该技术对材料的要求确定料源，初步确定料源后在石料场料堆上取样送交实验室进行检测。将满足要求的集料作为施工原材料的来源。

采用成品改性乳化沥青时，应取代表性的样品送交实验室进行性能检测，检测合格后购买并妥善储存；当采用自产改性乳化沥青时，若经检测不合格，需调整配方后重新生产，直至符合技术指标要求。

（6）同步碎石封层设备调试及标定

在洒布结合料之前，为了保证正确的使用，需要对集料洒布器进行标定，步骤包括：确定洒布器的速度和泵的速度、描述洒布器的界限、保证适当的洒布器横向调整范围、确保结合料的温度满足施工要求。

沥青洒布器的标定主要包括洒布杆高度、喷嘴角度、洒布杆压力等。

（7）施工路段的封闭、清扫和画线

同步碎石封层施工前应进行交通管制。为保证安全、顺利施工，首先要和当地的交警及路政等交通执法部门协商，确定交通管制方案、交通封闭形式、封闭时间等。

对于整幅摊铺，需要对热塑性路面标志等进行铣刨；对于分车道摊铺，应注意标线的保护。清理所有工作面上的泥浆、油污等杂物，必要时使用高压水或风机进行清理。根据路幅宽度调整撒布宽度，沿摊铺方向划出控制线。也可以直接以车道线、路缘石等为参照，保证走线顺直、美观。纵向接缝尽量设计在标线或者靠近标线的地方。

（8）同步碎石封层施工

根据制定的清扫路面方案对原路面进行清扫后，在保证原路面干燥的条件下进行改性乳化沥青同步碎石封层施工。施工中应保证沥青喷洒均匀、形成等厚度的沥青薄膜，必须保持改性乳化沥青温度在 50℃左右，且喷洒高度适宜。碎石撒布应均匀一致，局部采用人工辅助方法不使碎石上下重叠。

同步碎石车施工过程中要保持车速稳定，走线顺直。在施工的起点和终点要铺设油毡纸以保证起点和终点整齐美观，避免污染施工区外的路面。行驶速度为 4～5km/h（一般为 4km/h）。两幅搭接处 10～15cm 宽的沥青上不撒布集料，等下一幅施工时沿预留沥青边缘撒布同步碎石。

（9）施工接缝的处理

在每一个洒布起步和结束的地方必须注意横向施工接缝。可以通过在接缝处铺设油毡纸而达到无缝合线。洒布杆在每一个洒布末端的油毡纸处需要停下来以确保横接缝平直。撒布的宽度可以与车道线相一致，尽量减少纵缝数量，一般纵向宜设在车道线处，一般设置为对接。纵向接缝不宜留在道路中间，否则会影响外观并且会导致不牢固。

（10）碾压

在全段撒布未完成前采用胶轮压路机进行碾压，碾压时压路机以 6km/h 速度碾压 3、4 次；一般使用 1、2 台胶轮压路机，但数量和型号取决于需要碾压区域的宽度和集料的粒径，由试验段确定。轮胎压路机的吨位应以没有集料被压碎的情况下达到最适宜的材料嵌入深度为标准。

（11）清扫

禁止紧跟压路机立即清扫，一般在 24h 以后待乳化沥青完全破乳后清扫路面的多余碎石。清扫应该从路面中间开始，向边缘进行，每个车道充分清扫 3 次。

（12）开放交通

待养护成型后，即可开放交通，但是车速应限制在 40km/h 以下。另外，为了防止飞石，需根据通车之后自由碎石的情况，再次进行清扫。

（13）施工注意事项

施工注意事项包括如下内容。

1）尽量减少横接缝、纵接缝，接缝要对接合理。

2）胶轮压路机应在改性乳化沥青破乳前及时碾压。

3）雨天或雨后路面潮湿时不得进行施工。

4）洒布过程中应防止温度过低导致改性乳化沥青黏度过高而造成喷嘴堵塞。

5）施工车辆不得随意驶入，以防止快速行驶造成碎石飞溅。

6. 同步碎石封层原材料准备

改性乳化沥青技术要求见表 7-53。

表 7-53　改性乳化沥青技术要求

试验项目		指标要求	试验方法
破乳速度级别		中裂	T 0658—1993*
筛上剩余量（过 1.18mm 筛）/%		≤0.1	T 0652—1993*
电荷性质		阳离子正电（+）	T 0653—1993*
恩格拉黏度 E（25℃）		1～10	T 0622—1993*
标准黏度 $C_{25,3}$/s		8～25	T 0621—1993*
蒸发残留物含量%		≥50	T 0651—1993*
与集料的黏附性		≥2/3	T 0616—1993*
蒸发残留物性质	针入度（100g，25℃，5s）/0.1mm	40～120	T 0604—2011*
	软化点/℃	≥50	T 0606—2011*
	延度（5℃）/cm	≥20	T 0605—2011*
	溶解度（三氯乙烯）/%	≥97.5	T 0607—2011*
储存稳定性	1d/%	≤1	T 0655—1993*
	5d/%	≤5	T 0656—1993*

* 试验方法见《公路工程沥青及沥青混合料试验规程》（JTG E20—2011）。

同步碎石封层的石料建议采用辉绿岩、玄武岩，在当地缺乏以上石料的情况下可选择安山岩、闪长岩、片麻岩、石灰岩、花岗岩等，但石料的技术指标必须满足要求。其最大粒径应与处置层的厚度相同，石料应经过水洗并风干，且不含杂质，针片状含量不大于 15%。对同步碎石封层用集料的技术要求见表 7-54。

表 7-54　同步碎石封层用集料技术要求

指标	技术要求	试验方法
集料的压碎值/%	≤26	T 0316—2005*
洛杉矶磨耗损失/%	≤28	T 0317—2005*
坚固性/%	≤12	T 0314—2000*
针片状颗粒含量/%	≤15	T 0312—2005*
破碎面数量/个	≥4	—
水洗法小于 0.075mm 颗粒含量/%	≤1	T 0310—2005*
软石含量/%	≤3	T 0320—2000*

* 试验方法见《公路工程集料试验规程》（JTG E42—2005）。

7. 施工机械配置

改性乳化沥青同步碎石封层施工机械配置见表 7-55。

表 7-55　改性乳化沥青同步碎石封层施工机械配置

设备名称	型号、规格（功率）	数量	备注
全自动数控同步碎石车		1 台	
乳化沥青生产车间	5t/h 以上	1 套	
强力清刷机		1 台	
强力鼓风机		3 台	根据实际情况进行调整
轮胎压路机	9～16t	2 台	
装载机	3t 以上	1 台	

8. 质量控制

质量控制应执行《公路沥青路面施工技术规范》（JTG F40—2004）“施工质量管理与检查”一章中对“施工前的材料与设备检查”“铺筑试验段”及“交工验收阶段的工程质量检查与验收”等的有关规定。

改性乳化沥青同步碎石封层的施工质量检测主要是检验沥青的洒布量和石料的撒布量（表 7-56）。

表 7-56　改性乳化沥青同步碎石封层质量验收标准

项目	检查频度及单点检验评价方法	质量要求或允许偏差	试验方法
外观	随时	集料嵌挤密实，沥青洒布均匀，无花白料，接头无油包	目测
集料及沥青用量	每日 1 次逐日评定	±10%	每日施工长度的实际用量与计划用量比较；T 0982—1995*
沥青洒布温度	每车 1 次评定	符合规定	温度计测量
厚度（路中及路侧各 1 点）	不少于每 2000m² 一点，逐点评定	−5mm	T 0912—2008*
平整度（最大间隙）	随时，以连续 10 个 3m 尺的平均值评定	10mm	T 0931—2008*
宽度	检测每个断面，逐个评定	±30mm	T 0911—2008*

* 试验方法见《公路路基路面现场测试规程》（JTG E60—2008）。

9. 经济效益分析

由于碎石与沥青的可靠黏结，单层同步碎石封层施工厚度等于所用碎石的最大粒径，可以做得比热摊铺、稀浆封层和微表处罩面更薄。其单层结构每平方米只消耗 1.0～1.5kg 的沥青结合料和 8～12L 的碎石集料。如图 7-58 所示，据法国 Chambard 公司提供的资料，如果将热拌沥青混合物热摊铺路面的总能耗规定为 100kJ，则冷拌沥青混合物冷摊铺的总能耗为 50kJ，而同步碎石封层的总能耗仅为 25kJ，只有热摊铺的 1/4，冷摊铺的 1/2。

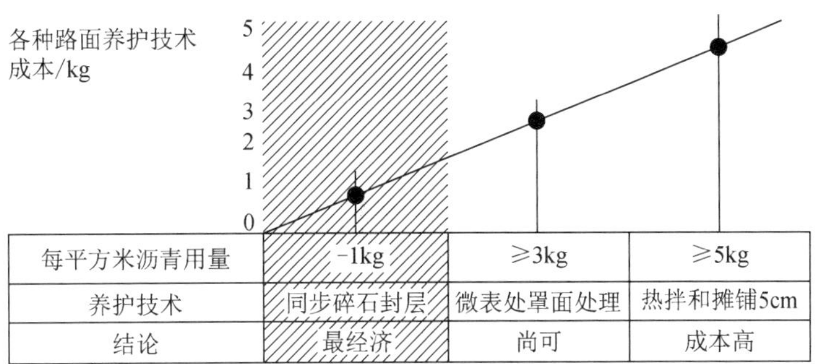

图 7-58 各种路面养护技术成本概算比较

改性乳化沥青单层同步碎石封层罩面施工工艺简单，仅一辆同步碎石封层车便可完成主要施工作业，而且施工速度快，完全没有各工序间耽搁与等待所造成的时间浪费与质量隐患，封层经胶轮碾压机碾压后即可恢复交通。

10. 工程实例

G210 线于 2001 年按二级公路标准改建，路基宽度为 12.0m，路面宽度为 11.4m，投入使用有 7 年之久。根据实际开挖探坑及查阅原设计文件，该道路沥青路面结构为 3cm 细粒式沥青碎石+4cm 中粒式沥青碎石+下封层+18cm 石灰土碎石基层+16cm 石灰土砂砾底基层+8cm 天然砂砾基层。该段公路是西安通往延安的一条重要通道，延安近年来基础建设力度较大，原材料运输及运油车辆频繁行驶于该段公路，致使路面出现龟裂、坑槽、车辙、拥包等病害较多；为处治上述病害，延长道路的使用寿命，延安公路管理局决定对 K724+258.8～K732+760 段采用改性乳化沥青单层同步碎石封层罩面工艺，由延安公路管理局收费公路大中修工程 YH1-A 项目经理部承建，由河南省高远公路养护技术有限公司西安分公司进行施工。

施工后路面状况如图 7-59 所示。施工后通过对改性乳化沥青单层同步碎石封层罩面的跟踪检测，可以得出以下结论。

1）改性乳化沥青单层同步碎石封层罩面大大改善了原路面的轻微病害，如松散、泛油、车辙等，具有良好的修复作用。

图 7-59 施工后路面

2）改性乳化沥青单层同步碎石封层罩面对原路面的轻微不平整具有一定的改善作用，在一定程度上延缓了路面平整度衰变的速率。

3）同步碎石封层罩面表面粗糙、构造深度大，大大提高了原路面的抗滑能力。

4）改性乳化沥青单层同步碎石封层罩面密封了原路面，有效防止了水的下渗。

总之，改性乳化沥青单层同步碎石封层罩面对该路段的预防性养护性能优良，延缓了路面大中修期，延长了路面的使用寿命。

三、高寒高海拔地区沥青路面结构性养护技术

（一）灌注式水泥-沥青混合料施工技术

1. 技术简介

在我国已经建成的高等级公路和其他等级公路中，坑槽、裂缝等早期破坏现象大面积存在，特别是由沥青混合料高温性能不足而引起的车辙、由抗水损害能力不足而引起坑槽等现象十分普遍。这些早期破坏现象使公路在未达到设计的使用寿命前就不得不进行中修甚至大修，严重影响了车辆通行质量，甚至影响来往车辆行驶安全。

针对目前路面普遍使用的沥青与水泥两大材料，以沥青混合料母体骨架为基础，采用灌注改性水泥乳浆的工艺，设计了灌注式水泥-沥青混合料。沥青属于有机结合料，而水泥属于水硬性材料，灌注式水泥-沥青混合料将二者的性能取长补短，形成一种新型的复合有机水硬性材料，并根据实际施工的情况，形成了相应的施工技术。灌注式水泥-沥青混合料在解决路面车辙和水损害方面效果明显，技术先进，具有明显的社会效益、经济效益和环境效益。

2. 技术特点

灌注式水泥-沥青混合料即采用灌注的方法，将水泥与沥青两种材料同时应用到一种路面材料中，分别发挥沥青和水泥材料各自的特点，形成一种高温性能、抗水损害性能优异，低温性能、路面结构承载力和耐久性良好的复合有机水硬性新材料。灌注式水泥-沥青混合料采用具有特殊配合比设计的母体骨架混合料，并且通过进一步调整级配，使母体骨架中空隙相通，保证水泥乳浆能够顺利灌入。

针对灌注需要和性能要求，对水泥乳浆进行单独设计，保证其具有良好的流动性，较小的干缩、温缩特性，足够的力学强度、稳定性、施工和易性及快凝早强等特点。

3. 适用范围

灌注式水泥-沥青混合料适用于铺设高速公路，一级、二级公路路面中面层、下面层，特别是长纵坡、大纵坡、收费站、服务区，以及交通量大以重载车辆为主的路段。

4. 技术原理

按照实验室得出的配合比现场拌和生产母体骨架混合料，通过沥青混合料摊铺机将混合料铺筑在路面上，并通过适当碾压，形成具有一定空隙率和强度的母体骨架结构层。

沥青在母体骨架结构层中起到柔性结合料的作用，提供母体骨架结构层的柔性、低温性能和抗疲劳性能。

采用灌注的方法，将针对灌注需要和性能要求而特殊设计的水泥乳浆，填充到母体骨架铺筑后预留的空隙中，使其经过养护，形成网状结构，并具有一定的抗压和抗剪强度，降低复合材料的温度敏感性，提高路面材料的抗变形能力，有效减少路表水的渗入。

5. 配合比设计

首先，进行级配设计。母体骨架结构层应具有一定的连通空隙，空隙率一般为15%～25%，可根据所铺筑部位的不同进行适当调整，但应严格控制粉料、细料的用量，以免造成空隙不连通，影响灌注效果，母体骨架混合料的级配曲线如图7-60所示。

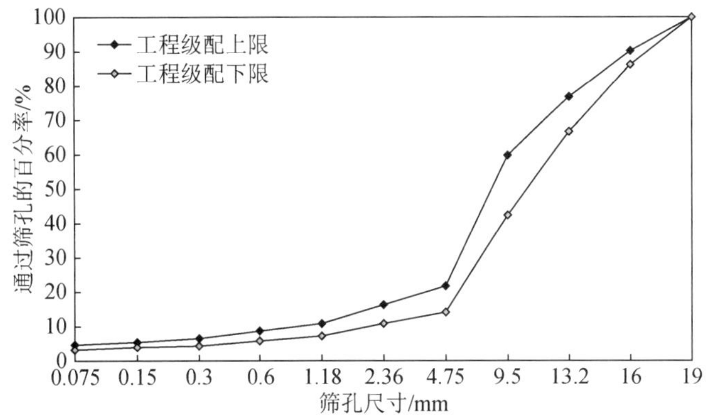

图7-60　母体骨架混合料级配曲线

其次，根据经验预估一个油石比作为中值，上、下浮动一定的油石比，根据肯塔堡飞散试验和谢伦堡析漏试验，将试验结果绘制在一张表上，两条曲线的交点便为最佳沥青用量，具体如图7-61所示。

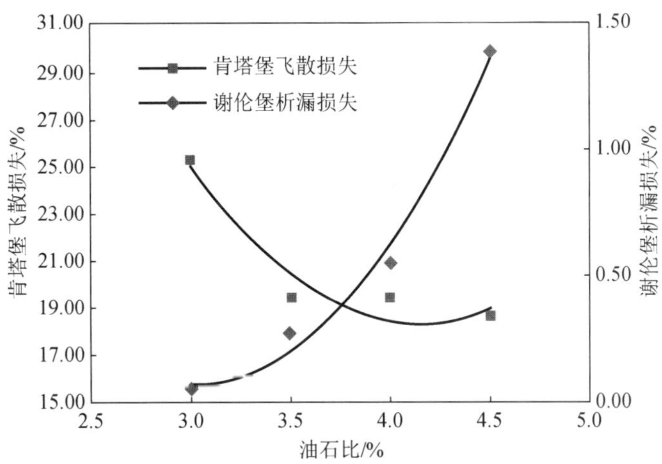

图7-61　最佳沥青用量确定

6. 施工工艺流程

灌浆式水泥-沥青混合料施工流程如图 7-62 所示。

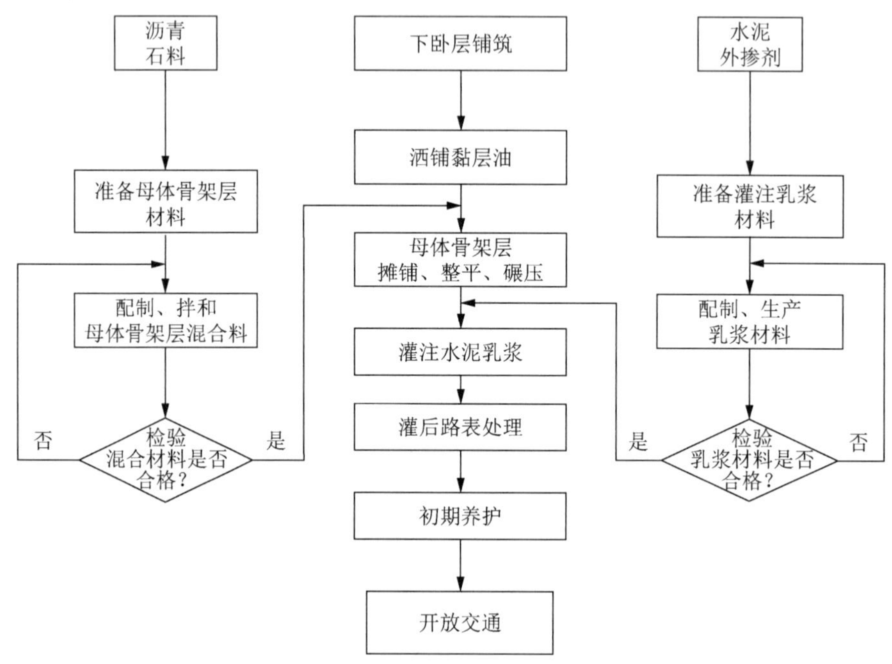

图 7-62　灌注式水泥-沥青混合料施工流程

（1）混合料拌和

应严格控制各档料的比例和沥青用量，以保证与设计中要求的混合料配合比一致。拌和温度根据所用沥青的种类确定：当采用基质沥青时，具体见《公路沥青路面施工技术规范》（JTG F40—2004）中“表 5.2.2-2　热拌沥青混合料的施工温度”的要求；当采用聚合物改性沥青时，具体见《公路沥青路面施工技术规范》（JTG F40—2004）中“表 5.2.2-3　聚合物改性沥青混合料的正常施工温度范围”的要求。

（2）混合料装料

混合料在装料时应按料斗大小分前、中、后三次卸料，避免离析，并在运输过程中对混合料进行覆盖保温，避免温度散失过大。

混合料在摊铺时应保证在一定的松铺系数下进行，一般为 1.2～1.4，并严格控制压实温度和初始压实度。碾压时为保证达到设计的空隙率，采用双钢轮振动压路机，先静压 1、2 遍，然后振动碾压 3、4 遍，碾压应遵循“紧跟、慢压、高频、低幅”的原则，避免过度碾压造成空隙率下降及对表面集料造成破坏，具体遍数可根据试验段的压实情况确定。应严格避免低温碾压，压实温度见《公路沥青路面施工技术规范》（JTG F40—2004）中“表 5.2.2-2　热拌沥青混合料的施工温度”的要求，当采用聚合物改性沥青时，具体见《公路沥青路面施工技术规范》（JTG F40—2004）中“表 5.2.2-3　聚合物改性沥青混合料的正常施工温度范围”的要求。

（3）灌注水泥乳浆

对完成铺筑的母体骨架沥青混合料，清除表面灰尘后即可进行水泥乳浆的灌注施工，施工中具体要求如下。

1）水泥乳浆制备：水泥乳浆的制备在专用水泥灌浆车内进行，按室内设计的配方现场拌制，现场使用，避免长期储存。水灰比应根据施工时气温和路面情况在室内设计基础上进行适当调整，当温度较高时，可适当调高水灰比；当路面有较大纵坡或横向超高时，应适当减小水灰比，以免产生流淌。

2）水泥乳浆灌注：水泥乳浆的灌注采用水泥灌浆车进行，应在气温高于 10℃条件下施工，避免高温、雨、雪天气。施工时按照预先设计的灌注量一次灌注，同时开动车后的振动装置对路面进行微振，以促进水泥乳浆的下渗。对于局部无法一遍完全灌满的路段，可进而人工补灌。灌注时应保证水泥灌浆车的水泥乳浆具有一定的水头高度，当水头高度过高和过低时，应调整车速保证灌注的深度和均匀性。

灌注应遵循由低到高、由两侧到中间的原则。先灌注路面外侧部分，再灌注内侧部分。对于超高过渡段，应先灌注路面内侧，再灌注路面外侧；对于纵坡路段，应由下至上分段灌注，每段长度根据试验段确定，一般不宜小于 200m，当下一段灌注完成，水泥乳浆开始固化后，可进行位置较高一段的灌注，对于宽度过大需分多次灌注的路段，两次灌注宽度应有 20～30cm 的搭接，具体如图 7-63 和图 7-64 所示。

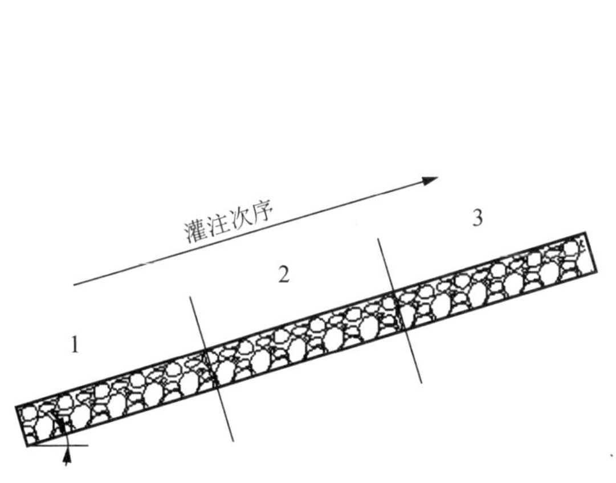

图 7-63　坡纵路段灌浆示意图

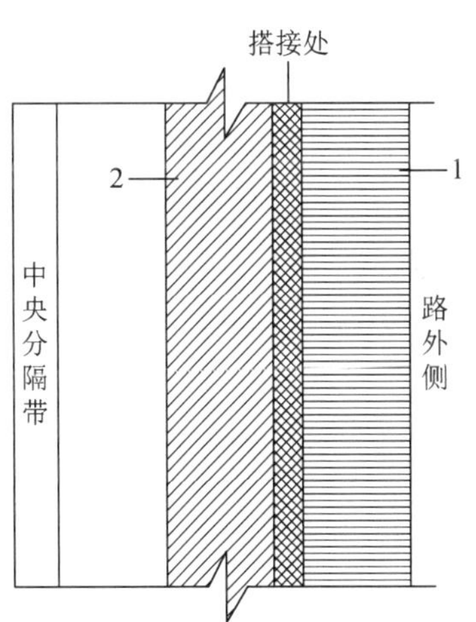

图 7-64　路面分次灌注示意图

当用于新建工程时，应在路面外侧设置路肩培土后再进行灌注。当用于养护工程时，由于存在铣刨凹槽，可直接进行灌注，不会产生侧流，但对上面层应与新建公路相同。对于桥面铺装层，应先在两侧排水沟处培土，待灌浆完成水泥硬化后，清除培土并填充碎石。施工时，水泥灌浆车的速度应根据试验段试灌确定，一般宜为 1.5～3.0km/h，灌浆过程从水泥乳浆拌制开始到完成灌注宜在 5min 内完成，避免水泥乳浆出现泌水。

（4）清扫浮尘、洒水养生

待水泥乳浆初凝开始后至终凝结束前，可清除路表水泥浮浆。清除采用强力清刷机进行，清刷机刷头深入路表面下深度为 1～2mm，将路表及深度范围内 1～2mm 的所有水泥浮浆清除干净，并采用吹风机将刷出的水泥、尘土等吹出路面，保证路面洁净。另外，当水泥终凝 2～3h 后应喷洒黏层油，以促进灌入的水泥乳浆养生。

7. 原材料准备

原材料准备包括如下内容。

1）沥青黏结料应符合《公路沥青路面施工技术规范》（JTG F40—2004）中“4.2　道路石油沥青”规定的技术要求。

2）粗、细集料质量应满足《公路沥青路面施工技术规范》（JTG F40—2004）中“4.8　粗集料”“4.9　细集料”规定的技术要求。单一粗集料、细集料质量不能满足要求，但集料混合料性能满足要求的，可以使用。

3）混合料中使用的矿粉质量技术要求应满足《公路沥青路面施工技术规范》（JTG F40—2004）中“表 4.10.1　沥青混合料用矿粉质量要求”的相关要求。

4）注浆用水泥宜采用道路硅酸盐水泥、硅酸盐水泥或普通硅酸盐水泥，选择强度等级为 32.5 或 42.5 的水泥为宜，相应指标应满足《公路水泥混凝土路面施工技术细则》（JTG/T F30—2014）中“表 3.1.2　面层水泥混凝土用水泥各龄期的实测强度值”的要求。

5）为满足灌注需求，需要专门设计外加剂，外加剂应具有渗透、降低刚度、稳定水泥乳浆等作用。配制水泥浆用水采用饮用水即可，当使用其他水时，须经过室内试验测定其不会对水泥性能造成影响方可使用。

8. 设备配置

采用的施工机具设备见表 7-57。

表 7-57　施工机具设备

序号	设备名称	规格	数量/台	备注
1	沥青混合料拌和设备	2000 型	1	根据工程大小选择
2	沥青混凝土摊铺机	ABG423	1 或 2	—
3	双钢轮振动压路机	12t	2	—
4	水泥乳浆灌浆车	—	1	—
5	清扫车	GYQS1500	2	—
6	吹风机	—	8	—

9. 质量控制

母体骨架结构层的几何尺寸应符合相应路段的设计要求，对应的 PCA-16 母体骨架混合料质量要求见表 7-58。

表 7-58　PCA-16 母体骨架混合料质量要求

检测项目	指标	检测方法
空隙率/%	15%～25%	T 0708—2011*
级配	符合设计要求	T 0725—2000*
稳定度/kN	≥3.5	T 0709—2011*
流值/0.1mm	20～40	
谢伦堡析漏损失/%	<0.3	T 0732—2011*
肯塔堡飞散损失/%	<20	T 0733—2011*

*《公路工程沥青及沥青混合料试验规程》(JTG E20—2011)。

水泥乳浆质量要求见表 7-59。

表 7-59　水泥乳浆质量要求

检测项目	指标	检测方法
流动度/s	9～13	—
2h 储存稳定性/%	≤10	—

灌注式水泥-沥青混合料结构层质量要求见表 7-60。

表 7-60　灌注式水泥-沥青混合料结构层质量要求

检测项目		指标		检测方法
材料回弹模量/MPa		2000～5000		T 0943—2008*
水泥乳浆灌注量/ (L/m²)		符合设计值		
剩余空隙率/%		4～6		
灌浆深度/%		≥90%结构层层厚		钻芯取样，直尺测量
灌后稳定度 (7d) /kN		≥25		T 0709—2011**
灌后流值/0.1mm		20～40		
压实度/%		实验室标准密度的 96%		每 200m 一处
平整度/mm	—	高等级公路	其他等级公路	T 0932—2008*
	上面层	1.2	2.5	
	中面层	1.5	2.8	
	下面层	1.8	3.0	
厚度/cm		—		双车道 200m 一处

*《公路路基路面现场测试规程》(JTG E60—2008)。

**《公路工程沥青及沥青混合料试验规程》(JTG E20—2011)。

水泥乳浆灌注量的确定应综合考虑路面结构层厚度、母体骨架混合料体积和设计剩余空隙等因素，其计算方法如下：

$$\Delta V - V_a - V_f \tag{7-2}$$

$$S = \Delta Vabh \tag{7-3}$$

式中：ΔV 为水泥乳浆拟填充空隙率（%）；V_a 为母体骨架空隙率（%）；V_f 为灌注水泥乳浆后设计剩余空隙率（%）；S 为水泥乳浆单位面积灌注量（m^3）；a 为路面长度，取为 1m；b 为路面宽度，取为 1m；h 为灌注结构层厚度（m）。

水泥乳浆灌后剩余空隙率的确定采用称取灌注前、后相同尺寸规格路面钻芯芯样的质量，两者之差为水泥质量，根据水泥密度计算水泥的体积并换算为水泥乳浆的相对体积，以母体骨架设计空隙率减去水泥乳浆相对体积，即为剩余空隙率。其计算方法如下：

$$\Delta m = m_{\mathrm{f}} - m_{\mathrm{a}} \tag{7-4}$$

$$\Delta v = \Delta m / \rho \tag{7-5}$$

$$V_{\mathrm{f}} = V_{\mathrm{a}} - \Delta v \tag{7-6}$$

式中：Δm 为相同尺寸规格路面芯样水泥乳浆灌前、灌后质量差（g）；m_{f} 为水泥乳浆灌后质量（g）；m_{a} 为水泥乳浆灌前质量（g）；Δv 为相同尺寸规格路面芯样水泥乳浆灌前、灌后体积差；ρ 为水泥乳浆水化后密度（g/cm^3）；V_{f} 为剩余空隙率（%）；V_{a} 为母体骨架设计空隙率（%）。

10. 质量保证措施

施工前应对所有的机具设备进行标定，以保证准确性。母体骨架铺筑前必须保证下承层的清洁、干燥，严禁路面不洁净或有水时铺设，且必须在层间设置黏层，以保证各个结构层之间的黏结力。拌和混合料时应严格按照设计配合比进行，在运输过程中应在运输车辆料斗四周添加保温覆盖，减少运输过程中温度损失。碾压过程中应避免低温碾压和过度碾压，以免造成混合料中骨料被压碎和路面空隙率降低，达不到设计空隙率要求。

现场搅拌灌筑用水泥乳浆，材料的添加顺序是往水中先加入外加剂适当搅拌，然后加水泥，搅拌均匀，时间大约为 30s。用水泥乳浆灌浆车灌筑水泥乳浆，应在水泥乳浆制备后 5～15min 使用，各工序衔接迅速、紧凑。摊开浆料的同时，用小型振动压路机碾压，帮助渗透。渗透完后，用刮板刮除路表多余的浆料，并在水泥乳浆初凝开始时，用清刷机清除路表浮浆，以达到灌浆完成后的路面总体平整和具有一定的粗糙度的要求。

11. 效益分析

目前我国高等级公路主要采用沥青混凝土路面，其在竣工后 1～3 年内均不同程度地出现车辙、裂缝、坑槽、拥包等路面早期破坏，路面使用性能降低，需要进行不同程度的小、中修甚至大修，经济成本高，社会效益差。采用灌注式水泥-沥青混合料后，路面整体性能得到了明显改良，特别是高温抗车辙和抗水损害能力得到明显提高，实践证明，处理后的沥青混凝土路面经过两年多的行车荷载作用，未产生任何早期破坏，具有明显的性能优势。

灌注式母体骨架混合料采用大空隙结构，沥青含量降低，并且无须采用价格昂贵的改性沥青，节省了建设投资。大空隙结构使沥青混合料用量降低，降低了煤、电等拌和楼加热能源的用量，减少了废气废物的排放，具有明显的环保效益。

12. 工程实例

工程实例具体如下。

1）工程概况：合安高速公路是安徽省内的一条重要交通干线，全长154km，于2002年9月29日建成通车。其路面结构为上面层4cm细粒式沥青混凝土AC-16+中面层6cm粗粒式沥青混凝土AC-25Ⅰ+下面层6cm粗粒式沥青混凝土AC-25Ⅱ。该高速公路位于我国沥青路面气候分区的1-3-1区，属于夏炎热、冬冷潮湿地区，极端最高气温38℃以上。根据交通量统计，通车不到两年，日平均交通量已经大于20000辆/d，且重载车辆超限运输严重。因此，在荷载和高温的作用下，原行车道沥青路面出现以车辙为主，并伴随有横、纵向裂缝等的早期损坏。

2）针对合安高速公路路面早期损坏的调查结果，决定在K116+600～K117+000行车道铺筑试验段。由于K116+600～K117+000行车道铺筑试验段属于路面养护工程，采用在不改变路面标高的情况下，将原路面上面层4mm细粒式沥青混凝土AC-16铣刨后重新铺筑灌入式水泥-沥青混合料PCA-16的方法。

3）PCA-13型母体骨架混合料摊铺：采用具有保温措施的运输车运送混合料至施工现场，注意保证混合料温度。摊铺前下承层应洒布黏层沥青。摊铺时采用性能良好的沥青混合料摊铺机均匀摊铺，避免混合料离析。压路机紧跟摊铺机进行碾压，碾压采用先静压、再振动碾压、最后静压的方法进行，不可使用轮胎压路机碾压，碾压时严格控制碾压温度和压实度，不可过度碾压，碾压完的路面应达到设计的压实度。

4）待路面冷却至室温时可进行水泥乳浆灌浆施工。施工机具采用经过标定的水泥灌浆车进行，施工前将母体骨架结构层表面清扫干净，保证路面无积水。施工前将与外加剂搅拌均匀的水装入水泥乳浆灌浆车内，按照设计比例在搅拌罐内与水泥进行拌制。施工时水泥灌浆车以2km/h的速度匀速行驶，水泥乳浆均匀洒布在路面表面上，振动压路机紧跟水泥灌浆车后振动，促进水泥乳浆下渗入路面结构层内。按照这样的工序重复灌浆一次，保证路面结构层内预留空隙被水泥乳浆灌满。

灌浆完毕后在第二天早晨进行表面浮浆清理，采用强力清刷机清扫表面，刷头深入路面以下1～2mm，完成清扫后采用吹风机进行表面灰尘清理，保证路面平整洁净。清扫完成之后洒水养生，并覆盖草垫保水，养生期洒水补湿，3d后开放交通。

5）工程结果评价。灌注式水泥-沥青混合料是一种新型路面材料，我国现行施工规范《公路沥青路面施工技术规范》（JTG F40—2004）并未规定其质量检测的主要指标及方法。为与普通沥青混合料进行对比，测定了两年后路面车辙深度、抗滑系数、路面构造深度、渗水系数等，并观察了路面病害及破损情况。观测结果显示，经过两年多车辆行驶作用，灌注式水泥-沥青混合料铺筑的路面未出现任何路面早期损坏，车辙深度、抗滑系数、路面构造深度和渗水系数等指标均满足规范中规定的指标值。特别是车辙深度和渗水系数的测定结果显示，该路面几乎不产生车辙和路面渗水，具有良好的路用性能。

（二）高速公路沥青路面乳化沥青厂拌冷再生技术

1. 技术简介

我国高速公路经过几十年的发展，一些高速公路已经进入大、中修阶段，对于在沥青路面养护维修、改造过程中所产生的大量路面废弃材料如何加以再生利用，是当代公路建设中一项具有战略意义的重大科学技术。

乳化沥青厂拌冷再生技术是将回收沥青路面材料运至拌和厂（场、站），经破碎后筛分，以一定的比例与新集料、乳化沥青类再生结合料、活性填料（水泥、石灰等）、水进行常温拌和，常温铺筑形成路面结构层的沥青路面再生技术。

2. 技术特点

原沥青路面进行铣刨的旧沥青混合料可以全部回收利用，这样不仅降低了原材料成本，而且不会对环境造成污染。高速公路沥青路面乳化沥青厂拌冷再生技术采用乳化沥青作为有机再生结合料及水泥或石灰作为无机再生结合料，即实现旧沥青路面材料的再生，不仅施工操作简单，并且易于控制、无须加热，还可保护环境。另外，高速公路沥青路面乳化沥青厂拌冷再生技术可大大缩短路面维修周期，确保车辆的通行；可改善施工条件，延长可施工季节；就地冷再生对冷再生混合料配合比控制更为准确。

3. 适用范围

高速公路沥青路面乳化沥青厂拌冷再生技术适用于高速公路和一、二级公路沥青路面的下面层及基层、底基层，三、四级公路沥青路面的面层。当用于三、四级公路的上面层时，应采用稀浆封层、碎石封层、微表处罩面等作为上面层。

4. 技术原理

将回收沥青路面（reclaimded asphalt pavement，RAP）材料运至拌和厂（场、站），经破碎、筛分，以一定的比例与新集料、乳化沥青类再生结合料、水及水泥、石灰等无机结合料进行常温拌和，常温铺筑形成路面结构层。其中，掺加的再生结合料既可恢复 RAP 内结合料的部分性能，又可以充当再生混合料的结合料。

5. 工艺流程

（1）施工工艺

高速公路沥青路面乳化沥青厂拌冷再生技术施工工艺流程如图 7-65 所示。

（2）路况调查

施工前对路况进行调查，调查方法根据《公路技术状况评定标准》（JTG H20—2007）的要求进行。为了确保原路面具有足够的结构强度和稳定性，原路面上有坑槽、裂缝时，应先进行彻底修补。

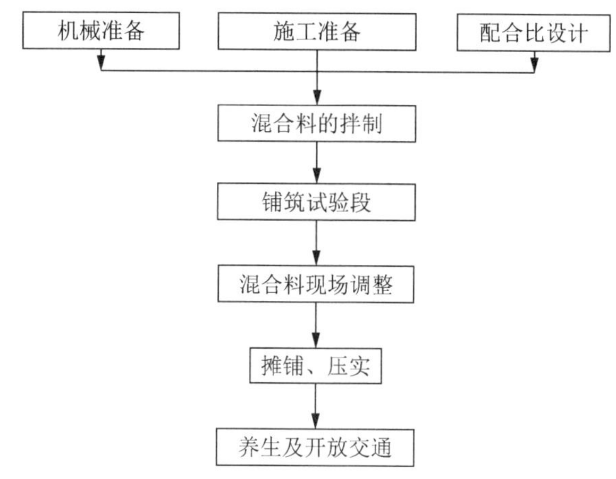

图 7-65　高速公路沥青路面乳化沥青厂拌冷再生技术施工工艺流程

（3）材料准备

材料准备包括以下步骤。

1）在初步确定料源后，在石料场料堆上取样送交实验室进行配合比设计。取样应参考《公路工程集料试验规程》（JTG E42—2005）中“T 0301—2005　粗集料取样法”，将满足配合比设计要求的集料作为施工原材料的来源。

2）采用成品改性乳化沥青时，应取有代表性的样品送交实验室进行性能检测，检测合格后购买并妥善储存；当采用自产改性乳化沥青时，若经检测不合格，需调整配方后重新生产，直至符合技术指标要求。

3）应选用干燥、疏松、无结团、洁净的填料。应根据工程量的大小，储备适量的填料。填料应储存在干燥的环境内，避免与潮湿的空气相接触。

4）考察当地水源，根据就近原则选用符合工程用水要求的水，并将其储存在洁净的储水罐中备用。

5）为保证混合料的拌和质量，对购进的集料采取搭棚遮盖堆放，改性乳化沥青的储存时间不宜过长，在不耽误工程进度的情况下可以现产（购）现用。

（4）沥青混合料冷再生配合比设计

乳化沥青冷再生配合比设计包括原材料检测、配合比（油石比、油水比）设计、设计配合比检验。乳化沥青冷再生配合比设计流程如图 7-66 所示。

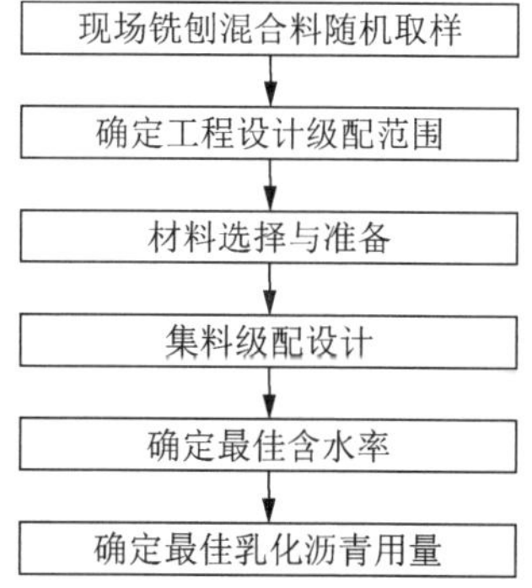

图 7-66　乳化沥青冷再生配合比设计流程

1）随机取样：厂拌冷再生混合料配合比设计所用的回收沥青路面材料应从原路面采用铣刨机铣刨取样。

2）确定工程设计级配范围：根据公路等级、工程性质、交通特点、材料品种等因素，通过对条件大体相当的工程使用情况进行调查研究后确定，特殊情况下允许超出规范级配范围。

3）材料选择与准备：配合比设计的各种集料、RAP、水泥等必须按照相关规定从工程实际使用的材料中取有代表性的样品。使用乳化沥青作为再生结合料时，乳化沥青应满足相关技术要求。配合比设计所用材料的质量应满足技术要求，当单一规格的集料某项指标不合格，但不同粒径规格的材料按照级配组成集料混合料的指标能符合要求时，允许使用。

4）集料级配设计：①测得 RAP、新集料等各组成材料的级配；②以 RAP 为基础，掺加不同比例的新集料，使合成级配满足工程设计级配要求；③合成级配曲线应平顺；④一般乳化沥青试验用量可定为 4%，变化含水率进行击实试验，获得最大干密度时，其混合料的含水率即为最佳含水率（optimum water content，OWC）；⑤根据劈裂强度试验和浸水劈裂强度试验结果（或者马歇尔稳定度和浸水马歇尔稳定度试验结果），结合工程经验综合确定最佳乳化沥青用量和最佳含水率。

（5）试验段铺筑

试验段铺筑应注意以下问题。

1）施工前对施工机械进行检查调试，确保施工时各个机械处于良好工作状态，主要的机械要备有备件。

2）为了增加下承层与冷再生沥青混合料摊铺层的黏结性能，在摊铺冷再生混合料之前，应对下承层进行处理。处理方式一般为在下承层表面喷洒透层油，透层油的用量需经过试洒来确定，透层油一般采用 PC-2、PA-2 型乳化沥青或煤析沥青，透层油透入下承层的深度不宜小于 5mm，透层油的用量一般为 0.6～1kg/m^2。

3）铺筑试验段时，应选择合适路段摊铺试验段，长度不宜小于 200m。从施工工艺、工程质量、施工管理、施工安全等方面进行检验，确定工艺参数。

试验段施工现场应设专人管理交通，施工路段应设明显标志控制交通。在施工准备工作就绪后，经监理工程师批准进行试验路段的铺筑；试验路段具体位置应由监理工程师指定。

对试验路段的施工进行总结，提出标准配合比和试验路段施工总结报告，经业主、监理工程师批准后正式施工。

通过试验段得出的生产配合比和确定的施工工艺，经监理或者业主认可后，可以作为正式施工依据，在施工过程中不允许随意更改；若必须更改，应得到监理或者业主认可。

（6）厂拌冷再生施工

厂拌冷再生施工应注意以下问题。

1）拌和：厂拌冷再生沥青混合料的拌和楼通常不设置筛分板，因此铣刨料和新集料的用量由冷料仓的进料速度来控制，可以在冷料输送带上取样分析混合料的级配，同时拌和楼应配备精确计量乳化沥青和水的装置。

设置拌和时间，将混合料、乳化沥青、水按照一定比例加入拌和锅中进行拌和。若拌和过度可能导致乳化沥青混合料提前破乳，拌和不充分将导致乳化沥青不能充分裹覆集料表面。假如拌和不充分，乳化沥青没有充分地裹覆在集料表面，没有必要通过延长拌和时间来提高裹覆程度，因为在混合料的摊铺、碾压过程中，沥青可以进一步裹覆集料。若乳化沥青难以裹覆到集料表面，则应调整拌和方式，直至乳化沥青很好地裹覆到集料表面。

2）摊铺：厂拌冷再生混合料应采用摊铺机摊铺，熨平板不需要加热。用于三级以下公路时，也可以选择使用平地机摊铺。摊铺的混合料不能出现明显离析、波浪、裂缝、拖痕。当发现摊铺后的混合料出现明显离析、波浪、裂缝、拖痕时，应分析原因，并予以消除。

采用摊铺机进行摊铺时，摊铺应缓慢、均匀、连续不断地进行，不得随意变换速度或者中途停顿，摊铺机速度宜控制在 2～4m/min。

当使用平地机摊铺时，应符合下列规定：用轻型钢轮压路机紧跟再生机组初压 2、3 遍；完成一个作业段的初压后，用平地机整平；再次用轻型钢轮压路机在初平的路段碾压 1 遍，对发现的局部轮迹、凹陷进行人工修补；平地机整平，达到规定的坡度和路拱，整平后的再生层表层应无明显的再生机轮迹和集料离析现象。

3）压实：冷再生混合料一般比热沥青混合料要稠，因此要采用更重的压实设备。冷再生压实设备可采用双钢轮振动压路机和重型轮胎压路机碾压成型，由于很难将冷再生混合料压实到与热沥青混合料相同的压实度，因此需将冷再生混合料的总空隙率控制在 9%～14%。

当乳化沥青破乳后（乳化沥青混合料的颜色由褐色变为黑色）开始进行碾压。掺加水泥的乳化沥青冷再生混合料可在摊铺后立即进行碾压。假如在完全破乳后进行碾压，混合料上部可能已形成硬壳，导致很难碾压到规定的压实度，而且会产生严重的细裂纹。

摊铺完毕保持混合料在最佳含水率±1%下用胶轮压路机进行稳压后，紧接着用平地机根据高程进行平整。冷再生料原则上不进行补料，也不能有余料外运，少量余料可用人工找平方法补洒到骨料集中的部位和低洼处。反复平整 2～4 遍后，首先用胶轮压路机进行稳压，然后用 50t 振动压路机以 25cm 错轮的方法进行振压，接着用 30～40t 振动压路机以 40cm 错轮振压，再后用 18～20t 双钢轮压路机以 5～10cm 错轮静压 1 遍，最后由胶轮压路机光面，这样就可以保证压实度达到公路有关技术规范要求。在碾压的时候可以喷洒适量的水雾，防止压路机碾压时粘轮。混合料中的含水率对压实至关重要，适当的水分可以浸润集料，有助于压实；但是过度的水分会导致混合料的密度降低，而且水分还会长时间滞留在结构层内，使混合料的养生期延长。

（7）养生及开放交通

冷再生层在加铺上层结构前必须进行养生，养生时间不宜少于 7d。当再生层可以取出完整的芯样或再生层含水率低于 2%时，可以提前结束养生。

在封闭交通的情况下养生时，可进行自然养生，一般无须采取措施。在开放交通条件下养生时，再生层在完成压实至少 1d 后方可开放交通，但应严格限制重型车辆通行，行车速度应控制在 40km/h 以内，并严禁车辆在再生层上掉头和紧急制动。为避免车轮对表层的破坏，可在再生层上均匀喷洒慢裂乳化沥青（稀释至 30%左右的有效含量），喷洒用量折合纯沥青后为 0.05～0.2kg/m^2。

（8）材料准备

冷再生沥青混合料所用的原材料主要有 RAP、乳化沥青、水泥（石灰）、水。

不同的 RAP 应分别回收，分开堆放，不得混杂。RAP 料回收可选用冷铣刨、机械开挖等方式，应减少材料变异。RAP 料在回收和存放时不得混入基层废料、水泥混凝土废料、杂物、土等杂质。在拌和前需要使用推土机、装载机等机具将一个料堆的 RAP 料充分混合，然后用破碎机或其他方式进行破碎，应使 RAP 料最大粒径小于再生沥青混合料最大公称粒径，不应有超粒径材料。不允许直接使用未经预处理的 RAP 料。

根据再生混合料的最大公称粒径合理选择筛孔尺寸，将处理后的 RAP 料筛分不少于两档的材料。经过预处理的 RAP 料，可用装载机等将其运到堆料场均匀堆放，转运和堆放过程中应避免 RAP 料离析。RAP 料应避免长时间的堆放，料仓中的 RAP 料应及时使用。使用 RAP 料时应从料堆的一端开始在全高程范围内铲料。

厂拌冷再生时 RAP 检测项目与质量要求应满足《公路沥青路面再生技术规范》(JTG F41—2008）中“表 4.9.2-2　厂拌冷再生和沥青层就地冷再生时 RAP 检测项目与质量要求”的规定。

冷再生沥青混合料采用优质的拌和型慢裂乳化沥青，其技术指标满足《公路沥青路面再生技术规范》(JTG F41—2008）中“表 4.3.1　冷再生用乳化沥青质量要求”的规定。

冷再生沥青混合料所用水泥一般为普通硅酸盐水泥、矿渣硅酸盐水泥、火山硅酸盐水泥等。水泥的初凝时间应在 3h 以上，终凝时间宜在 6h 以上，不应使用快凝水泥、早强水泥。水泥强度等级可为 32.5 或 42.5。

制作乳化沥青及冷再生用水均应为可饮用水。使用非饮用水，应经试验验证，不影响产品和工程质量时方可使用。

（9）工程设备准备

冷再生沥青混合料施工必须配备齐全的机械设备及其他配件，在开工前检查机械设备有无故障，做好设备的保养及试机工作。施工时配备足够的拌和、运输、摊铺、压实机械，具体配备见表 7-61。

表 7-61　施工机械配备

序号	设备	型号或规格	数量/台	备注
1	厂拌拌和设备	—	1	配备有电子精确计量装置
2	铣刨机	W2000	2	—
3	摊铺机	7.5m	1	—
4	双钢轮压路机	—	1	—
5	轮胎压路机	25t	1	—

（10）质量控制

质量控制应注意以下问题。

1）施工前必须提供原材料的检测报告、冷再生混合料配合比设计报告和复核报告，并确认符合要求；必须提供摊铺车标定报告。在确认材料、设备等没有发生变化和符合要求后方可施工。

2）施工前应依据《公路沥青路面再生技术规范》（JTG F41—2008）中“表 8.8.1　厂拌冷再生施工前材料的检查”的检查项目、频度要求对材料的质量进行控制。

3）施工前应对铣刨机、拌和机、沥青洒布车、装载机、摊铺机、压路机等施工设备的性能，以及辅助施工车辆配套情况、性能等进行检查，确保施工前各设备正常工作。

4）在冷再生混合料拌和的时候，必须严格控制乳化沥青、水的用量及拌和时间，防止提前破乳与拌和不充分。

5）运输车辆保持洁净，并对车厢板均匀喷洒肥皂水溶液。运输冷再生沥青混合料的时候用篷布覆盖并扣紧，运输车辆匀速行驶，防止速度过快导致颠簸使乳化沥青破乳及沥青混合料离析。

6）摊铺前为了确保施工质量应铺筑试验段，经过对试验段的检测确定冷再生混合料的加水量及搅拌后混合料的压实系数、机械组合等。各施工人员根据实际情况明确分工、岗位、职责，使混合料摊铺时有条不紊、紧张有序地进行。

7）日常施工时，一般连续作业不中断，若因故障中断较长时间，应在每次施工结束后设置横缝。每次施工结束时碾压后末端成一斜坡，在第二次开始摊铺新混合料之前，应用 3m 直尺确定挖除范围，并挖成一横向（与路中心线垂直）垂直向下的断面。每当通过桥涵，特别是明涵、明洞时，在其两边设置横缝。对于两台摊铺机间的纵缝处理，如出现明显纵缝，应人工及时用细料撒补。

8）碾压时由两侧向中心碾压，相邻碾压应重叠 30cm，使整个宽度范围内均匀地压实到规定的密实度。同时，碾压时喷洒必要的“水雾”，防止粘轮。另外，碾压时严禁在已完成的路段上掉头和紧急制动。从拌和到碾压终止的时间不超过 3h。

9）养生时封闭交通，及时检测冷再生沥青混合料结构层含水率。施工过程的质量控制项目、频度和要求应满足《公路沥青路面再生技术规范》（JTG F41—2008）中“表 8.8.2　施工过程的质量控制检查项目、频度和要求”的要求，其外形尺寸检查项目、频度等应满足《公路沥青路面再生技术规范》（JTG F41—2008）中“表 8.8.3　外形尺寸检查项目、频度和要求”的规定。

（11）检查验收

厂拌冷再生工程完工后，应将全线以 1～3km 作为一个评定路段，按照《公路沥青路面再生技术规范》（JTG F41—2008）中“表 8.9.1　沥青路面厂拌冷再生质量检查验收的检查项目、频度和要求”的规定进行质量检查和验收。

6. 效益分析

以厚的水泥稳定砂砾为例，按传统路面大修方法（表 7-62），挖除旧路面和结构层 5kg/m^2，路基整平、做水泥稳定土底基层 18kg/m^2，合计 23kg/m^2，冷再生基层以厚度 18cm 为例，材料密度为 2100kg/m^2，日产量为 5000m^2，日工作 9h，工程总造价为 10.64 元/m^2，其中再生机械成本为 4.63 元/m^2，黏结料成本为 5.14 元/m^2，辅助机械和人员成本为

0.87 元/m^2。经过测算使用乳化沥青厂拌冷再生技术比传统路面大修至少可节约费用 53.7%。

表 7-62　传统路面基层大修工程造价估算

项目	单位	单价/元	定额/1000 m^2	金额/（元/ m^2）
人工	工日	16.02	40.10	0.64
水泥	t	350	20.2	7.07
砂砾	m^3	33.19	239.82	7.96
120kW 自行式平地机	台班	855.48	0.98	0.84
6～8t 轮压路机	台班	197.20	0.76	0.15
12～15t 轮压路机	台班	288.69	3.16	0.91
240kW 以内稳定土拌和机	台班	1758.62	0.40	0.70
6000L 以内洒水车	台班	383.76	1.14	0.44
合计				18.71

乳化沥青厂拌冷再生技术在砂、石、沥青材料费和废料的运输费、堆弃费方面产生了显著的经济效益。

一般情况下铣刨的旧料中沥青含量大约为 5%，石料含量约为 20%，砂含量约为 10%，沥青、石料、砂的市场价格分别为 4650 元/t、50 元/t、20 元/t，考虑到不同地区材料、运输和土地使用费用不同，再生 1t 废料直接节约的费用一般为 150～300 元。更为重要的是，冷再生所需工期较短，可较早通车。

在环保效益方面，废弃旧沥青混合料不仅占用大面积土地，还对环境造成污染。沥青路面的再生利用，减少了因大量砂石材料的开采造成的环境破坏，也减少了新材料运输过程中路途遗撒造成的环境污染及对沿途路面的破坏。沥青路面的再生利用既节约了大量资源，又保护了生态环境，体现了可持续发展战略要求。

当然，对旧沥青混合料的再生利用，可以不断完善整个公路网络，提高整个公路网的通行质量及整体服务水平，还可以提高交通行业在社会中的形象与地位，也使公路交通在整个社会中的作用得到更大的发挥。

7. 工程实例

安徽省合（肥）铜（陵）路冷再生（二级公路）施工中应用了乳化沥青厂拌冷再生技术。本工程为安徽合铜路基层（面层）厂拌冷再生工程，该工程桩号为 K1+050～K10+800。经分析，利用沥青混合料冷再生基层比水泥稳定碎石基层每立方米节约资金 37.2 元，全工程共节约资金 10 万余元。经检验，各项技术指标均能满足设计和规范要求，取得了良好的效果。

（三）沥青路面厂拌热再生施工技术

1. 技术简介

国内很多科研院所、企业在参考国内外研究资料的基础上，针对沥青路面再生技术进行深入研究，基本在国内实现了规模化的沥青路面厂拌热再生施工，其对未来的厂拌热再生施工、提高热再生路面质量将具有重要作用。

2. 技术原理与特点

（1）技术原理

首先，对 RAP 进行加热，当其表面温度达到一定值时，表面的旧沥青开始软化、熔融。在与新的热集料拌和的过程中，旧沥青的一部分转移到新集料的表面，同时新、旧集料的温度也趋于一致，此时温度为 130～150℃，旧沥青裹覆在新、旧集料表面的薄膜也趋于均匀。然后，按预定比例加入新沥青（或新沥青与再生剂），在搅拌过程中，新沥青（或新沥青与再生剂）均匀地裹覆到新、旧集料的表面，同时与原有的旧沥青紧密结合。由于新集料、RAP、新沥青（或新沥青与再生剂）和旧沥青的温度已经一致，达到 150～160℃，新沥青（或新沥青与再生剂）与旧沥青的界面间发生渗透和交换，集料表面最后的沥青膜由混合均匀的新旧沥青（或新旧沥青与再生剂）组成，旧沥青的成分和性能得到改善，再生得以进行。再后，添加预定数量的矿粉，吸附沥青，形成合理厚度的沥青膜。最后，经过一段时间的搅拌，沥青混合料进一步搅拌均匀，同时新旧沥青进一步调和均匀，得到与新沥青混合料品质相当的再生混合料。

（2）特点

厂拌热再生技术是将 RAP 运至沥青拌和厂（站），经破碎、筛分，以一定的比例与新集料、新沥青、再生剂（必要时）等拌制成热拌再生混合料，经摊铺机摊铺并由压路机压实成型的技术。该技术可处理整个路宽或仅处理单车道，也可处治面层不平整和裂缝，消除车辙、坑槽和松散，提高行驶质量，恢复路面功能。另外，厂拌热再生技术通过添加再生剂、新沥青和新集料，可改善原路面混合料老化的状况，并可纠正配合比存在的问题。

3. 适用范围

厂拌热再生技术适用于对各等级公路回收 RAP 进行热拌再生利用，再生后的沥青混合料根据其性能和工程情况，可用于各等级公路沥青面层及柔性基层。

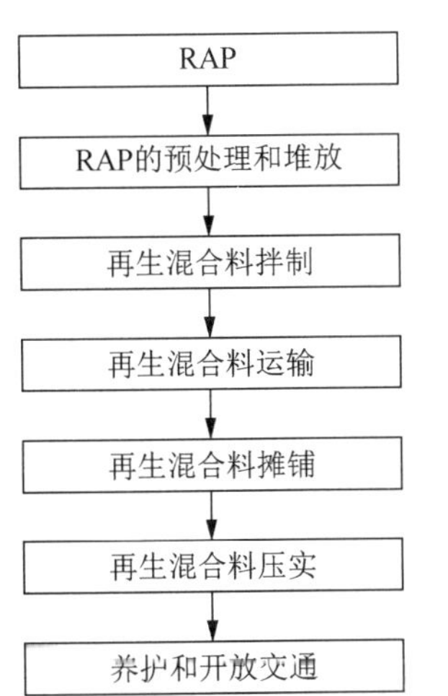

图 7-67　沥青路面厂拌热再生技术施工工艺流程

4. 施工工艺流程

（1）施工工艺

沥青路面厂拌热再生技术施工工艺流程如图 7-67 所示。

（2）材料与设备准备

材料与设备准备具体如下。

1）再生混合料中使用的沥青应符合《公路沥青路面施工技术规范》（JTG F40—2004）中“4.2　道路石油沥青”规定的技术要求。

2）添加的新集料应满足《公路沥青路面施工技术规范》（JTG F40—2004）中“4.8　粗集料”和“4.9　细集料”规定的技术要求。单一粗、细集料质量不能满足要求，但集料混合料性能满足要求的，可以使用。再生混合料中使用的矿粉应满足《公路沥青路面施工技术规范》（JTG F40—2004）中“表 4.10.1　沥青混合料用矿粉质量要求”的规定。

3）常用的沥青再生剂包括软化剂、还原剂、改性剂、稀释剂、芳香油、增量油、抽出油、润滑油及某些植物油等，应符合表 7-63 的要求。

表 7-63　热拌沥青混合料再生剂质量要求

检测项目	RA-1	RA-5	RA-25	RA-75	RA-250	RA-500	检测方法
60℃黏度/（Pa·s）	50～175	176～900	901～4500	4501～12500	12501～37500	37501～60000	T 0619—2011*
闪点/℃	≥220	≥220	≥220	≥220	≥220	≥220	T 0633—1993*
饱和分含量/%	≤30	≤30	≤30	≤30	≤30	≤30	T 0618—1993*
芳香分含量/%	实测记录	实测记录	实测记录	实测记录	实测记录	实测记录	T 0618—1993*
薄膜烘箱试验前后黏度比**	≤3	≤3	≤3	≤3	≤3	≤3	T 0619—2011*
薄膜烘箱试验前后质量比/%	-4～4	-4～4	-3～3	-3～3	-3～3	-3～3	T 0609—2011 或 T 0610—2011*
15℃密度/（g/cm³）	实测记录	实测记录	实测记录	实测记录	实测记录	实测记录	T 0603—2011*

* 检测方法见《公路工程沥青及沥青混合料试验规程》（JTG E20—2011）。

** 薄膜烘箱试验前后黏度比=试样薄膜烘箱试验后黏度比/试样薄膜烘箱试验前黏度比。

4）采用的机具设备见表 7-64。

表 7-64　施工机具设备表

序号	设备名称	规格	数量	备注
1	铣刨机	—	1 台	—
2	热再生拌和设备	—	1 台	—
3	自卸车	15t	6～10 辆	根据运距和工程具体情况调整
4	摊铺机	—	1 或 2 台	—
5	双钢轮振动压路机	9～16t	2 或 3 台	—
6	轮胎压路机	26t	2 台	—

5）RAP 回收可选用冷铣刨或机械开挖的方式，应减少对路面集料的破碎。路面铣刨回收 RAP 时，应精确控制铣刨或开挖厚度，以避免破坏下承层路面结构，回收和存放 RAP 时不得混入基层废料、水泥混凝土废料、杂物和土等杂质。

6）RAP 料必须进行二次破碎处理，破碎时使用推土机、装载机等机械将一个料堆的 RAP 料充分混合，然后用破碎机或其他方式进行破碎，应使 RAP 料最大粒径小于再生混合料最大公称粒径，不应有超粒径材料。根据再生混合料的最大公称粒径合理选择筛孔尺寸，将破碎后 RAP 料筛分成不少于两档的材料，用装载机转运到堆料场均匀堆放，堆料场地面应进行硬化处理，并具有防雨设施，不同档的 RAP 料应分开堆放并应进行明确标识，避免混合。RAP 料在转运、堆放、使用时应避免离析，使用时，应从料堆的一端开始在全高度范围内铲料。

7）厂拌再生混合料的拌制材料包括 RAP 料、新沥青、新集料和再生剂，拌和时应以室内配合比试验报告所提供的掺配比例进行拌和，并根据试验路混合料性能的检测结果进行适当调整，以满足《公路沥青路面施工技术规范》（JTG F40—2004）中所要求的相应混合料性能。

厂拌再生混合料可以选用间歇式拌和设备或连续式拌和设备进行拌和，拌和设备必须具备 RAP 料的配料装置和计量装置。使用间歇式拌和设备，当回收 RAP 料掺量大于10%时，宜增加 RAP 料烘干加热系统。RAP 料仓数量应不少于两个，料仓内的 RAP 料含水率应不大于 3%。

厂拌热再生混合料的生产温度和加热时间应根据拌和设备的加热干燥能力、RAP 料的含水率、再生混合料的级配、新沥青的黏温曲线等综合确定，以不加剧 RAP 料的再老化、提高生产能力、降低能耗并生产出均匀稳定的混合料为原则。使用间歇式拌和楼时，应适当提高新集料的加热温度，但最高温度不宜超过 200℃，加热过程中 RAP 料不得直接与明火接触，以防止 RAP 料表面沥青老化。干拌时间比普通混合料延长 5～10s，总拌和时间比普通混合料延长 15s 左右，具体拌和时间见表 7-65。再生混合料的出料温度比普通混合料高 5～10℃。

表 7-65　厂拌热再生沥青混合料拌和时间控制　（单位：s）

旧料	再生剂	矿料	新沥青	矿粉
10～15		10～15	15～20	20～25

注：拌和时间以混合料均匀、无花白料为前提，总拌和时间为 55～75s。

8）再生混合料采用 15t 以上自卸车运输，需要的车辆数根据下式确定。

$$\text{需要车辆数}=1+(t_1+t_2+t_3)/T+a \tag{7-7}$$

式中：T 为每车拌和及装车时间（min）；t_1 为运到摊铺现场时间（min）；t_2 为返回拌和站的时间（min）；t_3 为卸料与等待时间（min）；a 为备用车辆数。

再生混合料装车时应分前、中、后三次装入自卸车内，以避免离析。运料车每次使用前后必须清扫干净，在车厢板上涂一薄层防止沥青黏结的隔离剂或防黏剂，但不得有余液积聚在车厢底部。从拌和机向运料车上装料时，应多次挪动汽车位置，平衡装料，以减少混合料离析。运料车运输混合料宜用苫布覆盖保温、防雨、防污染。

9）再生混合料采用普通沥青混合料摊铺机摊铺，摊铺温度应按表 7-66 进行。

表 7-66　再生混合料摊铺温度　（单位：℃）

沥青标号		50 号	70 号	90 号	110 号
混合料摊铺温度（不低于）	正常施工	145～150	140～145	135～140	130～135
	低温施工	165～170	155～160	145～150	140～145

沥青混合料的松铺系数应根据混合料类型由试铺试压确定，一般取 1.2～1.4。摊铺时，摊铺机的螺旋布料器应相应于摊铺速度调整到保持一个稳定的速度均衡地转动，两侧应保持有不少于送料器 2/3 高度的混合料，以减少在摊铺过程中混合料的离析。在路面狭窄部分、平曲线半径过小的匝道或加宽部分，以及小规模工程不能采用摊铺机铺筑时可用人工摊铺混合料。

10）再生混合料压实温度宜比热拌沥青混合料高 5～10℃，可按表 7-67 进行。

表 7-67　再生混合料压实温度　（单位：℃）

沥青标号		50 号	70 号	90 号	110 号
开始压实的混合料内部温度（不低于）	正常施工	140	135	130	125
	低温施工	155	150	140	135
压实终了的表面温度（不低于）	钢轮压路机	80	70	65	60
	轮胎压路机	85	80	75	70
	振动压路机	75	70	60	55

压实分为初压、复压和终压，宜使用大吨位的双钢轮振动压路机、轮胎压路机等压实。施工时，通过试验段确定相应压实机械的组合方式。压实时应紧跟摊铺机进行，避免混合料温度下降而造成压实困难，压实数据见表 7-68。对于压路机无法达到的部位，应采用小型振动压路机或振动夯板配合压实。

表 7-68　压路机压实速度和遍数

压实阶段	速度/（km/h）	遍数	压路机类型	方式
初压	2～3	2、3	振动压路机	先静压 1、2 遍，再振动压实
复压	3～5	3、4	轮胎压路机	—
终压	3～6	2、3	钢轮压路机	—

11）合料压实完成后，应封闭交通进行养生，再生混合料路表温度低于 50℃后方可开放交通。

5. 质量控制

质量控制应注意以下问题。

1）厂拌热再生混合料路面的施工质量管理，应符合现行《公路沥青路面施工技术规范》（JTG F40—2004）对热拌沥青混合料路面的规定，在施工过程中须对 RAP 按表 7-69 的项目进行检查。

表 7-69　施工过程中的 RAP 质量检查

材料	检查项目	要求值	检查频率
RAP	RAP 级配	符合设计要求值	每日 1 次
	RAP 的含水率/%	＜3	每日 1 次

2）厂拌热再生施工前应进行详细的路面病害调查，对无法适用于厂拌热再生修复

工艺的病害进行预处理，以保证厂拌热再生施工质量。

3）铣刨后的路面下承层应进行清扫，并喷洒黏层或透层，以保证再生层与下承层的良好黏结。

4）RAP 应严格按照要求进行保管，禁止雨淋和混入泥土杂质等，预热应充分，保证其中的水分挥发干净。

5）应严格控制拌和时间和加热温度，避免拌制的混合料不均匀和局部过热导致沥青再老化，应避免 RAP 与明火直接接触。

6）再生混合料装料时，自卸车应前后多次移动，保证下料口所出再生混合料分层堆积在车内，避免造成离析。运料时应有保温措施，尽量减少温度的降低。

7）再生混合料摊铺时，应尽量减少摊铺机受料斗的开合次数，螺旋布料器内的再生混合料不应低于 2/3 高度，避免造成离析。摊铺需在要求的摊铺温度下进行，遇见大风天或阴天，应适当升高再生混合料的出厂温度，并在现场采取措施减少再生混合料温度散失。

8）再生混合料压实应在规定的温度下进行，避免温度不足时压实对路表再生混合料造成破坏。

9）压实结束后应继续封闭交通，待路表温度降至 50℃以下，方可开放交通。

6. 效益分析

将路面铣刨废料用于路面维修养护，直接降低了对新集料的需求，实现了对资源的循环利用。目前我国每年大、中修产生的旧沥青混合料预计将达到 8000 万 t，若全部沥青再生利用每年可节约直接材料费 120 亿元，具有明显的经济效益。

厂拌热再生技术将路面铣刨的废料重复利用，避免了废料占用土地，避免了对土地、水源的污染，具有环保效益。

7. 工程实例

京福高速公路济德段于 1997 年通车，由于近几年交通流量的增加及重载车辆的运行，道路路面出现了各种不同程度的病害。为节约材料和有效解决各种病害带来的问题，2003 年决定实施沥青路面厂拌热再生工艺，具体为 AC-25 再生，掺加新料比为 17%，油石比为 3.5%。

工程采用意大利 TSR3000 双滚筒式旧沥青混合料再生机，搅拌站加热设备选用 RFL-250 直燃型结构热风炉，该设备与常规主机配套使用，以解决常规主机在使用再生料生产过程中，明火加热加速再生料中沥青老化的问题。

施工前对冷料仓流量进行标定，振动筛的筛孔选择 35mm、20mm、11mm、6mm 和 3mm，筛网的布置方式为三层式布置。沥青加热温度为 150℃，集料加热温度为 180℃，铣刨料加热温度为 130℃，拌一锅料需 50s，最小拌和时间为 30s。对拌和好的再生混合料在中心实验室进行抽提试验、击实试验、最大理论密度试验和马歇尔稳定度试验，路面压实情况采用压实度和现场空隙率双指标控制。

施工按照测量放样→挂线→沥青混合料拌和→运输→摊铺→压实→检测等步骤进行。再生混合料摊铺采用 ABG-423 摊铺机进行，按基准线行驶且智能控制高程、自动调节厚度和找平。拌和站的拌和能力、车辆运输能力和摊铺能力应匹配，摊铺以 3m/min 的速度匀速前进，不得随意中途变速或停顿。若摊铺过程中出现局部缺料、离析、拖痕和表面不平整，应进行局部人工修整。压实分初压、复压、终压三步完成。初压采用 13t 振动压路机高频强振 2 遍，速度为 3～5km/h，在 115℃以前完成；复压采用 26t 轮胎压路机碾压 2、3 遍，温度不低于 100℃；终压采用 DD130 振动压路机静压 2 遍，温度不低于 90℃。

通过现场检测，修复后的路面各项指标均符合要求。通车一段时间，路面未出现任何病害，具有良好的路用性能。

主要参考文献

曹建新，王哲人，2005．连续级配的级配碎石材料试验研究[J]．公路交通科技，22（5）：14-16.

陈旭庆，2003．级配组成对沥青混合料性能的影响[D]．南京：东南大学.

邓学钧，黄晓明，2007．路面设计原理与方法[M]．2版．北京：人民交通出版社.

杜功焕，朱哲民，龚秀芬，2001．声学基础[M]．南京：南京大学出版社.

高俊刚，李源勋，2002．高分子材料[M]．北京：化学工业出版社.

何兆益，黄卫，谈长庆，1996．无粘结碎石材料级配研究[J]．重庆交通学院学报，15（3）：18-22.

黄晓明，汪双杰，2013．现代沥青路面结构设计理论与实践[M]．北京：科学出版社.

李志栋，2005．多年冻土地区沥青混合料配合比设计及其性能评价[D]．南京：东南大学.

申爱琴，蒋庆华，祁秀林，2002．矿料级配对沥青混合料路用性能的影响[J]．长安大学学报（自然科学版），22（6）：2-4.

孙立军，2005．沥青路面结构行为理论[M]．北京：人民交通出版社.

万全，范书龙，2005．沥青混合料渗水临界空隙率的试验研究[J]．公路与汽运，4（2）：65-67.

汪双杰，陈建兵，金龙，等，2014．基于能量平衡的多年冻土区公路设计理论研究[J]．冰川冻土，36（4）：782-789.

汪双杰，陈建兵，李仙虎，2009．多年冻土地区公路修筑技术研究与工程实践[J]．冰川冻土，31（2）：384-392.

汪双杰，崔福庆，陈建兵，等，2016．基于地气耦合模型的多年冻土区宽幅路基温度场数值模拟[J]．中国公路学报，29（6）：169-178.

汪双杰，黄晓明，2012．冻土地区道路设计理论与实践[M]．北京：科学出版社.

汪双杰，黄晓明，侯曙光，2006．多年冻土区路基路面变形及应力有限元分析[J]．冰川冻土，28（2）：217-222.

汪双杰，李志栋，黄晓明，2017．水泥混凝土桥沥青铺装系设计与铺装技术发展[J]．筑路机械与施工机械化，34（2）：33-41.

汪双杰，李祝龙，2008．中国多年冻土地区公路修筑技术研究[J]．公路交通科技，25（1）：1-12.

汪双杰，李祝龙，马楠，2005．多年冻土地区公路修筑技术研究进展[C]//2005年全国公路科技青年论坛论文集．北京：人民交通出版社：95-104.

汪双杰，李祝龙，武憨民，2003．多年冻土地区公路修筑技术现状与新课题[J]．冰川冻土，25（4）：471-476.

汪双杰，李祝龙，章金钊，等，2008．多年冻土地区公路修筑技术[M]．北京：人民交通出版社.

汪双杰，刘戈，叶莉，等，2015．多年冻土宽幅路基热效应的防治对策研究[J]．中国公路学报，28（12）：26-32.

汪双杰，台电仓，2007．多年冻土区SBR改性沥青结合料低温性能评价指标研究[J]．长安大学学报（自然科学版），27（3）：25-30.

汪双杰，王佐，袁堃，等，2015．青藏公路多年冻土地区公路工程地质研究回顾与展望[J]．中国公路学报，28（12）：1-8.

汪双杰，吴青柏，刘永智，2003．沥青路面下冻土热稳定性和热融敏感性的变化[J]．公路交通科技，20（4）：20-22.

汪双杰，熊丽，张驰，等，2016．多年冻土区公路病害模糊专家预测方法[J]．交通运输工程学报，16（4）：112-121.

汪双杰，章金钊，黄晓明，等，2004．高原多年冻土地区SBR改性沥青路面应用研究[J]．石油沥青，18（3）：23-26.

汪双杰，周荣贵，孙小端，等，2010．公路运行速度设计理论与方法[M]．北京：人民交通出版社.

王占军，李志栋，李忠玉，2008．沥青混合料渗水性能评价方法对比研究[J]．公路交通科技（应用技术版），6：81-83.

魏翰超，2010．基于强度理论的沥青混合料水稳定性评价指标的研究[D]．哈尔滨：哈尔滨工业大学.

吴昊，2013．大坡度匝道钢桥面铺装结构设计研究[D]．南京：东南大学.

严明，2010．公路养护绩效考核体系构建探讨[J]．甘肃科技，26（4）：128-130.

杨仁怀，朗川萍，刘文美，2014．高速公路大数据处理现状及挑战[J]．计算机系统应用，23（9）：13-17.

袁宏伟，习明星，张敬君，2002．沥青路面的渗水性检测方法及影响因素[J]．公路（5）：83-85.

曾梦澜，马正军，龚平，等，2015．面-基层间接触条件对半刚性沥青混凝土路面极限轴载的影响[J]．公路（1）：79-84.

张留成，瞿雄伟，丁会利，2002．高分子材料基础[M]．北京：化学工业出版社.

章金钊，汪双杰，台电仓，2005．多年冻土地区沥青混凝土路面的设计与施工[J]．公路（2）：124-127.

赵宏，2009．基于路况绩效的公路养护管理模式介绍[J]．公路（11）：234-236.

郑健龙，周志刚，张起森，2003．沥青路面抗裂：设计理论与方法[M]．北京：人民交通出版社．

郑元勋，康海贵，蒋宝钧，2008．沥青路面反算模量的温度修正研究[J]．四川建筑科学研究，34（16）：11-15．

中华人民共和国交通运输部，2008．公路路基路面现场测试规程：JTG E60—2008[S]．北京：人民交通出版社．

BUTLER D P, ÇELIKBUTLER Z, JAHANZEB A, et al, 1998. Micromachined YBaCuO capacitor structures as uncooled pyroelectric infrared detectors[J]. Journal of applied physics, 84(3): 1680-1687.

CHOI Y K, AIREY G D, ELLIOTT R C, et al, 2004. Development of the saturation ageing tensile stiffness test(SATS) for high modulus base materials[J]. Proceedings of the institution of civil engineers, 157: 163-171.

DIAMOND W J, 2001. Practical experiment design for engineers and scientists[M]. New York: Wiley.

Federal Highway Administration U.S. Department Of Transportation Strategic Highway Research Program National Research Council, 1986. Materials and procedures for sealing and filling cracks in asphalt-surfaced pavements manual of practice[R]. Savoy: ERES Consultants, Inc.

FONDRIEST F F, 1969. Final report on laboratory evaluation of various paving materials for orthotropic steel deck bridges[R]. Columbus Laboratories, Batelle Memorial Institute Columbus.

GUO N S, SHI F, ZHAO Y H, et al. 2009. Viscoelasticity finite element analysis of interface bonding behaviors of asphalt pavement[J]. Journal of Dalian Maritime University,35(4): 26-29.

HARRE W, 1972. Research into the properties and deformation behaviour of bituminous layers on orthotropic steel deck bridges under dynamic loading[R]. Stuttgart: University of Stuttgart.

HARVEY J T, DEACON J A, TSAI B W, et al, 1995. Fatigue performance of asphalt concrete mixes and its relationship to asphalt concrete pavement performance in California[R]. Berkeley：Institute of Transportation Studies of University of California.

HUANG C Z, 1991. A solution to Terzaghi's multidimensional consolidation differential equation[J]. Chinese journal of geotechnical engineering(1): 42-44.

JIN S S, CHEN Y, OU-YANG M, et al, 1996. Characterization and modeling of metal-film microbolometer[J]. Journal of microelectromechanical systems, 5(4): 298-331.

LEE H K, YOON J B, YOON E, et al, 1998. A high fill-factor IR bolometer using multi-level electrothermal structures[C]. San Francisco: IEEE International Conference on Electron Meeting.

LU Z, YAO H L, LUO X W, et al, 2009. 3D vibration of pavement and double-layered subgrade coupled system subjected to a rectangular moving load[J]. Rock and soil mechanics, 3(11): 42-48.

MEADA D J, MARKUS S, 1969. The forced vibration of a three-layer, damped sandwich beam with arbitrary boundary conditions [J]. Journal of sound and vibration, 10(2):163-175.

MOTTIN E, VILAIN M, YON J J，et al, 2001. Enhanced amorphous silicon technology for 320×240 microbolometer arrays with a pitch of 35 μm[J]. Proceeding of SPIE, 4369: 250-256.

RAAB C, MANFRED N P, ABD EL HALIM A O, 2012. Experimental investigations of moisture damage in asphalt[J]. International journal of pavement research and technology, 5(3):133-141.

RAAB C, PARTL M N, 2004. Effect of tack coats on interlayer shear bond of pavements[C]. Sun City: Proceedings 8th Conference of Asphalt Pavements for Southern Africa: 847-855.

ROBINSON G K, 2000. Practical strategies for experimenting[M]. New York: Wiley.

SCHOLZ T V, 1995. Durability of bituminous paving mixtures[D]. Nottingham: University of Nottingham.

SEDKY S, FIORINI P, BAERT K, 1999. Characterization and optimization of infrared poly site bolometers[J]. IEEE transactions on electron devices, 46(4): 675-68.

SOUSA J B, CRAUS J, MONISMITH C L, 1991. Summary report on permanent deformation in asphalt concrete[R]. Berkeley: Institute of Transportation Studies University of California Berkeley.

Strategic Highway Research Program, National Research Council, 1993. Distress identification manual for the long-term pavement performance project[R]. Washington: Strategic Highway Research Program, National Research Council.

TEZCAN D S, EMINOGLU S, AKIN T, 2003. A low-cost uncooled infrared microbolometer detector in standard CMOS technology[J]. IEEE transactions on electron devices, 50(2):494-502.

Transportation and Utilities, 1997. Pavement design manual[S]. Alberta: Alberta Transportation and Utilities.

WANG S J, CHEN J B, QI J L, 2009. Study on the technology for highway construction and engineering practices in permafrost regions[J]. Science in cold and arid regions, 1(5): 0412-0422.

World Bank, 2006. Procurement of works and services under output and performance-based road contracts and sample specifications[R]. Washington: World Bank: 54-105.

YILDIRIM Y, SOLAIMANIAN M, KENNEKY T W, 2002. Mixing and compaction temperatures for hot mix asphalt concrete[R]. Austin: The University of Texas at Austin.